編・解説　中西直樹

明治仏教研究事始め

――復刻版『明治仏教』――

不二出版

凡例

一、本書は、明治仏教研究会（明治仏教史編纂所）が発行した、『明治仏教』第一巻第一号（通巻第一号、一九三四年八月刊）～第四巻第二号（通巻第二八号、一九三七年三月刊）計二七号と、『明治年間仏教関係新聞雑誌目録』（一九三四年刊）を収録、新たに解説（中西直樹）、総目次、執筆者索引を附し、『明治仏教研究事始め』として刊行するものである。

一、『明治仏教』第三巻第八号（通巻第二四号、一九三六年八月刊）は原本未見のため、未収録である。

一、原本表紙（扉）より奥付までを適宜拡大・縮小して収録した。その際、印字が不鮮明な箇所等も原則的にそのままとした。

一、今日の視点からみて人権上不適切な表現も歴史的史料である点に鑑み、そのままとした。

※　復刻にあたっては、神田寺住職・友松浩志師、東京大学大学院法学政治学研究科附属近代日本法政史料センター（明治新聞雑誌文庫）にご協力いただきました。記して感謝申し上げます。

刊行にあたって　――近代仏教研究を問い直すために――

明治維新から半世紀以上を経た昭和初期、明治仏教の総括が必要とされていた。また自派の権益を重視する宗派主義が強まるなかで、友松圓諦（一八九五―一九七三）は、明治仏教史編纂所の創設を提唱した。各宗派の協力を得て貴重な文献・資料を蒐集し、仏教界が廃仏毀釈という危機をいかに克復したかを確認することを通じて、宗派的偏見を去って仏教界の和合協同の実現を目指したのである。

そうした明治仏教史編纂所の活動を世に問うために発刊されたのが、雑誌『明治仏教』であった。本誌は、一九三四年に創刊され、友松はじめ増谷文雄、小笠原宣秀、中井玄道らが活躍した。一九三七年の通巻第一八号まで刊行された本誌こそは、近代仏教史研究のさきがけとして重要な意義を有し、これからの近代仏教史研究になくてはならない資料といえるだろう。

ここに『明治仏教研究事始め』として、雑誌『明治仏教』のほぼ全号に、明治仏教史編纂所が蒐集した新聞雑誌約七五〇誌（紙）の情報を記載した『明治年間仏教関係新聞雑誌目録』を加え復刻し、総目録と解説を附して刊行する。折しも明治維新から一五〇年を経た二〇一八年の刊行となった。本書を機に、近代仏教史研究がますます隆盛することを願う。

中西直樹

目次

解説――戦前期「明治仏教」の研究動向――

中西直樹

はじめに

近年、「近代仏教」に関する研究が盛んである。従来の仏教史学・仏教学・歴史学の専門家に加えて、社会学・宗教学・教育学など、さまざまな領域の研究者により「近代仏教」に論及した著書・論文が発表されるようになった。

しかし、「近代仏教」の全体像の把握に資するような議論が活発化しているようには見受けられない。それぞれ問題関心が異なるため、論点がかみ合わないのはやむを得ないのであろうが、「近代仏教」――特に「明治仏教」の歴史学的研究には、戦前・戦後に相当の研究蓄積があるにもかかわらず、それらが見過ごされる傾向にあるのは遺憾である。

戦後、辻善之助『明治仏教史の問題』（立文書院、一九四九年）、吉田久一『日本近代仏教史研究』『日本近代仏教社会史研究』（吉川弘文館、それぞれ一九五八、六四年）、柏原祐泉『日本近世近代仏教史の研究』（平楽寺書店、一九六九年）など、近代仏教史の研究書が次々に刊行され、一九七〇年代以降には数多くの関係資料集が刊行されるようになった。例をあげれば、『島地黙雷全集』全五巻（本願寺出版協会、一九七三～七八年）、『真宗史料集成』第一一～一三巻（同朋舎出版、一九七五～七七年）、『「新仏教」論説集』上・中・下・補遺（永田文昌堂、一九七八

～八二年）、『明治仏教思想資料集成』全七巻・別巻五（同朋舎出版、一九八〇～八三年）、『赤松連城資料』上・中・下（本願寺出版部、一九八二～八四年）、『戦時教学と真宗』全三巻（永田文昌堂、一九八八～九五年）、『資料 清沢満之』全三篇（同朋舎出版、一九九一年）、『反省（会）雑誌』（永田文昌堂、二〇〇五～〇七年）などがある。

筆者も、『仏教海外開教史資料集成』全一三巻（不二出版、二〇一一～一二年）、『仏教植民地布教史資料集成 朝鮮編／台湾編／満州・諸地域編』全八巻（三人社、二〇一三～一七年）、『戦前期仏教社会事業資料集成 ハワイ編／北米編／南米編』全一五巻（不二出版、二〇〇七～〇九年）、『海外仏教事情 The bijou of Asia』全三巻（三人社、二〇一四～一五年）、『雑誌「國教」と九州真宗』全三巻・別冊（不二出版、二〇一六年）、『資料集 戦時下「日本仏教」の国際交流』全九巻（不二出版、二〇一六～一八年、継続刊行中）、『復刻版 令知会雑誌』全七巻（不二出版、二〇一七年）、『仏教英書伝道のあけぼの』（法藏館、二〇一八年）などを手がけてきたが、あまり活用されていないようである。これらの資料集が、今後より活用されることを期待している。

戦前の調査・研究になると、さらにその存在さえ知られていないものも少なくない。明治仏教編纂所の活動と、その成果である雑誌『明治仏教』もその代表的なものである。ついては、明治仏教編纂所と雑誌『明治仏教』を中心として、戦前における「明治仏教」に関する調査・研究動向の概略を整理しておきたい。

一、雑誌『仏教』の「明治仏教史料」

明治仏教の史料や記録を残そうという試みは、かなり早い時期から意識されていたようである。筆者の知る限りでは、仏教学会発行の雑誌『仏教』の「明治仏教史料」欄が、その最も早いものでないかと思う。雑誌『仏教』は、第九七号（一八九四〈明治二七〉年一二月）に掲載した「投書募集」で、次のように呼びかけた。

今回二三の先輩と計り明治仏教史料の一覧を設け、伝はるべくして未だ伝はらず、既に伝はれる将に湮滅せんとする虞ある明治仏教歴史の種となるべき各宗派の運動、諸高僧碩徳の伝記逸事など、得るに随つて公けにすることと相成りたるに付き、江湖読者諸君の中、右様の材料御存知の方々は其記事に順序も体裁もいるに非ざれば思ひ付き次第御筆記の上、続々御恵贈を乞ふ

この呼びかけの翌月発行の第九八号から、「明治仏教史料」は半年にわたって連載された（いずれも一八九五（明治二八）年の発行）。掲載されたものは以下のとおりであった。

第九八号（一月）　追想漫筆（大内青巒）、贈書始末提要（南条文雄）
第九九号（二月）　本願寺勤王事績（前田慧雲）、教部省及教導職の起源（大内青巒）、贈書始末提要（南条文雄）
第一〇〇号（三月）　本願寺勤王事績（前田慧雲）
第一〇一号（四月）　追想漫筆（藹々居士〔大内青巒〕）、本願寺勤王事績（前田慧雲）
第一〇二号（五月）　維新已後僧徒学校の権与（大内青巒）、笠原南条在英中の事業（南条文雄）
第一〇三号（六月）　余の明治仏教史（降魔道人）

明治初年以降の仏教界で大きな役割を果たした大内青巒らの手記は、貴重な史料と言えよう。ちなみに、大内の還暦を記念して出版された『藹々華甲記』（一九〇五（明治三八）年）には、大内の記念講演「明治仏教変遷史」の筆記録が収録されている[1]。還暦祝賀会では、これを契機に『明治仏教史』の編纂計画が提唱されたが、実現しなかったようである。

一八九四（明治二七）年四月には、村上専精・鷲尾順敬・境野黄洋により『仏教史林』が創刊された。『仏教史林』は近代的な仏教史研究の幕開けを告げる雑誌であり[2]、一八九七（明治三〇）年三月まで計三六号が刊行されている。この雑誌には近代仏教に関する論文等は掲載されなかったが、一八九五（明治二八）年三月発行の同誌彙報欄は、雑誌『仏教』の「明治仏教史料」欄のことに関して次のように記している。

抑も我邦の仏教社会、上下千三百余年の間に於て、明治維新の時の如き大動揺はあらざりしなり、仏教のために幸なりしか、不幸なりしかは、別問題なりと雖、爾来僅に二十余年にして、伝ふべき事勝て数ふべからず、吾輩は「仏教」の好挙を喜ふと丶もに、同誌か益これが蒐集に力を尽さむことを願うて止まざるなり(3)

明治維新から二〇年以上が経過し、その記録を整理する必要が認識されはじめていたが、本格的な調査・研究に着手するまでには至らなかったのである。

二、仏教史概説書と年表

明治二〇年代以降、日本仏教史に関する概説書も数点刊行され、わずかではあるが、明治期のことに言及したものもあった。

一八九二(明治二五)年に田島象二が著した『日本仏法史』には、仏教伝来から一八八九(明治二二)年に帝国憲法が発布され、信教の自由が認められるまでの概史が記されている(4)。田島は、『団団珍聞』『扶桑新聞』『新愛知』『読売新聞』などの記者をつとめたジャーナリストであるが、すでに一八七四(明治七)年には『耶蘇一代弁妄記』という書を著しており、宗教にも大きな関心を寄せていたようである。『日本仏法史』の冒頭「汎論」では、「仏法ノ興ト廃トハ現今諸知識ノ身ニ係レリ」と記され、仏教の興隆に対する知識人の理解が必要との認識を示している。明治期仏教に関する短い記述のなかで、釈興然のインド渡航、オルコットの来日などにふれていることは注目に値する。

このほか明治期に刊行され、明治仏教に言及した仏教史概説書に以下のものがあるが、明治仏教に関する記述はわずか数頁であった。

村上専精『日本仏教史綱』下巻、金港堂書籍、一八九九（明治三二）年
足立栗園『批判的日本仏教史』警醒社、一八九九（明治三二）年
境野黄洋『仏教史要・日本之部』鴻盟社、一九〇一（明治三四）年
石原即聞『日本仏教史』博文館、一九〇四（明治三七）年
伊藤義賢『日本仏教通史』興教書院、一九一〇（明治四三）年
境野黄洋『日本仏教小史』鴻盟社、一九一一（明治四四）年

一方、年表に関しても、早い時期から数点が出版されている。最も早く刊行されたのは、西村兼文編の『真宗年表』（一八八一（明治一四）年）であろう。この年表は親鸞の出生から一八七九（明治一二）年に至るまでの真宗各派の動向が記されている。(5) 西村は、幕末に尊皇攘夷派の本願寺派侍臣として活躍し、維新後は奈良県庁の官吏となった。西村には、『新撰組始末記』『鹿児島征討日記』など多数の著書がある。

これに続くのが、村上専精の『和漢仏教年契』（一八九八（明治三一）年）であろう。本書は、真宗に限らず、一八九八（明治三一）年までの日本と中国での仏教史上の出来事が上下二段に分けて記されており、本格的な仏教史年表としては先駆的なものと考えられる。また同年には、越智専明編の『浄土宗年譜』（教報社）が刊行されている。浄土宗の動向のみであるが、一八九八（明治三一）年までが記載されている。

一九〇四（明治三四）年に東本願寺創建三百年を記念して刊行された和田占水『本願寺史談』にも、東本願寺創建（慶長七（一六〇二）年）から、一九〇一（明治三四）年に至る真宗大谷派の年表が付されている。一九〇三（明治三六）年に刊行された和田康道の『常葉年表』も、真宗大谷派の関係年表である。同年に至るまでの真宗大谷派の動向が記述されており、後述の水谷寿・横田満『大谷派近代年表』編纂の際にも参考とされた。

さらに一九〇九（明治四二）年には、望月信亨『仏教大年表（仏教大辞典付録）』（武揚堂）が刊行された。釈尊の生誕から一九〇九（明治四二）年までの事項が、日本（上欄）、中国（中欄）、インド他（下欄）に分けて記載され、本文だけでも五〇〇頁をこえる大部のものである。その後も数次にわたって加筆更新されており、今日で

も仏教年表として最も詳しいものと考えられている。

三、宗史概説書の刊行

明治二〇年代前半までは、宗派の枠をこえた「通仏教」的結束が広く見られた仏教界であったが、キリスト教の脅威が薄らぐと、自派権益を重視する宗派主義が台頭した。これにともない、一八九七（明治三〇）年前後から仏教諸宗派の宗史概説書が刊行されるようになった。

まず一八九六（明治二九）年には、富田斆純の『真言宗史綱』が刊行されている。[6] 富田は、真言宗豊山派大学林を経て哲学館（現・東洋大学）に学び、卒業とともに本書を刊行した。のちに富田は、豊山派管長、東京中野宝仙寺住職、大正大学教授、宝仙学園短期大学学長などを歴任した。富田は本書序で、真言宗の歴史に関して、断片的な冊や小部の相承の記録などしかないことを嘆き、本書を著したと記している。インド・中国を経て、真言宗の教えが日本に伝来してから、明治二〇年代に至るまでが記述されている。

しかし、本書の刊行の前年に真言律宗が分派独立し、一九〇〇（明治三三）年に高野派・御室派・大覚寺派・醍醐派・智山派・豊山派・律宗が独立し、さらに一九〇七（明治四〇）年に東寺派・山階派・泉湧寺派・小野派が独立して統一真言宗は解体された。その後、真言宗各派による修史事業として、智山派が一九一一（明治四四）年に『成田山通志』を刊行した。これには近代成田山の五大事業（成田中学・成田図書館・成田幼稚園・成田高等女学校・成田感化院）に関しての記述がある。[7] 一九一四（大正三）年には、高野山の開創一一〇〇年を記念して『高野山千百年史』が刊行された。[8] 本書は、空海の誕生から大正までの歴史が記述されており、幕末・維新、明治・大正の時代の記述に、それぞれ三〇頁ほどがあてられている。

一九〇八（明治四一）年に『日本禅宗史要』が刊行されたが、この書には明治期の記述はほとんどない。[9] 一方、一九一〇（明治四三）年刊行の『浄土宗史要』は、「維新後の大勢」に一章をあてており、続く「本学教学の変遷」でも宗門関係学校の変遷がまとめられている。[10]「凡例」では、翌年の法然七〇〇回遠忌を控え、宗祖に報恩謝徳の微衷を表するためという刊行意図とともに、宗史大要を理解するためのテキストに供する目的も記されている。本書は、第五教校校友会文書部から刊行されており、著者の岩崎敲玄は第五教校の教授でもあった。第五教校は浄土宗設立の宗門校であり、一九一二（明治四五）年には東山中学校（現・東山高等学校）に改組している。

一九一一（明治四四）年は親鸞の六五〇回大遠忌にあたり、これを記念して同年に『真宗誠照寺派本山誠照寺史要』が、翌年には『専修寺史要』が刊行された。[11] ともに、親鸞出生より明治三〇年代までの両派の歴史が歴代宗主の事績を中心に略述されている。真宗本願寺派と大谷派の動向は後述する。

日蓮宗でも、一九一四（大正三）年になって『日蓮宗史要』が刊行された。[12] 宗門創立より明治末までが五期に分けて記述され、第五期を過渡期（明治以降）としている。著者の磯野本精は当時、日蓮宗大学中等科教授兼大学講師であった。本書の「凡例」には、明治維新前後の記述は日蓮宗宗務院前庶務課長・布施耀玄らに諮詢し、維新前後の宗規等は同院録事増田海圓らの提供を受けたと記されている。日蓮宗宗務院当局のバックアップをうけ、日蓮宗の機関誌を発行する日宗新報社から刊行された。

一九一五（大正四）年には、奈良東大寺大仏殿の修理落慶を祈念して『大仏及大仏殿史』が発刊された。[13] 奈良時代の創建以来の東大寺の歴史が概説されており、第二編が明治・大正時代の記述にあてられ、維新後の混乱を経て大仏殿の修理に至る経緯が記されている。

このように、一八九七（明治三〇）年前後より大正初年にかけては、数冊の宗史概説書が編まれた。この時期には、各宗派の記念法要の執行が相次ぎ、その記念として刊行される場合が多く、宗史教育のテキストとして編纂されたケースもあった。宗派主義が台頭するなかで、派内の結束と僧俗の帰属意識を促す意図があったと考えられる。

これら宗史概説書は、明治期の記述にそれほど多くの頁数を割いていないが、一九一六（大正五）年刊行の村上専精『真宗全史』は第五篇「明治年間の両本願寺」に一五〇頁をあてている。[14] 全体でも八〇〇頁をこえる大部のものであり、真宗の動向が中心であるが、明治初年の政府の宗教政策の概況にもふれられており、大正初期までの明治仏教研究を代表する成果と言えよう。このほか、大正末年までに刊行された寺史類で明治以降のことにふれているものに『善光寺史研究』『身延山史』などがある。[15]

四、『仏教史学』の創刊

明治仏教に関する研究は、仏教史学会が一九一一（明治四四）年四月に創刊した『仏教史学』によりはじまった。創刊号に掲載された「仏教史学会略則」には、次のように記されている。

一、本会は仏教史並に仏教史に関係ある史実を研究闡明するを以て目的となす。
二、本会は仏教史学会と名づけ、本部を東京に置く。
三、本会は『仏教史学』を編輯し、毎月発行所より発行せしむ。
四、『仏教史学』は仏教史並に仏教史に関係ある学説等を掲載するものとす。
五、本会の目的を協賛する者を会友となし、特に本会の発展に力を尽さるゝ者を特別会友とす（以下略）

明治四十四年四月　東京市本郷区駒込神明町三八三　仏教史学会
『仏教史学』発行所　東京市本郷区春木町二丁目二一　森江書店

創刊号には、辻善之助、平子鐸嶺、堀謙徳、今西龍、井上哲次郎、鷲尾順敬、長田偶得、南条文雄、富田斅純ら、仏教学・歴史学・美術史学の研究者の論説が掲載されている。同年六月発行の同誌三号彙報欄では、文部省に維新史料編纂会が設置されたことを報じ、その期待を次のように表明している。

客月九日文部省は維新史料編纂会の官制を発表せり。之と同時に総裁、副総裁各一人及び顧問七人の任命あり。文部省内にその事務局を設置し、局長及び委員等の任命も発表せられたり。明治維新は我仏教界に大なる影響を与へたるものなれば、吾輩は殊に神仏分離等に関する史料等も普く採集して、学者の研究に提供せらるゝに至らんことを期待せざるを得ず(16)

文部省に設置された維新史料編纂会は、その設置の前年（一九一〇（明治四三）年）に井上馨・山県有朋らが設立した民間団体彰明会を前身とし、その事業は、一九四九（昭和二四）年四月東京大学史料編纂所に引き継がれ現在に至っている。

仏教史学会は、維新史料編纂会の設置に大きな刺激を受けたようであり、一九一〇（明治四三）年七月発行の『仏教史学』上に、「稟告　明治初年廃仏毀釈の事実談を募集す」を掲載し、広く廃仏毀釈に関する情報の提供を呼びかけた。こうして、翌一九一一（明治四四）年四月発行の第二編第一号で廃仏毀釈の特集が組まれて以降、『仏教史学』誌上には、明治仏教に関する論文や史料紹介が毎号のように掲載されたが、一九一四（大正三）年三月発行の第三編第一二号をもって廃刊となった。

このほか、幕末・維新期に関する文献として、一九〇九（明治四二）年には、摂信上人遺稿編纂会編『摂信上人勤王語法録』（興教書院）が刊行され、一九二四（大正一三）年一〇月に発行された雑誌『解放』（大鐙社）の特大号『明治文化の研究』所収の島地大等「明治宗教史（基督教及仏教）」には、明治の宗教史が概説された。また、羽根田文明『仏教遭難史論』（国光社出版部、一九二五（大正一四）年）が刊行され、やがて一九二六（昭和元）年の『明治維新神仏分離史料』として結実した。しかし、『仏教史学』廃刊以後、一九三四（昭和九）年の『明治仏教』創刊まで、近代仏教史研究に関する本格的専門誌の刊行は途絶したようである。

五、真宗本願寺派の修史事業

戦前期に本格的な宗史の編纂に着手した宗派には、真宗本願寺派と大谷派とがある。

本願寺派の編纂事業は、一九一一（明治四四）年一〇月に龍谷大学図書館内に事務室が開設されスタートした。[17]同年一二月、編纂事業は執行所枢密課の所管とすることが達せられ、史料蒐集期と編纂期の前後二期に分けて『本願寺史』刊行を目指すこととなり、脇谷撝謙、鷲尾教導らが編集部員に就任し前期史料蒐集に着手した。[18]

翌年一月発行の『教海一瀾』（『本願寺新報』の前身紙）は、本願寺史編纂の事業を開始することを広告し、編纂部員が史料蒐集のため出張した際は協力することを門末に求めた。蒐集対象として例示された史料及び注意事項は以下の通りであった。

一、三業惑乱時代ヨリ明治維新前後及ヒ教導職廃止ニ至ル期間ニ於テ本山ニ奉仕若クハ地方各藩ニ於テ宗門ニ関シ功労アリシ者又ハ宗意上ノ異解者及ヒ本山施政ニ反対セシ者ノ伝記、本山及藩主ヨリノ賞罰、本人ノ日記、手控、聞書、並ニ本山対地方ノ関係等

二、維新前後ニ於ケル各藩ノ廃仏毀釈及ヒ各藩ノ宗門外護ニ関スル記録、聞書等

三、各地方ニ於ケル各宗派トノ交渉、訴訟事件等ニ関スル記録、聞書等

四、史料提出期限ヲ明治四十五年六月三十日マテトシ貴重書類ハ鄭重ニ保管シ調査済ノ上ハ還付ス[19]

その後、編集部員である脇谷、鷲尾らが本山内の史料調査を行い、各地からも史料が寄せられたようであり、一九一二（明治四五）年七月発行の『教海一瀾』に「本願寺史編纂概況」が報告されている。[20]それによれば、史料は（一）徳川時代以後明治時代、（二）中興（蓮如）時代以後徳川時代、（三）高祖（親鸞）以後中興以前の三期に分けて蒐集され、さらに第一期の明治以後を以下の三期に分けた。

第一期　一八六八（明治元）年以後、一八七六（明治九）年四月『本山日報』発刊まで

第二期　一八七六（明治九）年四月以後、一八八四（明治一七）年八月教導職廃止まで

第三期　一八八四（明治一七）年八月以後、一九〇三（明治三六）年一月前住（明如）没まで

報告では、古老の談話や当時の記録文書により、できる限り広く正確な史料蒐集に努めているが、特に第一期は史料が散逸し、その蒐集が難航しており、今後は編纂委員が地方に出向いて史料蒐集を行う予定であり、その

際の協力が要請されている。またその時点で、各地の末寺から蒐集した史料の一覧も記載されており、これらは現在も龍谷大学大宮図書館に所蔵されている。

しかし、当時の龍谷大学は、『仏教大辞彙』全三巻という辞書編纂の大事業も並行して行っており、本願寺史を編纂するまでに至らなかった。ただ、一九一二（明治四五）年七月に明治天皇が死去したため、同年『先帝と本願寺』が興教書院から刊行された(21)。この書の奥書には、興教書院編輯部の編纂と記載されているが、巻頭の「例言」には、「本願寺史編纂所にて、脇谷、鷲尾、西谷生しるす」とある。明治天皇と西本願寺との関係史が詳述されており、編纂所で蒐集した史料が活用されたようである。なお、一九一二（大正元）年には『先帝と東本願寺』も刊行されている(22)。こちらも、明治天皇と東本願寺との関係が編年体で書かれている。『先帝と本願寺』『先帝と東本願寺』とは明治期の東西本願寺の歴史を知るうえで貴重な史料である。

結局、西本願寺の本願寺史編纂は実現しなかったが、一九二六（大正一五）年七月、明如宗主の二五回忌を迎えるにあたって明如上人伝記編纂所が設置された。明如の伝記や関係史料は、一九〇三（明治三六）年の没直後から数点が刊行されていたが(23)、改めて本格的かつ詳細な伝記が刊行されることになり、前田慧雲が所長に就任し、編集員には痴山義亮・高木俊一・梅上尊融・松原深諦・柱本瑞俊・上原芳太郎・禿氏祐祥・佐々木慶成が任命・委嘱された(24)。情報の提供を呼びかけて各方面から史料が寄せられ、編集作業がスタートした。翌年の『明如上人伝』刊行までわずか一年足らずの編集作業であったが、一〇〇〇頁をこえる大部のもので、明治期の西本願寺の動向を全体的に把握するための基本的文献となっている(25)。

六、真宗大谷派の修史事業

一方、東本願寺の宗史編纂の契機も六五〇回遠忌法要であった。一九〇七（明治四〇）年、遠忌記念事業として真宗大学に宗史研究会が設置され、同大学の教職員・研究院生らが史料蒐集と研究活動に着手している(26)。一九一一（明治四四）年の六五〇回遠忌法要に際しては、全四五〇頁をこえる『本願寺誌要』が刊行された。第一編教義、第二編歴史、第三編現勢の構成で、第二編のなかに数頁ながら明治維新後の歴史にふれた箇所がある。[27]

一九二四（大正一三）年には、『大谷派近代年表』が大谷派本願寺編纂課から刊行された。[28] この年表は、侍董寮出勤の学師であった水谷寿と横田満との共著であった。侍董寮は、六五〇回遠忌法要の際に設置された宗義の研究機関である。本書巻末に加藤智学（侍董寮主事）が寄せた一文には、水谷と横田とは、明治維新前後の宗門史料を入手することが困難であることを遺憾に思い、年表を作成したとある。後にこの年表は、真宗教学研究所によって改訂され、一九七七（昭和五二）年に『近代大谷派年表』として刊行された。

『大谷派近代年表』刊行の三年後の一九二七（昭和二）年七月、宗史調査・研究のための常設の研究施設として、宗史編修所が大谷大学に設置された。このとき、以下のような宗史編修所規程が発布された。

第一条　大谷大学ニ宗史編修所ヲ付置ス
第二条　本所ハ宗典並宗史ノ編修及刊行ニ関スル事項ヲ掌ル
第三条　本所ニ宗典部宗史部ノ二部ヲ置ク
第四条　本所ニ左ノ役員ヲ置ク
　所　長　　一名
　顧　問　　若干名
　編修員　　若干名
　書　記　　一名（以下略）[29]

修史編修所のスタッフには、一柳知良教学部長が所長を兼務したのをはじめ、事務主任に圓山千之、書記に網田義雄が配属された。また編修員には日下無倫、可西大秀、岡崎正謙、水谷寿、濱田侍らが就任した。[30]

一九三二（昭和七）年一〇月から一九三四（昭和九）年四月にかけて大谷派の機関誌『真宗』に、修史編修所の編修員の一人、水谷寿の「明治維新以後に於ける大谷派宗政の変遷」が連載された。明治期の真宗大谷派の動向を知る上で貴重な資料であり、法藏館より刊行した拙著『明治前期の大谷派教団』(二〇一八年)に収録している。同じ一九三二(昭和七)年一一月には『宗史編修所報』が創刊され、編修員らの研究成果が掲載されるようになった。ところが、一九三七(昭和一二)年の組織改編により宗史編修所は消滅し、その事業は宗学院に継承された。『宗史編修所報』も、翌年三月発行の第一八号から『宗学院編修部報』と改題され、一九四一(昭和一六)年六月発行の第二八号まで刊行された。

また一九三九(昭和一四)年から一九四三(昭和一八)年にかけて、宗史編纂所は『東本願寺史料』全四巻を刊行した。

第一冊　自文化一四(一八一七)年、至天保五(一八三四)年　(達如時代)
第二冊　自天保六(一八三五)年、至嘉永二(一八四九)年　(達如時代・厳如時代)
第三冊　自嘉永三(一八五〇)年、至文久三(一八六三)年　(厳如時代)
第四冊　自元治元(一八六四)年、至明治元(一八六八)年　(厳如時代)

本書は、戦前における大谷派の宗史編纂事業の大きな成果と言えよう。しかし、一八六八(明治元)年までの史料掲載に止まり、近代に関する史料集は刊行されなかった。また、宗史を叙述した本編についても刊行されないまま、宗史編纂事業は戦争により中断した。

七、昭和初期の研究・宗派の動向

昭和に入ると明治仏教の研究に対する機運も高まった。一九二六(昭和元)年には、村上専精・辻善之助・鷲尾順敬が『明治維新神仏分離史料』を東方書院より刊行した。辻は、一九二九(昭和四)年に東京帝国大学史料編纂所の初代所長に就任し、一九三一（昭和六）年に『日本仏教史之研究』続編を金港堂書籍から刊行している。『明治維新神仏分離史料』には、明治初年の神仏分離の概況、政府の態度と仏教側の反応などが記述されている。一九三五（昭和一〇）年には、徳重浅吉編『明治仏教全集 第八巻護法編』（春陽堂）、徳重浅吉『維新政治宗教史研究』（目黒書店）も刊行され、明治仏教の研究は活性化の様相を呈した。

仏教雑誌も明治仏教特集を企画刊行した。一九三〇（昭和五）年八月に『龍谷大学論叢』が明治仏教研究特集号を出し、一九三三（昭和八）年七月には『現代仏教』（現代仏教社）が創刊一〇年を記念して明治仏教の研究・回顧特輯号を発行し、明治仏教への関心の高まりを促した。

宗史関係として、真宗本願寺派では前述の『明如上人伝』が刊行され、前後して『革正秘録光尊上人血涙記』など、明如の関連書籍が数点刊行された(31)。この時期には、『革正秘録光尊上人血涙記』のような宗政史の裏面史を記した書籍も刊行されるようになった。一九二九（昭和四）年刊行の『宗門秘史曹洞宗政末派運動史』もそうしたものの一つであり、曹洞宗の近代宗政史を知る上で貴重な文献である(32)。

このほか、真宗大谷派のものとして、一九三二（昭和七）年に水谷寿が『真宗』に連載した前述の「明治維新以後に於ける大谷派宗政の変遷」があり、日蓮宗関係としては、一九三八（昭和一三）年刊行の『祖道復古』が注目される(33)。日蓮宗は、一八七四（明治七）年に日蓮宗一致派と日蓮宗勝劣派に分裂し、一八七六（明治九）年に一致派が日蓮宗を称したが、一八八八（明治二一）年に宗務院が宗規改良案を提示したことをめぐって、身延山総本山への権限一局集中を主張する改革党に対抗して、京都八本山（本圀寺など）を中心とする本山同盟党が旧来の本山の権益保全を訴え、両者の抗争が激化した。その後も宗内の対立が長く続いたが、約五〇年を経て和解が成立し、一九三八（昭和一三）年に祖廟中心制度確立奉告大慶典が執行された。これを記念して、日蓮宗宗務院が編纂したのが『祖道復古』であり、本書には明治以降、同宗が祖廟（身延山久遠寺）中心制度確立に至る苦難の歩みがまとめられている。

昭和期にも、引き続き記念法要に関わって、『成田山史』『東大寺史』などの宗史が刊行されたが(34)、この時期の宗史関係刊行物としてより重要なのは、詳細な年表が作成されたことであろう。前述の一九二四（大正一三）年の、

『大谷派近代年表』を皮切りに、『豊山年表』(一九二八〈昭和三〉年)、『真言宗年表』(一九三一〈昭和六〉年)、『日本禅宗年表』(一九三四〈昭和九〉年)、『曹洞宗大年表』(一九三五〈昭和一〇〉年)、『日本天台宗年表』(一九三七〈昭和一二〉年)、『浄土宗大年表』(一九四一〈昭和一六〉年)、『日蓮宗年表』(一九四一〈昭和一六〉年)などが次々に刊行された[35]。これら年表の多くは刊行の一、二年前までの歴史的事項が記述されている。戦後に記述時期等が追加更新され、改訂版が刊行されているものも少なくない。

また、刊行に際して、豊山派史料編纂会(『豊山年表』)、日蓮宗史料編纂会(『日蓮宗年表』)のように、史料編集会を宗派で設置しているケースもあり、宗派の関係史料編纂に向けた意識の高まりもうかがえる。

八、友松圓諦と明治仏教史編纂所の開設

明治仏教の調査・研究機関として、忘れてならないのが明治仏教史編纂所であろう。明治仏教史編纂所が広く各宗派の関係者の協力を得て、貴重な文献資料を蒐集・保存した意義はきわめて大きい。

明治仏教史編纂所の設立を提唱し、その事業を推進した友松圓諦は、一八九五(明治二八)年四月一日、名古屋市中区矢場町若宮裏に友松勝次郎・つねの次男として生まれた。一九〇四(明治三七)年一二月上京し、伯父で東京市深川区三好町安民寺(浄土宗)の住職であった友松諦常の養子となった。一九〇七(明治四〇)年一二月に小学校卒業後、芝中学に入学。その後、宗教大学を経て一九二四(大正一三)年に慶應義塾大学文学部史学科を卒業した。この間、一九一七(大正六)年には安民寺住職を継職した。一九二七(昭和二)年四月に大正大学講師に就任し、同年九月に欧州へ留学し、ドイツ・ハイデルベルク大学、フランス・ソルボンヌ大学で学んだ。一九三一(昭和六)年四月に帰国後は、翌七年四月に仏教法政経研究所を設立し、八月に明治仏教史編纂所の設立に関わり、代表理事に就任した。

一九三四(昭和九)年三月、ラジオ放送で二週間にわたり『法句経』を講義したことが反響をよんだ。同年には高神覚昇と全日本真理運動を興し、翌年一月、雑誌『真理』を創刊した。一九四五(昭和二〇)年四月に

大正大学仏教学科長・史学研究室主任となり、一九四七（昭和二二）年に神田寺を創建し、同寺を一宗一派に属さない寺とするため翌年浄土宗を離脱した。一九五四（昭和二九）年に全日本仏教会初代事務総長に就任し、一九七三（昭和四八）年三月に仏教の大衆化に尽くした功績で仏教伝道文化賞を受賞したが、同年一一月に没した[36]。

友松が、明治仏教史編纂所の設立を発起したのは、フランス留学中に指導を受けたシルヴァン・レヴィ（Sylvain Lévi〔烈維〕、1863―1935）の影響を受けてのことであった。レヴィは、欧州フランスを代表する東洋学者・インド学者であり、コレージュ・ド・フランス（Collège de France）サンスクリット教授、高等研究実習院（École pratique des hautes études）宗教研究科部長などを歴任した。三度にわたって来日しており、日仏会館の初代学監をつとめ、日本文化・日本仏教にも強い関心を寄せていた。高楠順次郎と仏訳仏教辞典『法宝義林』の刊行も手がけた[37]。

友松は、一九二九（昭和四）年暮れから一九三一（昭和六）年二月までレヴィのもとで学び、その際に次のような助言を受けたと回想している。

お前はわざわざインドの古代の勉強をしているけれども、そんなものは充分資料はないんだ。明治時代がいちばん的確な資料は豊富だから、お前帰ったら、明治関係の仏教資料を集めてみたらどうか[38]。

友松は、帰国した翌年の一九三二（昭和七）年秋から事業具体化に向けて着手したようである。『明治仏教』第二巻第四号に掲載の「明治仏教史編纂所の事業」には次のように記されている。

趣旨　昭和仏教の近い胎生期である明治仏教年間に於て、盛んに活躍された長老元勲の見聞を整理する今が最後の時期であること。此時代の文献資料類が散逸して手に入り難くなつてゐること。今日は明治仏教界の足跡を省みて、奮起清算、反省を要すること等を理由として、宗派的偏見を去つて和合協同して進むべき指標として明治仏教史の編纂が、計画されました。
創設　昭和七年の秋から発願されて、八年一月準備委員会が成立し、三月一日に事務所を開設して今日迄、資料蒐集にあたつてきました。（以下略）

明治維新より六〇年以上が経過し、明治仏教に大きな足跡を残した人物が次々に世を去りつつあった。[39] また当時は、昭和恐慌により階級闘争が激化し、反宗教運動が高揚していた。廃仏毀釈という危機的状況を明治仏教がいかに克復してきたかということに、改めて関心が高まったと考えられる。

友松が宗派をこえた協力を呼びかけたことも重要であった。この呼びかけに応えて、一九三三（昭和八）年一月二四日に小石川伝通会館に境野黄洋、高嶋米峰、加藤精神ら三〇名が集まり、編纂準備委員会の創立を確認し、明治仏教史を編纂した場合の編目、巻数、編集方法、経費などを検討した。同月三〇日には、京都市四条寺町万養軒に禿氏祐祥、徳重浅吉、江藤徴英らが発起人となって二〇名ほどが集まり、西部委員会が発足した。こうして翌年三月一日には、東京銀座の菊池ビル三階に明治仏教史編纂所が開設された。[40]

九、明治仏教史編纂所の事業と雑誌『明治仏教』

明治仏教史編纂所本部では、名誉所長に井上哲次郎、所長に境野黄洋が就任し、友松圓諦が代表をつとめた。境野が一九三三（昭和八）年一月に没した後は、常盤大定が所長となった。また本部内の東京編纂所、京都市東山中学校内に京都編纂所、大阪市法音寺内に大阪編纂所を置き、各所の役員は以下の通りであった。

東京編纂所　主事　増谷文雄　所員　上坂倉次　吉田（緑川）光覚　牧野内寛清
京都編纂所　代表　禿氏祐祥　主事　小笠原宣秀
大阪編纂所　代表　中井玄道　主事　桃野春興[41]

また編纂員に禿氏祐祥、徳重浅吉、友松圓諦、増谷文雄、藤原猶雪、藤本了泰、江藤澂英、浅野研真らが選任され、理事には各宗派の有力者が名を連ねた[42]。

当初の計画では、五年間で『明治仏教史』全一二巻の刊行を目指しており、最初の二年間で史料の蒐集・分類・整理を行い、後の三年間で刊行に移ることになっていた。その内訳は、第一巻通史編、第二巻学史編、第三巻文献編、第四巻布教教育編、第五巻社会事業社会運動編、第六巻法制経済編、第七巻宗史編、第八巻寺誌編、第九巻人物編、第一〇巻芸術習俗編、第一一巻地方史編、第一二巻統計年表索引編であり、一巻あたり一〇〇〇頁程度を想定していた[43]。

仏教界の碩学を動員した壮大な計画であり、各宗派も支援し、真宗本願寺派・大谷派が三〇〇円、曹洞宗・浄土宗が二〇〇円、真言宗豊山派・同智山派・日蓮宗・天台宗等が一〇〇円を寄付し、知恩院や有力寺院からの寄付も寄せられた。一口一〇〇円で編纂刊行助成費の応募も募り、納付者には『明治仏教史』全一二巻を贈呈することとし、一〇〇口ほどの申込みがあった。

史料蒐集は、主に友松と吉田光覚が担当し、友松は各地を出張講演に訪れた際に近隣寺院をまわり史料蒐集につとめた。また仏教関係雑誌にも史料蒐集に関する広告を掲載して、多くの史料が提供された[44]。こうして蒐集された仏教関係の新聞雑誌約二六〇〇冊の目録が、一九三四（昭和九）年七月に『明治年間仏教関係新聞雑誌目録』として刊行された[45]。また明治仏教史編纂所に明治仏教研究会が付設され、翌月、機関誌『明治仏教』を創刊し、編輯員らの研究成果が公表され、一般の明治仏教研究意欲を刺激した。明治仏教研究会は、一九三七（昭和一二）年に牧野内寛清『明治仏教史上に於ける新居日薩』も刊行している[46]。

さらに明治仏教史編纂所は、全国の主要な都市で明治仏教談話会を開催し、情報の蒐集につとめるとともに、地方に明治仏教研究の輪を広げた。一九三四（昭和九）年頃に明治仏教談話会事務所は、東京の本部を含め以下の一六ヶ所に開設されていた。

(1)東京市京橋区銀座　菊池ビル
(2)京都市伏見区深草藪内　禿氏祐祥方
(3)名古屋市中区御園町　福田正治方
(4)福島市清明町真浄寺　網代智高方
(5)大阪市天王寺区生玉前町　法音寺方
(6)浜松市中沢常楽寺　山本頼憧方
(7)清水市江尻江浄寺　鶴谷俊了方
(8)神戸市南仲町永福寺　伊藤光信方
(9)豊橋市東田町大蓮寺　市川修誠方
(10)福島県白河町龍蔵寺　橋本龍空方
(11)栃木県宇都宮市清水町　清厳寺方
(12)長野県長野市元善町　白蓮坊内
(13)長野県埴科郡松代町　大英寺内
(14)長野県上高井郡須坂町　圓光寺内
(15)宮城県仙台市新坂通　昌繁寺内
(16)群馬県高崎市九弘町　正法寺内(47)

おわりに

戦時色が強まると、次第に明治仏教史編纂所の活動は停滞していった。藤本了泰や江藤徴英ら編纂員のなかで死去する者もあり、友松自身も真理運動が多忙をきわめ、予定通りに『明治仏教史』は刊行されなくなった。

一九四二(昭和一七)年四月一八日に東京が初空襲を受け、全国一〇〇名以上の有志から寄せられた貴重な史料は、銀座の編纂所から、芝公園内の妙定院倉の二階を借用して移された。一九四三（昭和一八）年に入ると、戦意高揚の一翼をになうため、護国勤王、憂国、護法などに主眼を置いて全二〇巻ほどの『明治仏教史』編纂計画が改めて発表され、さらに「勤王僧伝」全九巻に変更された[48]。

戦後、明治仏教史編纂所の史料は、一時、大正大学に移され、さらに一九四七（昭和二二）年に神田寺が創建されてからは同寺に移して事業が再開された。一九七二（昭和四七）年八月には、所蔵する新聞雑誌七二八種、和漢図書三、四一一冊（仏教関係二、七〇一冊、その他一、三四〇冊）を整理記載した『明治仏教史編纂所蔵目録』が刊行され、これを機会に所蔵史料が公開されるようになった[49]。

ところが、翌一九七三（昭和四八）年一一月に友松が没し、その事業は次第に停滞していったようである。現在、明治仏教史編纂所の所蔵史料は、友松の母校である慶應義塾大学の附属研究所斯道文庫に移され、一般にも公開されている。しかし、友松が目指した明治仏教の史料蒐集事業の継続と、宗派に偏らない明治仏教史の編纂事業を引き継ぐ者がいなかったことは残念でならない。

〔註〕
（1）櫟太仙編『藹々華甲記』大内青巒居士還暦祝賀会事務所、一九〇五（明治三八）年。
（2）『仏教史林』の刊行意義に関して、『天則』第七編第四号、一八九四（明治二七）年四月は、雑報欄で「史学の風潮仏教界に入る」と題して次のように評している。
哲学流行の時代は去りて、印度哲学の名漸次至り、文学流行の時代は去りて、仏教と戯曲の関係を講ぜんとするもの亦漸く少し、而して新たに起れる史学の風潮は、仏教家をして仏教の歴史的研究を要することを知らしめぬ、其の第一着として世に現はれたるものを、村上専精師の「仏教史林」となす、
（3）「明治仏教史料」『仏教史林』第一編第一二号、一八九五（明治二八）年三月。
（4）田島象二『日本仏法史』三浦兼助、一八九二（明治二五）年。
（5）西村兼文編『真宗年表』櫻山信時ほか、一八八一（明治一四）年。

（6）富田斅純『真言宗史綱』森江書店、一八九六（明治二九）年。
（7）成田図書館編・発行『成田山通志』一九一一（明治四四）年。
（8）高野山金剛峰寺記念大法会事務局編・発行『高野山千百年史』一九一四（大正三）年。
（9）孤峰智璨『日本禅宗史要』貝葉書院、一九〇八（明治四一）年。
（10）岩崎敲玄『浄土宗史要』第五教校校友会文書部、一九一〇（明治四三）年。
（11）三田村清編『真宗誠照寺派本山誠照寺史要』誠照寺、一九一一（明治四四）年。高田派専修寺遠忌法務院文書部編・発行『専修寺史要』一九一二（明治四五）年。
（12）磯野本精『日蓮宗史要』日宗新報社、一九一四（大正三）年。
（13）鷲尾隆慶・平岡明海編『大仏及大仏殿史』奈良大仏供養会、一九一五（大正四）年。
（14）村上専精『真宗全史』丙午出版社、一九一六（大正五）年。
（15）善光寺史研究会編『善光寺史研究』公友新報社、一九二二（大正一一）年。身延山久遠寺編『身延山史』身延教報出版部、一九二三（大正一二）年。
（16）「維新史料の編纂」『仏教史学』第一編第三号、一九一一（明治四四）年六月。
（17）龍谷大学編『龍谷大学三百年史』龍谷大学出版部、一九三九（昭和一四）年、年表五二頁。
（18）『本山録事』一九一二（明治四五）年一月一日。「本願寺史編纂」『教海一瀾』第五〇五号、一九一二（明治四五）年一月一日。
（19）「広告」『教海一瀾』第五〇六号、一九一二（明治四五）年一月一五日。以後、第五〇七号、第五〇八号にも掲載された。
（20）「本願寺史編纂概況」『教海一瀾』第五一八号、一九一二（明治四五）年七月一五日。
（21）興教書院編輯部編『先帝と本願寺』興教書院、一九一二（大正元）年。
（22）内記龍舟・猪飼法量『先帝と東本願寺』法藏館、一九一二（大正元）年。
（23）護法居士『明如上人御伝記』便利堂、一九〇三（明治三六）年。野澤活門『本願寺御法主明如上人御実伝』此村彦助、一九〇三（明治三六）年。清水堂月編『明如上人御消息集並御実伝』文明堂、一九〇三（明治三六）年。富井隆信『明如上人御一代略伝』興教書院、一九〇三（明治三六）年。國光社編『明如上人遺芳録』國光社、一九〇三（明治三六）年。堅田広吼編『むつのはな 本願寺二十一世明如上人遺稿抄』本願寺、一九〇三（明治三六）年など。

(24)「明如上人御伝編纂に就て」（編纂委員上原芳太郎謹話）及び「明如上人御伝記編纂」（どちらも『教海一瀾』第七二〇号、一九二六（大正一五）年七月三一日）。「明如上人伝記編纂所規程」及び「任免辞令」（どちらも『本山録事』一九二六（大正一五）年七月三一日）。

(25) 明如上人伝記編纂所編『明如上人伝』明如上人廿五回忌臨時法要事務所、一九二七（昭和二）年。

(26)「宗史研究会」『中外日報』一九〇七（明治四〇）年七月一七日付。『無尽燈』第一三巻第九号、一九〇七（明治四〇）年九月所収、「彙報」欄。

(27) 大谷派本願寺誌要編輯局編・発行『本願寺誌要』一九一一（明治四四）年。

(28) 水谷寿・横田満『大谷派近代年表』大谷派本願寺編纂課、一九二四（大正一三）年。

(29)『真宗』第三一一号、一九二七（昭和二）年九月所収、「達令」欄。

(30)『宗史編修所報』第一号、一九三二（昭和七）年一一月所収、「後記」網田記。

(31) 三島了忠『革正秘録光尊上人血涙記』昭和出版社、一九二九（昭和四）年。このほか明如に関する書籍は、本願寺派本願寺編・発行『明如上人御消息集』一九一九（大正八）年。柱本瑞俊編『明如上人日記抄』本願寺室内部、一九二七（昭和二）年。護持会財団編・発行『棋窓余芳』一九二七（昭和二）年。後藤了海『明如上人と津村別院』津村別院、一九二八（昭和三）年。上原芳太郎編『明如上人遺文抄』本派本願寺、一九三五（昭和一〇）年。上原芳太郎『明如上人畧年表』真宗本願寺派護持会財団、一九三五（昭和一〇）年など多数にのぼる。

(32) 奥村洞麟『宗門秘史曹洞宗政末派運動史』公正社、一九二九（昭和四）年。

(33) 日蓮宗宗務院編『祖道復古』竹田智道、一九三八（昭和一三）年。

(34) 新勝寺編『成田山史』成田山開基一千年祭事務局、一九三八（昭和一三）年。平岡明海編『東大寺史』華厳宗東大寺、一九四〇（昭和一五）年。

(35) 荒木良仙・守山聖真編『豊山年表』豊山派史料編纂会、一九二八（昭和三）年。守山聖真編『真言宗年表』豊山派弘法大師一千百年御遠忌事務局、一九三一（昭和六）年。森慶造編『日本禅宗年表』龍吟会、一九三四（昭和九）年。大久保道舟編『曹洞宗大年表』仏教社、一九三五（昭和一〇）年。渋谷慈鎧編・発行『日本天台宗年表』一九三七（昭和一二）年。藤本了泰編『浄土宗大年表』大東出版社、一九四一（昭和一六）年。稲田海素編『日蓮宗年表』日蓮宗史料編纂会、一九四一（昭和一六）年。

(36) 友松圓諦の経歴に関しては、友松諦道・山本幸世編『人の生をうくるは難く 友松圓諦小伝』真理運動本部、一九七五（昭和五〇）年所収、巻末「年譜」。大橋俊雄『浄土宗仏家人名事典　近代篇』東洋文化出版、一九八一（昭和五六）年を参照。

(37) 「シルヴンレヴィ氏略歴」『現代仏教』第五巻第五号、一九二八（昭和三年）五月。浅野研真「逝けるシルヴァン・レヴィ教授」『国際仏教通報』第一巻第九号、一九三五（昭和一〇）年一二月。鷹谷俊之『東西仏教学者伝』華林文庫、一九七〇（昭和四五）年、七三～七四頁。

(38) 前掲『人の生をうくるは難く 友松圓諦小伝』七二～七三、七七頁。

(39) 例を挙げれば、昭和に入って以下の仏教者が世を去っている。南條文雄・島地大等（一九二七〔昭和二〕年没）、九條武子・鷲尾教導（一九二八〔昭和三〕年没）、村上専精（一九二九〔昭和四〕年没）、前田慧雲・木村泰賢・竹田黙雷・土川善澂・干河岸貫一（一九三〇〔昭和五〕年没）、本多日生・石川舜台・弓波瑞明（一九三一〔昭和六〕年没）、境野黄洋・渡辺海旭・北野元峰（一九三三〔昭和八〕年没）、忽滑谷快天・権田雷斧（一九三四〔昭和九〕年没）。

(40) 前掲『人の生をうくるは難く 友松圓諦小伝』七八～八一頁。

(41)（42）（43）「明治仏教史編纂所の事業」『明治仏教』第二巻第四号、一九三五（昭和一〇）年四月。「明治仏教史編纂所紀要」明治仏教史編纂所編『明治年間仏教関係新聞雑誌目録』一九三四（昭和九）年〔どちらも本書収録〕。

(44) 註（40）参照。

(45) 前掲『明治年間仏教関係新聞雑誌目録』。

(46) 牧野内寛清『明治仏教史上に於ける新居日薩』明治仏教研究会、一九三七（昭和一二）年。

(47)「各地明治仏教談話会事務所」『明治仏教』第三巻第一号、一九三四(昭和九)年一二月。

(48)前掲『人の生をうくるは難く　友松圓諦小伝』一四二～一四四頁。戦時下に友松は「勤王僧伝」全九巻の原稿を執筆しており、その第一巻『僧月照伝』は、一九七五(昭和五〇)年に至って、友松圓諦・友松圓諦遺稿刊行会編『月照人・思想・歴史』『月照　資料篇』(音羽山清水寺)として刊行された。

(49)前掲『人の生をうくるは難く　友松圓諦小伝』二六七～二六八頁。明治仏教史編纂所(代表・友松圓諦)編『明治仏教史編纂所蔵目録』一九七二(昭和四七)年。

『明治仏教』総目次

一、本総目次は、『明治仏教』掲載論文、記事、広告などを詳細に収録することに努め、目次にない項目も記載した。また編者による補足は〔　〕で表記した。
一、仮名遣いは原文のままとし、旧漢字表記が通例となっている一部姓名を除き、新漢字、正字にあらためた。
一、明らかな誤植、誤字以外は原文のままとし、人名その他もあえて統一していない。ただし漢数字などの表記は、統一をはかるため一部修正した。
一、標題は本文、目次から適切と判断されるものを選択した。
一、出版物広告は、書名のみを各号末尾に一括して記載した。
一、第三巻第八号（通巻第二四号）〔一九三六年八月一日〕は入手できなかったため、収録していない。

第一巻第四号（通巻第四号）

一九三四（昭和九）年一一月一日発行

第一巻第五号（通巻第五号）

一九三四（昭和九）年一二月一日発行

《わ》

『明治仏教』執筆者索引

・本索引は、『明治仏教』記載の執筆者名を五十音順に配列した。
・表記は、本巻頁数(巻数、号数)の順とした。
〈例〉 247(3-10)→本巻247頁記載(３巻10号)
・旧漢字表記が通例となっている一部姓名を除き、新漢字、正字とし、明らかな誤植はあらためた。
・姓名の判明する者はその姓名を記し、号・異名・通称などは( )内に記した。
・当該頁に執筆者名が無くとも、目次を参照して掲載した。

昭和九年七月三十日印刷
昭和九年八月一日發行
第一卷第一號（毎月一回一日發行）

明治佛教

創刊號

目次

佛教改革運動者の横顔

上坂倉次

明治維新とともに大動揺を受けた佛教界は、其の教理に於ては、西洋哲學の結託によつて、反省的研究を促されて幾分影響を蒙り、さらに原坦山、井上圓了等による佛教の理論的根據づけに生氣を取戻したが、それと共に、無氣力無自覺の僧侶界へ投げかけた波紋は、佛教改革の免かるべからざるものであるとの感を起さしめずにはおかなかつた。北畠道龍は眞宗を改良して新佛教を興さんと擬し、水谷仁海、田中智學、曹洞の大道長安等の人々も亦佛教改革を唱へ、或は大道説教に或は演説講議によつて新教理なるものを宣布し一派を組織せんとした。

これ等の佛教改革運動者のうち、其の改革主旨をもつて今日に命脈を有するものは、大道長安の救世教の系統を繼ぐものと、今尚ほ生存し、既に昔日の面影は乏しきも叫びをつゞける田中智學とその一派の外には、一朝の發揚を殘して消え去つた。

北畠道龍は明治十二年眞宗本派本願寺本山の改革を策して成らず、歐州に遊學歸朝後は、獨逸語交りの演説をもつて教界改革をつゞけ、水谷は自ら「仁海大菩薩」の大旗をかざして大道演説に改革の雄叫びをなし、田中亦然り、前三者につゞいて、明治十九年六月、長野縣長野町に於て救世會を設立し、救世教の開宗を宣言した曹洞宗の大道長安は、僧籍脱却願を出して（十一日）より積極的に宗義宣揚の運動に看手した。翌二十年二月には越後の長岡を發して十九日着京するや、その足をもつて、井上圓了、北畠道龍等を訪問して、敬意を表した。其の會談の内容は明瞭でないが、翌々廿二年九月再度の上京の折には、前二者の外に水谷仁海、田中智學等を歷問して、自己の新宗開立の要旨を述べ、佛教改革運動に倚る者として相互諒解を求め、尚ほ提携せんことの約を結んだらしい。爾來、北畠、水谷とは特に親しく、其の指導を仰いで運動をつゞけた。九月上京時の書簡には、「東京は、歩々黄金なり、黄金なければ志を得ず、仁海菩薩も行乞して漸く水害の民を救助せらる、誠に窮策と謂ふより外なし、中略、佛教も外教も左程目醒しき活動を見ず、想ふに暫時政熱を避けて、休息する姿に候（大道長安仁者全集稿本一、〇一四頁）」と述べ改革の苦辛を共感したらしい。

　彼を通じて當時のほゞ時を同じうした佛教改革運動者は互に意を通じてゐたらしいことがわかる。北畠の本願寺改革運動は何故失敗に終つたか、その一因は千河岸貫一の自叙傳に見えた如くであつたであらう。

「和敬會」運動に就て

牧野内寛清

（1）

　維新の激變に伴ひ、德川封建末期から高揚され來つた神道思想は、遂に元年の廢佛棄釋を生み、三條教則强制時代、所謂大教院時代を現出した。この時「外遊ノ臣」默雷は嚴重なる抗辯を試みた。即ち「朝廷新ニ教部省ヲ置カル、至仁民ヲ諭スノ聖慮感泣奉戴ノ至リニ堪ヘズ、然而省令ノ出ル所、臣頗ル解セザル者アリ」（大教院分離建白書）と、蓋し此佛教擁護の建白書は、明治に於ける理智的佛教護持運動の濫觴であつた。

　而して十年教部省が廢止せられて佛教壓迫の手が止む迄は、積極的佛教宣揚の暇はなく寧ろ專ら對政府への防衛抗議に忙しかつたのである。然るに、此の政治的迫害期が過ぎるや、六年公許以來雌伏潜勢、待機持續の容にあつた基督教は、猛然宣教を開始し、佛教の法陣へ堂々肉迫侵蝕を試みて行つた。されば外人宣教師にて僧侶の教筵に望み法義を問ふ者も出でゝ來た事は當然である。然るに、此れを以て、自負心を起し「學びゑし教の法を異國の人におしふる時ぞ來にける」（明教新誌四八四號）と、彼等を恰も佛門に降つたかに考ふる者もあつたが、事實は維新後に於ける第二の强敵出現であつたのである。その事は、十年代に於ける多くの駁耶の演説、抗耶の書及び新聞紙上に於ける「洋教」排擊論の喧囂たるを見れば明かである。

　さればこの佛教累卵の危機を救ふべき具體的新運動は當然起らねばならなかつた。而して、それはまた無力なる教界一般の待望でもあつたのである。

二

　この事は、必然に「佛法護持」「外教排擊」を標榜せる幾多の有力諸體を生むに至つたのである。即ち一例を示せば「霧海南針」の著者能仁柏巖等の起せる「敵唱會」の如きは持戒清潔の宗匠に乏しきより歸嚮隨つて減じ、檀越亦支離するに至るの外あらざるなり。此隙に乘じ匪教競ひ起り壽南萬里の翼を伸べ其志を遠大に逞しふせんと欲す實に危急存亡の秋なり」（敵唱會修德同盟清規緒言）と叫びをあげ、其他淨土の時習會、興信會、臨濟の憂教會、介石の憂國社、又超個人、超宗派的な諸宗同盟會或は和敬會等々が簇出し、其規模に於ける若干の差、スローガンの小異はあれど、何れも護教の思想に變りは無かつた。

　而して、此等諸團體の中、特に和敬會は、當時の教界に於ける代表的人材を多く有し、勝義正法、世俗正法の學と實踐との名實兼俱せる異色ある存在であつて、これが、社會一般に與へた影響と佛教振作に盡した力は大きい。

（2）

　凡そ集團の發展と永續の可能性は、其所成員の如何によつて決定せられる。集團主義時代に構成せられたる、諸々のグループは、亦それぞれの特質によつて存在の理由を必然化されたものではあるが、時代の社會意識に强くタッチし、アクデイブな運動性をもつもの以外には結局輕佻な存在となり乃至煙滅の悲運を見る。

だがこの事は、和敬會の場合には當て嵌らない。

それは量質共に遙か他集團を凌駕してゐたからである。例せば、曹洞の秦義應、瀧谷琢宗、辻顯高、眞言の釋雲照、吉堀慈恭、天台の村田寂順、唯我韶舜、日蓮の新井日薩、淨土の福田行誡、眞宗の島地默雷等の學侶政僧、或は大内青巒、神原精二、干河岸貫一の如き外護の名士にして、何れも當代屈指の居士傑僧でゐつた。それ故恰も和敬會の陣容は、明治教學界の中樞的人材網羅の感を呈し、超宗派的大同團結の偉容を示してゐたのである。

されば其の規約宣言の如き、誇大狹量寛嚴其の要を得て、充分その社會性實踐性に富めるものがある。即ち今長文の宣言を摘出せば、

『……合併教院一タビ解散セシヨリ以來、各宗僧寶ノ其道ヲ以テ協同集會スル者、亦再ビ之アルヲ聞カズ、我輩亦甚タ法門ノ爲ニ之ヲ惜ム。然而シテ方今世間ノ景況ヲ觀ルニ、各種ノ學者諸方ノ紳士、或ハ其道ヲ同フスルヲ以テ會シ、或ハ異門外學相混ジテ集リ、曰ク……何、ソノ幾十種ナルヲ知ラズ。而シテ官マダ東京學士院ヲ置キ、諸道ノ學士ヲ會シテ共ニ其道ヲ講究セシム。然ルニ退イテ我教家ノ情態ヲ顧ミレバ、各々再ビ門戸ノ見ヲ張リ、和スベキニ和セズ、敬スベキヲ敬セズ、人我相爭ヒ昆弟相鬩ク、鳴乎今日天下僅ニ無事、而シテ排佛棄釋ノ説漸ク將ニ其聲ヲ絶ントス。況ヤ諸宗諸派各々其宗規ヲ正シ、其派ヲ釐メ、當ニ分別スベキ所ノ者ハ皆已ニ分別セシナルベシ。是時ニ當リテ其和スベキヲ和シ、其敬スベキヲ敬シ、以テ同道共奉ノ眞情ヲ盡サズンバ、其レ何ノ時カヨク和敬ノ道ヲ盡スヲ得ンヤ。在東京ノ各宗道俗夙ニ此ニ見ルコトアリ、有志者十數名協合シテ其名ヲ和敬會ト稱シ、毎月必ズ相會シテ共ニ道義ヲ盡サントス」云々(明教新誌八四九。傍點筆者)と。

蓋し明治最初期の政治的受難の際に於ける大同精神の復興を見る。この事は、教部省廢止以後、佛教々界の徒らにセクト化し、對洋教への闘志欠除を憂ふるの結果であつたのである。而も其規約は「會員タル者、固ヨリ其緇素ヲ擇バズト雖モ、必ズ學佛修道ノ人ニ非ザレバ其入會ヲ許サズ」(規約第二條)と嚴たる矜持を保つてゐた。「學佛修道ノ人ニ非ザレバ」と强張する點、實にその眞劍味の溢る、處を知る。而もこの掟は終始嚴守され、月一定の時日には必らず研究討論演説が行はれ、堅實に發展の歩みを進めた。

(3)

然るに内容の充實と共に、漸次社會的進出を試みんとする議案が提出され、内にあつて、四教義等の如き共礎的教學の知識を養成する傍ら、十四年七月以降、明治會堂、青松寺等に於て、公開演説を行ひ、大衆的に佛教宣場の實動を開始したのである。從つて此事は、教界の内外に輿論と絶讃の聲を呼び、殆ど全國的に各處から會員の派遣出張を乞ふて其地の教勢發展に資せんとする向が起り、餘儀無く、新宿町西念寺へ神原、干河岸の兩名の派遣を手初めに東西各處の望みに應ずるに至つたのである。

三

此等の脉々たる運動の一々は、此の小紙面には省略するが、當時恰も和敬會の機關紙の處觀を呈してゐた教界唯一の新聞、明教新誌に明なところである。

されば其運動の反響亦尋常ならず、讃否の評論は至る處に揭げられた。例へば、明教新誌に於ける「佛教演説の急務たるを論す」(一、四五〇)、「佛教當路の有志諸君に告ぐ」(一、二一九)の如き讃美拍車をかくるもの、或は「西洋流なるを排す」(一、二四五)の非難をあぐるもの、更に十五六年の頃に至つて會員の增加と質的底落を來すに及んでは、攻擊論難も亦手ひどきものが現れて來てゐる。即ち、芝寄寓の某禪師の辯として「此頃東京大學生某小生を訪ひ、談佛教演説に及び候處、生曰、近來演説者、神原、島地、大内の三氏を除く外は、何れも各宗中學林の生徒と見へ不辯は宜しけれど、引證典據の如き……其非を發見する事往々にして」云々(一、四六一)とあるが如き大部分の和敬會員を中學生扱ひにして居るもの、或は亦、「佛教演説の利害」(一、五四八)と題して「勸工場」の流行に比較して論難せるものが續出し、或は亦、「佛教演説會」を利用して當時旺んなりし「政談演説」を試みる者などが現れて若干不純なる警戒の眼を向けらるゝに至つたのである。

されど此等の事柄は斯會の存在をして何等傷くるものではなかつた。而してかゝる間に、益々會の社會的價値は高まりつゝあつたのである。即ち、斯會の福田行誡は島田蕃根、色川誠一等と共に縮刷大藏出版の首腦となつて其業績を擧げ、釋雲照は、「大日本國教論」「宗教邪正辯」を著はして、佛教界の爲に氣焔を吐き、亦、一方神原居士を中心に「佛教演説集誌」「二葉新誌」等を發行して、教線の擴大

四

を圖り、今釋迦尊者と云はれた青年會員加藤惠證は「佛教演説指南」二千部を著作して江湖の人氣を拍するが如き、其氣勢全教界を壓するの感を深からしめた。

實に明治十年代に於ける和敬會動運の存在はあらゆる佛教護持運動を席捲し異端洋教をして畏怖せしめたる點に於て、亦各宗の圜合を圖つて大同團結の實を擧げたる點に於て、充分にその思想運動のテイピカルな役割を演じたものと云へるのである。

造化神の駁論

——明治初年の佛教無神論——

増谷文雄

○

明治も十五六年頃になると、打ちひしがれた佛教にも、一陽來復のきざしが見へはじめた。極端な歐化主義の思潮が反省されはじめ、ようやく國家主義の思潮が擡頭するといつた時勢は、基督教にとつては好もしくない時勢であつたし、佛教にとつては千歳一遇のチャンスであつた。

それまでは殆んどワン・サイド・マッチであつた佛教と基督教との論戰が、急に活氣あるものとなつて來て、佛教側からも數々の華々しいパンチが基督教側にむけて發せられ始めた。その華々しいパンチの一つに造化神の駁論といふことが擧げられる。

○

「教學論集」參拾貳編(明治十九年八月)に

島地默雷述「耶蘇敎一夕話」といふ一論がある。その中に於いて、島地師は、次のような難點をあげて造化神を論駁してゐる。

「凡そ物、造化主に由て成るといはば古來數多の問難あり、

一には神物を造りて何の爲にするや、凡そ物一として爲にするところあらざるはなし、神の物を造る其爲にする所を知らず。

二には世界の無邊なる、横竪にきはまりなし、佛說で之を無邊界と云ふ。無邊の物にして造作に涉るといふ理決して無き所なり。

三には神は乃ち無邊なりといふ、果して然らば神も無邊にして世界も無邊なり、奚ぞ能造所造を此間に分たんや。

四には神の物を造る偏頗に出ずんば奇遇に出るか。若し然らば公賞義罰の本忽ち頽る。

五には終に人をして無窮の樂園に生ぜしめんとせば、何ぞ始めより此世界に生ぜしむるや。」

島地師は、また、「敎學論集」九編（明治十七年九月）においても、「三條辨疑・敬神愛國」なる一論に、造化神の論駁を試みてゐる。論點は大體似たようなものであるが、概略を擧げて見ることにする。

一、神もと何のために人物一切の物を造作するや。
二、神もし物を造らば何ぞ善惡の二類を作り以て賞罰の勞をなすや。
三、神何ぞ上古の世を野蠻にして後世に至て始めて文明ならしむるや。
四、神世界に遍ねしと言ふときは世界萬物と亦全たく同じ。
五、神物を造るに偏黨あり。
六、神古に數々出現し後世に至つて斷として其の聲形を秘するが如きは、最も怪むべきの甚しき者なり。

○

おなじく「敎學論集」に、栗生佩弦居士なる者、『天耶正謬』なる一大長論を物し、その第一章に「總彈創世章」なるものあり、諤々の辯をなして造化神の論駁を試みてゐる。その要略をあげて見ると、次のごとくである。

「若し天地萬物を天主神變不思議の善能を以て造るといはゞ之に百失あり。今略して八失を出すべし。

一、萬物をして拙造多からしむるの失。
二、不忠不孝放火殺人等の大罪人を造るの失。
三、萬民をして災害苦勞多からしむるの失。
四、故らに鬪戰掠奪の人を造るの失。
五、萬物をして簡便ならしめ得ざるの失。
六、始め造ることを得て後に造ることを得ざるの失。
七、萬物をして悉く死物たらしむるの失。
八、萬物の四行各々異なるを知らざるの失。」

第八失の四行といふのは水火土氣の四行のことであり、天地萬物はこの四行の和合によつて成るといふのに、創世記の物語るところは、神土をもつて人を造るといふは、知らざるも甚だしいと言ふのである。

五

落穂集

僧服と洋服

僧服改良案の嚆矢　僧服が時代遅れであるから其の頭脳迄世間から疑はれてゐるといふ進歩派の間から改良問題がやかましく論ぜられてゐた明治十九年末の事。本派本願寺大集會の砌、石上、梅上兩氏から執行所へ出された僧服改良案は次の樣なもの。

一、從來の法服鈍色長素絹直綴を廢し、教師は半素絹、未教師は黑裳附とす、尤も色目地合は總て堂班に準ずべし。

但し五十才以上のものは本山の許可を經て舊服着用することを得る。

一、袈裟は總て從前の通り。

一、左の四項を除くの外は洋服着用苦しからず。

一、勤式の時　　一、法主拜謁の時

一、說教の時　　一、本山本堂詰界內陣着座

一、本派の學生は布衣黃色五條袈裟を廢し、一般洋服（セビロ仕立）とす、尤も內典拜見の時は必ず黃色疊輪袈裟を着用すべし。右明治二十年一月より實施す。

（日本宗教新聞一二二號）

洋服講　それかあらぬか氣早の連中は直ちに洋服着用に決し、御堂衆を除く外、諸役課を始め、學庠係一同が洋服講を設け、掛金拾五圓で、滿講の上、洋服を新調着用といふことになつたと。（同新聞百十八號）

非僧服改良論　僧衣に法服と非法服の二種ありて正式の法要に法服を用ふるは無論なるも、居常宴間には非法服を着する何ぞ撰ばん、是の如く論じ來れば窄袖も濶袖も時の宜きに隨ふものとせば、敢て改良論を喋々するを要せんや、とは改良放任論の一つである。

（同新聞）

娼妓供物奇談

肥後熊本の酬恩社へ、信徒より、熊本二本樹東雲樓の娼妓（十八才）を落籍せしめて贈物にしたといふ。其當日に講中の者一同廡上下を着し、女は新調の乘物に打乘せ前後左右に警護して恭々しく酬恩社本局へ届けた。其時の書面は次の通り。

一、女　一人

右酬恩社供養の爲め奉献上候也

酬恩社用係は聽て女を受取り供養として受納致候旨の領收證を與へたるに、信徒等は之を押戴き隨喜の涙と共に念佛の上三拜九拜して行つたと。明治も廿一年九月のことだ。

（日本之教學第十四號）

明教新誌の定價

明教新誌は大教院合併教會から出してゐた教會新聞を、明教社が其儘讓り受けてゐたもので、教會新聞の名の再興は合併教院の再興を思はせる懸念があるといふので、明治八年八月七日の第百四十八號から改題したものである。定價は壹枚壹錢七厘、一ヶ月分前金貳拾三錢、六ヶ月分同壹圓卅錢であつた。八頁隔日刊の通佛教新聞であり、明治卅四年二月二十八日日出國新聞と合併する迄二十八年餘り續いた。

六

「ヤング・イースト」
―國際佛教協會で再刊―

曾つて高楠博士等によつて刊行されてゐたヤング・イーストは、日本佛教を海外に紹介する唯一の歐文雜誌であつたが、昭和四年このかた休刊となつてゐた。それが、今度、國際佛教協會の設立に際し、その機關紙の一つとして復活した。復活第一號（四卷十一號）は七月十五日に發行される。

明治佛教研究會に就て

昭和七年秋計畫せられ、八年三月一日に銀座西五ノ五に事務所を設けた、明治佛教史編纂所は爾來各方面の支持の下に着々業を進めて居る。其の傍ら明治佛教への關心を高めるためと、資料蒐集の目的で各地に明治佛教談話會を開設してきた。現在では十五の地に設立をみ、地方的にも効果を擧げてゐる。東京に於ける談話會は會を重ねること五回で主として佛教界の長老の經歷を聽くにあつた。しかるに、老齡の高僧の公開的談話會は種々の點に於て不便を覺ゆるので此の二三ヶ月は中止の形にあり、其間明治佛教史編纂所員が個別に訪問して拜聽してゐた。

既に東京近傍在住の長老先覺について大方歷訪を終へたので、所内の有志の研究並びに斯方面の權威的研究者を招いだ研究會を持つことが當然執るべき道として茲に生れたのが明治佛教研究會である。毎月一回の例會と、機關誌として月刊雜誌「明治佛教」を持つことにした。東京談話會は消滅させず其儘存置して、隨時開催とし、從來の會員には「研究會」への諸種の便宜を附加することにした。此の仕事は明治佛教史編纂所直接のものではないが、關係は密接不離異體同心である。

研究會は既に三回、大橋榮俊、村瀨博道、增谷文雄の諸氏によつて行はれた。第四回は公開として九月に開く豫定である。

六月の談話會

明治佛教談話會では去六月廿八日池上本門寺思親閣見はらしの間にて石川幹事長の肝入りで酒井猊下の懷舊談を拜聽した。約二時間に亘るお話は充分に一編の明治日蓮宗史を見るの感を深からしめた。當日編纂所からは、上坂、村瀨、牧野内の各所員と倉橋速記者が出席した。

默雷全集出でよ

明治初期の佛教界に於ける離言院島地默雷の足跡は餘りにも重要であり又餘りにも有名である。單に眞宗の一僧侶としてでなく身を賭して護法佛法、批政排擊の爲に立ち、書を建じて依政者の猛省を促し、その言々熱涙の迸るを感ずる。辭は低うして述ぶるや嚴、苟しくも所信を枉げず、專心佛教復興に盡したのである。師を知る事は明治佛教研究に缺くべからざるものである。幸ひ師の言行は各種新聞雜誌に轉載せられるもの多く、已に知り盡くされたかの感さへある。然し、先年默雷全集の刊行が企てられながら、種々の事情で實現するに至らなかつた事を知る人は少い。師の直筆になる日記、論說、隨筆等未だ全然世に發表せられざるものが猶多く殘されて居るのである。此れを見る事によつて從來と異る師の解釋を求むる事は無理としても、より明白なる師を得る事により、從つて明治初期佛教の眞相に近きものを得るは豫想しうる。

自敍傳集(一)

書窓漫題―本書の手記者千河岸貫一氏は號を櫻所と稱し、嘉永元年八月十七日（戸籍面は三月廿七日）陸奥國田村郡大越村の眞宗本願寺派大乘寺に生る。父は同寺十二世の住職普藏、母は大乘寺十一世諦岸の二女で、たみ江といふ。明治五年二十五歲で上京し、大洲鐵然と識りのち大內青巒、島地默雷等に從ひ、明治操觚者として名を擧ぐ。著書は頗る多い。書窓漫題は明治卅六年五月記せるものを更に大正七年九月に改訂して子孫のために殘せるもの、生年より七十一歲に及ぶもの、未刊に屬し秘藏さる。同氏は明治佛教僧侶中の操觚者として逸名し能はぬ人物である。

明治佛教史關係資料を求む

雜誌の部　宗教界（十卷七號十二號）、世益新聞（七號附錄）、六條學報（一號－六、八、一六、七七、八六－一〇三、一三四號）、佛教史學（三卷六、七號）、傳燈（一－三、五、二二、二三、二五、二八、二九號）、扶宗公論（一－三八號）、婦人教會雜誌（一、三、四七號）、佛の教（一、四、十一－十八號）、教學論集（六三－七〇、七四、七五）、教義新聞（五號）、無盡燈（一編、一、四、五、七－九、十二、二卷二、四號、三卷四、六－九、十一、十二、四卷一－三、十、十一號）、能潤會雜誌（一－四、六－九、十三－二〇號）、日蓮主義（改題國柱新聞ヲ含ム）（三一－三九號一三九號－）、大崎學報（十、四九、五九、六七、六八、七〇、七一號）、四明餘霞、智嶺新報、同學、反省會、法友、一々時報、時代宗教、人道講話、貫練、滿洲教報、卍字叢誌、彌陀の光、歐米之佛教、六合雜誌、東北之燈、東北人、布教、天鼓、中央佛教新報、海外佛教事情。

新聞之部　明教新誌（十五年八月分、十九年一月十日附、廿七年五月）、佛教每週新聞、教學報知（一－三八號、二三二號以下）、中外日報、開導新聞（八三－一六三號）、奇日新報（一－一九五、二一〇－一〇〇四、一〇一八－一）、教海新潮（一－七二）、日本宗教新聞（一－一〇四、一一二四以下）、通俗佛教新聞（一－一二〇三號）。

右の外に明治の佛教に關係を有つものならば決して新聞、雜誌のみに限りません。筆蹟、寫眞、圖譜、目錄等々、我等の日夜探索し、歡迎するものです。何卒、右資料御所藏の諸氏は速刻御提供下さい。

資料御提供に就ては

（イ）御送附の節は郵稅先拂ひのこと。

（ロ）寄贈若くは供託の別を御報知下さい。

（ハ）希望により實費を以て購入す。

（ニ）供託書は編纂終了と共に直ちに返還します。

東京市京橋區銀座西五ノ五菊地ビル
明治佛教史編纂所
電話銀座(57)五三八九番

編輯後記

○暑中お伺ひ申します。

○「明治佛教」は御覽の通り、小雜誌ですが、讀みごたへのあるものにしたいと骨折りました。何分勝手がわからないで、自信がありませんが、段々見られる樣につとめます。

○同人牧野内君は七月六日から一週間鎌倉地方の資料調查に出掛け資料の煤か陽燒けか黑くなつて戾りました。出先寺院諸氏の御好意を謝します。編纂所員綠川光覺君は結婚歸省のところ戾りました。次號は八月二十日頃出ます。

八

○各地談話會の活動連絡をよろしくお願ひします。

○かねて豫告しておいた明治年間の佛教關係新聞雜誌目錄が出來ました。まあ稿本といふところですが、こんなものがあつたのかと、坐右において便利だと思ひます。目錄に欠けてゐるところをお知らせ下さる方には、本誌を呈上します。又資料一册でも頂ければ結構です。

○編纂所も仲々暑いです。銀座のコンクリートの窓邊にも時折りやさしい風鈴が鳴ります。

創刊號

昭和九年七月二十日印刷
昭和九年八月一日發行

編輯兼發行人　東京市深川區冬木町一〇　上坂倉次
印刷人　東京市京橋區銀座西五ノ五菊地ビル　吉本菊松
發行所　明治佛教研究會
發賣所　東京市本鄕區六丁目赤門前　山喜房佛書林

定價　一册　金五錢　一年分　金五十錢

昭和九年八月二十日印刷
昭和九年九月一日發行
第一卷第二號（每月一回一日發行）

明治佛教

第二號

目次

無神論と敬神愛國

——明治初年の佛教無神論——

增谷文雄

明治廿年八月に出版された鳥尾得庵の「眞正哲學・無神論」には、卷頭に千家尊福氏の序文がある。近古文の文體でかゝれた名文であつて、その當時の雜誌二三にも轉載されてゐる程であるが、その中に次のような一句がある。

「近き頃、鳥尾子爵のもとをとひて、そのかたの事どもを、とひもし語りもしつるに、無神論をあらはせりとて、見せられしかは、まつその名のいみしきにおどろきて、いかなる事をかしるされたらん、と讀み見れは、その論の高尙なるは更なり、誰しの人にも、辨へやすくしるされし心しらひの深きに、いたくかまけぬ、まして無神といふは、七日のほとに、天地萬物を造れりといふたぐひの神はなし、といふ論にしあれは、さるすちの説に、まとはされかちなる今の世の人のためには、いとよき敎なりけりと、うれしさいはんかたなし、……云々」

千家尊福氏はもと出雲大社の宮司であり、この序文を書いた頃には大社教管長の職にあつたのであるが、この一句の序文には、先づ無神論といふ「その名のいみしきにおどろき」、ついで、その無神の神は基督教でいふ神をさすのであることを知つてホッとするといつた具合に、神道家の立場から佛教家の無神論に對する氣もちがよく表はれていて面白く思はれる。

○

しかし、この問題をめぐつて、もつと切實な心づかひをしたのは、無神論を説いたその佛教家で自身たちであつた。前面には基督教といふ强敵がある。その基督教にむかつて振りかざした題目のために、神道家たちを怒らせたり、またそのパトロンたる時の政府の御氣嫌を損じたりしたのでは、佛教家の立場はいよいよ窮せざるを得ない。だから、折あるごとに、云ふところの無神論の神とは基督教の神であつて、國神を云ふのではないことを

一

繰返して來たのみならず、殊に、當時の政府がかゝげる三大スローガンたるかの三條教則の一つに「敬神愛國」の一項があつたことに就ては、彼等は隨分警戒してゐたもののようである。

それでは、一方においては無神論の主張を立てながら、他方敬神愛國の敬神を彼等はどんな具合に解釋しようとしたであらうか。その解釋の代表的なものの一つとして、島地默雷師の「三條辨疑」の中から一句を引いて見る。

「問曰く何の意を以てか諸神を敬せんや。

答曰く所謂諸神を敬すと言は宗門上に所謂我が現當を利益し我が靈魂を救濟するの神を信敬するの謂に非ず……祖先の恩徳を思ふて忘れず功臣名士の德業を追薦して之に倣はんと欲する耳。」

（教學論集、第十編、原文片假名）

法廷裁判に於ける四個格言

牧野内寛清

日蓮宗史を溯れば本宗の教義的問題が法廷上の爭ひを惹起した事は決して新しいことではない。其一つは江洲安土に於ける日珖、貞安の信長を審判としての宗論であり、他は家康を審判としての江戸城中に於ける、日經、廓山の宗義爭ひである。然し此等の何れの場合に於ても軍配は恒に他宗に擧り、日蓮宗は敗北の憂目を見てゐる。

而して、かうした過去の歴史を有する本宗が亦明治の中葉に於ける堂々たる法廷裁判に於て、よく純粹な教義的問題のためにではないとしても結果が敗訴を齎らしてゐると云ふことは、誠にいはれ深きを感ぜぬ譯には行かぬ。

而らば此の四個格言の訴訟問題は何に起因するのであらうか。即ち其れは一は現顯本法華宗の前々妙滿寺派の横紙破りと、他は島地默雷、蘆津實全等の如き佛教各宗協會から各宗綱要編纂に當つて編纂委員として選抜せられしもの等が、妙滿寺派綱要の一として提出せる四個格言及謗法嚴誡の原稿を除外せる事にある。妙滿寺派は、それ故に再三當事者と

二

折衝を重ねて其不當を難詰して見たが更に妥協ならず遂に法の裁きを受くるに至つたのである。即ち、妙滿寺側では、宗義綱要中へ四個、謗法の二題編入の義務確認請求事件として訴狀を提出したのである。原告側は、管長板垣日暎、法廷代理として、鈴木、村上の兩辯護士、被告側には各宗協會長大谷光尊、島地默雷、蘆津實全、並に出版委員一名であつて、其請求の目的としては、次の如き事柄が陳られてゐる。

『一、被告等の編輯する各宗綱要中に四箇格言及び謗法嚴誡の二題を編入すべき義務を確認せしむる事。右は價格として見積ること能はず依て左の割合を以て請求の價格とす。

一、各宗綱要に二題を編入せば一冊の製本費貳錢を増加するものと看做し出版部數凡壹萬部と假定し其費用合計金貳百圓となる依て右金貳百圓を見積價格とす。』

而して亦、其請求原因としては、

『去る明治廿三年中佛教各派のもの相協同し佛教各宗協會なるものを組織し、右協會に於ては佛教各宗綱要なる書籍を編纂し之を出版せんことに決定し、編纂の方法、起草凡例要は、先づ各宗本山に於て其宗に屬する事柄

の原稿を起草し、之を協會の編輯局に廻移し編輯局に於ては其原稿を纒めて字句文章の修正を爲し、再び原稿者の校閲訂正を經べきものとせり、右出版に關する諸費用は各宗各寺の負擔する所たり（中略）原告妙滿寺派に於ても亦其自已の關する處の宗旨を章段に分ち之を編輯局に廻移し、編輯局に於ては廿九年八月一日を以て各宗各派の校正訂正を求むる爲各宗綱要の見本數册を出版し、原告にも其一部を送付せり、依て原告は之を閲覽せしに原告派が起草せし原稿中、最も主眼とする處の四箇格言及び謗法嚴誡の二題を省略しあるを發見せり、抑四箇格言なるものは……』云々と、二題不可欠を主張し、

『右の次第なるを以て被告は佛教各宗綱要中日蓮宗妙滿寺派の綱要は、四箇の格言及び謗法嚴誡の二題を編入して出版するの義務あることを確認すべしとの判決相成度候也』と歎願し、之れが有利なる「證據方法」として、

一甲一號證は佛教各宗綱要編纂案
一甲二號證各宗綱要編纂方法
一甲三號證各宗綱要起草凡例
一甲四號議佛教各宗綱要第五册五拾壹頁
一甲五號證盧津實全、島地默雷の回答
一甲六號證盧津實全の書翰
一甲七號證進藤瑞堂の回答
一甲八號證原告代理人より日蓮宗務院への通牒
一甲九號證宗務院よりの來信
一甲十號
一甲十一號 } 日蓮宗各派に異議なきの證
一甲十二號

附屬書の表示

一訴訟代理の委任狀　壹通
一證據書類の寫　壹册

右を相添へ東京地方裁判所へ提出した。明治廿九年十月十二日の事である。法廷裁判は十一月十一日を以て開かれ、十二月五日に判決が下された。その間兩者の言分は、一は嚴誡は可とするも、格言は一宗の生命にして飽くまで編入せしむべき事を強張し、他は、格言を以て主義綱要に非ずして、誹毀讒謗のものなれば、明かに協會成立の障害となるもの故之を拒斥したる旨を主張して讓らず、結局空有の論の如く曝然として閉廷。この間妙滿寺派の勝訴を祈つて日宗各派が合同し、妙宗統一團を結成して「血ある者、涙ある者四個格言擁護てふ大旗の下に雲集せよ」と云ふ檄運さへつくられるに至つた。

だが、遂に五日の判決は次の如く下されるに至つたのである。

「妙滿寺派管長より各宗協會々長以下四名に對する請求は相立たず、訴訟入費は原告の負擔たるべし」と。

教部省時代の對佛教政策

村瀬博道

明治政府は、神祇官を再興し宣教使を任命し大教を宣布しての神道國教主義、政教一致の理想は、千年に餘る佛教の我國民との不離の關係を無視しては成就すべからざる事を悟つて此處に宗教政策の變更を餘儀なくされた。即ち佛教に對する破壞的態度を變じて、之を利用して人心を收攬すべく、神祇省を廢して教部省を設置し、（明治五年三月十四日）教部省に教導職を置いて神官、僧侶を之に任じ、又三條の教憲を定めて布教の準則となし、又基督に對してはや、默認的態度を取つた。

三

右教部省設置後の佛教に對する法令の一、二を拾ふに、從前の僧官は廢せられ、又伊勢を始め神社祭典に僧尼の參詣を許可した。加之各宗の教導職を督勵し、僧侶の向上、教團の發展に努めしめ又、自葬を禁じ、葬儀を行ふ場合には必ず、神官又は僧侶に依賴せしめた。各宗僧侶は地方官よりの管理を離れ、教導管長の下についた。又無檀無住寺院は廢止され、又宗派として存在する價値なき宗旨は、例ば修驗宗の眞言、天台に歸入せられし如くやはり廢止せられた。又一宗一管長の制を定め、天台、眞言、淨土、禪、眞宗、日蓮、時、の七宗に各管長を置いた。又教導振興の策としての大教院及中小教院の制も行はれた。その他、托鉢の禁、僧位の廢止、或は從來の說法、法談の名目を改め說教と稱し、又佛教僧侶身分保護の意味に於ける、僧侶身代限規則の發布等を見る事が出來る。

○

以上の如く政府は從來更に省みざりし佛教に對して、表面上大いに保護的態度をその政策上に表明し來りし事は明白である。然し乍ら實質に於ては決して然らず。即ち三條教則を體しての說教であり、佛教が保護せられたのであつて、此はむしろ爲政者が大教宣布の目的を達せんが爲の窮策として佛教及び佛教僧侶の功利的利用に出でたものであり、正に暴力による以上の廢佛であつたのである。

然し當時の社會情勢特に對外關係は基督教禁止政策を放棄するの止むなき狀態にあり、外遊中の岩倉具視等よりの建言は共れに一層の拍車をかけ、對基督教政策の變更は、共に對佛教政策の變更をうながし、佛教思想抑壓の不合理なるを知り、大教院の崩壞と共に爾後漸時神佛基三教は制度上同等の取扱を受くるに至る。

要するに教部省時代の對佛教政策は、依然として佛教抑壓であり、その諸種の制度上に現れたる保護的態度は、眞實の自己をカムフラージし、佛教者を惑はすの策に出でたものである。此の欺瞞的保護政策を理解せずして、明治政府は早くより佛教保護のために目覺めたとするのは大いなる誤りである。

資料

北畠道龍師の改革失敗始末

—干河岸貫一の筆力—

此年(明治十二年)本山にては大法主が築地

四

別院に滯在せらるゝ際、北畠道龍なるもの法主を擁して、一派に號令し、從來の諸役員を驅逐して己れ專にせんと企てたり。然れども京都に來りては孤立の勢ひにて如何ともしがたきを知り、關東信越の末寺僧侶を招集し、此改革を東京に於て發表し、事成て後京都に乘込んと計畫せり。京都に在る人々は兎も角大法主歸山せられし上にて、如何樣とも仰を承るべし、本山改革の重大事件を、東京にて行はれんことは服從しがたしとて動かず、東西の間に一鴻溝を劃するの觀あり、關東の僅少なる末寺僧侶が道龍の巧言に欺かるゝは憂るに足らずと雖も、近畿東海北陸より山陰山陽の門末の心を動搖し、一派道俗をして方向に迷はしめんこと、京都にある諸老宿の大に懸念する所なり。玆に於て岸大悟氏を使として大洲、香川二氏より、余(干河岸)大阪日報紙上に此事の實況を報道し、且北畠の計の正義に非るを駁撃せんことを、懇ろに依賴して來れり、余固より北畠道龍には面識なし京都に於ける大洲香川二師と始め、利井明朗、赤松連城、石原僧宣等の諸師と相識る、然れども私交を以、一山の大事を是非すべきに非れども、北畠の爲す所、唯自己の野心を逞くせんとするに在て、眞に余護法利人の赤誠を以するに非るの痕跡あり、西京寺務所に於ける諸老宿の施爲も一々感服する所に非れとも、此れ彼より善きは論を待す、且尋常官途に在りし事は一旦免官となりて野に在るに及べば政府に反對し、要路の人を反噬するを例とすれとも、予一昨年の末大洲、香川二師が局に當て予を罷免したればとて今の窮迫の際に於て本山の安危を度外視し、一巳の私憤を快くせんが如きは、予敢てするに忍ひざる所なれば、應諾の旨を答へ、爾後大阪日報紙上に此事の成行を報道し、且北畠の主張する改革は已《ママ》を得ざるに出たる者に非るを理由を辯明せり、本山にては此記事ある新聞紙を、その都度に買取門末に配布したり。香川師は特に大阪に來り、委く予に斯事を語り、予も亦京都に抵り諸老宿に面晤したることあり、此時全國の門末が京都寺務役員の主張の允當なると認め、聊も動揺せざりし所以のもの、我三寸の毛管與て力ありしことを疑はず。之に反して北畠は其主義方針を説明する爲に一文をも公けにせず、故に東京に來りし面談したる二三の人の之に左袒したるあるのみ。大法主にも初はその言を聽き席を前められしこともありつらむが、中頃より彼が野心あるを看破せられ、其何處までも法主を擁して門末に號令せんとするを振放て、西京に野山せらる、而して北畠は西京に來らざりき。(書窓漫題四二丁ウ)

耶蘇教反對に介石寺院に迎へらる事

上洲安中驛は碓氷郡中に冠たる一都會にして耶蘇教も盛に行はれ(フロテスタント)の信者は三四十名ありて養蠶屋とか天主屋とかと新築すると云ふて(八百五十圓を大工に渡し請負せたりと)信者は熱くなり又寺院は佐田介石を請待して佛教天文の講義あり、所へ耶蘇教の舊教とやらも乘込て傳教師は八木《ヤッキ》となり信者一人にても引込方が飯田と神の理合は大藏やの坐舖を借て「耶蘇正教講議」と大字の看板を掛て神様は有難と頻に說き出す故に、神道の說教と間違て宿を貸して喜て居る此屋の主人は聞けば神風講社の世話掛だと、しかし奥の掛物皇太神宮の太麻も神棚も燒てしまへと云ふ講議を開たら世話掛なら一寸とは譯が呑込めさうな物じやに、夫ても道理がオホクラヤでは實に困り升。(開知新聞三六四―一二五)

香頂訣別の辭

初年支那開教の父であった小栖香頂が中風の再發で郷里へ隱退の文。

拙老儀東京在勤十五年本年は七十歳に相成八月廿七日中風再發に付大分縣豊後に歸國致し候方今は新門様東京に、惠日院様支那に能洋院様臺灣に御永住被遊天下門末一同朝家國民の爲奮發興起の氣運となりたれば、拙老死すとも復遺憾なし、歸國後は口に世事を云はず靜座念佛して淨土に往生すべし此段生前の辱知に訣別謹白す

明治三十二年十月

大分縣豊後國大分郡戸次村

妙正寺隱居　小栗栖香頂

(中央公論十四ノ十二號)

神道教職洋行の嚆矢

權少講義三上清根氏は此迄本局生徒寮に在て教補心得兼て徒正たりしが、今般宿志を達せんとて廿日(十二年十一月)を卜し、駐劄龍動全權公使森有禮君に從て、英國へ留學に赴かれたり、吾教職の洋行は之を嚆矢とす。

(開知新聞三五五―九九明治十二年十一月十八日)

三上清根氏の洋行を美事なりとして鹿島神宮々司始め一社中より金三十圓を同人學資の中へ贈り度來十三年より年々四月ことに本局迄送致すべきに由り然るべく御取計ひ下され度と申出られたる由、教導に志厚からん者は誰も斯くこそありたけれ。(開知新聞三五九―三〇)

五

落穂集

赤松連城と米國婦人

赤松連城ロンドンに在るの時、一米國婦人の來て土葬廢止論を唱へて火葬を主張し、各所の演説に大喝采を博せるものあり、人有り連城に該婦人が英國貴族某と婚儀を擧げんとするを傳ふ。連城聞て大に其物好きを嗤ふ。其人眞面目にその理由を問へば、曰く如此ヤク事を好く妻君を貰てタマルモノカ。（中央公論十四ノ十一）

中西牛郎の評判

どの時代でも、新しい學問の仕方をするものの評判は、いつも好惡相半するにきまつてゐる。中西牛郎氏は明治廿年前後を中心にして、その新知識新見解をもつて佛敎學界をかきまわしたのであるが、その評判もやはり、好惡相半ばしてゐた。その「組織佛敎論」に對する批評が『佛教』の十六號（明治廿三年七月）に載つてゐるが、これなどは、舊佛敎學者か新佛敎學者にあたへる批評のヒナ形であらう。

「（前略）之を一言すれば、其説斬新ならざるに非ずと雖も、何奈せん著者が佛敎の研究或は未だ淺薄なるを免れず、從つて深奥妙玄の味少し、然れども、大膽にも歐米學問の新主義と調和して佛敎を解説せんとしたるものは、實に著者を以て破天荒とせざるを得ず……」（後樂庵主人）

默雷の子キリストを信ず

眞宗の島地默雷の明治佛敎に於ける地位に就いては云ふ迄もないが、此の傑僧も我子には困つた。彼には雷夢といふ子があつたが、之を敎化することが出來なかつた。雷夢は耶蘇敎に深い信仰があつたので、彼は屢々之を誡めて、佛敎に引入れるやうに骨を折つたけれども、遂に其の効のない中に死んでしまつた。雷夢は始終佛敎を罵り又父をも罵つてゐたさうだ。（國民雜誌二卷三號四五頁）

佛具で鐵橋を造る

京都四條の鐵橋の材料は、佛具類を破壞して用ひたものであるといふ。あの鐵橋は、明治六年に起工し、翌年二月に竣工し、その十六日に開通式が行はれたものであるが、時の知事長谷信篤は、府下の諸寺院に命じ、佛具類の銅製のものを寄附せしめた。「洛陽四條鐵橋御造架に付献上書」などといふ文書も傳はつてゐるが、その一には、紀井郡第三區深草村寶塔寺、一、古銅器大鰐口、丈八寸、緣二寸、目方十六貫八百目、銘には深草寶塔寺、爲覺庵妙長聖靈菩提、慶長十七年七月二十一日、施主中村長次とあつたなどと見える。（佛敎史學第二編第一號より）

六

法主へ美女の供養

明治十六、七年の頃であつた。某信徒より「一　女一人右永代御供養として獻納致し候事」と記載し本願寺法主に一美女を贈物したるに、本願寺事務局より「一　女一人右永代供養として受領致し候事」と返應して之を納れたといふ。（日本人十二號二十三頁）

神社になりかけた淺草寺

勿論、明治初年のことであるが、神祇官の評議で、淺草の觀世音はいたつて小さい像であるといふから、きつと少名彦命を祀つてあるのであらうと言ふことになり、特に判事某が出張して本尊の調査をした。しかし本尊は小さいには相違ないが、矢張り觀世音であつたので、淺草寺は寺院といふことになつたのであるといふ。（佛敎史學第二編第一號より）

編纂所だより

七月中の資料提供者

七月に於ける資料御提供者は左の通りでありました。

櫻井　匡(福岡)　横山　仁秀(鎌倉)
濱中　龍亮(大阪)　桃野　春興(大阪)
葭間　惠文(大阪)　中川　諦念(福島)
吉田　祐長(福島)　須賀　勝玄(愛媛)
小野島元雄(東京)

「目錄」「雜誌」の反響

此度發刊した「目錄」と本誌「明治佛敎」に對する祝祠や報告や感謝激勵の言葉やらを多くの方々から戴きました。芳名を記して御挨拶に代へます。(敬稱略)

松濤　賢定　土屋　詮敎　尾佐竹　猛
宮武　外骨　蛯原　八郎　田中　海應
五島　法住　舟橋　水哉　櫻部　文鏡
松岡　巖　比屋根安定　三枝　義夫

中外日報を求む

明治年間の佛敎主義新聞と言へば前に「明敎新誌」後に「中外日報」の二つが王座を占めてゐる。宗派や局部的な小新聞はあるが、明治佛敎史の中樞綜脈を形造るものは右二紙を措いてない。明治佛敎史編纂所は二紙の蒐集に全力を注いでゐる。「明敎新誌」は大方の好意によつてほゞ揃つたが、その後を繼ぐ史的價値高い「敎學報知」(中外の前身)「中外日報」はまだ完全には手許に集つてゐない。一紙半葉でも結構です。御提供下さらば幸甚です。御提供下さるむきは送料は先拂ひで結構です。御配慮願ひます。

明治年間佛敎關係新聞雜誌目錄
—明治佛敎史編纂所編—

明治年間に出た各種の新聞雜誌は約八千種を越える。明治佛敎史編纂所では、去年來資料蒐集中であるが、今回其の佛敎關係新聞雜誌のカードの一部を整理し、約七百六十種を擧げて印刷に附して頒布することにした。(菊判約八十頁、定價五十錢)

第十六談話會新設

去る七月廿日群馬縣高崎市九藏町正法寺の石橋要藏氏方を根據として談話會成立、石橋謙君が責任者として活躍下さいます。

編輯後記

どうやら立秋といふのに、思ひ出したような暑い日が續きます。明治佛敎史編纂所では九月の活動を待機してゐるようです。今日英氣を養ふ意味で所員一同揃つて山中湖畔の友松君のところへ押しかけて行きました(十六日)。

明治佛敎は各方面から好評を受けてゐます。今號はより讀み應へがあるようにつとめました。「自叙傳集二」は原稿が出來てゐるのですが今號に載せられませんでした。

九月の二十日過ぎに研究例會を開催します何れ次號で詳報申しあげます。(K・K生)

第二號

昭和九年八月二十日印刷
昭和九年九月一日發行

編輯兼發行人　東京市深川區冬木町一〇　上坂倉次
印刷人　東京市京橋區銀座西五ノ五 菊地ビル　吉本菊松
發行所　明治佛敎研究會
發賣所　東京市本鄕區六丁目赤門前　山喜房佛書林

定價　一册　金五錢　一年分　金五十錢

明治佛教
昭和九年八月二十日印刷
昭和九年九月一日發行
第二號（毎月一回一日發行）

空前の名著！ 感激の名著!!

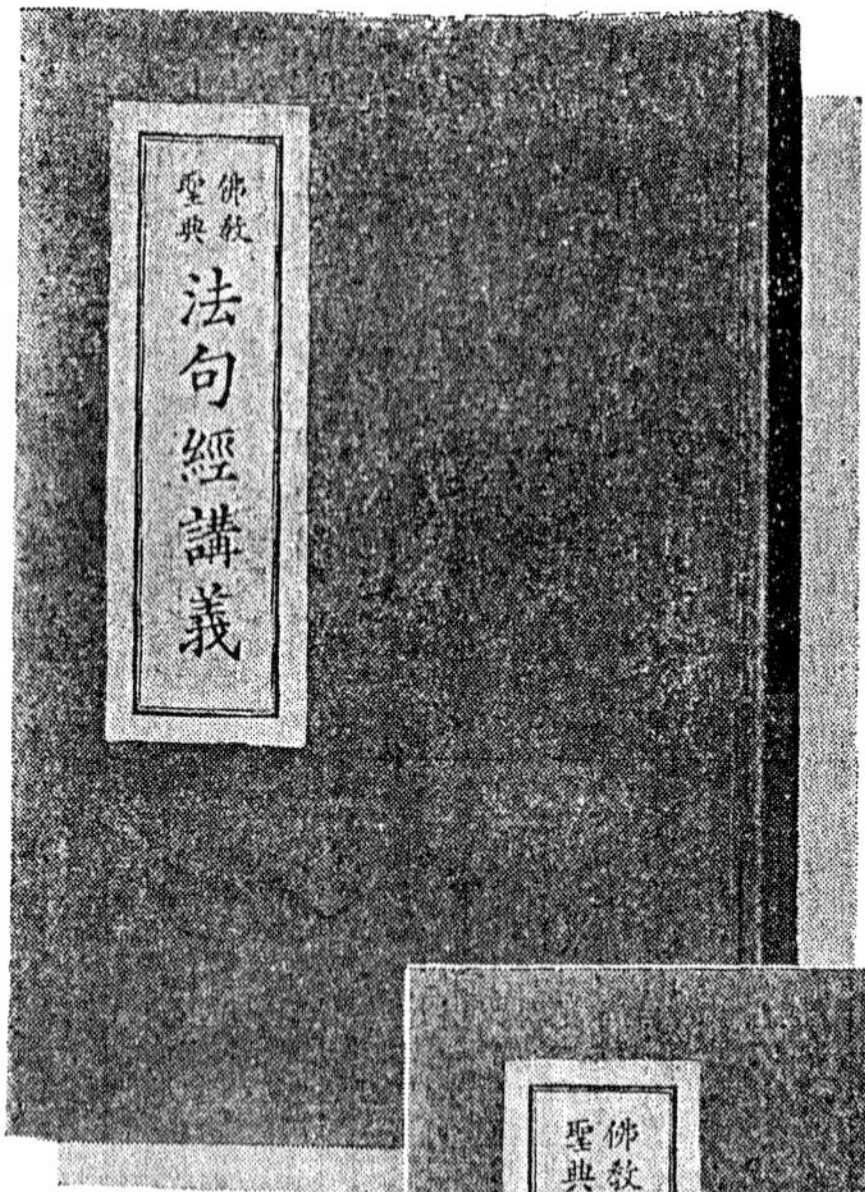

友松氏の法句經講義は人間の缺點に大なる反省を與へ、高神師の般若心經講義は人間本來の覺悟を與へる！ 複雜な現代人の煩悶と焦慮とは此の二書に依つて亂れた自分を整頓せしめる！ 日本人の覺悟と力！ それは此書に依つて定まる!!

本書を讀んでゐる人達の感想は皆な一致して、自分が讀み終つたら早く母親の所へ送つてやつて讀ませたいとか、或は弟にも姉にも皆なに讀ませたいと言ふ。惱める全日本人の爲めに本書の出現は實に空前の歡びであり、救ひである。

定價各一圓五十錢

第一書房刊

昭和九年九月二十日印刷
昭和九年十月一日發行
第一卷第三號（每月一回一日發行）

明治佛教

第三號

目次

釋宗演の未定稿

（山口覺苑寺進堂端堂氏提供）

第一宗教ト教育ト之ヲ分離スベキヤ否ヤ

宗教ト教育トハ畫然分離スベキモノナリ、何トナレバ今ノ所謂教育ナルモノハ國家的人民ヲ造ルヲ以テ最大目的トナス、即チ教育ノ勅語ハ皎トシテ日月ノ如ク之ヲ示シテ餘アリ、我等臣民タル者拳々服膺セズシテ可ナラムヤ、然ルニ宗教ナルモノハ其佛タリ耶タルヲ問ハズ固ト個人ノ安心ヲ主トシテ世ニ現ハレタルモノナリ、故ニ其宗意ハ國家的ヨリモ寧ロ社會的ナリ、現世的ヨリモ寧ロ將來的ナリ、人或ハ云ハン、我邦ノ神道支那ノ儒道ノ如キハ皆ナ國家的ナレバ其國民ヲ教育スルノ主旨ト毫モ矛盾セズト、或ハ然ラム、然レドモ予ガ所謂宗教ノ意義ハ天命、カミナガラ、仁義忠孝等ノ範圍ニ止ラズ、直ニ人々ヲ安心立命ノ處ニ導キ此地上ノ世界ヲ其儘極樂淨土トナサント期スルモノナリ、國ト國ト對抗シ人ト人ト相爭ハシメントスルハ畢竟宗教ノ本旨ニアラズ、斯ク云ヘバトテ吾佛教ノ如キハ少シモ、其國體國法ト違背スルモノニアラズ、所謂二諦ノ說四恩ノ教ミナ其國家ノ大業ヲ翼賛セント欲スルモノナリ、今ハ唯二者ノ目的ニ就テ言フ。

第二佛教ノ倫理的基礎

佛教倫理ノ基礎ハ一言ニシテ之ヲ盡セバ因果ナリ、然ルニ世ニ有因無果、無因有果、無因無果、邪因邪果等ノ謬說アリ、佛教ノ因果ハ固ヨリ之ト擇《ママ》フ知ラザルベカラズ、彼ノ四恩ト云ヒ十善ト云フモ畢竟因果相依ノ一法ニ外ナラザルナリ。

第三內地雜居後ノ宗教（問題漠然ノ嫌ナキカ）

雜居以前ノ宗教ト異ルコトナシ只以前ハ保守的ナルヲ、以後ハ進取的ニ轉回スヘキノミ、若シ夫レ吾國體ニ撞着シ衝突スルノ宗教ナラバ、國民鼓ヲ鳴ラシテ之ヲ撲滅シテ可ナリ、此間豈ニ佛ト耶ト儒ト神トヲ論ズルノ暇アランヤ。

第四僧侶ノ肉食妻體《ママ》ハ如何ニ之ヲ所置スベキヤ

第一策ハ嚴ニ佛戒ヲ遵守スベシ、第二策ハ公然トシテ一般ノ禮ニ倣ヒ人倫ノ大義ニ則ルベシ、第三策ハ僧ノ如ク俗ノ如ク外持戒

一

チ表シテ内密犯チナス是レ下々ノ下策ナリ

第五國教請願ノ可否

喝一喝

第六布教傳道其他社會事業上各宗大ニ協同スルノ必要ナキヤ又其方法ハ如何スベキヤ

必要ニ論ナシ、方法ハ則チ在リ、然レドモ佛教各宗ノ大合同チ催シ一管長チ置キ之チ統理セシムル程ノ更始一新ナクンバ方法ハ如何ニ立派ニ組織セラルヽトモ實功チ奏セズ、彼ノ佛教集議所ハ今如何、各宗協會ハ何等ノ消息カアル、告朔ノ餼羊ダモ亦聞クコトナシ。

六月四日卒認　釋　宗演未定稿

（今執筆年時俄かに判知し難きも、明治三十年頃かと考ふ）

明教新誌

――本邦佛教新聞發達史の一齣――

上坂倉次

明治の初中期にわたつて、佛教一般の新聞紙として重要なる地位を占めてゐたものは「明教新誌」である。其の後繼的地位を得たものを明治卅年の「教學報知」卅五年改題して今日に至る「中外日報」とする。此の二種の佛教新聞が明治を貫ぬく一大根幹である。其他は若干を除いて、皆一宗一派の機關紙として又は雜誌的な存在としてみるべきで、夫々の役割を果してはゐるが、明治期に於ける佛教界は佛教一般の新聞紙を抱容する餘裕を殆んど持たず、前二紙によつて飽和點にあつたとの感がする。佛教界全體と新聞の文化關係が頗る低度にあつたと考へられる。

「明教新誌」の發生を辿つてみる。神佛合併大教院の新聞課から明治七年二月一日をもつて發刊した「教會新聞」が「明教新誌」の前身である。大教院は神道を先にし佛教を從に、むしろ佛教の神道化をはかる機關であつた。たま〳〵課長は神道の勝部教正であつたから、教會新聞の内容も勢ひ、佛教的色彩より神道的皇道的のものが立ち勝つてゐた。しかるに合併大教院は八年四月三十日に至り俄かに解

二

散となり、神佛各宗の徒は忽ち四散してしまつた。政府の治教政策が、斯ゝる方法では其目的を達することの甚だ困難なるを知したのと、經營上の行詰りに基くものであつた。從つて新聞もその刊行は廢止せられ、こゝに神佛混淆ながら佛教關係の新聞は一時杜絶えた。普通新聞も既に二月中に廢止せられてゐたのである。

これより先明治六年の頃か、大講義鵜飼大俊、中講義鴻春倪が、銀座二丁目に明教社と稱する書肆を開き神佛各宗の布教教育に必須な典籍の供給の便を大にはかつてゐた。大教院の解散と共に、教義典籍の賣行も稍雍塞し、營業も閑散になつたので、當時教會新聞廢止後は、佛教教義を中心とする新聞がなかつたので、兩人は書肆經營の傍ら、教會新聞の名稱を引受けて繼續發行し、これを純然たる佛教專門の新聞として頹勢裡の佛教振興の實を擧げんものと考へた。吉堀、佐久間、山内、溪口、宏佛海等と謀り、略その手筈を調へて其の記者として大内靑巒を選んだ。宏は築地に僑居してゐた大内を訪ひ、從來の方針を一新して佛教專門の新誌とすることに於て意見の合致をみ、其の就任を得た。（明教新誌一千號回顧）

政府に於ても既に、佛教が徒に壓迫的方針によりて服從壞滅するものでないことが理解され、漸次自由放任に傾きつゝあつた折故、教會新聞の讓受も、神道側に幾分の苦情もあつたらしいが、難なく許諾を得たのである。陣容は大内靑巒が編輯、印刷總長に、宏佛海を會計主任に定め、前記諸氏は之を援け、教會新聞の舊號を續け八年七月十二日をもつて第百三十五號を出した。官准により其名に於いて隔日發行すること第百四十七號（八年七月五日）に至り、次號より「明教新誌」と改めた改題の意圖はそれを明教社の實質的なる事業たらしむるにあつた。その經營組織は前記諸氏が社員として共同出資によつて營まれたが、十年一月に至り社員總會を開き、其決議によつて、社業を靑巒、佛海の兩人に委讓して他社員は總て退社することになつた。

明教社は始め東京銀座二丁目三番地に發祥し、九年二月をもつて尾張町二丁目三番地に轉じ又九月三十日に三十間堀町三丁目一番地に移つた。此時に書籍出版販賣と、新聞發行とを別々にし、書肆は尾張町の舊地に再び轉じた。終始隔日刊をつゞけ、明治十三年六月二十六日に千號を、十九年四月二日に二千號を、二十四年十二月二十六日に三千號を、而して三十年九月二十日をもつて四千號を迎へた。遂に時運の要求に添ふべく日刊を計畫するや挫折して、第四千六百〇三號なる明治三十四年二月二十八日をもつて合併のため「明教新誌」の名稱を失つた。

日刊計畫は明治卅三年十二月二日附の誌上で公けにされた。それによれば、當時約五萬圓の資産を有し、これの組織を變更し、增資二十萬圓の株式會社となすにあつた。明教社は明治二十三年頃より、活版業を兼ね、萬朝報、每日新聞、社會新報、建國新聞、朝野新聞、法律新聞等の日刊其他の新聞の引受をなしてゐたが、此方面の擴大により、日刊明教新誌發行上の安全辨たらしめるを增資の重要な理由とした。計畫發表より約三ヶ月間、此目的のために東西に人を派して運動したにも拘はらず、三十三年十二月熊本の第九銀行の支拂停止に發した全國的な金融恐慌の眞最中の事とて豫期の成績をみることが出來なかつた。明教新誌第四千六百二號に於て、左の如く辨疎の辭を述べて、合併運動に轉向を聲明するに至つた。

「前略百方盡力の結果、將に成功に、近からんとするの刹那、吾徒の素志、吾徒の目的を一層迅速に、一層直接に、何んの苦もなく達せしむるを得るの方法は發見せられたり、この方法に依れば、多くの資金を要せず、多くの勞力を要せず（中略）新に新聞を

自敍傳集 (2)

「對榻閑話」

本書は十洲小野島行薫師の自叙傳である。師と師の舊友干河岸貫一氏とが晩年居を共にし大いに懷舊を語り干河岸氏がその談話を行薫師の自叙傳風に書き上げたものである。本編五十二項百七十六頁、及附錄詩集五十九頁よりなる。本編は之を前後二編に分つ事が出來る。則ち前編は出家修學より酬恩社の創設に及び後編は酬恩社の解散より稱福寺の再興に終る。師は酬恩社の創設者であるがそれに關する記事の簡略なるは惜しむべきも、その勢力の强大にして兩本願寺をおびやかし遂に解散を命ぜられたるあたり、本書に表し得ざる師の一面が感ぜられる樣な氣がする。昭和四年十一月小野島元雄氏編、非賣品。

造るの難を避けて、既設の新聞、特に勢力ある既設の新聞を合同するの捷經、得策、大得策なるを氣附かざるにてありき、嗚呼改めて二十萬の資を募るの難と、既設の新聞を佛教主義の一大新聞たらしむるの易とに於て孰れを最も策の得たるものと爲すか」

と遂に株式計畫の三ヶ月の努力全く失敗に近きものであつたことを自ら言外に語つてゐる。かくて「日出國《やまと》新聞」と合同すると稱して身賣りしてしまつた。「日刊明教新聞の身替り出づ、一大佛教主義の新聞紙はこれ、日出國新聞は明教新聞なり」と大呼したが、嘗つての輝しき佛教界二十有八年、黨派的色彩から比較的獨立して存在した、隔日刊新聞は玆に終焉を告げた。

明教新誌の合併事由は、財界の不況時に際した資金募集の不成功にのみではなく、明教社の經濟狀態は當時の考課狀によつてみるも資産の固定と過大評價によつて明かな如く、内部經營の困難によるものでもあつた。更に見逃し難いのは新聞機能の低下といふ現象である。明教が發生しその勢力を張り得た時代は、東京が各宗派の行政の中心であつた、政府の對宗教政策の發動宗團制度の創成修正等の動搖期であつた。佛教は東京を中心として頽勢を盛り返しつゝあつた。國會開設以後には諸宗の宗制寺法は一通り出來上り、宗内統制機關の中心は漸次京都に移つて行つた。日清戰爭前後には佛教界の關係事項は京都に舞臺が移動してゐた。東京にある佛教界の新聞と、京都にあるそれとは條件に於て著しい懸隔を生みつゝあつた。三十年十月一日に創刊された「教學報知」の伸びゆく運命はほゞ明かなものであつた。最初月三回刊行が程なく隔日となり、明教新誌亡びて間もなく（三十四年六月一日）日刊となつたことは這般の消息を語るであらう。尙ほ、共存期の兩紙を

四

比較するときに、教學が四頁の中型新聞として明教は末期は十六頁の冊子型としての相違、價格に於て前者は一部一錢（三十四年六月）後者は一錢六厘（三十四年二月）といふ開き、當時の經濟不況を考へるならば、新ニユース多く、低廉な新聞が普及勢力を增大するのは當然であらう。又後者は論説多く、内容は稍高く、前者は三面雜報豊富でルビ付であることなど、讀者層の差等は言ふ迄もないが前者は大衆性に富んでゐることが、その新興の新聞として宗派機關に利用され易きことと共に發展への一因をなしたと考へられる。

教部省時代の佛教及び僧侶

村瀬博道

前號に述べた如く教部省時代の宗教政策は飽く迄佛教抑壓、大教宣布にあつたが、此の宣教政策に政府は完全に失敗して居るのである。（堀秀成氏、教導要義抄）

此の失敗の原因は、三條教則そのものの價値及び政府内部に於ける宣教政策に對する二派の對立等はしばらくおき、僧侶と神官との軋轢が現實問題として大いに關係して居る。大體が僧侶は此の宣教運動に於て甚だ不利な立場にある。成程三條教則を説くと共に之に抵觸しない限りの佛教々義の説教も許可はされたが、猶教部省官吏の嚴重なる管督を受けなければならなかつた。南條文雄氏の「懷舊錄」には僧侶を教導職に採用する試驗の情況

を説明して「それで諸國の僧侶を大教院に集めて試験の説教をさせて見るが、全然佛教に關係のない三ヶ條である上に少しでも佛教々義を混ぜたら落第になるので甚だ難題である。なにせ根本から佛教で固つて居る者に佛教に理を入れずに説教をやれとは思ひきつた無理を云つたものだ」とあり、又明治五年十一月教部省無號各部各宗管長教導職への布達五・六・七條、等は僧侶にとり神官との合同が如何に窮屈であつたかを知つて餘りあるものがある。大教院の祭典も神佛混淆の儀式で行はれた。此等の事は心ある佛教僧侶を大いに憤慨せしむるものであつた。蓋し當然の理結である。今や佛教僧侶は廢佛毀釋をまぬかれんとして反て自らの墓穴を掘つたものである。僧侶が佛教徒たる以上に政府官吏になりすぎては居ないか。その儘の推移は佛教の衰亡であり、千數百年の輝かしき歴史を此處に終らんとするものである。主として中央僧侶の此の政府及び神官との妥協は全く不甲斐ないものがあつた。

　右の如く佛教側の不利な立場に反し一方神道側は正に得意の絶頂にあつた。然し之は只單に政府の後援があつたからにすぎない。即ち一般民衆の間に於ける人氣は神道は佛教の比でなかつた。竹岡勝也氏「近世史の發展と國學者の運動」には、如何にも三條の説教が民心の求むる所と合致せず、聽講者の更になく遂には三條には一言も云ひ及ばぬ地方さへ生じたと云ふ事を述べて居る。之に反し佛教は民心を捕へ補ふべき魅力に富んで居た。佛教の説教は禁ぜられて益々その必要を各人が痛感したのである。(故權田老師談)その他多くの資料よりして佛教は依然民間に於いて斷全優位を占めて居た事は明である。此の如き狀態での神佛合同は、徒に政府の押す横車だけであつて、佛教徒及び僧侶にとつては堪へ難き苦痛である。佛教は云はゞその社會的地位を完全に神道に利用されて居るのである。本地垂跡神佛習合の説は佛教が神道を利用したとも見られるが今や情勢は當に正反對なのである。かかる一般情勢を察知して大教院の崩壞から眞宗の獨立へと佛教復興の第一彈を放つたのが、島地、赤松等の眞宗諸師である。

　つまり、一部僧侶の政府への阿附により、表面上益々不利に見えた佛教も、一般民衆の間に於ける勢力は不拔のものがあり、護法諸師の活躍は次第に活潑となり、政府も遂に宣教政策を止むなく放棄せんとする一般的情勢にあるのである。

造化教と因縁教

――明治初年の佛教無神論(三)――

増谷文雄

明治十六七年頃から廿年すぎにかけてさかんであつた佛教無神論、これは、佛教を無神論として確立しようといふ意欲よりは、むしろ基督教の有神論の缺陥を指摘して、佛耶闘爭の一翼として利用せんとしたものであつた。このことは深く吟味するまでもないことである。

　すなはち、佛耶闘爭の一手段としてのこの佛教無神論であつたのであるが、しかし、問題が問題であるだけに、やはり、理論としての

五

やゝこしさがあり、また理論としての面白さがあつた。理論としてやゝこしかつたことは結局この問題が佛耶交渉史上における大衆的な影響にまで發展しなかつた理由の一つであらうと思はれるが、また他面に、色々と理論としての面白さを殘したことは、後の學者にとつて思はぬもうけ物であつた。

その一つは、佛教と基督教とを全たく異つた二つの型の宗教として見ようとしたことである。私は、宗教學をやつて來たものでもあり、また佛教と基督教との比較をいさゝか攻究して來たものであるが、これは非常に面白い見方であると思ふ。だが、いまは、こうした考へ方を批評することはやめて、その一二の例をあげるに止めておく。

その一つは、教學論集の第二十三號に載つてゐる石川舜台氏の「佛教論評」(明治十八年十一月)の一節。氏は、基督教的宗教すなはち有神教を造化教と名づけ、佛教的宗教即ち無神教を因緣教として、次のように述べてゐる。

「造化教の本體は神にして理を論ぜず、因緣教は理性の極點に達したる地を佛陀と名け、而も人々この極點に達すべき者とす。神力毫も我において關することなし。造化教は神の好惡する所即理にして神の外所謂理なる者なし。」

いま一つは、これも教學論集第六編(明治十七年六月)に載つてゐる卷藏六居士の「神教一斑」であつて、居士は先づその冒頭に次のごとき論をかまへてゐる。

「娑婆は是れ迷界なり、何人か其れ無明なからん。旣に無明あり、八万四千の煩惱隨ふて起り、遂に其煩惱の爲に身心を束縛せられ、遂に其生死の妄界に流轉して苦樂の境緣に迷惑し、眞證の何物たるを知らず。然りと雖も時としては或は無常轉變の有樣に驚き、或は生老病死の苦相を觀じ、今世を厭ひ後世を恐るゝの心發するは本有の心性忽然として緣起するなり。是を以て野蠻の民も文明の人も知識の有無に拘はらず才覺の多少によらず、其思考の及ばざる所には或は神ありと畏こみ、或は靈ありと信じ、風雨震雷これ神の怒なりとし、日月星辰これ神の明なりとなす。此間智慧の勝る者ありて、自身の心に感ずる所より、種々說を立て堅固に論を構へ、我が畏こむところ我が信ずるところに向て、或は禮拜に式を設け、或は敬戒の法を定め、遂に一黨派を結んで之を弘通するに至れり。是れ概ね各洲各國に弘まる宗教の起源にして、皆其神靈を尊敬する所以なり。是を以て、予は此宗教を都て神教と名けて吾佛教と明了に區別することを爲すを得べきなり。」

落穂集

維新と佛書林

芝神明前に聞えし書林の岡田屋佐久間嘉七は、從來佛教の典籍發兌を專らとなし、江戸にては右に出づる書林あらざりしが、御一新の際に佛法は最早や廢せらるべし、然らば我店の商賣も是までなりと速了せしにや、土藏の棟に充たる佛經祖釋の版木をば多くは湯屋の薪になるまでに棄賣になし、其印刷製本せし分も、紙屑屋の手に賣拂ひ已に大般若經の如きも何十部となく、紙屑になせしを、今の寶松院松濤教正が、買ひ集めて麻布の別邸の庭に埋められたりとぞ。

然るに嘉七は其後爲す事每に思ふ樣にはゆかず、近頃は築地に寓居して洋學をも修め專ら中外人に交際を求めて耶蘇教に熱心なりし

由なるが、去月下旬の事發狂せしと、何分にも氣の毒な事なれども佛天の冥罰にやあらん（明敎新誌一五七二號）

介石の弟子の活動

故佐田介石上人の門人なる仁藤臣寛、淸水純直二氏は越後有志者の請に應じて、過る六月已來寺町善道寺を始め、沼垂村眞言宗悉地海、老ヶ瀨村空則寺、大淵村本興寺、葛塚町龍雲寺、新發田壽昌寺、濁川法淳寺、笹岡町常安寺、水原町淨泉寺、三條町泉藥寺、燕町萬能寺等數十ヶ所に於て天文並に經濟の說敎を開かれしに到る處七八百名より千餘名の聽衆にて頗ぶる繁昌を極めたり。（明敎新誌十六年八月廿八日）

編纂所だより

八月中の資料提供者

資料提供者は左の通りでありました。

本遠寺殿（神奈川）　五島法住氏（京都）
友松圓諦氏（東　京）　上坂倉次氏（東京）
闞本龍門氏（神奈川）　藤井梅甫氏（東京）

第五回明治佛教研究例會

時　九月廿九日（土曜）午後七時　無料
所　銀座西五ノ五菊地ビル三階
題　「佐田介石の新出の資料を中心として」
（特に珍奇な實物展觀があります）
講師　淺野研眞君

明治年間佛教關係新聞雜誌目錄

―明治佛教史編纂所編―

明治年間に出た各種の新聞雜誌は約八千種を越える。明治佛教史編纂所では、去年來資料蒐集中であるが、今回其の佛教關係新聞雜誌のカードの一部を整理し、約七百六十種を擧げて印刷に附して頒布することにした。（菊判約八十頁、定價五十錢）

中外日報を求む

明治年間の佛教主義新聞と言へば前に「明教新誌」後に「中外日報」の二つが王座を占めてゐる（本號本文參照）宗派や局部的な小新聞はあるが、明治佛教史の中樞綜脈を形造るものは右二紙を措いてない。明治佛教史編纂所は二紙の蒐集に全力を注いでゐる。「明教新誌」は大方の好意によつてほゞ揃つたがその後を繼ぐ史的價値高い「教學報知」（中外の前身）「中外日報」はまだ完全には手許に集つてゐない。一紙半葉でも結構です。御提供下さらば幸甚です。御提供下さるむきは送料は先拂ひで結構です。御配慮願ひます。

編輯後記

上記の通り研究例會を開きます。銀座へ散步のつもりで御來會下さい。由來銀座は明治佛教に因緣の深い地です。佛教復興の聲高いときその回顧も懷しいわけです。

九月十五日來編纂所員牧野內君が房總方面の寺院に出張の際は大に歡迎を受けたこと一同厚く御禮申します。

第三號

昭和九年九月二十日印刷
昭和九年十月一日發行

編輯兼發行人　上坂倉次
東京市深川區冬木町一〇
印刷人　吉本菊松
東京市京橋區銀座西五ノ五菊地ビル
發行所　明治佛教研究會
東京市本鄉區六丁目赤門前
發賣所　山喜房佛書林

定價　一册　金五錢　一年分　金五十錢

昭和九年十月一日第三種郵便物認可
昭和九年十月廿五日印刷 昭和九年十一月一日發行
第一卷第四號（毎月一回一日發行）

明治佛教

第四號

目次

名越派再建の運動（上）

緣川光覺

名越派は源流を浄土宗に出す。正和三年十一月、三祖良忠の弟子良辨尊觀、宗義十六ヶ條を以て一派を開闢して以來、出藍の弟子によつて次々と法幢が掲揚せられ次第に東北の地に浸潤していつた。即ち、八十年後の應永二年五月には尊觀の門葉良就十聲が磐城國磐前郡山崎村に専稱寺を創建し、同九年には良榮理本が下野國芳賀郡大澤村に、圓通寺を建立した。かくして互に同派の寺院を總轄したことは、名越派の教線を擴張して愈々其基礎を鞏固にしたものである。

延徳二年専稱寺第六世仰觀に至るや、同寺を勅願所と定め 奥州總本山の 號を下賜された。圓通寺亦、寛永十六年第十五世住關の代に至り勅願所と定められた。元和元年徳川舊幕府、増上寺を錄所とせられてからは該寺の書上により住職の進退は幕府に於て之を爲すやうになつたのであるが、宗制教規に至つては依然として派内寺院を統轄して居つた。

明治五年三月、政府は教部省を設置し、神佛を合併し、各宗各派悉く合一して祭政一致の教職を奉ずるに至つたときと雖も、名越派の名義を相傳するには何ら變障をみなかつたのである。

然るに粟生光明寺が明治五年十一月に禪林寺本山號を廢して浄土宗西山派總本山となり、明治九年九月には分立管長を置くことを認許されて完全に浄土宗から獨立したことに端を發して、名越派の前途に致命的な大問題が湧發させられて了つた。

浄土宗中西山派ノ儀這般別派獨立願済派名別稱相用候處其余ハ渾テ從前之通浄土宗ト單稱仕度此段相願候也

明治九年十一月八日　浄土宗管長代理

權正教正　福田行誡

教部大輔宍戸璣殿

追テ原文ニ其余トハ知恩院金戒光明寺等源智ノ統ヲ繼ク者及其門末ニ屬スル者、増上寺傳通院等鎭西ノ流ヲ酌ム者、及其門末ニ屬スル者他、白旗派ナル者、名越派ナル者等ニテ總テ浄土宗ト稱シ其派ノ區別無ク同盟一和シテ布教ニ從事スル者ニ御座候也

以上の請願が提出されたに對し、政府は明

一

治十一年三月八日付、内務省乙第二十二號達を以て派名消滅の允許を附與した。是に於て名越派は當然、淨土宗と單稱しなければならぬ運命に陥つたのである。名越派再建の運動はこゝに擡頭するの機運に際會したのである。

開導新聞より開明新報まで

―本邦佛教新聞發達史(二)―

上坂倉次

開導新聞

明治八年十一月創刊された采風新聞は、其頃民權論が盛行したその氣運に乗じて出たものであるが、堂々と筆陣を張り嚴正な直筆の故に政府の壓迫するところとなり、主筆加藤九郎が筆禍を受け、三年の禁獄に處せられたのを始め相次いで筆禍を蒙り遂に彈壓のうちに九年二月、八十四號をもつて廢刊せられたものである。其の加藤九郎は大阪出身の大谷派の僧侶で後に同派機關紙たる開導新聞を東京で出してゐる。

開導新聞は明治十三年七月一日に「法の燈火」と云ふ新聞紙(開導新聞第一號による)を改題したもので、その「法の燈火」とは些し精神を異にしてゐるといふ。何となれば、十二年の冬、法の燈火の社員が、分離して、西本願寺より「龍谷新報」と題する新聞を發兌してから、「法の燈火」の始勢殆んど衰滅に及ばんとするのを加藤(號を秋爽)江村秀山等が同志五六人と協議して、開導新聞として回生せし

二

めたものであるから、といふのである。本紙は東本願寺派本山の保護によつて經營すべく其の諒解を得たので、本山錄事を主として、八宗九家府縣の門徒の篤信善行並びに法教に益ある内外の珍談奇事を網羅し、專ら布教に重きを置き、不學文盲の者と雖も本紙を讀まば極樂淨土の道中獨り案内となるべしといふが如き趣旨によつたものであつた。

「法の燈火」が新聞紙であつたどうかは現物に接しないので何とも言へない。京都の眞成社から月刊で明治十一年八月に創刊され、十三年六月迄續いた。其前身が「敎門雜誌」で大内青巒が東京でやつてゐたもの、明治八年六月の創刊で同年十一月四號で廢刊になつてゐる。其の繼承系統を表示すれば次の如くである。

敎門雜誌(八年六月 八年十一月)―法の燈火(十一年八月 十三年六月)―
　├龍谷新報(十三年二月 十三年九月)(西本願寺)
　└開導新聞(十三年七月 十六年五月)(東本願寺)
―敎海新潮(十三年九月 十六年四月)―奇日新報(十六年二月 二三年十月)―開明新報(二二年十一月)―
―京都新報(二三年)

兩本願寺は前記のものを唯一の宗派機關としてゐた譯ではない。夫々別箇に各種の直屬機關を持つてゐた。開導新聞にせよ龍谷新報にせよ傍系的機關の役割をつとめてゐたのである。

開導は加藤が、その社長であつた。江村秀山は編輯人として就任し三百六十三號（十六年一月廿三日）迄擔當した。のち青山義寶が之に代つた。江村の人物については安藤洲一氏の「開導新聞の發行」（現代佛教百五號）の敍述中に詳しい。開導本社は次の如き變遷を經てゐる。

一號―二六九號（十五年七月一日）京橋銀座二ノ九

二七〇號―三二六號　京橋銀座二ノ十四

三二七號―終（十六年五月）　京橋弓町八

刊行回數は當初は月六回であつたが、十四年一月九日（三十七號）より月十回に、同年六月（八十三號）より月十五回に增發した。此の外に「大谷派宗報」用として月一回雜誌型を出してゐた。

定價は月六回の時は一ヶ月分八錢であつたが、十回になつてから一枚一錢五厘となり、十枚前金十三錢となした。

十六年五月に至つて、當時の不換紙幣整理による經濟界の緊縮が崇り、開導新聞は經營不振に陥り一時廢刊の餘儀なきに至つた。

龍谷新報、教海新潮

龍谷新報は明治十三年二月に前述の如くして成り、西本願寺機關誌として本山より若干の保護を仰ぎ、持主山田志馬なる者東京に於て之が經營に當つたが、社内に適當の人物を欠をもつて早くより改題刷新の意があつた。山田は大阪日報の主筆たる干河岸貫一が辭して東京に向はんとする時、京都に來り改題後の主筆たらんことを求めて同意を得、共に本山當路の人々と協議する所があつた。干河岸の歸京と共に龍谷新報は「教海新潮」と改題された。十三年九月の事である。

京橋三十間堀町二ノ一の眞報社を本社とし隔日刊新聞としての教海新潮は、本派本願寺本山錄事を中心にして宗派内に勢力を振つた。干河岸の鋭意努力によつて盛大を來たし、本山よりも應分の保護を得て、經營は頗る順調にあつた。しかるに、社主の貪慾を滿すのみで、獨立大成の見込なきを見拔いた干河岸は二年餘り專心從事の後十五年十二月に新潮社を退社した。此時既に彼の意中には之に代るべき新聞の發行計畫が進行してゐた。人を失つた教海新潮は、漸次衰へ、十六年四月第四百三十一號を限り廢業した。

其の編輯體裁は佛教界新聞の王座を占めてゐた明教新誌を模倣した四六倍大八頁で、官令、教海新潮、雜報、酬恩社記事廣告等の配目である。定價は一枚一錢五厘、一ヶ月前金二十錢、六ヶ月一圓であつた。編輯人は中途から荻原國三が代つてなつた。

奇日新報

干河岸貫一は教海新潮社を退いて、本派本願寺執行石原僧宣が築地別院再建後の要務を

三

帶びて東上したのを幸ひに、退社の理由を陳べ、更に奇日新報と題する隔日發行の雜誌(書窓漫題千河岸貫一自傳)を創め、前の如く保護を仰ぐことの諒解を求めた。かくて明治十六年二月一日より、彼の自宅なる本所區外手町三十九番地に新報社を設け、その發行所と爲して刊布した。其の題號は奇數隔日刊であるところから來てゐる。十七年に第二百號を、二十二年に第一千號を經た。

編輯體裁は、敎海新潮の如く、又明敎新誌と同樣で、次の項目わけにした八頁紙である。官令布達、本山錄事、奇日新報、雜報、寄書、廣告、社告等。

奇日新報の沿革は二期に區分される。東京で千河岸が經營の時代の二十二年一月迄と、經營を讓渡して京都に於て金山空常によつて刊行された二十二年二月以降から終刊迄である。覇氣盛んであつたのは前者の時代である。少しく千河岸の自傳によつて其跡を辿りたい

十六年の秋に至り本山の財政困難と共に保護金の下附が絕えて經營の前途暗憺たるものがあつたが、彼は騎虎の勢に乘じて、斷然發行を繼續に決し、山本貫通を編輯に雇聘した外、論說より雜報に至る迄千河岸自ら之を筆し、爾餘の仕事は家内の手によつて營み辛うじて發行をつゞける有樣であつた。

茲で十六年の新聞紙條例改正に對する當爾たる佛敎新聞社主の感想を述ぶるは必ずしも無益ではないであらう。

「今年新聞紙條例の改正あり、都下にて發行するものは、學術一編のものを除く外、保證金一千圓を警視廳に預け入るゝことゝなれり、斯法は動もすれば詭激の言論を爲さんとして、新聞紙を發行し、朝に開業して夕に廢業するが如き、無責任の新聞社競ひ出るの弊を矯めんとの主旨にて設けられしものなり、而て從來許可を得たる分も、若干の期日を以保證金を預け入れ、內務大臣に出願せざれば、發行の權利を失ふことゝなれり、余奇日新報の如き微弱の社が、千金を官府に預入することは、困難なる經濟上更に一大困難を感ぜしか、是も亦辛ふじて期日中に其手續を了するを得たり」

四

其の發行部數は千部を出入してゐたらしい。購讀者の增加と共に代金の延滯も殖え、然らざるも七月十二月の二季以外に送金する者稀な習慣の時代には新聞經營は容易でなかつたと思はれる。

千河岸が當初此の事業を起した目的は、自家の利を度外し、一社の獨立の基礎を固め、佛敎主義を鼓吹する機關に供し、社の財務の饒かになるを得て、青年有志の來て輦下に學ぶ人を編輯補助員に充て、その去就來往を隨意にし、本派佛敎青年俱樂部といふ如きものとし、護法志士の梁山泊とせん冀望であつた。しかし事意の如くならず、困難は終始同じく、金山空常に讓渡の餘儀なきに至つた。

第二期奇日新報は、京都市油小路御前通下ル玉本町に於て、神代洞通を編輯人として繼續發行されたが二十三年十月末に改題して「開明新報」となつた。

不受不施派獨立秘譚

——明治不受不施史の一文献——

牧野内寛清

一

教部省へ府知事より提出せる伺書に、

這回釋日正なる者、不受派云々之儀出願候に付、過般御省へ御回申置候處、府下三田小山町圓徳寺住職林日龍儀、前條日正の願意許可之有無をも見認得す敎則三條

非教導職試補辭令等奉還せし旨、別紙之通日蓮宗一致派管長新居日薩より届出候
右は不受派之可否は暫く閣き教則非試補を自己に返還せるは甚以不相濟次第、且昨七年御省三十一號御布達之旨も有之候に付、如何處分候て可然哉、則右書類相添御回申候條可然御指揮有之度候也
明治八年七月十日
東京府知事　大久保一翁
敎部大輔宍戸　璣殿
（明敎新誌一四九號）
とある。この上書中『不受派云々之儀出願候に付』とは、舊政時代に於て憂目に遭つてゐた基督敎すらもが已に默忍の體にて稍々隆盛を示してきたに反して、維新後も依然禁壓の手を免れ得ない事を慨して、鳴りを秘めてゐた不受不施派の頭目が、復活公認の願書を提出した事を指すのであつて、これは、前後二回に亘つて敎部省へ差出されてゐるが、其最初のもので八年六月二十二日附願書である。

今其略文を擧ぐるに
日蓮宗不受派沙門釋日正恐惶謹んで曰す─中略─今や大政王室に復し諸事の丕新、大いに開明に進歩し、至公至正敢て非理の專斷を以て人々固有の性靈を壓制し玉はず、洵に感恩の至りに勝へざるなり。因て我宗制の甞つて抑壓せられたる概略を記し、以て聞す、伏て望むらくは、諒察を垂れ是非を明斷して我宗從前の如く許可し玉はんことを。
（佛敎第一七四號）

然るに敎部省は、之に對しては直答を與へずして、日蓮宗管長に其意見を求めたのである。蓋し、該派は日宗の支配の下にあつたからである。然るに日薩は此諮問に對して、

> **第六回明治佛教研究例會**
> **時**　**十一月廿七日**（土曜）午後七時
> **處**　銀座西五ノ五　明治佛敎史編纂所
> **講師**　大正大學敎授　**藤本了泰氏**
> **講題**　明治初年の增上寺

『非宗敎の旨』を上申して獨立再興を拒否したので敎部省は管長日薩の意見を參酌して七月廿八日附を以て釋日正の願意聞屆け難き事を發令したのである。

これ以後日正は九月九日に再び許可願を上書し、日宗當局側は管長日薩の名に於て之れが認可を拒み、此間相當の波瀾を繰返してゐる。

二

前掲府知事の伺書中に林日龍の辭令奉還に就ての處分方の儀あるは、かゝる不受派の頭目釋日正の犧牲彈となつて獨立を疾めたる日龍の側面的運動とも見ることが出來るのである。

宜なる哉、この日龍の行動は當時敎界に於ける同情ある輿論をさへ喚起するに至つたのである。（明敎新誌一五五號等）この事は些細に屬するものではあるが、不受不施再興秘話の一頁として見逃し得ないものであらう。即ち、日龍は、府知事伺書に應へたる敎部省の指令によれば、
書面日蓮宗圓德寺住職林日龍儀は退職申付候儀と可相心得候事、但本文之儀に付別紙之通日蓮宗一致派管長へ相達置候
明治八年七月十九日
日蓮宗一致派管長
少敎正　新居日薩
其宗東京府下三田小山町圓德寺住職林日龍儀に付同府より別紙之通申出朱書及指令候條壬申第四號達書に照準し一派を黜斥可致此旨相達候事
敎部大輔　宍戸　璣
の裁斷を見てゐる。而して該達と云ふのはと云ふのである。而して此處分方針は直に

五

實行する處となつて達書後數日にして

其方儀異見相立漫に教則三條并教導試補辭令書致返還候に付心得違之段再度及懇諭候得共悔悟無之宗規違戻候條教部省別達之御趣意を以て同省壬申第四號の御達に照準し本宗一派を黜斥申付候事

明治八年七月廿八日　日蓮宗管長

なる決斷を示して教界を驚かすに至つたのである。而も、之れに對して日龍は平然として即日請書を提出し潔く其の裁きをうけてゐる。

御請

一、拙僧儀不受謗施之制法致遵守度所存に付管長より被命候教則并試補狀所持致居候道理無之と存返納仕候、右に付該派を黜斥被申付候段承諾仕候也

七月廿八日　林　日龍

日蓮宗一致派管長

少教正　新居日薩殿

これに依て數日後に彼は其の住家をすら離れねばならなくなつたのである。即ち、

本月二十八日本宗一派黜斥被仰付候に付什物等取調受取前條日龍并徒弟不殘夫々本籍へ引拂候條此段御屆申上候也。

七月廿一日

芝金杉濱町北三十七番地

組寺法類總代　正傳寺　住職　岡野日永

中山法華經寺觸頭

谷中　妙法寺住職　南方日勝

宗務局御中

との報告書は日龍の寺を追はれ、子弟の別離を餘儀なくされて行つた事實を語つてゐるかうした一秘事を、今私は單に事實として紹介するに止むるものであるが、邪宗門一般と等しく倣されてゐた該派の獨立が許された

六

裏面には、勿論當時早くも芽生えたる信教の自由と云ふ思想に教部省が動かされたにしても、大内青巒等が裏面にあつて援助をしたと云ふ噂さ以外に、かゝる日龍の如き捨身的態度に出づるものがあつた事は、穩れたる復活運動の拍車であつたと云はねばならぬであらう。尚、この寸鉾が不受不施潜伏史を研究してをられる文理大の相葉氏の爲に資する處あらば幸ひである。

佛教無神論と近代無神論

——明治初年の佛教無神論（四）——

増谷文雄

佛教無神論と近代無神論とは、どんな關係に立つものであるかといふこと。そのことこそ結局私の闡明したいところなのであるが、その問題は私の佛教無神論研究の結論として最後に出て來べきものなのであつて、いま此處に、「佛教無神論と近代無神論」と題して言はんとするところは、佛教無神論を說いた人々は近代無神論の存在を知つてゐたであらうか、近代無神論との自分等の立場とをどう考へてゐたのであらうか、その佛教無神論を說くに至れるについては近代無神論に何等かの暗示影響をうけたであらうか、といふ點にあるのである。

佛教無神論を說いた人々は近代無神論の存在を知つてゐたか、といふに、それは確かに知つてゐた。たゞ、どの程度に知つてゐたかは人によつても異なるであらうし、いろいろと疑問もあらう。「天帝在否」を書いた天野爲

之氏などは、原書で色々と讀んでゐたらしいが、なかには、ほんの風説程度にしか知らない者もあつたように思ふ。

近代無神論と自分等の立場とをどう考へてゐたかといふ點は、私の非常に興味を感じるところであつて、或者は佛教國日本こそ無神論の本當に理解され本當に發達すべき所だと思つてゐたし、或者は外人もまた本當に無神論が解るようにならねば駄目であると思つてゐたものもあつた。

たとへば、前述の天野爲之氏はその「天帝在否」(中央學術雜誌、明治十七年六月)の中で、――歐州諸國に於ては、胸中すでに無神の説を確信するにも拘らず、所謂る社會の壓制なるもののために、無神論者はその言論の自由を束縛されて、充分に天帝在否の討論をなす能はざれども、幸ひにして我邦に於ては、有神論を唱導するも無神論を主張するも自由自在であるから、此の機において天帝在否の問題を論ずるのは、非常に利益ある立場に立てるものである――と説いてをり、また、溪口雲濱氏はその「無神説」(教學論集、十二、明治十七年十二月)の中で――近頃米國人の中には往々無神の説を主張するものありと、此事もし眞實のことならば、此國の人は愈々進んで眞實の自由自由を得る人民となるべきこと企てて待つべきなり」――と威張つてゐる。

佛教無神論を説くに至つたに就き、近代無神論から何等かの暗示影響をうけたであらうかといふ問題は、これは相當微妙な問題であるが、簡單に結論に突進するならば、決して大した暗示影響はうけなかつたであらうと思はれる。といふのは、この佛教無神論の起つた所以は、要するに、基督教の强烈なる有神論に對するためと、基督教が佛教にむかつて投げつけた偶像崇拜の非難に對する反撥であつたに違ゐないからである。(一〇・一七)

資料

擬一枚起證文

此ごろ我が朝もろ〳〵の寺院達の沙汰し申さるゝ廢佛廢寺のさはぎにもあらず、又西洋の學問をなして邪法を弘めんとと云御布令にもあらず、唯王政御一新にて扶宗護法の爲めには内典外典書籍の奥義を極め、如法如律にして勸むるほかに別の子細候はず、但し三十四十の檀家の難澁地は合寺と申すことの候は、みな住持の行狀正しからずして、師檀の間だ不和となり、檀家へ毎度の勸化に困り候なり。此外に慾ふかき無心をいひて檀家の機邊を破らば天朝の憐みにはづれ、本尊の御慈悲にもれ候べし、住職を大切にせし人は、たとひ一代の内には聊さかの喜捨淨財をもつて寺門の破壞を修理し、我が身は一文なしの氣になりて一文無智の輩に同ふし、富家在俗の眞似をせずして唯一向に修行すべし。

僧徒衆の安心起行此の一紙に至極せり、佛法の所詮はこの外に別儀を存せず末代邪人の誹謗をふせがんために修練をしるし畢んぬ。

撿約二年正月元旦

右文は備後國の某上人の戯作するところにして明治十年七月に同國蓮門小沙彌法英なる者の明教社に報告し來るものなり。

眞言僧侶の商業を禁ず

教導職にして商業相營み候は、行政上に於て敢て御差支も之なき儀に之あり候哉に候得共、僧家に於ては邪命と稱し甚だ惡むべき仕業に候條依ては本宗僧侶に限り右樣の所業致さゞる樣諭達仕度、御省に於て御差問之なく候はゞ御聞置下され度願上候也

明治十五年七月十日

眞言宗管長權大教正　三條西乘禪

内務卿山田顯義殿

書面之趣聞置候事

明治十五年八月十一日　内務卿山田顯義

(明教新誌一三八三號)

七

落穂集

◆學佛の仕事

優陀那日輝は新井日薩の師で、近世日蓮宗の大家であつた。常に弟子に語て曰ふ「佛法は九分通り虚言だと想へ、唯一部の虚妄ならざるものあり、之を發見するのが學佛の仕事だ」と。

（中央公論十四年六號）

◆雲照獨園の忠告を受く

釋雲照一日、荻野獨園と會す、獨園曰く「和上が戒律を堅く守らしやるは結構ぢやが躰をこわしては何にもならない、聖胎長養が大事じや、密門で和上のやうなのは一寸得られない、も少し躰を樂にさつしやれい」と雲照深く首肯す。

◆京璨の門札

曹洞の智德京璨隱逸にして名を求めず、三河學寮の學頭を辭して、去て武藏大宮の東光寺に住すれ共或は俗士論客の訪問するあらん事を厭ひ門戸に高札を建て、大書して曰く

住持無學に付學者不可入
寺貧乏に付盜人不可入

と、然れども其法香馥郁として衆僧多く來學す原坦山の如きも往時門を過て其高札を奇として論談を試み終に感じて僧となりしなり。

◆南條神興の說教

南條神興は文學博士南條文雄の父なり、眞宗の碩學と稱せらる、神興說教するに常に同一事を繰返すのみ、人あり之を詰りて曰く和尚の法談常に同一にして聽衆大抵之を暗記せり少しは別の說法をなしては如何と、神興大いに叱して曰く「馬鹿を云へ、眞宗の安心が聞くたびことに違ふておたまりこぼしがあるものか同じだから有難いのぢや」

◆福田行誡と吉川日鑑

福田行誡曾て豆州の石彌陀を參拜し、歸途箱根の旅亭石内に投して午餐を喫す、亭主其の三緣山主なることを知り筆硯を供へて揮毫を乞ふ、行誡曰く「南無阿彌陀佛と書かふか」亭主云ふ「私は妙法ですからお題目をお願ひ申します」行誡乃ち其の請の如くす、時偶ま身延山吉川日鑑も亦た石内に投す、亭主又紙を展へて揮毫を乞ふ日鑑筆を揮つて曰く「南無阿彌陀佛」と緇林相傳へて好一對と稱す。

◆默雷の酒落

彼は酒落が旨かつた。議會が初めて解散さ

八

明治年間佛教關係新聞雜誌目錄補正表

七月に出した「明治年間佛教關係新聞雜誌目錄」は、大方に便宜との稱辭を受けたが、此種の仕事は試みた者なら誰しもわかることであるが、面倒なものである。根氣よく時にふれ折にふれて增補訂正をつゞけなければならない。本號から當分、新發見、誤記脫漏を補正してゆきたい。御示教をたれた各位に御禮を申しあげる。

（傍點は訂正及び追加せるものを示す）

二頁 二行	明治佛教史編纂所	
十六行	藤井草宣氏	
五頁 八行	曖昧	
本文五頁 一行	活宗教	
七頁 十八行	共存雜誌	週（水曜）
七頁へ	協信教報	梅原翠山 麴町永田町二ノ五六 創明三四・四・四
八頁 十七行	教友雜誌	創十八・
十一頁 五行	心の富	宮崎英太郎 麴町三番町三八 創明三七・六・九 改大四・十二
十三頁	獅子吼新報	阿蘇留吉 麴町區平川町五ノ二六 （三種）三五・四・二一
十四頁	修身教會雜誌	安藤弘 小石川區原町哲學館內 創明三七・二
同 十四行	宗報	芝公園第十七號地九 創二九・十二・十五
十五頁 二行	少年教本	川上定吉

れた時、或人から之れを聞いて「あゝさうか、歸俗院なら開山はないが、衆議院なら開山はある筈だ」と。

四十年の春、森岡電燈會社長が氏に何か一つ書いて呉れと頼んだ時「俺も默雷で雷だ、君は電燈で電だ、そこで斯うもあらうか」と「雷の我れ電の夫なり」と扇面に書いてやつた。

（國民雜誌二ノ三）

◆雷夢のその後

第二號に國民雜誌二巻三號から雷夢の事を抜いてきたのに對し、高島米峰氏から御注意があつた。「雷夢君に關する記事はあれだけでは意味をなさない、成程雷夢君は仙臺二高在學中一時キリスト教に興味を持つたのは事實だが「父を罵る」など思いもよらない、大學を卒業する頃からキリスト教の非を悟り遂に世を終つたのである」と。雷夢氏の其頃について、浦和高校の令弟島地威雄氏に紹介申したが本稿〆切までに御回示を得なかつたので、はつきり申しかねるが、默雷老師が明治四十四年一月寂後は、盛岡の願教寺で毎夏盛岡佛教夏期講習會の講師をつとめたことで、高島氏の云はるゝ如く雷夢氏は、のちには眞宗を奉じたことがわかると思ふ。大正四年二月年三十七才神戸で遽に逝去された。

◆五十手の習ひ

明治十年の頃、東京深川淨心寺中に日蓮宗私分第一區本部教院交番學校の第二期始業があり、主として本府及近隣六縣の新發意を目標に教育してゐたものだが、これを聞いて遙々伊豫宇和島郡から一新發意として參加せる五十餘歳の老僧があつた。これは同郡吉田町一乘寺住職輕澤日就師であつたが、當時一般の賞讃の的となつたと。（明教新誌四二七號）

◆行誡の狂歌

行誡上人傳通院に住し、其方丈の四疊半なるを見て

もろともに住むや狸のきんたまの
なかはかりれの四疊半かな

又增上寺に進みたる時

山さるの顔より赤き衣きて
わか赤はぢを柿のたれかな

（行誡全集より）

◆肥塚龍と大内青巒

肥塚龍は始め大塚泰民と稱し、西山派の僧なり。神原精二、大内青巒に歷食し、後ち横濱毎日記者となる。名を擧げてより深く其の僧たりしを掩蔽するにつとめたり。而も人に對して大内青巒に面識なしと云ふに至る。

（中央公論十四年四號）

小石川區音羽三ノ十三　創四三・三・五

同　正法論　石川惺亮　深川靈岸町淨寺心内　創三〇・二・十四

同　深敬　守屋貫教　小石川區茗荷谷町三　創三九・十一・八

十八頁　二行　眞佛法（協信教會報）改　麴町區永田町　同四〇・四…「青春」

二二頁　曹洞宗報　創二七・八・二〇

二六頁　十八行　東北佛教　角張東順

三一頁　十一行　法の華　山家惠潤　創四三・一・七

同　十六行　法の光　身延青年布教團　下里是察

三二頁　十七行　反省　小林是恭（〃）　松島正恭（〃）　大崎町谷山一六〇　創四二・一・廿五

三三頁　三行　歐文反省雜誌　創三〇・一・廿一

同　十二行　白蓮華　阿部法運（〃）　土屋慈觀（〃）

三四頁　布教　日蓮宗東京布教會　宮田泰岳（〃）　豊田是能（〃）　下谷區中上三崎南町二　創四三・三・十五

三七頁　佛使　酒井寶祐　函館區相生町四二　創四一・一・一

同　十七行　遍照

三八頁　十一行　北天教光

常盤博士の論諍

全集と當所の事業

常盤博士が多年苦心蒐集されたる明治年間佛教關係の單行本が、近く明治佛教論諍全集として刊行されることになつた。右に關し、博士が境野博士の後を繼いで現に當所長であられ、その御事業も多少類似してゐる點より、各地から當所に種々照會あるにより、こゝに博士の右の御事業と當所とは些少も關係なきことを言明しておきます

當所で編纂せんとする明治佛教史全十二卷は、四十五ヶ年に亘る明治佛教界の情勢、明治佛教徒の活躍等、思想と實際の兩面に於て單に内地のみに止まらず、内外全般に亘りての歴史のさながらな叙述です。從つて、其に用ゆる材料は、教界の新聞、雜誌、單行本は素より、佛教以外各教派の文献類は勿論のこと、建築、繪畫、圖譜、彫刻の類に至るまで廣汎に用意されます。それらが斯界の權威により考證、批判、展望、描寫等、あらゆる角度からの史的研究がなされる次第です。ですから、當所の明治佛教史十二卷あれば、明治の佛教を知らんとする者には充分です。直接、資料閲覽希望の方には、明治佛教史購讀者に限り、今後、當所に保存の材料を閲覽しうる便宜が賦與してあります。

是に反して、博士の論諍全集は、明治の佛教に交渉を持つ巨數の單行本中、其一部分を再刻するに過ぎません。從つて、歴史ではなく、歴史を作つた資料として價値あるものです。此全集の刊行により當代佛教史の研究者を裨益する點少くないでありませう。本所も亦、惠澤に浴することになります。

當編纂所名譽所長井上哲次郎博士は、所長常盤博士の集書刊行が、編纂所の事業促進に役立つものであることを考へられる一方、兩者の名稱が類似することによつて、世間の混同、誤解を招くことを一入心配せられ御心盡しがあつたと承つてゐます。

はじめ、その名を「明治佛教全集」又は「明治佛教文化全集」、などが提案されましたが其の集書内容からみて、「明治佛教思想論諍全集」といふのが最適名であらうと、井上博士の御意見で大體其のように決つたと聞いてゐます。出版書肆としては汎稱的な「明治佛教全集」と呼び度いらしく、常盤博士も當編纂所長としての立場もおありになることですから、兩者の仕事には、何等競爭的性質のないことを、申しあげて置きたいと思ひます。

自叙傳集(3)

「懷舊錄」

南條文雄氏には他に大正十三年出版の自叙傳があるが、本書はその記錄の廣範且精密なる點に於て遙に前者を凌ぐものがある。晩年病中の氏が前後三年に亘つて毎日一時間づゝを割いて、或は口述して筆錄せしめ、又自らも筆をとつて無限の懷舊の情に涙を注いで書き記されたものである。幼時僧兵時代より、大教院時代、海外留學期を經て、彼の活躍期、更に晩年に及ぶ。その氣憶の正確なるは驚嘆すべく、內容豊富、事文又仰ぐべきものが多い。聖者の生涯として後進の憧憬すべきもの又少くない。蓋し明治佛教の研究者にとつて、必要欠く可からざる資料として珍重せられる所以である。昭和二年九月廿日、大雄閣發行。

明治の佛教史上を飾る
高僧、居士方の御推擧を乞ふ

貴院、又は貴村に、郷土文化の開拓者として、信仰の培養者として「この方は是非人物篇中に入れたい」「あの方は本當の僧侶であつた」と思はれる名僧、居士方が御出でしたら何卒御教示下さい。唯、端書にお名前だけで結構です。御通知をうけた際は、直ちに所員を派して調査いたさせます。明治佛教史第九卷人物篇の完璧を期するために敢へて江湖諸賢の御援助をお願ひいたします。

明治佛教史編纂所

編纂所だより

九月中資料提供者芳名

觀音寺殿(愛知縣)　東光寺殿(愛知縣)
釋某氏(千葉縣)　光明寺殿(千葉縣)
大橋榮俊氏(東京)　町田錬秀氏(神奈川縣)
吉田祐長氏(福島縣)　聖運寺殿(愛知縣)
坂戸公顯氏(東京)　吉水靈家氏(神奈川縣)
千壽坊殿(愛知縣)　桃野春興氏(大阪)
櫻部文鏡氏(愛知縣)

各地談話會だより

福島の談話會

福島明治佛教談話會は這般、福島佛教研究會の設立に依り俄然活氣づき、同研究會との協同主催にて十一月十七日午後七時より、福島市清明町眞淨院に第一回を開催することゝなつた。講師講題は左の如くである。

維新前後の教界懷古　綱代智明氏
(八十三翁)
明治の福島教界展望　吉田光覺氏

編輯後記

◆今號から增頁しました。活字が小さいので讀み難いといふ仰せもありますが、今しばらく御辛棒下さい。今迄各方面へ贈呈致して居りましたが、續々購讀照會の向きがあるので、以後は成可く御購讀願い度い方針です。

◆原稿がぐつと殖え、淺野研眞氏から「佐田介石の轉宗始末」なる珍稿を得ましたが、間に合はず、次號に載せることにしました。

◆秋深まると共に、編纂所藏の文獻閲覧者が殖えてきました。事務に支障ない限り便宜をはからいたいとの事ですが、資格は當分編纂所關係者の紹介か、明治佛教研究會々員たることとし、毎土曜日午後から夕刻まで。

◆明治佛教研究會例會は、第五頁の案内のように催します。史上の增上寺に關しての權威である淨土宗の藤本了泰氏は大正大學教授、又編纂所の編纂員であります。

◆地方の談話會の活動が近頃、幾分平靜になつたかと思はれますが、連絡、案内其他の點で、本誌面を利用され度い向きには存分に提供する積りですから遠慮なく御申出下さい。

◆編纂所の副主事綠川光覺氏は久しく歸鄉中でしたが、十月十二日亦上京其の健姿をみせて即日からの活動振り驚くばかりです。今後は主として、編纂所外護者との接觸と資料蒐集とにあたります。研究會の用務も擔當して貰います、よろしく御願ひします。

◆編纂所編の「目錄」は近頃急に注文が殖えてきました。こんな堅いものがどうして賣れるのか不思議だと云ひ合つてゐます。編者としては不滿だらけですが、新發見、誤記、脱漏は本誌上で少し宛補つてゆくつもり、早速第一回分を出しました。「目錄」注文の方には當分無代で「明治佛教」をお添へします。

◆別述の通り高島米峰氏から御丁寧な御注意を頂きました。斯うして、誤まられ、歪められてゐる明治佛教史の諸方面を少し宛でも正してゆければ難有いことです。厚く御禮申しあげます。

第四號

昭和九年十月廿五日印刷
昭和九年十一月一日發行

編輯兼發行人　上坂倉次
東京市深川區冬木町一〇
印刷人　吉本菊松
東京市京橋區銀座西五ノ五
發行所　明治佛教研究會
發賣所　山喜房佛書林
東京市本郷區六丁目赤門前

定價　一冊　金五錢　一年分　金五十錢

友松圓諦著

宗教讀本

讃へよ新宗教の聖典！
古きものを清算して
新しきものを捉へよ!!

◉正しき人生を求める人々は先づ讀め
◉遙かなる或ものを求める人々は讀め
◉宗教を食はず嫌ひする人々は讀め
◉古い宗教に愛想をつかした人は讀め
◉惱み疲れ心の糧に飢えたる人は讀め

内容目次

菊判・美裝
價・一圓二十錢

日本評論社發行

明治佛教
昭和九年十月一日第三種郵便物認可
昭和九年十月廿五日印刷
昭和九年十一月一日發行
第四號（毎月一回一日發行）

昭和九年十月一日第三種郵便物認可
昭和九年十一月廿五日印刷　昭和九年十二月一日發行

明治佛教

第一卷第五號（毎月一回一日發行）

第五號

目次

佐田介石の轉宗始末

淺野研眞

佐田介石の出身は眞宗本派であつたが、晩年には天台宗に轉じた。今、玆に簡單に其の經緯を傳へやう。

實は今春、私は九州に旅して介石資料の採訪の結果、熊本縣小島町の加納氏所藏にかゝる明治十三年三月十七日附の介石の書簡を發見した。（昭和九年五月十八日「中外日報」所載拙稿「佐田介石の故郷を訪うて」參照）その文に云く、

「……扨、本山之儀、従來言語同斷成ル仕向け此儘にては護法之儀も報國之儀も二つ乍難被致、無據次第に寄り暫時宗旨を天台に相改、此儀も初發より御相談可申上候處、却而御心配を相懸候事故、態と指控へ居申候……」

これは誠に貴重な資料であつて、彼れの轉宗告白として注目さるべきものであるが、これによると介石は本派本願寺の態度に對して慊焉たるものがあつたので轉宗したように見える。しかし「暫時宗旨を天台に相改」とある「暫時」とは如何なる意味か判明しないし、また此の轉宗の時日も正確に出てはゐない。

ところが丁度、明治時代の佛教新聞の權威だつた『明教新誌』（明治十三年二月四日刊、第九三四號）に、次の如き記事が出てゐる——

「視實等象儀の發明を以て江湖に姓名を知られたる肥後の佐田介石翁は、今度、淺草傳法院唯我韶舜教正の附弟となり、同所新堀の天台宗東光院住職になられたり、因て其趣を翁の故宗の本山本願寺へ天台宗管長より書面を以て通知せられたる由」

これに依つて、大體、時日は見當がつくようになつた。然し此の記事でも「今度」とあるだけで漠然たるものだが、少くとも介石の轉宗が、

（一）　明治十三年であつたこと、
（二）　二月四日直前であつたこと、

の二つだけは突きとめ得られると思ふ。而かも前出の手紙が實に同じ十三年の三月十七日であるに於て、一層、介石の轉宗が明治十三年初頭であつたことが知れよう。

×

ところで、最近、私は大阪の超願寺の森氏の御好意により、同寺所藏の左の如き介石自

筆の誓約書を拝見することを得た。

　教導職試補誓約幷保證
熊本縣肥後國八代郡鹿島村七十一番地
淨立寺産
東京府小石川區新小川町二丁目九番地
士族高橋精一方附籍
　東京府淺草區淺草寺住職
　　中教正唯我韶舜徒弟
　　　　佐田介石
　　　　　文政元年出生
　　　　　當年六十三歳
私儀教導職試補被申付候上ハ決シテ終身退罷仕間敷仍而誓約如件
　明治十三年四月
　　　右　佐田介石㊞
右本人誓約之通相違無之乃保證仕候也
　　右
　師匠中教正　唯我韶舜㊞
　東京府小石川區戸崎町六十七番地
　　眞宗安閑寺住職
　親類　大友義正
天台宗管長
　權大教正大杉覺寶殿

超願寺には此の書面が二通までもあるが、共に最後の大友義正に捺印がないので、これは實際に提出されなかつた分のものであらう。尙ほ此が同寺に傳はつてゐることは、同寺の前住職故森祐順師が、介石門下の逸足であつて、時には「親族」呼はりまでされてゐた（同寺所藏「傳舍利傳領證書」參照）ことによつて察知することが出來るのである。所で、この書面は別に整へられたものが提出されたのであらう、やがて七月五日に至り（前掲書面は四月附である）實際に教導職に任命された。即ち『明教新誌』（明治十三年七月八日刊、一〇〇八號）には、

「天台宗の佐田介石氏は過る五日に大講義を拜命せられたり」

と報じてゐる。

日時　十二月九日（日）午前十時
會場　淺草寺傳法院
明治初年愛國僧　佐田介石忌・遺品展覧會
追憶座談
清水　純崎翁
中山　理賢翁
森　祐專翁
尾佐竹猛博士
主催　明治佛教史編纂所
　　　明治文化研究會
後援　淺草寺教學部
　　　東京日日新聞社

二

そして此の「大講義」は彼の間寂期まで保持してゐたものらしい。と云ふのは、これも大阪の超願寺に藏せられてゐる左の一書によつて知られるのである。（用紙は美濃半紙）

　旅行屆
今般信州佐久筑摩飯田ノ三郡ノ各宗寺院ノ懇請ニ付本月十二日彼地ヘ趣キ候間此段御屆申上候也
　　淺草傳法院
　　　大講義
明治十五年十月　佐田介石

即ち此の旅行は、實に介石の最後の其れであつて、飯田から越後の高田にまで行程を延長した介石は、同十五年十二月九日、高田の客舍「いばらぎ屋」で其の最後の息を引取つたのだ。從つて其の死まで、結局「大講義」に止まつてゐたものであらう。

×

以上の如く、介石は天台に轉宗して、その晩年を終つたのであるが、然し前出の手紙中の「暫時」の文字に、いささか態度の煮え切らぬものがあるように感ぜられる。

實際、これも最近、大阪の超願寺所藏の左の如き一紙片を拜見したが、これは明かに介

石自筆のものであつて、美濃半紙半ぺらに、楷書で大きく書かれてゐるものである。即ち、

慚謝書

先回轉宗ノ志願ニ付暴激悖禮ノ書ヲ差上候段退而熟々惟ルニ慚愧恐惶ノ至リニ堪ヘズ抑々時ニ遇ト遇ハサルトハ宿罪ノ惹クトコロ遁レントストモ避ケ難キ自然ノ報ナリ而ルヲ其罪已レニ在ルヲ顧ス、却テ之ヲ他ニ求メ一時ノ私ノ不平人ニ移シ（以下改頁で切斷）

（加點ノ淺野）

これは片面だけで尻切れになつてゐるので、どこへ出したものか宛名がないので不明であるが、恐らく本派本願寺關係へ宛てたものであらう。果して然りとするならば、前出の「暫時」の語もあり、内實は天台へ轉宗後も、本派本願寺と默契(?)があつたものと推察される。

特に介石の死の傳はるや、本派本願寺宗主明如上人光尊師は諡して嘯月院の院號を直筆下賜された。これは介石の「自坊」たる熊本縣小島町正泉寺に藏せられてゐるのである。以て本願寺との關係も推察されるのであるが、本願寺としても、介石のような特色のある人物であつて見れば、その生前は別としても、その死後に於ては、何かして關係を保持して置きたかつたので、かく追諡をもし、また之を視聖して自派學匠傳中にさへも登錄したのであらう。

×

最後に、『明教新誌』（明治十三年八月十日刊、第一〇二二號）に、

「天台宗の佐田介石氏は本派本願寺へ雇はるるやの噂あり。」

と報じてゐる如きも、在野人としての、また彗星的人物としての、介石の動きを恐らく妄報(?)したものであらうが、少くとも宗際的(intersectarian)に活動した人物としては、色々な噂も立ち、また實際に色々な關係が生じたものでもあらう。（九、十、一八）

開明新報附繪入日曜新聞

——本邦佛教新聞發達史（三）——

上坂倉次

「開明新報」は新報社を發行所とし二十二年十一月に、奇日新報の改題として刊行された大體西本願寺の一貫した系統の上に立つが、奇日新報が本山の補助を絕たれてより稍々宗派臭を去り一般佛教界に讀者を求めんとしたと同じく、大新聞として立つにはしかも佛教新聞最初の試みであらうと思はれる日刊によるとすれば、其の經營上に濃密な黨派宗派的關係は能ふ限り、排除するのでなければ大發展、成功を期し難いところからして、開明新報も亦讀者層を一般佛教界に求めるようにつとめた。

從つて其主義に、「智徳相資にあり、物質的偏重の開化を誘導して非物質的の開化と併行し忠國愛國の思想を發揮せしめ、宗派黨派に關係なく公平無私の意見を有するもの」で大體其の傾向は知られる。本紙については殘念ながら未だ多く知るところがない。京都に本社を置き、大阪今橋五丁目十の地に支局を設けて大規模に活動したらしい。

紙價は一枚一錢、一ヶ月廿二錢、三ヶ月六十五錢、六ヶ月一圓二十錢であつた。

三

開明新報も又短命であつたらしい。其のあとを京都新報が受け繼いで、隔日刊で二十三年三月から刊行した。二十八年十一月には第二千五百四十六號を出してゐる。以上簡略乍ら系統を追ふて述べて來た。所謂機關新聞としての佛敎新聞の生命は保護金の如何によつて決定するもの丶如く、却つて獨立獨歩のものが命脈を比較的長く保つものであり、依存的新聞は激甚な競爭場に出ることが出來ず遂に破滅の道を辿るのが普通らしい。

繪入日曜新聞

奇日新報を經營した千河岸貫一は、之より先明治十年六月に至り、高田恕一と謀つて、繪入日曜新聞と題する週報を發行した。體裁は雜誌型十六頁であつた。發行計畫其他は大內青巒の紹介にて入社した日報社の編輯記者伊藤卓三の補助を受くること大であつた。此年は西南の戰爭あり、國民の關心が肥薩にあつたのを目がけ、陸軍省より戰地の實況を撮影するため、寫眞斑を派遣したのに就いて、戰地の寫眞を石版摺とし挿入する計畫であつた。寫眞が屆く迄は鹿兒島の有名な風物、人物の肖像などをもつてし、その下繪を陸軍省出仕の石丸三七郎に擔當せしめた。しかし戰地の寫眞も手に入らぬうち、戰亂が鎭靜に向つたので、購讀者も少く、遂に同年十月に廢刊した。此の新聞は我國に於て不充分ながらも石版畫を挿入した雜誌として嚆矢であつたことに歷史的意義を持つてゐる。其の頃佛蘭西博覽會に出品のため文部省より買上げられたといふ。

定價は割合に高價で、壹部七錢五厘、五部前金の三十五錢であつた。假本局を東京宗十郎町一番地に設け、日報社を賣捌所とした。此の仕事は千河岸の日報社員としての片手間仕事であつたと思はれる。

名越派再建の運動（中）

——明治の宗界異變——

綠川光覺

前號に錄せる如く、西山派の獨立に端を發して名越派善導寺の義は五百九十一年連綿相續の法脈傳道に頓坐を來し三百六十有餘の派內寺院僧侶の原志を失するの悲歎に遭遇すること丶なつた。是に於て、派祖の恩德に報せんと誓龔する同派中堅の僧侶、松岡白雄、佐伯爾辨、藤波敎雲、鈴木知周等相寄り名越派の獨立を劃策するに至つたのである。

四

本運動の經過をみるに、明治十一年三月に派名消滅の旨告示されるや前記の代表者は直ちに當局に對し復稱を請願した。然し採用されなかつたので更に同十三年三月、十六年四月の兩度に渉り專稱寺本末連署を以て派名復稱を願ひ出た。然るに、當局は毫もその請願を取上げなかつたのみか却て白旗名越の兩派を混淆せしめ名越法流を斃さうとさへ取扱ふの態度が見えたので、其にひるむことなく前記の四名は專稱寺、圓通寺門末三百六十ヶ寺院の總代として十七年十一月七日最後の淨土宗名越派獨立願なげ時の內務卿山縣有朋宛に提出した。この獨立願は直接請願手續書、本願書、理由書、系譜錄、六派本山獨立證明書、の五類より成るものである。

右に先立つて十月廿三日、該運動者は東部管長福田行誠に對し左の如き添書の下附を申請した。

曾テ具陳ス今般太政官第十九號御布達ノ趣意ハ總シテハ一佛海ノ法味チ外護ナシ玉フヨリシテ第一條第二條ノ有ルアリ而シテ

第二條中但書及ヒ本條第四ノ如キハ別シテ純然獨一ノ流祖派名派内ノ僧侶チ特ニ保護シテ一佛海中ニ游泳セシメントノ思召ト仰承ス與テ今般名越派兩本山門末一同熟議圖結シ更ニ本派獨立ノ上正和年間派祖開法以來今日マテ附法爲シ來リシ傳道チ永遠ニ維持以テ上ハ朝廷ノ優旨ニ答ヘ下ハ派門僧侶ノ宿志チ遂セシメ將來是ノ名越派ノ教義チシテ如實ニ傳道致度仰キ冀クハ特別ノ御法愛チ垂レ別紙獨立理由書及ヒ系譜錄ノ寫取相添此段兩本山門末惣代連署印顆チ以テ相願候也

これに依つて明かであるが、彼らの特に依據としたのは太政官布達第十九號の第二條「管長ハ神道各派ニ一人佛道各宗ニ一人チ定ム可シ但事宜ニ因リ神道ニ於テ數派聯合シテ管長一人チ置クモ妨ケナシ」とある條文中、但事宜に因りとある融通性を巧みに佛敎の自派へも利用せんと圖つたものゝやうである。更に名稱の如きも同布達第五條に「佛道管長ハ各宗制ニ依テ古來各宗派ニ長タルノ名稱チ取調ベ内務卿ノ認可チ得テ之チ稱スルコトチ得」とある趣旨に基き、名越派の詳細なる系譜錄を添へて公認をえようとしたやうである。

名越派の添書請願に對して東部事務取扱は宗務の命に依り十月三十一日名越派總代を本所に呼寄せ立會の上それ〴〵議定した。

一、名越派生徒入校之事

二、同徒弟入寺加行之事

三、將來彼此交際之事

四、課僉竝ニ債勘定ノ事

五、兩派ノ僧混淆處分ノ事

六、明治七年來布敎上ニ關スル記錄謄取ノ事

右等にして、當日の立會者は名越總代として松岡白雄、佐伯祐辨、鈴木知周、藤波敎雲の四名、東部事務取扱としては旭琇宏、池田貞道、増上寺よりは役員として万里小路、梁貫光の二名で都合八名だつたやうである。然るにこの會議で名越派の獨立を承認し夫々議決し乍ら愈々添書を下附するの段になつて本所では副簡を拒絶した。玆に於て名越派本末寺は前議に基き法流恢復の義を請求し、翌十八年五月四日代表松岡白雄を上京せしめ本部管轄増上寺に於て執事朝日琇宏と締盟せしめた。されば今度こそ盟約の如く履行されるものと信じたるに増上寺は亦復違約を主張し、締盟證を破らんとした爲、兩者にはそれ以來數年間は議論が絶えなかつたのであるが、明治廿年五月五日になつて漸く淨土宗事務取扱秦義應、同吉水玄信が添書を交附したので内務大臣へ伺書を奉呈することが出來た。是に對し内務大臣は

「適宜處分ノ上届出ベキ義ト可心得事」

といふ指令を朱書して同年五月十七日宗務所へ交附されたので、淨土宗事務取扱は同日に

書面願之趣第一條第二條聞届候條其餘ハ追

自叙傳集 (4)

山高水長圖記

嘗つての淸凉寺鐵面淸拙禪師、中頃の集議院議官、のち神道大敎正御嶽敎管長鴻雪爪が、八十年來の經歷を流暢活達なる漢文にて數十章に記して、詩偈あり畫圖あり、諸大家の評語等がある。氏が始めて黃泉禪師に參したる頃より無底禪師に法を嗣ぎ、總持寺に住し、全昌孝顯淸凉の諸山に化を揚げたる間の商量作略、或は松平春嶽、山内容堂、鍋島閑叟の諸侯、木戸、大久保、廣澤等と交はり、國事に勤勞した情况等詩文畫圖の間に歷々としてゐるを得る。維新の際僧侶にして國事に奔走せる人物として銘記すべきである。(一帙三卷册子)

テ宗制認可ヲ待テ管長ヘ可伺出儀ト可心得事

と附記して名越派に示された。因みに願書の第一條第二條とは次の如きである。

一、專稱寺及圓通寺ハ共ニ名越檀林ト公稱スル事

一、名越檀林ニ於テ其門末ヲ都督スル爲メ名越檀林法規ヲ制定シ管長ノ認可ヲ得テ之ヲ施行スル事

等で、名越派は愈々活氣づき直ちに法規を制定し更に認可を仰いで實行しようとする運びに漕ぎつけたとき管長は事務取扱に就て曩きに内務大臣より認可されたる名越檀林の名稱を擬擧し名越派と公稱せざる時前に單稱淨土宗以外に別稱を差止め白旗側の綱纂したる宗制に依つて屢々訓示を發して名越派を鞨蹙せしめたる末、次のやうな處分を行ふに至つた。

岩代國伊達郡万正寺村觀音寺住職

佐伯祐辨

松岡白雄等ト共ニ妄リニ分派獨立ヲ圖リ宗制頒布以後ニ於テモ其非行ヲ改メス剩ヘ近傍寺院住職ヲ誘擁シ本年八月廿八日附ヲ以テ地方宗務取扱ニ對シ謝斷書ヲ提出シ一宗ノ敎令ヲ沮隔ス依テ觀音寺住職ヲ免シ將來ヲ警誡ス

明治二十年九月十九日

淨土宗管長　福田行誡㊞

明治佛教界の傑士を偲ぶ

今年は佛教復興の魁け聲と、日本精神の呼びかけ、民族性自覺の波のあふりによつて、明治回顧が盛んになつてきた。明治佛教も當然に浮び上つてきた。遇然ではあるが、今春の神原精二居士の五十年忌、大内青巒先生の十七回忌(十一月十六日)が催されたこと、更に明治佛敎後半期の一人物であつた境野黃洋前所長の一周忌(十一月十一日)が催され、近く明治初年の日本精神の主張者の尊象齋佐田介石の回忌を十二月九日營まんとするなど、それが各々時潮に反射して相當に意義あるものとなつてゐることは注意すべきことである。本誌は特に關係記事を多く載せた。

大内青巒先生十七回忌

佛教復興の聲繁き近頃、五十歳以上の凡そ多少でも佛教に關心を持つ程の人々で大

内青巒の名を知らぬ者は殆んどないであらうと云はれてゐる。ラヂオのなかつた明治時代にあれだけの聲名を江湖に馳せたことは驚偉的事實である。佛教講義の時代來るや先生の名著「遺教經講義」「般若心經講義」は再刻されて歡迎を受けてゐる。先生の名は今また蘇りつゝある。大正七年十二月先生逝いて本年十一月十六日麻布長谷寺に於てその十七回忌法要が營まれた。こゝに青巒大内先生の明治佛教界に盡した功績を回顧するよすがとして、明治卅八年先生の華甲の祝に物された加藤咄堂氏の先生の略歷を抄揭する。

先生、名は退、字は卷之、藹々居士又は露堂と號し、青巒を以て通稱となす。弘化二年乙巳四月十七日を以て仙臺東五番町に生れ、幼時、句讀を舟山江陽氏に受け、後、大槻磐溪先生の門に入り心を經史に潛め、志學の項、出でゝ水戸に遊び、尋て四方に津梁を問ひ、學、常師なしと雖、造詣する所頗る深し。

夙に勤王の士に交り、維新の後、三條、岩倉、木戸、諸公の知遇を得、屢々仕官を慫慂せらるゝも、絕て官途に就くの望なく、獨り

本願寺の聘に應じ法主の講讀に侍して他を顧みず、常に原坦山、福田行誡、新井日薩の諸師に隨ひ頻りに佛典を究め、敎法の興隆と濟生利民の業とを以て任とし、廣く當代の名士と計り、作淸する所二三にして止らず。

今ま其主なるものを擧げむか、小野梓、馬場辰猪、尾崎三良、井上毅、萬里小路通房、矢野文雄の諸氏と共に「共存同衆」を組織して、其編輯を掌り、外山正一、菊池大麓、辻新次、江木高遠諸氏と計りて向學會を起して其幹事となり、更らに山尾庸三、前島密、野村靖、中村正直諸氏と共に樂善會を結びて盲啞敎育の事業を創し、今の官立東京盲啞學校最初の校長たり。

先生の事業は之れに止らず、共存同衆と共に學術演說を開きて我が國公開演說の權輿となし、「あけぼの」「江湖新聞」「明敎新誌」等を創立して皆な社長と主筆とを兼れ、筆舌二道を以て國家の進運と敎誌の弘通とに努力し、別に佐久間貞一、保田久成諸氏と計りて活版業を始め、秀英舍を創立して其最初の社長たり、秀英舍の文壇に貢献する所大なるは何人も知悉する所、之れを知るもの、誰か又先生の功の沒すべからざるを想はざらむや。

（以下次號）

境野先生の一周忌を迎ふ

前所長境野博士逝いて一年、追悼法要は十一月十一日午後二時より博士と因緣淺からぬ本鄕の眞淨寺にて嚴修された。導師は東本願寺輪番沼波政憲師で未亡人御令息を初め燒香者五十餘名賀に盛大であつた。讀經後故博士の追憶談に入り安藤嶺丸、來馬琢道、常盤大定、安藤正純氏等交々起つて所感を開陳さる。即ち、安藤嶺丸氏は博士の謹嚴明徹なりしを讃嘆し併せて博士を大成さした日本佛敎界の先達、眞淨寺の三代寺田福壽師を追憶され來馬琢道氏は米國留學中偶然博士に邂逅して以來交遊の深まりし事情を述べ、常盤氏は學問的に同鄕の偉人を紹介され、安藤正純氏は最後に追悼會發起人としての謝辭に併せて故博士の德望を憬慕されるなど來會者を感銘さす

> **第七回明治佛敎研究例會**
>
> **時**　**十二月一日**（土曜）午後七時
>
> **處**　銀座西五ノ五　明治佛敎史編纂所
>
> **講師**　早稻田大學敎授　**土屋詮敎氏**
>
> **講題**　「明治年間の東北佛敎」

ところ甚大であつた。以上の如くして意義ある博士の一週忌法要は四時半に無事終了したのである。

我らは今、故博士の生前、所長として御指導賜はつた明治佛敎史の編纂に從事するものである。博士より御提供された資料「佛敎」其他は今尙、博士が所內にあられて我らを叱咤される如く思へる。今や刊行期も近づいた今日、我らは精勵以て準備にあたり佛業の完成により前所長故博士の冥福を祈念するものである。

資料

佛敎新聞の種類

明治年間の佛敎關係の新聞と名のつくものを擧げれば、最切の「敎義新聞」から最後の信濃佛敎新聞迄ざつと次の通りである。尙ほ漏れたものもあらうと思ふ。新聞新報と稱して雜誌の體裁のものもあるが今はその內容には立入らなかつた。

敎義新聞（五年）、普通新聞、布敎新聞、美濃敎義新聞（七年）、世益新聞、敎會新聞、明敎新誌（八年）、開知新聞、龍華新報（九年）、繪入日曜新聞（十年）弘敎新聞（十二年）、龍谷新報、開導新聞、敎海新潮（十三年）、奇日新報（十六年）、東洋宗敎新聞（十八年）、佛敎新聞、日本宗敎新聞（十九年）、開明新報（二十二年）、京都新報、能仁新報（二十三年）、京都新聞（二十五年）、通俗佛敎新聞、護法新聞（二十七年）、敎學報知（三十年）、政敎新聞（三十三年）、佛敎每週新聞（三十四年）、中外日報（三十五年）、關東佛敎新聞（四十四年）、國柱新聞信濃佛敎新聞（四十五年）

落穂集

興然と宗演

眞言の釋興然は、雲照の薫陶を受け戒清嚴久しく印度に在つてパーリ語を研究す。風貌太だ揚らず、加ふるに愚直なり。釋宗演才氣あり、能く胡覺化すの術を知る。二人曾て印度内地を旅行したるに、宗演は日本の皇族らしく振舞ひ、大に土人の尊信を得たれども興然はイツモ從僕と間違へられたりと。

（中央公論十四年十二月）

大使と大師

甲申の變、伊藤博文、特命全權大使として淸國に使す。天津條約を締結して歸る、都人士女雲の如く之を新橋停車場に迎ふ。某老僧之を見て其の從者に問ふ。今日何事があると從者曰く、遣淸大使の着京を迎ふるなりと。老僧曰く。見眞大師とは本願寺のか。曰く、否な伊藤大使なり。曰く、ハハー夫では蓮如上人（慧燈大師）だワ。

行誡、敬仲の饅頭の立喰

智恩院つねに朱塗の湯桶を供へて門主の浴料となし、門主浴了せば直ちに其の湯を捨てゝ他人の浴することを許さず、蓋し門主の尊嚴を損するを恐るゝなり、一日門主行誡錢湯に浴せんことを命ず、寺僧大に困し百方之を止むるに、行誡更に肯ぜず、乃ち之を四條街の某錢湯に導く、歸途偶ま饅頭店の前を過ぎて饅頭方さに蒸籠を出でゝ店頭に上るを見る、行誡直ちに店頭に進んで摘みて之を喰ふ、時恰かも東福寺管長濟門敬仲紫衣盛裝して前頭より來る、行誡因て之を呼留めて曰く「これは東福寺さん旨い饅頭でござる一つ如何でござる」と、敬仲も亦た之を摘み「如何さま美味でござる」と、瞬間に數十を平らぐ、時未だ日暮ならず街頭を過る者、紫衣の老僧二人が此の立喰を奇なりとし、一時人の山を築く、而して二人平然として更に意に介せざるもの丶如し。

東西教界二大演説家

東京の大内青巒、西京の赤松連城、東西演説の兩大關なり。赤松の滑稽疊出、やゝ重みを減じ、大内の講談師的口吻、多少の品格を損するなきに非ずと雖も、此二人者を除排して教界亦演説なし。否之を廣く天下の辯士に

八

佐田介石の著作

（a）天文地理

鎚地球説略

視實等象儀記初篇（一名天地共和儀記）

視實等象儀詳説

須彌視實等象儀略記（寫本）

日月行品臺麓考

佛教創世記

須彌須知論「世益新聞七號附錄（僧家須知論）を別行せるもの」

須彌山一目鏡

外國一等天文師に疑問するの事（世益新聞附錄）

須彌地球孰妄論（世益新聞七號）

雰圍論

天地論往復集

きりふかみ

釋教輿地圖

佛曆一班（介石閲　藤溪證准纂釋）

（b）政治經濟

栽培經濟論

栽培經濟問答新誌

點取交通論

全國商法の栽培

ランプ亡國の戒め

富國建白二十二題（未刊介石自筆本）

世益新聞（特に一、二、九號）

求むるも或は多く其儔を見ざらんか。（中央公論三十二年四月）

隱居一枚起請文

唐土我朝のもろ／＼の智者達の致たし申さるゝ隱遁の隱にもあらず又學問して道の心を悟りていたす隱遁にもあらず只不用のものゝ爲めには世の妨となるまじとさへ心得れば疑なく氣樂なるぞと思ひとりて隱居するより外別の仔細はさふらはず但し肝心の世渡と申すことの候とも皆衣食住の内にこもり候なり此外に欲深きことを存せば諸人の憐みにも外れ候べし假令薦をかぶり糟糠を嘗め人の軒端に臥せるとも食ひては寢食ひては遊ぶ君が代のありがたきを忘れば身は安樂になりたりとも生たる甲斐もある間敷候穴かしこ。（明教新誌六五七）

耶蘇教改宗を告訴

大阪府西成郡青堀村に住む古谷德輝と云へる者は元來宗旨が眞宗にて、妻某も偏へに阿彌陀如來を信仰し、南無阿彌陀佛ほど有り難きものはないと思ひ居たのに、近頃夫德輝が耶蘇教を信じてアーメンの外に善良の宗旨はなきものと思ひ女房には一言の相談もせで窃かに戸長役場に至り耶蘇教に改宗致し度と申し出たるを妻某が聞付けて、大に怒りそれより夫婦の中に一場の紛紜を生じ、夫が擅まゝに改宗する權あらば妻も之を拒むの權あるべしとて、遂に此程天王寺村治案裁判所へ出訴に及びしと。（明教新誌一四〇七號）

境野博士の面影

境野先生の一週忌追憶座談會のときのこと、安藤嶺丸氏曰く、境野君は大谷派の僧侶で立派に大僧都嗣講といふ位を持つてゐた。然し、テラがない。境野君のテラと言へば寒い時にドテラを着た位のもので寺は一度もつたことがなかつた。又、境野君と加藤君と（咄堂）私などは一番親しい友達だつた。ところが境野君は酒は殆んど飲まないのでたまたま會合して一杯といふことになると私と加藤君とが盃を重ねてゐる間に境野君は默々と肉の方を平げてゐるのであつたとは境野先生もお人が惡い。

諸寺院建白（世益新聞二號附錄）
同續篇（同六號）
掌珍新論（二册）
伸知錄（一册）
富國歩み初め（一枚刷）
觀光社同盟緒言（一枚刷）
跣出（存否不明）

（c）教化排邪

教諭凡
教諭凡道案內
葬忌彼岸會說
大日本大聖傳（一名聖德太子索隱）
耶蘇興廢年表
耶蘇教正謬（世益新聞三號）
同續篇（同四號）
耶蘇教禁令建白（寫本）
和洋同異論（世益新聞八號）

（d）漢字文法

老子三千年眼（存否不明）
周易三千年眼（同　）
助字隱（文久元年京都刊八卷五册）
實字隱、虛字隱

以上淺野研眞氏の昭和九年二月の「明治初年の愛國僧佐田介石」によつた。同書には介石の文獻を舉げてある。其後同氏は實地踏査をつゞけ貴重な新發見をなした。介石忌展覽會にはそれ等が展觀せられることであろう。

明治佛教人物篇の編纂にあたりて

今日迄、諸方面に發表されたる教界の人物傳をみると大體、三つの範疇に支配されてゐるかに見える。その人物が多少の著作を有すること、大山巨刹に住したこと、更に布教演說家であつたといふこと、尠くともこれらの三つが當代の人物を決定する最大條件であつた。若し、假に以上の範疇の何れにも屬しないで紹介せられて居るとすれば、單なる一二の名譽職を以て醜い販賣政策を助長したためである。我らは今、明治佛教人物篇を編纂するに當つて愼重に研究したいと思ふ。

こゝに用ひた愼重とは決して嚴選を意味しない。却つて廣汎を意味する。我らは表面の事績にのみ捉はれて小さな人物篇を編纂するのは輕卒であると思ふのである。その跡を少しも殘さない飛鳥のやうな生き方をせられた有德の僧が名も無き寒村の墓場に苔蒸して居るかも知れない。その昔、道心細やかに佛教の興隆を策された居士方が、今は全く顧みる者だになき墓標となつて居るかも知れぬ。詩人啄木は死して初めて富んだのである。明治四十五ヶ年間に、我らは不遇に死んだ幾多の僧侶を思ふ。こゝに於てか我らは何らの野心なく、些少の榮譽心もなく、眞の人物をすべて網羅して紹介せんとの情切である。從つて人物篇に限り頁數の制限は置かない。どうか、この計劃を知れる人々は眞の人物ならばお一人でも多く紹介の勞を惜しまないで戴きたい。

貴院又は貴村に「この方は是非人物篇に入れたい」「あの方は本當の僧侶であつた」と思はれる名僧居士方が御出でにはなりませんか、御出でしたら何卒御教示に預りたい。唯、端書にお名前だけで結構です。御通知をうけた際は、直ちに所員を派して調査いたさせます。明治佛教史第九卷人物篇の完璧を期するために敢へて江湖護法諸氏の御援助をお願ひいたします。

一〇

新刊明治關係文獻 自十月一日 至十一月二十日

書名	著者		發行所	價
維新雜史考	高梨光司	四六	高梨光司	1.50
幕末明治新聞全集一	尾佐竹猛	四六	大誠堂	2.50
明治文化研究季刊（三輯）	蛯原八郎	菊	書物展望社	1.00
日清戰爭	信夫淸三郎	菊	福田書房	3.00
日本社會經濟史	内田繁隆	四六	章華社	1.80
明治文學史論	高須芳次郎	菊	日本評論社	4.00
日本神道史の研究	小林健三	菊	至文堂	2.52
明治文學の片影	佐々木信綱	菊	中央公論社	3.00
幕末・明治・大正回顧八十年史	大澤米造	大	東洋文化協會	1.20
實業教育五十年史	文部省實業學務局	菊	記念會	非
維新日誌第二期第五卷	橋本博	四六	靜岡郷土研究會	非
明治勤王黨事蹟	寺崎三矢吉		筑後遺稿刊行會	
淸澤滿之全集四	原子廣宣	菊	有光社	非
明治前期財政經濟史料集成十四	大内・土屋	菊	改造社	非
日本宗教史	比屋根安定	菊	三陽書院	11.00

編纂所報

◇　今號は介石忌を淺草寺、編纂所、日々新聞社、明治文化研究會の方々の聯合で始めて介石と因緣深い淺草寺で營むにちなんで、介石の著作目錄と、淺野氏の一文を揭げました。此の外に麻布笄町の大內家の墳墓所在の長谷寺で、靑巒十七年忌の法要が十一月十六日(一ヶ月繰り上げて)行はれましたのと、編纂所前所長境野博士の一周忌に際しましたので、各々所員參列してこの遺德を追慕致しました。

◇　編纂所は各方面に積極的な活動を開始して居ります。資料の蒐集に、編纂準備に、編纂所原動力たる外護者の資財寄進の了解に活躍してゐます。幸に內外共和の實を擧げつゝあり、各宗御當局本山大寺の深甚なる御後援によつて一段の事務の進捗が期待せられてゐます。近く編纂所員の增員と共に、來秋第一回刊行の資料整備と實際的編纂に着手することになります。十月二十七日編纂準備打合會で略式に方針其他の協議を重ねました。

◇　十月卅一日增谷主事と上坂兩人が名譽所長を訪問して編纂所の經過報告をなし、ついで今後の計畫方針について老來益御元氣の井上博士から懇篤周到な御指示を受けました。

◇　所員牧野內君は十六日から金澤方面に資料蒐集に出張しました。收獲を齎らして歸ることを期待してゐます。所員村瀨博道君は來年一月中野電信隊に入營と決定しましたので、準備もあるので今月限り退所の豫定です。關係各方面から色々御後援を受けたことを御禮申します。

◇　本誌も來年から時潮に沿うて發展すべく改良することになりました。更に增員してドツシリしたものにする事、誌名の改稱、發行所を研究會から編纂所直屬に移すこと、紙容擴大と共に各方面の權威に執筆寄稿を依賴し度く、その結果として定價の値上も止む得ないと考へてゐます。値上げは今號迄の申込の讀者には、殘號だけは据置きにします。

金澤市より

前報の牧野內出張員から續々資料を送つて來ます。同市各寺院並びに各方面の人士の一方ならぬ御高配の結晶だと感謝してゐます。特に、同市泉寺町の妙立寺殿、野田寺町の高岸寺殿、下小川町の玄門寺殿、白華文庫殿四高の木場敎授、野村喜一郞氏、曉烏敏氏、吉田善堂氏其他の方々には色々御世話を受けた由、本所から不敢取御禮の言葉だけ述べさせて頂きます。餘は後報に委ねます。

十、十一月中資料提供者芳名

十月は一向資料の搬入を見ないので資料部としては、いさゝか寂寥を感じてゐたが十一月に入ると、どつと堰を切つた樣に流込んできた。今月は十日迄で早くも、册數にして三千部程である。これ以後は地方に所員が出張して盛んに蒐集してゐるから、恐らく今月は從來にない資料の搬入洪水を觀るであらう。

町田鍊秀氏(神奈川)　吉川航長氏(福島)
宗澤千似氏(川崎市)　竹中璉猷氏(小石川)
西澤浩仙氏(牛込區)　藤井梅甫氏(荏原區)
永田慈應氏(神奈川)　上坂倉次氏(當所)

(資料部報告)

第一巻第五號

昭和九年十一月廿五日印刷
昭和九年十二月一日發行

編輯兼發行人　上坂倉次
東京市神田區小林町二五〇

印刷人　吉本菊松
東京市深川區冬木町一〇

發行所　明治佛教史編纂所內
東京市京橋區銀座西五ノ五
明治佛教研究會
電話銀座五三八九番
振替東京七四二一八番

發賣所　山喜房佛書林
東京市本郷區六丁目赤門前

定價　一册　金五錢　一年分　金五十錢

昭和九年十月一日第三種郵便物認可
昭和九年十一月廿五日印刷
昭和九年十二月一日發行
（毎月一回一日發行）

昭和九年十月一日第三種郵便物認可
昭和九年十二月廿五日印刷 昭和十年一月一日發行
第二卷第一號（毎月一回一日發行） 通卷第六

明治佛教

目次

第貳卷第壹號
壹月號

明治佛教史編纂所
東京・京橋・銀座西五ノ五

佛教復興と明治佛教の研究

友松圓諦

人間は決して本當の意味では創造的ではありえない。必ずや、その創造と見られてゐるものゝ中には、何かの「典型《ティプス》」が宿されてゐるものである。何らかの、先行的な、歴史的足跡の中から一つのヒントをうけとつてくるものである。だから、ある時代に於ける、何らかの創造的行動といふものは、一見、その時代にとつてこそ、創造的でありえたにせよ本當の意味ではいつでも、かつて存在したもの、ある過去の典型の復興なのである。

今や日本社會は思ひがけずも佛教復興といふ社會現象を宿してゐる。幾多の佛教運動が今や新たに起されつゝある。然しそれは決して無軌道でも、無典型でもない。そこには多くの類似點を明治初期の佛教運動の中に見出すのである。たとへば、今度の佛教復興が決して宗派的でないこと、少くとも、宗派對立的でないことは明治初期佛教運動に一味通ずるものがうかゞはれる。今日の大衆が佛教からその煩瑣な思辯哲學をきかうとしてゐないやうに、實際的な、社會的な指導理論が嘗ても佛教陣營に論議されたのである。私共はまことに、六十年をへだてゝ、社會性に醲い色彩をもつた佛教的取扱ひがなされてゐることを見のがすことは出來ない。從つて、私達は久方ぶりに運動的な佛教のすがたを見出したのである。かうした點からして、私共は今次の新佛教運動の中に、意識的か、無意識的か、とにかく、明治初期佛教運動の典型を見出さずにはゐられないのである。

私共は今日、何も新奇な佛教運動を創始しようとするものでは斷してない。佛教にかゝはる運動の諸形態は殆んどすべて、すでに明治初期二十年間にこゝろみられたのを知つてゐる。たゞ、これらの嘗て着手せられ、こゝろみられて、中絶し斷念されたことを、今、更に

二

繼續し、復活しようとするのみである。たとへば、行誡和上の所願を海旭先師は達成せんとしたのである。先師の行履を私達今日に生きのびたものが繼續せんとするのみである。

圓了博士の所思、所念、所行を私達不敏ながら一分でも地上に實現せんとするのみである。私達はこれら先德先師の古迹の軌道にのつてゆくだけのことである。その軌道は無數に明治佛教が私達に提供してゐてくれるのである。

私達の運動は單なる、一時的な思ひつきではない。明治時代の佛教研究の業績をたゞ地でゆかうとするのみである。今後といへども愈々、明治佛教史の研究に精進しつゝ、常にこれを實踐にうつさうとする覺悟である。同時に、私達が年來の宿望たる「明治佛教史編纂」事業は單なる學問的興味に終始せる修史事業であることに滿足するものではない。是れは實に常に新たなる佛教運動への無盡の典型と材料とを提供せんとする實動的意味を多分にふくむものである。私達に於ては、學することゝ、修することゝは二して一、乃ち、不二の關係にある。明治佛教を研究する學的

興味は常にこれを實踐せんとする佛教的熱情によつて愈々作興せられ、私達の實動はまた常に眞摯なる修史事業によつて正當なる軌道に寄托せんとするものである。方今、佛教復興の事實を目にして、愈々、「明治佛教史編纂」事業の切要なるを痛感するものである、一言、もつて、大方諸士のこの事業に對する支援を請ふ所以である。

卅年代の佛教復興運動

―佛教清徒同志會―

上坂倉次

（1）

明治廿年代初めの佛教革新運動、新佛教運動は結實には至らなかつたが、少くとも次の時代への地ならし的役割りを果し得たことは充分に認められる。舊佛教は宗教々育の衝突問題に當面して漁夫の利を獲た形に於て、破邪顯正の運動に參じた興奮力を漸次消去して、廿五年以降には次第に其の積聚した内部腐敗の惡毒素が外部に向つて發するの徴候を示して來た。曹洞宗の財權爭議は廿八年より破裂して醜を永く世に晒し、廿九年に至つては各宗協會の各宗綱要編纂委員が日蓮宗綱要中の四箇格言を删除するや紛爭問題は遂に訟廷にまで持ち出されて宗派的敵愾心の歴史的暗闘を表面化せしめ、更に淨土宗の宗會また紛議を生じて解散し、眞宗の法主等が罰位を授けられて世の嘲笑を招きたる、また宗教家懇談會開くや佛徒の之に參會する者は嫉視罵詈を受けたる、眞言宗は新古兩義の分離を唱ふる者出でたる、或は東本願寺にあつては清澤滿之、月見覺了等本山の財政内事の紊亂を攻撃して教學興隆の精神をもつて寺務を改革せんとし紛爭を卷き起したる、その大なるものの二三に過ぎぬ。區々たる紛爭紛擾に至つては述ぶる限りでない。

卅年に至りて舊佛教は、日清戰爭勝利後の財界好況の餘波を受けて、事業を起すもの多く就中佛教主義保險事業の勃興をみた。他方新聞雑誌上に僧侶の品行習慣に關する實際問題の論評を多くみ、教界稍靜安の狀の中にも舊佛教に對する新佛教の衝突の早晩來るべき氣配をもしつゝあることが看取出來る。

戰後財界の膨張極はまりて漸次不況を呈し寺院僧侶も又一般的逼迫の壓力を受けて不安を感じ、卅年代の初めは内外兩面に重苦を負ふの狀を示してゐた。

井上哲次郎博士は、當時の僧侶を叙して次の如く述べてゐる。

「今の僧侶は俗人よりも俗にして、佛教本來の旨趣を知らず。色を漁し、利を營み、賭博、詐僞、偷盜、及び其他凡ての惡事なさゞるなし。其の滔々として墮落せるの狀は、群盲の斷橋より轉墜せるに異ならず。是故に少しく廉恥の心あるものは、僧侶と稱せらるゝを潔しとせず、乃ち百方俗に同化せんとするものゝ如し。此の如くなれば、佛教は已に西風落日の悲境に陥れるを知るべきなり。（新佛教第一卷一號序）

既に佛教界僧侶の行狀の一端斯の如しとすれば、舊佛教の積弊もつて知るべきであらう。文學士姉崎正治は明治三十年に於て

「佛教の擾亂は續々として起れるも、何れも

三

教運を刷新せしむべき者あるなし、其紛擾は起る毎に佛僧の卑劣、殘忍、酷薄にして又惰弱、苟且、無識なる本性を暴露し來らざるなし、德川時代に强弩之末と呼ばれし佛教は佛教の中よりも滅亡、末路と呼ばれ殆ど糞土朽木となれり、知らず今の佛教青年なる有志の人々は如何して之を起し之を罰せんとするか」(太陽四巻九號)

と痛言してゐる。既に此時、新進氣鋭の青年佛教徒の中に、佛教恢宏の志を抱いて機を窺ふ一團があつた。三十年代にわたつて佛教界の革新を企圖し、腐敗朽土に墮せんとする舊佛教の刺激劑となりつゝ、新しき佛教信仰の樹立に邁進したところの「佛教清徒同志會」の誕生が即ちそれである。また自ら新佛教徒と稱して舊佛教への對立的存在、—意圖は超克的ではあつたが—として輝いてゐた。

(2)

佛教清徒同志會とは如何にして組織せられたか。

「人道の頽廢は、既に社會の根底に浸染し、物質的大潮は、澎湃として方に上下の間に汜濫す、況んや此の暗黑を照破して、人生に慰安を與ふべき、宗教の勢力は年に月に愈々窘蹙せらるゝものあらんとするをや、我徒素より之が匡救に任ずるの才にあらずと雖、區々の志豈また默して退くに忍びんや」。(新佛教一巻一號一頁)

と、明治卅二年三月をもつて渡邊海旭、加藤玄智、田中治六、高島玉虬(米峰)安藤弘(正純)境野哲(黄洋)杉村縦横(廣太郎)等によつて同志會は組織され、六條の綱領をつくつて公にした。思想界の改革は、幾十百年の後に期すべきこと、成を今に求むるが如きは、我徒の苟も企つる所にあらずとして其の出發にあたり愼重な態度をもつてのぞみ、一年有半退いて沈默を守り、翌三十三年七月一日に雜誌「新佛教」の發行と共に積極的に活動を開始した。

六條の綱領とは次のものである。

一、我徒は佛教の健全なる信仰を根本義とす
二、我徒は健全なる信仰智識及道義を振作普及して社會の根本的改善を力む
三、我徒は佛教及其の他の宗教の自由研究を主張す
四、我徒は一切迷信の勦絶を期す
五、我徒は從來の宗教的制度及儀式を保持するの必要を認めず

四

六、我徒は總べて政治上の保護干渉を斥く

當時の佛教は彼等の目には習慣的、迷信的、厭世的、空想的なる舊佛教として映つてゐた。從つて此等舊佛教に對する彼等の態度は綱領によつても明なる如く當然舊佛教を奉ずる徒に反對の立場をとる。反對といふよりむしろ舊佛教徒の迷妄を救はんといふ。舊佛教の改革者として自らを新佛教徒を標榜してはゐるが而かも決して舊佛教の破壞を專らとするものではなく、新信仰の建設者、鼓吹者として立つものである(綱領第一)。其の信仰たるや、健全なる信仰と健實なる智識との合同一致を期し、清新なる道義の營構を其上に築きたるものである。これこそが始めて社會改善の根本的方法であるといふのである。而して彼等同志會の徒は實に此の福音を宣傳する、信仰により活ける、嚴肅なる清徒佛教者と自任する。しかし必しも極端なる禁欲的の苦行主義を執るものと同じではない。

彼等が云ふところの新佛教とは何んであるか。これ彼等が眞の佛教と信ずる所、信仰體托の根本主義と認むる所のものであらうが、其内容に至つては明確に説いてはゐない。世の論者の屢々その果して佛教たるや否やを疑ふ者がある。その根本義規定は、わずかに、

新佛教第一卷一號の「我徒の宣言」の中に於て、「我徒は自ら佛教徒を以て任す、佛教の示すところの宇宙に遍滿せる唯一實在を堅信す」

とあるのが依據としてみられる。思ふに、舊佛教の全的否定の立場をとらず、從つてその精髓を打て一丸となし、新佛教の組織をなすものと考へられる。

綱領第三條こそは、新佛教の組織方法を示すものである。「一切宗教教義の自由研究は、我徒が樹つる所の旗幟の鮮明を致すに於て、最も著しき標目の一なり。これ其の根本實在と直接なる演繹的連絡の到底分離すべからざる關係あるものの外は、必ずしも故なく計執することを欲せす、以て一方に於ては、學理上宗教(佛教)の歷史的成立を明にし、他の一方に於ては、實際上由りて以て其の迷信及び誤謬の傳說を排除し、終に新宗教(新佛教)建立の基礎を成さんとする所以のものなり。されば我徒は廣く眞理と善德とを求む。彼の佛耶二教の合一の如きも、亦我徒理想の一にして亦其の希望の一也」(我徒の宣言)といふ。彼等は形式的舊佛教に對しては積極的破壞を企つるものでないが、又當時の僧風を改善し、寺院組織を改新して漸次手を加へて舊佛教をして遂に時勢に應合するの宗教たらしめ得べしとは斷じて考へ得ないとするのである。舊佛教の僞善虛儀の總べてを抛擲して、別に新佛教に恰當なる新形式を得んと欲するのである。

新佛教の宣布は專ら清淨純潔なる活動によつて自然の間に下さるゝ勝敗の判決に一任する態度を守り、國家の特殊の保護によつて死命幾日を延す如き舊佛教の陋を敢てしない。したがつて、國家内に成立する宗教として受くべき監督は受けるが、彼等は宗教の獨立を維持し、思想の自由を發展し、もつて競爭上自然の發達を望まんとするものであるから、政治的干涉を疾みその偏僻の保護を斥けるといふ。

（3）

新佛教の意義については機關誌「新佛教」に於て屢々開陳せられた。舊佛教に對して如何なる態度を持するものであるかゞ外圍の人の最も注目するところであつた。前項述ぶる如き彼等の舊佛教に對する態度は時に烈しく、時に穩和であつて、何れを不變のものとするか明瞭でないかに見える。

舊佛教が眞正の意味に於て有する所の教義並に其の信仰の性質、其の傳道機關の組織構造等に於て、今日の新智識に照し、將來の利害に考察し、之を一變して新生命を與へ、新活動を興さんとするものは實に我徒の希望なり。(第壹卷五號)

自叙傳集（5）

「衣の綻び」

年齡三十左右にして圓覺寺派管長の地位についた釋宗演の經歷を假りに三分するとして、其の第一部を手記したものが表題の衣の綻びである。生緣幼時、家庭、出家、入寺隨師修業、日課、娛樂、建仁寺寄留、俊崖隨侍、追悼接心、備前の曹源寺、妙心寺三歸、興盛禪師の訃にわたり筆を儀山禪師閑寂の剎那に止めてゐる。又その廿一年七月十二日附で自己の寫眞の裏に簡明に自書された閲歷もまた自叙傳の部類に入るかと思ふが、これまた全きものでない。

その殘部を補足記述したものが、釋宗演全集第十卷二七九頁以下に「釋宗演禪師の經歷として載つてゐる。前二文共に同書に收載されてある。

五

といふ如きその一である。新佛教徒が意味するところにして若し佛教の舊教義、舊信仰、舊組織を全く抛棄し去り、新教義、新信仰、新組織を興さんとするは、これ新佛教にあらずして寧ろ新宗教ならん、明に佛教徒としてなほ舊佛教を取らずといふは撞着すべし、といふ批評に對して「新」の意味をば「新は常に舊に對して革新の意味ある外、其の以上の深義あること能はず」と瓢簞鯰式に、よく云へば抱括的に答へてゐる如きまたその一だ。（新佛教第一卷五號）

清徒同志會に對して佛教的ユニテリアンなりと評する者もあつた。かく言はれた所以は眞理に奉ずる上に於て何等宗派的偏執を持たないと稱したためであらう。

我徒は眞理獨り佛教にのみ存すとなすものにあらず、眞理は宇宙に遍滿し、人心の極秘に藴在す。凡そ物の存する所、心の現はるゝ所、何れにか眞理發見せられざらんや。況んや大なる基督教に於てをや。我徒が佛耶兩教の合一を期すといふものは、洵に偏執を以て信仰となさゞるか故にしかいふなり。（新佛教一ノ五）

右に對して、ユニテリアンと異なることを左の如く述べてゐる。「眞理を凡神教の下に彙集し來たり、一渾して我徒の間に信仰の統一を得たるとき、始めて名けて以て新佛教となす。我徒より之を見るに、ユニテリアン教徒には、信仰の統一なし」と、しかも此點を除いては清教徒の綱領と近似するものあるをもつて、彼徒をば親友を以てみるとさへ言つてゐる。

「宗教改革とは信仰の回復」を意味する。新佛教徒がよつてもつてたつ、新信仰は如何なるものであるか。彼等は口に筆に信仰をいふ。しかし青年血氣の駒込派が苦心をしたのは實に此點ではなかつたかと思はれる。彼等の綱領の精神から「喫烟を排斥す、（一號宣言）公娼の廢止、飲酒に制限を加ふる必要、又葬弊

の改善を期す等々の項目もあげて社會道徳の向上發展に資するところあらんとした。その實踐行動に入ることは敢て辭するものではなかつた。座談、定期講演、雜誌によるものを主とし實費治療所を設置したことなどもある。

彼等の主張する如き信仰、謂ゆる健全なる信仰を科學哲學的對究の智識なき者は如何にして得るかとの「教友雜誌」の問難について、「打明けて申せば未だ明かに如何すべきかを知らない」と答へ、此等は獨り我徒に向つて質問するに止めず、相共に研究すべき問題ではあるまいか、と體を代はしてゐる。（つゞく）

新居日薩研究（一）

牧野内寛清

一、幕末の機運

徳川太平史は化政の兩期を其の殷盛なる文化の最後的手向として、思想に經濟に政治にと漸次最惡の危機を孕みつゝ西洋文明の肉迫にあへぎながら御一新と云ふ歷史的變革の過程を辿りつゝあつた。

化政が明けて天保弘化を迎ふる頃は江戸文化の艷麗な、いはゞ享樂的な思想一般は自づと不安焦燥なものに變へられて行かねばならなかつた。それは恰も上代社會から鎌倉時代への轉換期に於ける中世國民思想の動搖的なものに相似てゐた。

たとへを宗教的なものにとれば、上代以來

の眞言、天台等の諸宗の有する傳統的な貴族臭が國民の社會苦からきた革新的な思想に背馳を來して、親鸞や榮西、道元乃至日蓮等に依る民衆的な、而も自由主義的な香ひの强きものを求め、これによつて新時代の社會生活の精神的基調を決定せんとしたことなどが卽ち其れであつて、この事は、恰も維新直前に於ける宗教改革的な國民思想とよく符合してゐるかに感ぜられるのである。

勿論、幕末及維新に於ける宗教的變革への曉望は、中世初期の思想一般が佛教の新しき存在形態を望んだのとは甚々しい相違があり、寧ろ新日本建設のためには佛教の存在を除いて、日本固有の神道に一變し、それを建國の理想の根幹とせんとするにあつたことは言を俟つまでもない。

而して、かうした思想は德川中葉に於ける尊皇斥覇の思想を培ふて力のあつた國學の發達に芽生えて幕末、殊に篤胤の歿せる弘化前後に至る頃は、其の平田一派の國學者等に依つて濃厚なる排佛敎イズムを形成して行つたのである。

かゝる、佛教に對つて不利な情勢が釀成されつゝあつた頃、明治初年の佛教の危機を救へる多くの僧門は計らずも殆ど機を同じうして生れてゐた。たとへば行誡あり、獸雷あり、徹定あり、雲照、鐵然、奕堂、介石等亦而りであつた。それ故に云はゞ彼等は恰も維新前後の佛教危機のために用意されてあつたかの感がある。

而して、いまこゝに若干の小傳をのべんとする日薩も亦かゝる社會機運の搖籃の中に育まれ、明治初期佛教々界の重鎭として其の從横の才略を謳はれ、一方所屬日蓮宗の發展のために盡した功績は少くない。以下聊か知り得た處を覺え書風に叙述し、大方の御敎示をえたいと思ふ。

第八回明治佛教研究例會

時 **一月十九日**(土曜)午後一時
處 銀座西五ノ五　明治佛教史編纂所
講師 **上坂倉次氏**
講題 「佛教雜誌發達史考」

二、日薩の生立と其兄弟

薩師の誕生、未だ詳かではないが、明治廿一年、五十九才を以て寂してゐるから逆算して天保元年なる事が知れる。彼は古來機織物の優秀を以て鳴る上野國桐生町の機業家新居惣左衛門の六男に生れ、母はセイ子と云つて賢夫人を以て聞えてゐた。

日薩兄弟は八人あつたが半ば早世したらしく、他は比較的長命で名を擧げた。彼の姉ルヨ子は八十余歳の壽を保ち、長兄善兵衛は壯年にして斃れたが、弟常七は七十八の生涯を洋品の發明製造のために活躍した。

日薩は幼名を林之助と云ひ、他の兄弟に比して極めて温和で讀書を好み、長兄に「蠧魚學者奴」と罵らるゝことが屢々あつたと云はれてゐる。然し彼の交友で著名な漢學者信夫恕軒も評してゐるやうに、一面仲々氣骨凌々「天資豪邁、膽略人に過ぐ」るところは幼時からあつたに違ひない。それは亦、上州人特有の性格でもある。

こゝで更に彼の性格を浮彫するために、再び兄弟の事に話は戻る。

一體に新居兄弟は所謂開化黨であつたと見え、早くより鄕關を辭して文明の洗禮に接せん事を希望し、善兵衛、常七何れも、當時開化の魁なりし横濱に至り、兄は洋品商を營んで氣骨ある商人として知られ、舍弟常七亦豪膽を以て鳴り、外人相手の取引を頻りに行つた。彼は後明治六年に銀座に移り、近江屋號を名乘つて「近常《キンツネ》」と稱せられ、日本式掛時

七

計の製造に苦心を拂ひ、蠣殼町に工場を設けて大いに生産の能率を擧げ、業界に嘖々たる令名を馳せてゐた。其の他界するに當て後の時計王服部氏の捧げた弔詞は彼の業績をよく物語つてゐる。

東京時計商工業組合は新居常翁君の長逝せられたるを哀み恭しく靈前に弔詞を捧ぐ、君は本組合の創立に際し頭取に擧げられ、爾來數年間其職に在り、組合の爲に盡瘁せられ功勞多大なり。又君は常に本邦産業の發達を企畫し我國時計製造業の未だ起らざる時に方り、卒先して掛時計の製造場を設立し專ら斯業に貢献せられたり。不幸君病を獲、今遽焉として逝けり洵に痛惜に堪へざるなり茲に本組合を代表し謹て哀悼の意を表す。

明治四十四年二月十四日

東京時計商工業組合頭取

服部金太郎

蓋し時計王と稱さるゝ服部氏の先輩が日薩の舍弟であることは興味なきを得ない。常七は元來發明家肌であつて、洋品の輸入や機械類の發明製造に趣味をもち、寫眞機、測量機等の製造販賣にも他に先じてゐた。亦日薩が大敎院で數學を始めて科目に入れた時、彼は水筆習字用を兼ねた石盤を發明して之を贈つたと云はれてゐる。

彼の長兄善兵衛は亦頗る硬骨漢として知られ、脫疽の爲に足部切斷の止む無きに至れるも、頑として周圍の勸むる痲藥を用ひず、平然として鋸を以て切落させたと傳へられる。

かうした彼の氣慨を示す亦一つの逸話がある。一日善兵衛の店頭へ薩長の武士等が立寄り洋傘の價を問ふたところ「お前達に其傘は買へない、外の安いのにしたらよからう」と答へた。彼等は怒つて白刃を振つて其態度を難詰せるに、泰然として「斬るなら斬れ、俺の首が無くなれば貴樣達の首も飛ぶぞ、全體此處に坐つてゐて店頭に立つ客人の容子が分らんやうで商法が出來ると思ふか、身分相應の物を買へと云ふのが何が無禮だ」と反問した。彼等の中には西鄕從道等もをつたと云ふが、この豪膽な主人の應對ぶりには却つて感服して立去つた。

善兵衛と云ひ常七と云ひ、何れも鐵の如き强い性格を有し、而も固陋に陷らず、卒先して西洋文化を吸收することに努めたことは日薩をめぐる兄弟として相應しい。

日薩が文明院と號し、子弟を奬勵し徒らに頑迷な宗政家と態度を同じうしなかつた事も宜なるかなと思はざるを得ない。

八

青巒大内先生略歴 （前號つゞき）

先生夙に萎靡不振なる佛敎を挽回するの志あり、作畫せらるゝ所、皆な之れを主とせざるはなし「釋門哲學叢誌」を刊しては佛敎甚深の理を傳へ、尙和會、和敬會を起して佛敎演說を始め、築地本願寺に於ては眞宗僧徒を敎育するが爲めに黌舍を建て、東京府廳と計りては、小學校敎員速成傳習所を設けて、僧徒に敎員を兼ねしむるの途を開き、高等普通學校を建設して各宗僧侶に授くるに高等なる普通學を以てし、泰西物質文明の滔々として我が國に入り、歐米崇拜の熱旺なるの時に當りこゝに蹶然、身を挺し、尊皇奉佛の大義を宣揚し、遍く全國に遊說して、國民の自覺を促し、征淸の役起るや、南船北馬して擧國一致を說き、征露の軍動くや、東奔西走して、民心の鼓舞を計り、席煖なるに暇あらず。

一意愛國護法の爲めに盡くし、邊陬の地も亦先生の敎化に浴せざるなく、婦女童幼も亦其德に感ぜざるなし、筆を執ては平易流暢の文を以て小册子を著はして、信佛の栞たらしめ、辯を振ふては輕快の言を以て精神修養の要を示す、筆舌自在、名を求めずして實の擧らんことを計り、三十年來一日の如く敎法に盡瘁せらる。眞に外護の大居士といふべし、稱して以て明治の維摩となすもの、豈に溢美の言ならんや。

年、乙巳に會して先生六十一回の誕辰に當る、こゝに聊か先生の事業の萬一を錄して同人に示す、その著書頗る多く、其校訂に成る、「冠註唯識二十論述記」、「冠註倶舍論頌疏」、並に其筆に成る「六離合釋講義」、「釋門事物紀原」、「原人論講義」、「禪學三要」等皆な學佛の南針たり。

資料

大敎院創置日記

妙心寺記錄、無題のものなれど内容よりみて假りにかく名づけた。

敎　則

第一條

一、敬神愛國ノ旨ヲ體スヘキ事

第二條

一、天理人道ヲ明ニスヘキ事

第三條

一、皇上ヲ奉體シ朝旨ヲ遵守セシムヘキ事

右之三條ヲ奉體之説敎等ノ節者尙能注意致シ　御趣意ニ不悖樣厚相心得可申事

壬申四月

申入之科目

一、其地方門派ノ內ニテ直末孫末ノ區別之レ無ク學德人望之レ有、且理事通達ノ仁兩三名充其最寄々々ニテ拔擢説敎人取極至急用ラルベキ事

一、其地方最寄々々ニテ説敎所（在來ノ寺院ニ命スル事）相設毎月五日或ハ七日、又ハ三八五十ノ日トカ便宜ニ隨テ開會説敎行屆ソロヲ肝要トス可キ事

但シ説敎人ノ儀ハ其寺當住ニハ限ラス門派中相互ノ彼我ノ見ヲ去リ任相當ノ仁ヘ依賴シ和合ヲ專要トスヘシ其ノ周旋スル者ハ徒弟或ハ組合且他派他門ヲ論セス其最寄ニテ一統關係取計之レ有ルヘシ勿論其個所取極ソロ上ハ説敎日數等委ク其御縣廳及此方ヘ申出ラルヘキ事

一、説敎人心得方之事第一　朝旨三章ノ御主意ニ悖ラス御國敎ヲ主張シ人心ノ方向基月ニ實地ヲ蹈シムルヲ至要トス第二ニ吾佛法外侮ヲ受ケザル樣懸念之レ有ルヘク將タ他ヲ貶シ自ラ褒スル等ノ説必ス無用タルヘキ事

一、從前ノ國敎及佛運ノ興廢ハ此一擧ニソロ實ニ僧侶ノ扼腕致スヘキ機會ニソロ間、鼎建敎學院御告諭ソ面ニ着眼深ク思惟之レ有ルニ非ラズンハ不日ニ果シテ臍ヲ噬ム患有ラン請各々忽ニスヘカラザル事

一、口授三個條之事

但シ（神佛合一之事 肉食妻帶之事）異敎已ニ入國之事

一、今般出京ノ路費並差當リ説敎所置設等ノ冗費ハ其御縣下門派各寺ニ課セシムヘキ事

一、各宗布敎要領一册相渡シソロ事

一、臨濟宗諸本山互ニ申合セ當住持或ハ代人ヲ以テ諸州津々浦々迄布敎ノ成功不成功ヲ檢査シ不時ニ巡行監察自他派ノ區別ナク心添致ス可ク盟誓ニソロ間、此段兼テ相心得居不敬ノ取敢之レ有ル間敷ソロ事

右　妙心寺

本山ヘ屆書案文如左

御屆書

何縣管轄何州何村

一、説敎所　何々寺

何縣何寺

一、説敎人　何和尙

何縣何寺

一、同　何長老

何縣何寺

一、同　何座元

右之通門派中示談ノ上取極仕ソロ此段御屆申上ソロ　以上

何縣管內本山門派何ヶ寺總代

何々寺

號諱判

壬申何月

何々寺印

號諱判

拜晉

妙心寺

諸執事禪師

九

一〇

明治宗教關係論文紹介

――特に二、三の雜誌を中心に――

明治時代史の研究は最近とみに著しくなつてきた。史學關係の雜誌以外のものにも目につくほどの勞作が矢繼早に發表されてゐる事は、まことに興味深い現代に於ける意義を感じさせられる。然し、明治研究は、一般に未だ佛敎の分野にまでは進んではゐないやうである。日本の何時の文化史上に於ても佛敎を無視する事は出來ない筈であるのに、獨り明治のそれに於ては佛敎或は宗敎は、史家の間に比較的疎じられてゐる事は見逃し難い。

勿論、進歩的な史家の間には已に宗敎の分野に突進んでゐるものもあるにはあるが、それも僅かに觸れる程度にしか過ぎないと云つてよい。目落ちもあらうが、今こゝに、極く最近に現れた、關係論文の二、三を紹介して見たいと思ふ。

維新當時の廢佛毀釋（歷史公論三卷四號）　尾上金城

興味本位の同誌に於ける佛敎論文としては仲々固い學術もの、由來、廢佛か排佛か、の言葉の吟味は比較的疎じられてゐるが、寧ろ此が「廢佛毀釋」の語源的詮索を主として考究されてゐるにも拘はらず、この點には何等の言及がなされてゐない事は甚々遺憾だが、一般に使用されてゐる廢佛毀釋なる言葉の出處に就ての確然たる研究が少い今日、これが精細な究明を試みてゐる事はいさゝか滿足を感ずる。論者はこれが說明の爲に廢佛運動の詳述を試みてあます處がないがその要點を一言すれば、この言葉の出生は文献的には何等の根據を見出せない。寧ろこれが特殊語となれるは、後人が破佛の運動を評せる口傳によるものであることを主張するにある。

明治イデオロギー史に於けるキリスト新敎の位地（歷史科學第三卷十號）　岡邦雄

氏はプロテスタントの明治文化史上に於ける立場を、移植、勃興期、停頓衰微の三つに分けて一般社會史との關聯の下に、其の阿片性と「醫藥的効果」とを論じ、結論に於て、「吾々は明治初期に、この磽确の地に種を蒔いたキリスト敎宣敎師の篤學と熱心とを忘れまい」と、幾分感激的な口調を以て結んでゐる。これに反して、氏のこゝでの佛敎批判はいさゝか感情的で寧ろ惡口に墮してゐる。

たとへば井上圓了を引合ひに出して「十九世紀俗流唯物論を坊主的に一層卑俗にした井上圓了の無邪氣な論理」とか「井上流の論理に從へば、國民として健全な思想を有つ爲には當然橫暴暗愚なる僧侶の御機嫌をとり、篤學親切なる耶蘇敎宣敎師に愛憎をつかさねばならぬ」と云ひ、其批判的態度に偏見の先入せるを思はしめる。かくては護國愛理を標謗して、破邪新論を立て「活論」を書いた圓了の思想はたゞに批難の對象でしかない。とまれ進歩的な史家の間の於て佛敎が取上げられたものとしては近來興味深くよまるべきものと云つてよい。

宗敎と國民主義（思想一四九號）　加田哲二

これは岡氏の論文と共に雜誌掲載のものとしては長大なもの。明治に於ける神佛基三敎と國家及國民運動との關係をのべ、「國民主義は社會の經濟的生活の直接所要の反映であり宗教はこの反映に應じて、その姿を映す上層社會現象である」と結論し、而して、その具體的事實を神佛基に對する明治政府の政策及國民運動との交渉に求め、三教の此等に對する關係事象を論述して遺憾がない。たゞ慾を云へば引用文献の殆どが明治文化全集所載のもの以外に出でないこと丶、三教中最も佛教に言及はしてゐるが、明治佛教の常識を出でてはゐないことである。

明治時代に於ける宗教批判の特質

（歴史科學第三卷十二號）

永田廣志

この稿は同誌三卷十號に於て「日本ブルジョア唯物論者」と題して、所謂「ナカエニスム」の無神無魂説、官僚的イデオローグとしての加藤弘之の宗教問題に對する唯物論の不徹底さを究明し、一の宗教的立場からキリスト教を批判する爲に唯物論、無神論――たとへば佛教無神論――の如きが利用されたと云ふ事は、日本思想界に於ける一特質だと提説してゐるが、本號（十二號）は其の續編であつて、氏が、新しき唯物論者としての方法論から、明治に於ける、諸々の思想家の思想、學説を頭からブルジョア・イデオローグのものときめつけて批判吟味してゐる點に於ては何等の異りを見ない。

其の荒々しき語句、社會科學的メトーデ一點張の攻擊的追究は蓋し歴史科學派特有のものである。

而して、こゝに於て氏が「宗教批判の特質」として取擧げてゐるものは、一言にして評すれば、「無神論の姿をとつて現はれた奇妙な佛教的觀念論」の立場から井上（圓）、加藤がなせる基督教批判の批判、亦、幸德秋水の基教批判の批判、而して、その唯物論的社會主義的基礎の吟味にある。而も氏がこゝで「宗教」と云ふのは、たゞ基督教であつて佛教批判は獨り永田氏の唯物論的見地からなされた批判にすぎずして、明治に於ける佛教の批判は如何にしてなされたかにまでは殆ど至つてゐない。只、福澤翁の功利主義的觀念から宗教――特に佛教――の必要を説けるを見逃さざりしは特筆すべきだ。

× × × ×

以上は昭和九年度の雜誌に現れたほんの二三の論文の簡評を試みたに過ぎない。今後益々多きを加へるであらう明治關係の宗教批判的論文は、お互ひ佛教徒の等閑視しえないところである。佛教者が教界の小雜誌等を追つてゐる中に、進歩的な社會科學等はドシドシ一般雜誌に宗教批判の論文を發表して行く。かゝる際、我々佛教研究の陣營にある者は細心の注意と學問的批判のメスに不斷の磨きをかけて行かなければならない。（寛）

新刊明治關係文献　自十一月廿一日 至十二月十五日

書名	著者		發行所	價
日本精神文化大系九 明治時代篇下	藤田德太郎	菊	金星堂	3.00
幕末明治新聞全集二・三 文久より慶應まで	尾佐竹猛	四六	大誠堂	2.50
幕末・明治・大正回顧八十年史十三・四	大澤米造	大判	東洋文化協會	1.20
維新日誌第二期第四卷	橋本博	四六	靜岡鄕土研究會	非賣
明治・大正・大阪市史三 經濟篇中	大阪市	菊	日本評論社	
新聞集成明治篇年史一 維新大變革期	中山泰昌	四六	法政經濟學會	
清澤滿之全集二宗教	原子廣宣	四六	有光社	豫約
栃木縣史四 寺院篇	田代善吉	菊	下野史談會	5.50

佐田介石追憶坐談會

洋服排斥

清水翁曰、介石が觀光社を興す時に、洋品排擊は、一般に洋風化さうとして行く時代だから定めし困難だらうが、一體如何にして決行するのかと、其方法を兄が介石に尋ねた處が、即座に「ツツッポダンブクロからやつけるのだ」と云つたが、果してこのダンブクロ、つまり洋服の排斥を開始したところ、あちこちにヒナンが起り隨分と議論沸騰したもので、これには介石可成困難しました。

亡國の聲

中山翁曰、介石の云ふ「亡國ノ聲」と云ふのはつまり「辻説法」だ。介石はよく、これを觀光社や、隅田河畔の市村樓や中村樓等でやつたものだが、これには私も拜聽に參じた一人であつたが、或時、熱心に持論を説法してゐた處が、ポッポッと一錢蒸汽が通るので、その音に妨げられて、話がさつぱり衆人に聞えない。そこで介石は憤慨した面持で、「アレ、アレが亡國の聲ぢや」と怒鳴つた。

介石の轉宗に就て

其頃頑固黨と開化黨の二つがあつたが、開化黨には、赤松、島地、鐵然等の錚々たる連中がゐて、頑固黨には、介石や私の父、亦私なともそうであつた。

私の父は尊皇攘夷の思想の强い人であつた爲に介石さんとは大いに意氣投合したものである。それで、介石が天文を講じる時などは佛教の一大事と思つて、是非きかねばならぬと思ひ、よく講席に列つたものだ。

さて、頑固、開化兩黨の話だが、介石が轉宗したのは、介石を開化黨の連中がひどく排斥した爲に憤慨の餘り、台宗へ轉したのである。

大陽曆の事

之は私が天文の講席に列つてゐる時の事。丁度明治十五年十二月三日の事だつた。この日は、大陽曆が用ひられ初めての元旦に當る日だつたが、意氣陽々と、先づ、介石先生の所へ年始に出かけて御慶を申上げたものだ、處が、先生は「オレの處は新年にならぬ、ナニガメデタイカ」「西曆ナド用ひて何がメデタイカ、西洋に降參したか、一體何を以て年始などに來たか」と云はれて口もあかずに歸つたものだ。

副島種臣の介石談

副島氏は仲々佛教をやつた人で、私がまだ大谷教校の教師をしてゐた時分、閲藏したい

一二

から」と申込んできた。私は自分は忙しいからと云つて小栗栖香に賴頂んで見せる事にした。

ところが、その讀み方の早いのには驚いたものだ。一週間目〳〵にはチャン〳〵と切れのよい處までよんでは澤山返してくる。小栗栖が「何をよんでゐるのか、あんなことでよめるのか」と云つたが、遂に八ヶ月ほどで讀み了つてしまつた。

そこでこの人に云つた話だが、たまに介石に會ふと忽ちランプ亡國論を談し込み、談じ込むと三時間位は立てつゞけで熱中するので全くやり切れなかつた、と云つてゐた。

こんな位だから私は介石の事は研究することよりも其思想を實踐することの方が大切だと思ふし、その方が介石も喜ぶだらうと思ふ。

(理監翁の私見)

森翁……介石が初めて養子に行つた時の事に、こんな話がある。養子先に行つた處が本があると片端から讀み盡して、よみ了るとオマケにそれを破つて喰つてしまふので、養父は驚いて、こんな奴に養子になられたんぢや皆本が無くなつてしまふと云つて忽ち養子解消になつてしまつたと云ふ。

中山翁……それは介石の記憶がよかつた事を物語つてゐるものです。ワシの親爺も申しましたが、介石は實に器用で博學の人で何をきいても知らぬものはなかつたと云ふ事です。

森翁……全くそう云へば、介石の作つた望遠鏡が有ますが實に器用な人だつたですね。

落穂集

行誡上人の女弟子

増上寺行誡上人のお弟子に聞馨尼と云ふ女の沙彌あり。松前の産にて家も相應に富める由なるが十三歳の時に出家し、二十四歳の時より上人の門に入り、沙彌尼の戒を受けて行業堅固に專ら三學を修習し本年三十歳になれり。(十五年)曾て經卷を血書するの大願を發し、去年は西京の留學中に般若心經十四卷を寫して仰信の佛閣寺に納め、今年は師の上人に相見のため東上して暫時滯留中に華嚴經行願品と梵網經とを血寫して師の上人の御覽に入れしかは、上人殊の外感悦せられ兩卷ともに序文を書て與られたりと。(明教新誌一四二六號)

明治最初の大僧正

教部省を置かれて神佛教道大德へ教正の補任のありしは明治五年四月廿七日なり。此時大教正に補せられたるは神職にては神宮祭主近衛忠房公、出雲大社大宮司千家尊福の二宮。佛教諸宗にては、西本願寺門主、高野山金剛峰寺、智積院、知恩院、清淨華院、南禪、相國、建仁、東福、天龍、妙心、大德の七禪寺、黄檗萬福寺、越前永平寺、能登總持寺、身延久遠寺等なり。(京都新報)

破邪の秘訣

或る時行誡、講經の序、聽者に向て申さるゝよふ、近來外教頻りに蔓延の兆あり、隨て破邪の演説抔も仰々行はるゝ由なれ共、中には脆くも彼等の英鋒に當りかねて、十字軍門に降參するものあるやに聞く、實ににが〳〵しき事共なり、予は今日其方達に破邪の秘法を授けんと、聽者皆、息を殺し、耳を傾け、上人の所謂破邪の秘法とは如何ならんと待ち居たり、時に上人徐ろに說て曰く、「元來外教徒なと敵手に喧嘩するから惡るい、初より敵手にせねば決して負けることもない」と、一座呆然たり。

耶蘇教師に念佛を勸む

上人、未だ回向院にましますの日、耶蘇教牧師、原某なるもの上人を訪ひ教義を談ぜんことを乞ふ、上人曰く、「今日は念佛講にて忙しい本堂に多くの善男女達も唱へ居るからお前も暫く本堂にて念佛を申しなさい」と、彼れ匆惶として辭し去る。

各地明治佛教談話會事務所

(1) 東京市京橋區銀座西五ノ五菊地ビル
(2) 京都市伏見區深草藪内四〇　禿氏祐祥氏方
(3) 名古屋市中區御園町　福田正治氏方
(4) 福島市清明町眞淨院　網代智高氏方
(5) 大阪市天王寺區生玉前町　法音寺方
(6) 濱松市中澤常樂寺　山本頼憧氏方
(7) 清水市江尻江淨寺　鶴谷俊了氏方
(8) 神戸市南仲町永福寺　伊藤光信氏方
(9) 豊橋市東田町大蓮寺　市川修誠氏方
(10) 福島縣白河町龍藏寺　橋本龍空氏方
(11) 栃木縣宇都宮市清水町　清巖寺方
(12) 長野縣長野市元善町　白蓮坊内
(13) 長野縣埴科郡松代町　大英寺内
(14) 長野縣上高井郡須坂町　圓光寺内
(15) 宮城縣仙臺市新坂通　昌繁寺内
(16) 群馬縣高崎市九弘町　正法寺内

改題豫告

近く「**明治佛教研究**」と改め、一層内容の充實を期し、紙面の刷新を意圖してゐます。大方の御支持を切望します。

編纂所入庫資料に就て

此處に掲載した月別進度表は、昭和九年四月以降であつて、其年末の決算を見ると、

總入庫數　一二八二八冊（又ハ部枚）

内譯｛雜誌新聞　一二四一三冊…三八一種
　　｛單行本　四一五冊…四一五種

延種類七九六種である。これを八年度以降より加算すれば一、一五二種類四万六冊の多きに達する。之れ實に大方諸高德の御援助と所員の献身的努力の賜物に外ならない。

かうした雜誌圖書の增加に依て、昨夏當所から發行した「目錄」の欠が補はれた數は少くない。たとへば、唯一佛教、修身教會雜誌最近では教林新報の如き、其他「明治佛教」（第四號）の補正表に見るが如く續々として其新發見入庫の數は「目錄」をして次へ次へと補正せしめて行く。

是等の資料は、何れも毎號「明治佛教」誌上で報告してゐるやうに、日本全國の各宗大德或は、篤志の方々達から贈られるものや、所員が、東京山中、或は近縣、乃至は北陸、奧州、中部、近畿の各地方に出張して蒐集せるものである。

このために、從來まで完結を見なかつた雜誌類がドシ〳〵大揃ひのレッテルを張られて製本所に廻はされてゆく。其の二、三の誌名を擧げると、

令知會雜誌、日宗新報、四明余霞
教學論集

等であるが、この外に特筆すべきことは、「明教新誌」の欠本分が殆ど補はれ、亦其の前身たる教學新聞の不足分が高岡市から發見された事である。かくして編纂所の文庫は日と共に其の數を增し、來る可き本格的な編纂着手の機に供へんとしてゐる。

たゞ遺憾な事は、未だに「中外日報」の發見を見ず、日夜之が探訪に苦しんでゐることである。だが、資料部は必ずや大方の御好意に依て遠からず書架搬入の喜びの日を迎ふることが出來ると信じてゐる。（牧）

十一月十二月資料提供者芳名

土屋詮教氏（東京）　天德院殿（金澤）
田子徹照氏（長野）　恒川學淳氏（同）
寺野宗欣氏（高岡）　坂井元源氏（同）
森祐專氏（大阪）　松本現道氏（同）
藤井草宣氏（愛知）　島田元秀氏（同）
某氏（東京）　吉田善堂氏（同）

昭和九年度四月以降雜誌新聞入庫表

（昭和9年12月15日現在）

類＼月	4	5	6	7	8	9	10	11	12	計
入庫件數	12	11	8	10	13	14	8	18	8	102
種類 雜誌新聞	41	21	62	47	60	29	6	113	2	381
種類 單行本	30	27	92	83	22	31	15	98	17	415
總冊數	1.176	426	420	1.297	921	1.460	2,303	3.520	1.367	12.828

一四

愈々「人物篇」編纂刊行

——第一回今秋より——

省れば昭和八年參月、わが明治佛敎史編纂所は銀座菊地ビルに事務所を設けて以來、鋭意明治佛敎關係資料の蒐集に盡力し、他方此事業に對する十分諸賢の贊同理解を求めて、兩面の基礎を固める事に從事してきた。今や、蒐め得た資料は別述の如く、四萬餘に達し其の素材整理は、カードシステムにより漸次進捗し、聖代四十五年間の佛敎界の現象萬般は年表によつて、綜合せられ、縱に横に又正斜何れよりするも其の連繫と因果關係を把握し得る樣に試みられてゐる。

所期の如く編纂所の全力は資料蒐集諸般の準備に注がれてゐたが、來る二月をもつて、一段階となし、爾後は、主力を第貳期たる、綜合明治佛敎史十二卷の篇別に從ひ編纂刊行の行動に移る。僅少な人手と、乏しい經濟力をもつてゞはあるが、しかも深甚なる理解者の援護によつて第一期の行程をほゞ了り得たことは幸甚の至りである。

過る二年のいはゞ苦鬪にも等しい努力を顧み、佛敎復興の潮流に際會し、感慨深いものがある。しかるに今日世上流布される佛敎理解への諸出版物の氾濫の中には、喜ぶべきものもあるが、眉を顰めざるを得ない樣な、低俗且つ佛敎の眞精神を沒却するの甚しいものすらみえる。又現今の佛敎復興の原因、その特質を論ずる人々の理解把握の態度の多くは悲しくも貧弱極はまるものである。明治年間に起た佛敎再興、復興の精神、運動の常識的理解をすら持たない議論が鮮少でないのは何より、今後に延びてゆく佛敎の進展を阻ましめるものがないかを惧れる。歴史的跡づけのない議論、言説は表面は鮮かであるようにみえても薄弱なるを免れない。

手近な珠玉より遠くのものに心索かれるのは人情であろうが、今の時は、之を逃しては色々の點から再び得難い時機にあること、思ふ、學問的にみても此の事業が確實に進められてゆく事の理由がある。

今や佛敎の理解を求むる時潮に際會して佛敎の精髓たる正しき信仰を敎導すべき必要が痛感せられる。現代に於ける佛敎理解が、單に封建佛敎の蒸返しであるならば、大衆の期待は恐らく滿たされることなく却つて佛敎から背離してゆくであらう。今日の佛敎が如何にあるべきかは、先づ佛敎精神に生きた高潔邁識ある人格者の行履にみることが唯一と云はない迄も健實且つ捷徑である。現代に近接した明治年間は云ふ迄もなく、日本文化史上の最も困難且つ波瀾の多かつた時代である。新西洋文明と、日本固有文化との衝突、混合が一時に卷き起された烈しい時代であつた。その間に佛敎の眞精神を體得して活動した人物の行履こそは輝きある鍛鐵の如きものがあり、われ〳〵の胸を衝くものがあるに違ひない。

この意味に於て、わが明治佛敎史上に活躍した幾多の人物の業蹟言行は、今日の時に、精神の糧として必須不可缺のものたるを覺える。最初に「人物篇」が選ばれたのは、實にかゝる點に於てゞあつて、徒に世上の輕薄のみを追ふものではない。集められた人物カード三千餘に達する。世に顯はれた高僧大德から村里に隱れた、香氣高い聖僧の逸話傳記を探つて中から眞如を求めたい。

斯の人こそは明治佛敎史の人物篇に缺くべからざるものとの大方の御力添へを願ひ度い萬全を期す上から萬一の脱漏を懸念する。全國の名僧知識の住職せられた寺院よ。欣慕の佛者を心に抱く人々よ。推擧の勞を賜らんことを。

賀正

昭和十年元旦

明治佛教史編纂所

名譽所長文學博士　井上哲次郎
所長文學博士　常盤大定
代表　友松圓諦
増谷文雄
上坂倉次
緑川光覺
牧野内寛清
村瀨博道（東京）
禿氏祐祥
徳重淺吉
小笠原宣秀
中井玄道（京都）
桃野春興（大阪）

編纂後記

◇明治佛教研究が蔚然と興起して來た、佛教復興は單に懸聲のみでない事を知るには、此際はつきりと日本精神の裏づけに佛教の大法がどんなに重要なものであつたかの回顧反省がみのがされてはならない。

◇わが明治佛教史の編纂は巳に三年前に着手された。昨日今日の流行の安價な計畫ではない。すでに今日あることを考へてゐたわれ〳〵の根强い學的良心から進められてゐる仕事である。やがて來るであらう反動期にも挫がれないでやつてゆくだけの決意をもつてゐる。

◇此潮に乘つたわれ〳〵は浮調子であつてはならないと自省するが、またこのよき機會を默して過す程隱遁的ではない。本年度こそ充分活動して、釋尊教法の眞精神を生かすべく念願してゐる。

第二巻第一號

昭和九年十二月廿五日印刷
昭和十年一月一日發行

東京市蒲田區小林町二五〇
編輯兼發行人　上坂倉次

東京市深川區冬木町一〇
印刷人　吉本菊松

東京市京橋區銀座西五ノ五
發行所　明治佛教史編纂所
電話銀座　五三八九番
振替東京七四二一八番

東京市本郷區六丁目赤門前
發賣所　山喜房佛書林

定價　一册　金拾錢　一年分　金壹圓拾錢

昭和九年十月一日第三種郵便物認可
昭和十年一月廿九日印刷　昭和十年二月一日發行
第二巻第二號（毎月一回一日發行）　通巻第七號

明治佛教

目次

第貳巻第貳號
貳月號

明治佛教史編纂所
東京・京橋・銀座西五ノ五

愈々「人物篇編」纂刊行について

――第一回今秋より――

省れば昭和八年參月、わが明治佛教史編纂所は銀座菊地ビルに事務所を設けて以來、鋭意明治佛教關係資料の蒐集に盡力し、他方此事業に對する十方諸賢の贊同理解を求めて、兩面の基礎を固める事に從事してきた。今や、蒐め得た資料は四萬餘に達し其の素材整理は、カードシステムにより漸次進捗し、聖代四十五年間の佛教界の現象萬般は年表によつて、綜合せられ、縱に横に又正斜何れよりするも其の連繫と因果關係を把握し得る樣に試みられてゐる。

過る二年のいはゞ苦闘にも等しい努力を顧み、佛教復興の潮流に際會し、感慨深いものがある。しかるに今日世上流布される佛教理解への諸出版物の氾濫の中には、喜ぶべきものもあるが、眉を顰めざるを得ない樣な、低俗且つ佛教の眞精神を沒却するの甚しいものすらみえる。又現今の佛教復興の原因、その特質を論ずる人々の理解把握の態度の多くは悲しくも貧弱極はまるものである。明治年間に起た佛教再興、復興の精神、運動の常識的理解をすら持たない議論が鮮少でないのは何より、今後に延びてゆく佛教の進展を阻ましめるものがないかを惧れる。

歴史的跡づけのない議論、言説は表面は鮮かであるようにみえても薄弱なるを免れない。手近な珠玉より、遠くのものに心索かれるのは人情であろうが、今の時は、之を逃しては色々の點から再び得難い時機にあることゝ思ふ、學問的にみても此の事業が確實に進められてゆく事の理由がある。

今や佛教の理解を求むる時潮に際會して佛教の精髓たる正しき信仰を教導すべき必要が痛感せられる。現代に於ける佛教理解が、單に封健佛教の蒸返しであるならば、大衆の期待は恐らく滿たされることなく却つて佛教から背離してゆくであらう。今日の佛教が如何にあるべきかは、先づ佛教精神に生きた高潔邁識ある人格者の行履にみることが唯一と云はない迄も健實且つ捷徑である。現代に近接した明治年間は云ふ迄もなく、日本文化史上の最も困難且つ波瀾の多かつた時代である。新西洋文明と、日本固有文化との衝突、混合が一時に卷き起された烈しい時代であつた。その間に佛教の眞精神を體得して活動した人物の行履こそは輝きある鍛鐵の如きものがあり、われ〳〵の胸を衝くものがあるに違ひない。

この意味に於て、わが明治佛教史上に活躍した幾多の人物の業蹟言行は、今日の時に、精神の糧として必須不可缺のものたるを覺える。最初に「人物篇」が選ばれたのは、實にかゝる點に於てゞあつて、井上名譽所長のお薦もその意味を強めて居られる。徒に世上の輕薄のみを追ふものではない。集められた人物カード三千餘に達する。世に顯はれた高僧大德から村里に隱れた、香氣高い聖僧の逸話傳記を探つてその中から眞如を求めたい。

斯の人こそは明治佛教史の人物篇に缺くべからざるものとの大方の御力添へを願ひ度い萬全を期す上から萬一の脱漏を懸念する、全國の名僧知識の住職せられた寺院よ。欣慕の佛者を心に抱く人々よ。推擧の勞を賜らんことを。

新居日薩研究（二）

牧野内寛清

三

好學であつた林之助は、出家を志して天保九年、武藏秩父郡大河原村御堂淨蓮寺住職日軌に就て得度し、名も文嘉と改めた。時に年齒僅かに九才。こゝに沙彌の修行を積むこと約十ヶ年、師の許を得て、當時教學界に聞え高き、加洲金澤の優陀那院堯山日輝の下に參じて所謂充洽園生活七ヶ年を過した。この間彼は「文嘉さん」と呼ばれてゐた。南條博士の云ふ「日蓮大菩薩の上下をとつたやうな」日薩の名は蓋し後年重職に就いてから名乘つたものに違ひない。それにしても文明院日薩と云ふ院號は恐らく慣例に從つて得度直後につけられたものであらう。

さて、堯山日輝の下には當時該宗有爲の青年が蝟集した。例へば日薩を始め、吉川日鑑三村日修等の如き後年宗門の三傑と稱せられし人々、亦、山本日諦、岩村日轟、中田日阜、小林日昇等の如く、遠く、九州、長州、關東の各地方から入覺してゐた。蓋し、日輝の學風が新しき宗學の觀方、達意的宗學の建設に努力し、時勢順應を忘れざりし爲であつたらうが、當時の「同宗の僧徒大に之を嫉み誹謗百端して斥けて異流となし」と云はるゝほどの風潮があつたにも拘はらず、多くの青年が進んで教を乞ふた事は、充分に彼の學風に對して多くの憧憬がもたれてゐた事か知られる。

日薩の宗學の力はこゝで充分に磨きえた。而も數多い英才の中から抜かられて師範代講を勤め「法華文句等を講じた。以て彼の學識を知るべきであらう。この充洽園七ヶ年の學問生活の中には相當逸話もあらうが、今は詳かでないが日輝の從子で詩文をよくせる野口士政と云へる少壯と親交あり、互ひに短所を補ひ合つた。後に日薩が江戸に出づるに及んで士政も亦行を相倶にし、藤森弘庵の門に入つて經說を聽き詩文を兼學してゐる。

それ故か、薩師の作詩は非常に多く、容月と號して可成多數に及んでゐる。懷しい日輝の下を去つて江戸に赴く時にも充洽園留別の詩を遺してゐる。今こゝに掲げて見る。

河水咽如恨。柳烟凝鎻情。匹馬嘶不進。
孤客顧叵行。一詩强別君。吟來吟未畢。
分離已逼期。盍簪亦何日。身在雲霞外。
心逢夢寐中。只令途有合。未恨地不同。
雙踵六十州。一身三千里。萍蹤原無根。
聚散不可恃。書生各有志。河梁未足哀。
只憂終浪死。無名照後來。縱横壯士涙。
何必兒女泣。回首加陽城。春天風雨急。

と。その別離を惜しむの情纏綿として盡きざるものがある。この時彼は未だ廿五才の青年であり、將軍家慶薨じて、ペルリ浦賀に來り、幕府は品川灣に砲臺を築いて海内騷然たる翌年安政四年春天の風雨に烟ぶるの頃であつた。

江戸へ出た彼は駒込の蓮久寺に住職して專ら學に勵げみ、故鄕の母堂を迎へて孝養を盡した。この頃の彼の勉學ぶりは實に驚歎に價するものがあり、士政と與に毎朝鷄鳴を聞いて起き弘庵の塾に赴いて學んでは歸つて勤行をなすので、其故を知らざる者は青樓花柳に耽るものと嘲笑したと云ふ。然るに、信夫恕軒の言葉をかれば、實に薩師こそは「持律嚴正志操潔白、臨義捨財如糞土。」であつたと云ふも過言ではない。

四

さて、かうして、生立、修學の月並な順序で傳記風な叙述を試みてきたが、こゝで、彼の、思想について若干述べて見よう。概して明治初年の佛教家の思想は宗派意識は極めて少く、寧ろ通佛教の傾向が强かつた。それはこゝに云ふまでも無い事だが、小我を去つて大同團結を要する全佛教に對つて危機の時代であつたからである。その事は、各宗合同の佛教援護運動が數多興つてゐるのを見ても明かなところだが、所謂折伏主義を嫌つた進步的な充洽圓教育を受けた日薩も矢張かうした教界の必然性から大我主義に立つてゐた。然し所謂洋教に對しては極力反抗運動を試みた。これは廢佛毀釋以後に於ける佛教徒の當然の役割であつたからである。

明治六年、芝二本榎に一致派の攝折進退に關する討議が行はれた際にも、攝受主義の態度に甘んずる派内の人々を誡めて折伏逆化の極言を吐いたものである。乍去佛教界に於ては、極めて、攝受主義、妥協的態度に出で、寧ろ宗内の人々から批難を受けたほどであつた。單に批難のみでなく、脫宗して別頭敎化の本來に還れと叫ぶものすら出づるに至つた位である。例へば田中智學の如きはさうで氏の如きは「私は自ら信ずるところあつて憂陀那師の學説が祖師の宗風と違つたところがあることを發見して復古主義を唱へた程だから、當然新居さんとは學説上反對の位置に立つ運命となつた」と云つてゐる。

かく薩師の超宗派意識は徹底的であつて敎部省出仕の時代になしたと云ふ四箇格言の新解釋に徴するも分明なるところである。この格言は屢々古來問題惹起の原因となつてゐる(本誌第二號掲稿參照)のであるが各宗協和の實を擧ぐる事に努力した彼は、古今希有の新解釋を施して宗の内外に驚異の眼を瞠らせたのである。由來「念佛無間禪天魔眞言亡國律國賊法華獨り成佛の法也」とは單に四宗所破の折伏格言に止らず此等以外の諸宗をも包括してゐるのであるから、鎌倉以來の傳統を保守して斯のイデオロギーに捉はれてゐたのでは到底大處高所に立つた運動は不可能である。それ故に日薩は五綱中の「時」を洞察してか次の如く註釋したのである。即ち

念《スレバ》レ佛無《ビマ》レ間　禪《シヅカナリ》二天魔一　眞《ナレバ》レ言レ亡《ヲ》レ國　律《ル》二國《ノ》賊一

と。これは全く平素であれば、異端異流であるが客觀諸狀勢の餘儀なくせしめた所であり、而も彼が一宗の最高地位にあつて見れば異安心追放の處分も不可能であつたらう。この新見解を評して眞宗の南條博士は

「あの四個格言も讀みやうに依つては大いに協調の實を擧げることが出來ると云ふ佛教全體が壓迫を蒙つてゐた惠昌沙汰の樣な當時の悲境から割り出して考へた讀み樣かも知れぬこれは恰度昔朝庭で天台と法相が宗論をした時、無一不成佛の一句を兩方で別々に訓した樣なものである」と云つてゐる。

かくの如き一例を見るも普遍性、通佛教性を有して縱橫の奇智に富んだ彼が省内に好評を博し、教界一般に好感をもたれた事は蓋し

二

當然であつて、福田行誡、諸嶽奕堂等と倶に教界の三傑と稱せられたのも決していはれなきことではない。而も宗內にあつては自ら身延久遠寺の住職となつて法類閥の弊風を打破して新機軸を出し、政府が太陰暦を廢して太陽暦を頒行するや、之を採用して新暦の便を知らしむる等充分に進歩的態度を示してゐる。

勿論かうした改革的な事柄に對しては各種の批難があつた事は當然であるが、この陽暦使用の時などは推して一般に勵行せしめてゐる。殊に會式執行の不便から强制命令を行つてゐる。

毎年十一月廿一日（紀元千九百四十二年十一月廿一日 弘安五年壬午年十月十三日）
暦法御改正已未宗內の僧俗共祖師御會式執行の日限一様ならず右は全く兩暦對照し御忌日的當を相知らさるより陰陽兩暦混用し不都合の至に候今般御祭日對當に照準し本年より弘安五年まで次第溯算し實際取調永年不換の的日揭書の通り確定候條自今宗內僧侶一般右定日を以て祖師忌日と相心得御會式可執行此旨派內廣告候事
明治八年十月　日蓮宗管長　新居日薩

然しこれには禮讃反對兩様の意見を抱く者があつて中々發令通りには行はれなかつたが、當時の保守主義者一般、或は新暦執行に理解をもたなかつた、佐田介石（本誌第六號十二頁參照）等とは大きな開きがあつた事は事實だ。

五

教界の大勢から推して薩師が維新前充洽園で鍛へた學才が充分に發揮しえなかつた事は宗門の行政に全力を注がねばならなかつた當時としては止むを得ない。從て、彼の行蹟を述ぶる場合政治的行蹟を多とし學的行蹟としては若干の憾み無きをえないのである。勿論一宗を統制する人物に對して、決して學的成果を望む譯ではないが、維新後は暫くなくとしても、それ以前に於ては充分學に身を委れる餘暇はあつた筈であり、且亦、教部省から「一宗に於ける優れたる博學の者」と折紙をつけられて、日治、日鑑、日昇等と倶に出仕を命ぜられた程であるのに、さしたる著述すらも見受け無いのは遺憾である。

然し一面次の理由のあることに依て止むを得ざる必然の事情が知られる。それは、よく古老に依ても語られる處だが、人材の少い宗門の經營の爲には席の温まる餘暇も無かつた事と、他は、彼の師日輝和尚の厖大なる遺稿の整理出版と、亦これを世に贈る事に依て、自分の著作出版の必要を認めえないと云ふにあつたからである。田中智學氏も其れ故に「薩師の一生は宗門經營にあつたゝめ、書物一卷、詩集一卷すらも世に殘さず、亦日輝師に依て自分の論ずべきは盡されたる故云云」（取意）と極言してゐる位である。氏の云はるゝ程著述詩集の皆無であつた云ふ事は云へないが、殆どこれに近いとは云へよう。而して薩師が詩文をよくしたのも、全く云はゞ學師、日輝の遺稿出版のためであつたと云へるのである。

彼の徒弟故脇田堯惇も其の逸話を語れる中に「和上の平生の話にも、己れは加賀の老和尚の遺文を出版するのが一の志願である。出版するには其文章を校訂せねばならぬ。其文章を校訂するには自ら文章を學ばなければならぬ。夫れ故詩人文人儒者等に交を結んだと

三

云はれた」と述懐してゐるに徴して見るも明かな如く、殆ど憂陀那院師の學蹟公刊以外に自らその學的欲望は無かつたと云へるのである。

其れ故に、著作と云ひうるものは誠に尠くないと云つてよい。今此處にそれ等を列擧して見るに、一生成佛鈔、宗門大意、立宗表、宗綱對問、神徳皇恩之説、法華經訓點、日鑑上人傳、等の如くであつて、いづれも片々たるものに過ぎない。

此等の中一生成佛鈔は明治十六年悲母追福施本として刊行せるものであるが、「日宗宗學章疏目錄」には脱漏してゐる。十一箇題の局部的解説書としての神徳皇恩之説の如きをも收錄するとせば此などは逸してはならぬものであると思ふ。以上揭出の如きもの丶外に雜誌に揭載されし論文若干、其他諸雜誌投稿の詩文は枚擧にいとまなきほどであり、詩集としては「熱海唱和集」がある。筆者は未だ之れを手にしないが、島地默雷、吉川日鑑等との共著である。

上述の如く其著に於ては見るべきものは殆と無いにしても、教育家としての業蹟、乃至政治家としての遺業は全く之れに反して小筆の到底盡しうべきところではない。

いはゞ日薩存命時代の日蓮宗は創業の時代であつたからである。

明日の宗門を擔ふべき人材の養成と、

一宗としての堅實なる政治的地盤確立に努めればならぬ機であつた。日薩の如き逸材が書齋派に甘じてゐられる筈もなく、宗門も亦一學僧として過させる筈がなかつた。大教院を創立して各宗の學者思想家を招聘し、自ら宗門人材の指導に當つた事、沙彌校を開設して無學を誡しめ、奬學に倦まざりし事、亦、英學を勤めて弟子を三田の福澤塾に通はしめ、數人の洋行者を出せし事等此處に其の委細を擧ぐる繁は暫くをくとしても、彼の教育家としての熱意と烱眼は稍や髣髴するに難くはないであらう。

官に抗爭を敢へてし、現宗名の決定の爲めには斷じて自己の主張を讓らざりし一宗の名づけ親としての彼、法類制の傳統に拘泥せず宗門發展の爲めには何等の躊躇も無く人材を拔適して要職に就かしめ、暴言中傷も一蹴して正義の所信に邁進したる彼、亦、偏狹な宗派意識を超越して諸宗の僧俗と交り、佛教擁護の運動の爲めには敢へて他宗の僧門を頭目に仰ぐ事も辭せずよく諸宗との「和敬」を計る中に自己の宗門興隆を忘れざりし薩師の政治的識見と度量とは充分に後來學ぶべき典型と風格とを示してゐる。就中、各宗との圓滿なる提携運動に盡しつゝ宗門經營のために驚くべき努力を拂つてゐる事は、色々な意味に於て充分考へられてよい。今の宗門がその發展と堅實なる將來性とを確保のために、或は統合の機運と其の實現性について愼重に考慮を拂ひ、或はよりよき經濟策樹立のために各種の審議に問ひ、亦其の策執行の困難を味ひつゝある今日に於ては、薩師の如き先賢の諸行蹟に顧みるところ多大なるものがあるのではなからうか。

四

さて上來の略述は單なる私の研究の若干の手記を點綴したに止まつた。然し、この小誌面に於ける私の幾分の責が果しえた氣はする。終りに望んで云ひたい事は、一人物を考へる場合に於ては、彼が交涉をもつた諸々の人物に就て充分研究がなされねばならないと云ふことだ。然し其の事は各々の共同の研究成果に俟たなければならない。その爲めには積極的な同好の士の參加を要求しなければならぬと思ふ。

（寫眞は日蓮宗大檀林々長時代の日薩師）

新佛教と佛教清徒同志會

——卅年代の佛教復興運動（二）——

（3）

新佛教の意義については機關誌、新佛教に於て屢々開陳せられた。舊佛教に對して如何なる態度を持するものであるかゞ外圍の人の最も注目するところであつた。前項述ぶる如き彼等の舊佛教に對する態度は時に烈しく、時に穩和であつて、何れを不變のものとするか明瞭でないかにみえる。

舊佛教が眞正の意味に於て有する所の教義幷に其の信仰の性質、其の傳道機關の組織構造等に於て、今日の新智識に照し、將來の利害に考察し、之を一變して新生命を與へ、新活動を興さんとするものは實に我徒の希望なり（第壹卷五號）

といふ如きその一である。新教佛が意味するところにして若し佛教の舊教義、舊信仰、舊組織を全く抛棄し去り新教義、新信仰、新組織を興さんとするは、これ新佛教にあらずして寧ろ新宗教ならん、明に佛教徒として、なほ舊佛教を取らずといふは撞着すべし、といふ批難に對して「新」の意味をば「新は常に舊に對して革新の意味ある外、其の以上の深義あること能はず」と瓢箪鯰式に、よく云へば抱括的に答へてゐる如きまたその一だ。（新佛教一卷五號）

清徒同志會に對して佛教的ユニテリアンなりと評する者もあつた。かく言はれた所以は眞理に奉ずる上に於て何等宗派的偏執を持たないと稱したためであろう。

我徒は眞理獨り佛教にのみ存すとなすものにあらず、眞理は宇宙に遍滿し、人心の極秘に蘊在す。凡そ物の存する所、心の現はるゝ所、何れにか眞理發見せられざらんや。況んや大なる基督教に於ておや。我徒が佛耶兩教の合一を期すといふものは、洵に偏執を以て信仰となさゞるが故にしかいふなり。（新佛教一ノ五）

右に對してユニテリアンと異なることを左の如く述べてゐる。「眞理を凡神教の下に彙集し來たり、一渾して我徒の間に信仰の統一を得たるとき、始めて名けて以て新佛教徒となす。我徒より之を見るに、ユニテリアン教徒には、信仰の統一なし」と、しかも此點を除いては清教徒の綱領と近似するものあるをもつて、教徒をば親友をもつてみるとさへ言つてゐる

「宗教改革とは信仰の回復」を意味する。新佛教徒がよつてもつてたつ、新信仰は如何なるものであるか。彼等は口に單に信仰をいふ。しかし青年血氣の駒込派が苦心をしたのは實に此點ではなかつたかと思はれる。彼等の綱領の精神から喫烟を排斥す、（二號宣言）公娼の廢止、飲酒に制限を加ふる必要、又葬弊の改善を期す等々の項目をあげて社會道德の向上發展に資するところあらんとした。その實踐行動に入ることは敢て辭するものではなかつた。座談、定期講演雜誌によるものを主とし實費治療所を設置したことなどもある。

彼等の主張する如き信仰、謂ゆる健全なる信仰を、科學哲學的對究の智識なき者は如何にして得るかとの「教友雜誌」の問難について「打明けて申せば未だ明かに如何すべきかを知らない」と答へ、此等は獨り我徒に向つて質問するに止めず、相共に研究すべき問題ではあるまいか、と體を代はしてゐる。

五

新佛教徒の言說が奇激矯烈だといふ世評が少からずあつた。新佛教の起つた當時は其の將來について可成りの期待をもたれたものであつたが、約一年後には早くも手痛い評價を蒙つてゐる。

（４）

佛教淸徒同志會に至りてはやゝ知識ある有志者によりて組織せられ多少の世人の耳目を惹きたりしが如しと雖も其起るや佛教の內部に在りて一片不平の禁ずる能はざるより出でたる者にして、宗教の唯一條件たる信仰の迸出せる運動にあらざりしなり、是故に其爲す所唯だ舊佛教を嘲罵するに止まりて、建設的方策を運らして一道の光明を放つ能はず、從つて社會の同情を離れ二三不平家の集合として世人に棄てられ畢りぬ、佛教の革鳴其れ難い哉（宗粹雜誌五ノ四）

しかし此批評は其後十餘年の新佛教徒の存在については知らないのである。

大正四年八月一日發行の第十六卷第八號をもつて雜誌「新佛教」は廢刊となつた。新佛教徒同志會は依然として存續すると言明したが對外的活動は一應これで打切つたのである。

高島米峰氏の終刊の辭に言ふ。

「過去十五年間、力說して來たお前の主張、新佛教主義は、斷じてこゝでお前と共に消滅して仕舞ふものではない。縱令、こゝで消滅するとしても、腐敗し混濁した日本の佛教界が、この十五ヶ年間のお前の努力でどれだけ淨化されたであろう。頑冥で不靈であつた日本の佛教界も、この十五年間のお前の誘導で、どれだけ進歩したであろう。早い話が、日本の佛教界も、今お前が死んでも、あんまり差支を感じないまでになつたといふのは、正にお前の遺した手柄ではないか云々」（七二一頁）

新佛教徒の十五年間に果した役割についてはもつと詳しく稽へねばならないが、同志會員の個人的出世による結束の弛緩が生じ何時しか青年時代の灼熱的意氣が失はれて行つたこと並びに經濟的困難の伴隨、社會事情の推移、によつて、絕えず同人の步調を揃えることが不可能になつたゝめであると考へられる。這般の消息は同志會同人の一人杉村楚人冠の言に聽け。

「老いぼれて用にも立たぬ者を、何時までも生かしておくやうな餘裕が、われらの頭にも懷にもない。此を以ての故に、思ひきりよく、くわんと一つ頭を食はして、今の內に息の根を止めやうといふのが、われら同人の一致するところとなつた。」（七二〇頁）

（上坂倉次）

六

日宗生命保險株式會社

——佛教保險事業史——

日淸戰爭後勝利に浮された我が經濟界は、舜時にして泡沫會社の濫設を來たした。資本主義擡頭期であつた此の頃の經濟界の急速な膨脹はまことに驚くばかりであつた。此の景況が一般社會にも及んだことは云ふ迄もない。

營利には何等關與を持つべからざるものと考へてゐた佛敎僧侶の間へも自由主義的精神は波及して大膽な見解の抱持と共に、實業界へ積極的に僧徒が進出するといふ現象をみたのである。明治期の佛教僧侶寺院企業史の最も華かな一面をこゝに見出せる。樣々な企業形態のうち、佛教主義の保險事業が勃然として起つた。此の點について、友松圓諦氏の「明治時代の佛教保險事業」（現代佛教百五號七五七頁以下）なる論文によつて若干紹介されてゐる。

各宗僧侶、檀信徒が中心になつて計畫した保險事業のうち、日蓮宗檀信徒僧侶によつて爲された、日宗生命保險會社は、明治二十九年十一月十五日に開業式を執行してから（友松氏論文には「二十八九年の交か」とあるが）他の泡沫的存在として三十五六年の頃の大パニックに一たまりもなく壞滅してしまつた多くの事業會社及び佛教保險會社と異つて、明治末期まで命脈を保ち得て、特異な存在活動を示したことは興味あることである。

創立後五年の明治三十四年には被保險人約四萬人、契約金額五百萬圓强の成績をあげ、他宗に比してやゝ好成績を示してゐた。其の理由は恐らく、管長以下宗派樞要の人物が多く之に助力を惜しまなかつたためであらうと思はれる。其の態度については一部の反對者もあつたように、可成り積極的な態度に出たものである。たとへば保險法話として「日宗生命保險會社の十德」なるパンフレットを出して極力宣傳を怠らなかつた。又、宗會議員の一部が「管長ヲシテ營利會社ニ關スル論達ヲ發セシメザル事」の建議案を出してゐる如くで相當其の援助振りは目立つてゐたのである。（同誌三〇頁）

右に關して本山が日宗生命に對する態度は次のようであつた。

「本山でも末寺でも僧侶は信徒の起した事業に對し眞實に熱心に幇助してやらればならんのだ、信徒の布施ばかり貰ふのが能ではないぞよ、信徒の起した善い事業はなんでも之を助長してやり、彼れの便利を謀り又彼れをして一宗へ便利を捧げしむるようにするのが眞誠の僧侶と信徒の關係だろう管長が本社の事業を發達せしめんがために一回二回の勸誘的論達を發したのが何が不都合だ」（同誌三〇頁）

同樣な熱意を多分に持つた眞宗の眞宗信徒生命保險會社が、共保生命の改名して今日迄尙續いてゐるのには比べられないが、他宗の會社が、大方三十五六年の危機に瓦壞したのを尻目にかけて、日宗保險會社が、明治末まで續いたといふわけの一端は右の樣な活氣ある對事業觀をもつてゐた日蓮宗本山の庇護によつたものが多いであろう。

生命保險事業を禮讃する保險法話は仲々巧妙に佛教を生かして現世活動に喰ひ込んだものがある。此の時代の佛教企業の一生面をまざ／＼みるのである。

日宗生命は、重役社員、株主、代理店はみな日蓮宗の僧侶であり檀信徒から成り立つ頑固會社であり、法花會社だといふ意氣込みである。此の熱意は要するに營利企業を援助してこれより生ずる利益の一部分を日蓮宗々務院に寄附せしめ、布教費興學費及び寺院火災補助金にあてさせるといふ經濟的動因あたりから出てゐるには違ひないとしても、自他共濟の精神を唱導し、被保險者には、本寺に於て、壽福增進、現世安穩、祈禱法要を營むことによつて保險の眞精神を益々發揮することが望めると交換的條件を持ち出してゐるところが如何にも宗教味たつぷりな考案である。

而して日宗生命保險會社の目的が

「專ラ佛陀出世ノ本懷タル最微妙法ヲ廣布センコトヲ希ヒ我日宗布教興學ノ要資ヲ義納シ社會ノ安寧ヲ謀ルノ趣旨ヲ以テ之ヲ設立シタルモノナリ」といふにあつたのをみればもつて知るべしである。

佛教が稍もすれば超俗的存在と誤り考へられ、社會的存在から懸絶され勝な狀態から出來得る限り、時代への適應を試みた具体的な一例として此種の事業を取上げてみることが出來よう。日宗生命なども世間的事業ではあるがこれを宗教に接近せしめ日常事業のうちに宗教的活用を意圖する上に成立つてゐたものである。

七

資料

大教院創置日記（二）

御布告

自今僧侶肉食妻帶蓄髮相可爲勝手事
但シ法用之外ハ人民一般之服着用不苦候事

四月廿五日　大政官

右別紙ノ通リ御布告ニ付諸宗一同畏縮罷在ソロ、然ルニ今般新ニ教部省創立被爲在社寺ノ碩學ヲ徴テ遂公論大小教院ヲ都鄙ニ施設シテ天下億兆ノ人民ヲシテ三條ノ旨ヲ深ク體認セシメ人才ヲ生育シテ内ハ上下心ヲ合シテ國家ヲ維持シ、外ハ教風普ク布ヒテ　皇威ヲ海外ニ皇張セントノ　宣旨古來未曾有ノ一大快事ナリ、我等何ンノ幸アツテカ此聖代ニ遇スルヤ、其教導ノ師ハ則都鄙社寺ノ碩學ヲシテ是ノ職掌タラシムト。然則人ヲ教ユルハ已ヨリ先ニスト豈教導ノ僧侶破戒濫行ニシテ人ヲ信服セシムルノ能アランヤ、故ニ今時非法濫吹ノ緇侶アルコトヲ揣量被爲在、淸濁判然ノタメ稲中ノ稗サヲ煎除シテ嘉苗ヲ生育シ糟糠ヲ簸揚スルノ深キ思召ナラン。實ニ佛法ノ存亡釋氏ノ興廢今此一擧ニアリ、若シ命令ヲ愉快トシテ吾道ヲ失ハ、人之ヲ信ゼズ、信ゼサレバ教誨ノ績シナシ、績シナクンバ、不廢シテ而廢セン、若シ堅ク佛制ヲ守リ、衆庶服從セバ、不興シテ而興ラン、存亡俱ニ僧侶ノ方寸ニシテ只戒ヲ持ツト持タザルトノミ敢テ他人ニ所爲ニアラズ況ンヤ、朝廷ハ民ノ父母ナリ惡ヲ懲シテ悔悟セシメ、善ヲ勸メテ彌勵マシメ給フ、若シ深キ御主意ヲ解誤シ一時ノ勝手ニ走リ、後悔ヲ生ズル事ナキ樣　朝旨ヲ進退ニ洞察シ殃ヲ未然ニ防ギ同心戮力シテ速ニ細弊ヲ洗除シ嚴宗規ヲ守リテ厚キ　聖旨ヲ感戴シ三章ノ政教ヲ天下ニ遍布シテ進テハ大海一滴ノ天恩ヲ報シ退テハ須彌一塵ノ佛德ヲ謝奉リ王法佛法均シク三會ノ曉ニ至ラン事ヲ冀而已

欄外

右ハ諸宗一統此趣意ヲ以末派江告諭可致治定相成候間意味不相違樣可致御取捨候上御觸達有御座度候事

大教院は芝に一つあつただけだ。中、小教院は全國に澤山あつたことを聞いてゐるが、今明治八年の普通新聞に其數を得たから下段に參考として掲げた。

八

全國大中小教院所在表

大教院東京芝

府縣	中教院	小教院
東京府	一ヶ所	六ヶ所
京都府	二ヶ所	七ヶ所
大阪府	一ヶ所	一ヶ所
神奈川縣	一ヶ所	五ヶ所
兵庫縣	一ヶ所	三ヶ所
長崎縣	一ヶ所	廿八所
新潟縣	一ヶ所	
埼玉縣	一ヶ所	
足柄縣	一ヶ所	一ヶ所
千葉縣	一ヶ所	
新治縣	一ヶ所	五ヶ所
茨城縣	一ヶ所	一ヶ所
熊谷縣	一ヶ所	廿七ヶ所
橡木縣	一ヶ所	
奈良縣	一ヶ所	
境縣	一ヶ所	一ヶ所
三重縣	一ヶ所	一ヶ所
度會縣	一ヶ所	神官教院一所
愛知縣	一ヶ所	六十三ヶ所
濱松縣	一ヶ所	四ヶ所
靜岡縣	一ヶ所	六ヶ所
山梨縣	一ヶ所	十ヶ所
滋賀縣	一ヶ所	三ヶ所
岐阜縣		
筑摩縣	一ヶ所	
長野縣	一ヶ所	一ヶ所
宮城縣	一ヶ所	
福島縣	一ヶ所	一ヶ所
磐前縣	一ヶ所	
若松縣	一ヶ所	
水澤縣	一ヶ所	
岩手縣	一ヶ所	

×今度ノ二圖ハ大教院迁營ノ手當ナリ、永續ノ手當ハ又々別段ナリ。

△是ハ別ナリ其地方ニテ相設可有之何縣命ナルベシ

（是ヲ專門學ト云フ、洋學ヲ不好者ハ此所ニ穩座スレバヨシ、去ルカワリ朝廷ニテ御登庸ハ無カルベシ

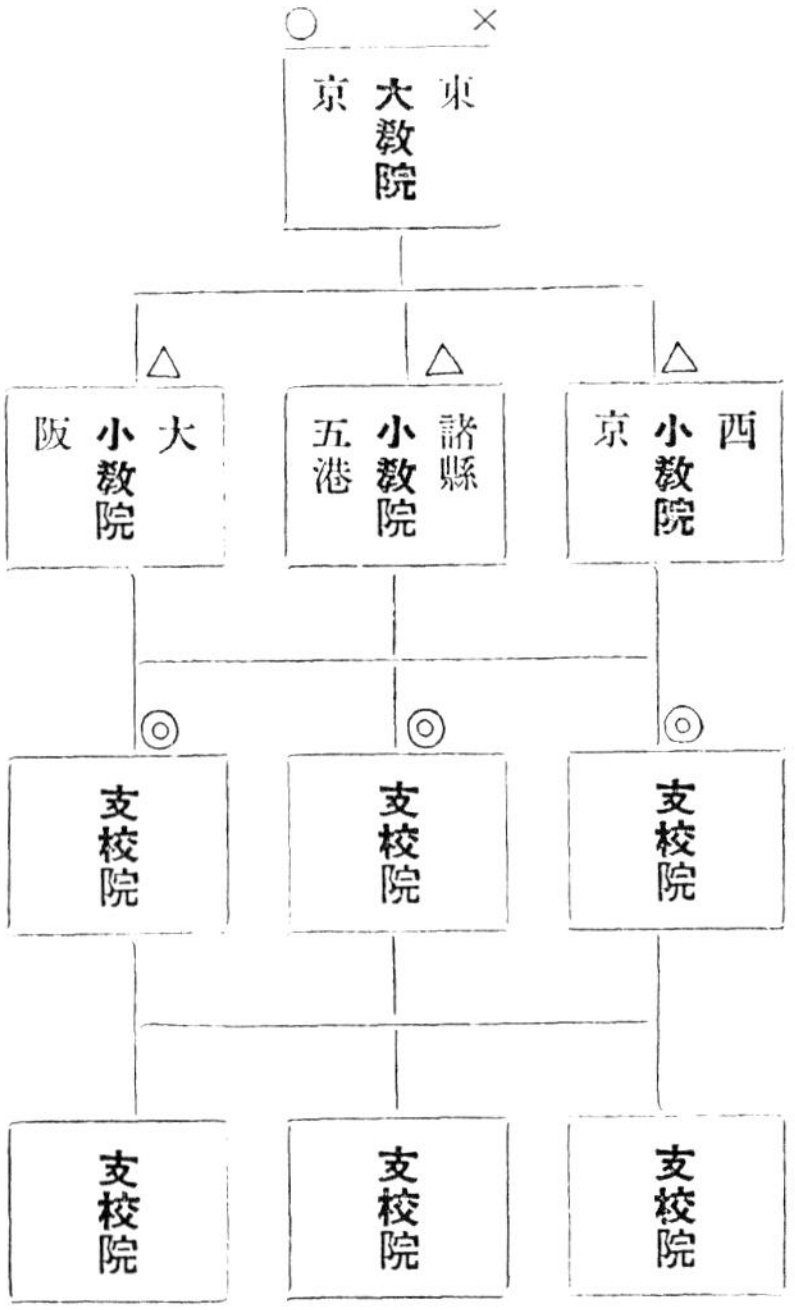

○諸宗學徒混入四學育才所ト知ベシ、四學トハ皇學、漢學、佛學、洋學也

△學徒育才大教ニ同シ

○其宗限學徒生育

△是ヨリ上ヲ普通學ト云三十才以上ノ御役ニ不相立二十才未滿ノ者ノ育才所ナリ

小教院支校院ノ義ハ其地方廣狹ニ隨テ二三ケ所ヨリ九ケ所ニモ及ブベシ、但シ支校ニ於テハ學校ノ短長ヲ檢査シ追々小教院大教院ヘ達スルナリ

府縣	中教院	小教院
青森縣	一ケ所	五ケ所
山形縣	一ケ所	二ケ所
置賜縣	一ケ所	
酒田縣	一ケ所	
秋田縣	一ケ所	
敦賀縣	一ケ所	一ケ所
石川縣	一ケ所	一ケ所
新川縣	一ケ所	一ケ所
相川縣	一ケ所	
豊田縣	一ケ所	
鳥取縣		三ケ所
濱田縣	合議所一ケ所	
飾磨縣	二ケ所	
北條縣	一ケ所	
岡山縣	一ケ所	
廣島縣	一ケ所	
小田縣	一ケ所	二ケ所
山口縣	一ケ所	
若山縣	一ケ所	
名東縣	一ケ所	二ケ所
愛媛縣	一ケ所	一ケ所
高知縣		
福岡縣	合議所一ケ所	一ケ所
三潴縣	一ケ所	一ケ所
小倉縣	一ケ所	七ケ所
大分縣	一ケ所	一ケ所
佐賀縣	一ケ所	一ケ所
白川縣	一ケ所	七ケ所
宮崎縣	一ケ所	一ケ所
鹿兒島縣	一ケ所	拾三ケ所
開拓使	一ケ所	六ケ所
計 二百八十九 中小教院	六十二ケ所	二百廿七所

九

長老識者訪問に就て御願ひ

人物篇刊行の爲めに、編輯部では目下編輯準備に忙殺されてゐる。既に文献に現れた人物を中心に進行中であるが、こればかりでは、万全を期し難く多分の漏れもあらうし、亦生きた實話や隠れた事蹟を知ることが難しい。

その爲めにこれからより積極的に各宗の老僧方、亦は在俗の方で、明治佛教に關係ある人々を出來うる限り多勢訪問して、思ひ出でを拜聽し、これを實話資料として人物篇に掲載したい計畫である。これと思ふ老翁がをられたら直ちに當所へハガキで御通知下されば所員が參上して承はるか或は要點を問合せる心算である。出版完成の曉に、ウチの親戚に、あゝ云ふ人がをつたのに、とか、あそこに、あれ程の老僧がをつたに、何故漏れたのだらう等と云ふ事があつては甚だ遺憾でもあり相濟まぬ次第である。何卒明治佛教發展に力になつた方々の高徳を顯彰するため、皆樣の積極的な御力添へをお願ひしたい次第である。

一〇

加賀に白華文庫を訪ふ

一所員

舊臘資料蒐集の爲めに北陸地方へ出張し、金澤市、高岡市方面を探訪した。就中金澤では約一週間滯在したので市内の目ぼしい處は大體訪ねえた。然しそれでもまだまだ日數が足りぬので所期通りにはゆかなかつた。殊に報恩講の多忙月とかきいたので眞宗寺院へは大底訪問を遠慮した。然し白華文庫や道林寺明烏文庫等は、四高の木場教授や、東別院の上野輪番からも紹介があつたので推參した。先最初に

白華文庫へ

赴いた。文庫は市内から二里半も離れた松任町の本誓寺内にある。堂々たる西洋建築で一般には公開されてゐないが特殊の希望者には、入庫を許してゐる。現董は松本現道氏で五十六、七の風彩嚴として寡默の人、本堂の側廊下から文庫へ案内して下さる。閲覽室では老婆が掃除中だつたが森閑として實に讀書には好適だ。奇麗にふいたガラスを通して窓外の田園が見はらせる。書庫に通る。立派な藏經や、大系本が整然と並べられてある。こゝで特に注意をひくのは肉筆本の多い事だ。

「これはどなたの書いたものですか」と云へば、松本氏は「父のもので數にして七百冊、教義もの、日記錄等が主です。」「梵曆稽古錄、高倉學寮年々講錄の如きもの、眞宗の教義もの、何れも綿密に淨書された立派な書物ばかりである。京都の徳重教授が時折こゝに見へるさうである。白華備忘錄、白華教部省雜纂等が徳重氏によつて飜刻されてゐる。だが未出版のものが大部分殘されてゐる、誰かこれを全部刊行する篤志家はをらぬものか。

「余程几帳面な方であつたと見えますね」

「さうです。非常に嚴格で一字一句疎かにせず誤字は一々朱で訂正してゐます」

「松本白華上人は何處で御生れですか」こゝで私は上人の傳記を一通り伺ふ事にした。氏は、親切に覺書を取出して逐次年表式に語つて吳れた。以下は承はつた儘を記す。

「生れたのは松任町當本誓寺です。嘉永二年十二才で得度をし、十三四五才の間は海原謙藏と云へる人に就て漢學をやり、後に大阪で

報告

昨年末中に於ける資料提供者の掲載漏れがあつたから此處に改めて、芳名を掲げて深謝の意を表します。

伊井野天眞氏（金澤市）、美沼孝秀氏（千葉縣）、茱　氏（東京市）、妙立寺殿（金澤市）

各談話會責任者へお願ひ

先般資料部で細密に調査の結果、簡單なものではありますが「缺號目錄」を御送りしましたから何卒宜敷御願ひ致します。これは、資料蒐集には是非必要なものですから、資料を蒐めてやらうと云ふ御方があつたら御申越下さい。直に御送り致し升。（一月十四日）

資料閲覽規定

一、閲覽者は當所の直接關係者、或は其等の人の紹介を要する事

一、圖書の閲覽は當分毎週土曜正午より四時迄とす

一、圖書は一切所内に於て閲覽し帶出は爲さざる事、（但し重復品に限り許可することあり）

一、帶出の止む無き場合に於ては、日限を五日以内とし、編纂所關係者の保證人一名を要す

廣瀨氏に就て矢張漢學を修めました。この時長三州や、秋邦兄弟等と交りを結び、十九才頃からは專ら宗學を學んで小栗栖香頂、石川舜台等と、深交があつた。然し舜台師とは晩年仲が惡くなり殆ど同じ土地に居つたが交際はしなかつた。その譯は、一つは舜台師が佛體を賴むか、名號を賴むかの異安心を主張したのでこれが氣に入らず、第二には、白華が洋行した時に、上海で金を亂費した等云ふ惡評を立てたので、これが非常に感情を害ふ原因となつた。大體白華は沈靜を好む學者肌で舜台師とは性格が全く相違してゐたから親密な交際の出來る筈はなかつた。それに舜台師は老境に入つてから耳を惡くしてゐたので、偶々會つても話がはずまなかつた等も一つの原因でした。それ故舜台師は金澤の有門橋道林寺にゐたのだが疎遠になり勝ちだつた。

白華は安政三年に廿六才でこゝの廿六世を承繼しましたが、卅二才の時に妻女を失つて其以來獨身を通した。維新前には彈正台の用係となつたが、維新後敎部省が出來てからはこゝに奉職し、それ以前明治四年には宗名事件で隨分と奔走しました。

明治五年に洋行の都合上一時還俗して、名もキヨテルとよませ、九月十三日に本願寺現如上人に隨行して歐洲へ出かけた。この時、舜台、柳北等も一緒で、佛、伊、印の諸地方を廻り、同六年には歸朝して再び僧籍に編入し、九月には本山の執事補となつたが間も無く辭職して、もとの敎部省詰となりました。

十年九月には外國布敎僧として支那（上海）に漫遊し、十二年六月に歸國し、專ら寺にあつて書見に親しみ、小さな塾を開いて廿人程の人を集めて敎育してゐました。ずつと下つて四十二年頃には議制局議長や、護法會々長等を勤め、亦眞宗夏期學校長などもやつた樣です。大正になつてからの事は、別に申上げる事もないが、十四年に僧正に補せられ十五年二月廿五日后一時半に齡ひ八十九才で寂しました。」

氏の白華上人談はいくらでも盡きない、もう夕闇が迫らうとしてゐる。拜借した若干の記錄類と、頂戴の古雜誌を大事にかゝへて厚く禮をのべて境内を去る。折角のついでに有名な千代尼の墓へ參りなさいと云はれて、音にきく「つるべとられてもらひ水」の句を想起しつゝ程近い千代尼の墓提所へ參詣し、こゝから直ぐだと云ふ、明烏文庫へ。

二

人物我観

佛教的英雄豪傑の博覧會

吾人は是れなきを信ず、然れども若し、明治年間に於ける、佛教的英雄豪傑の博覧會を開くことありとせば、吾人は先づ其出品中に於て、眼覺ましきことの二三を見ん。其一は水谷仁海大菩薩、其二は天舜大神水谷忠厚氏、其三は救世教々主大道長安仁者、而して參考室に於て、視實等象齊偏執的經濟學泰斗佐田介石上人を見ん。（明教新誌四六一八號）

中西牛郎短評

中西牛郎氏儒教の家に生れ、基督教の學校に教育せられ、新佛教の唱首となり、今は轉じて天理教中學の校長となる、人間の變遷も此の如く甚しくば以て話柄に上るに足るべし。

西本願寺の五老

本願寺に五老あり、曰く島地默雷、曰く大洲鐵然、曰く利井明朗、曰く赤松連城、曰く安國淡雲、島地の見識、大洲の豪放、利井の機警、赤松の該博、安國の道徳此五人あり、本願寺をして九鼎の重をなさしむ。

東本願寺の三老

東派に篠原順明あり、石川舜台あり、渥美契縁あり、之を東本願寺の三老と稱す、篠原は西の利井にして、更に膽の大なるもの、石川は經歷稍大洲に似て失敗したるもの、渥美は學問ある小田佛乘にして、綿密は小田に輸すれども經世的手腕は却て小田の上に在り。

教界の進歩的分子

越前に里見了念あり、藝州に大洲順道あり、肥後に八淵蟠龍あり、隱然進歩的青年の領袖也、十年已後の教界は彼等の世界也。

居士十傑

雜誌禪學十禪定家の投書を募る、其投標さる可き宗匠としての候補者を數へたる中に、居士林に
河野廣中、中島信行、前島密、中江篤助、伊澤脩二、佐々友房、平岡浩太郎、小野金六の如きを見る叉危險なる宗匠に非ずや。

介石と行誠

介石福田行誠を訪ふて曰く、今や地球の説滔々として一世を惑溺す、佛説に所謂須彌の説

一二

立たずんば佛法夫れ泯んかな、和上以て奈何となすと、行誠トホけたる顏しながら地球が碎けても極樂が殘ればよろしいではないかと云ふ、サスガ躍氣の介石も苦笑して去れりと。

道龍の意氣

頃日大阪に北畠道龍を訪て來るものあり、道龍意氣活躍、舌鋒舊の如し、自ら云ふ後ち二十を待て更に動かんとすと、而して何ぞ知らん彼實に行年八十左右。

默雷の才

島地默雷洋行するや、始めより外國語の智識を有せず、發するに臨で計を案して曰く、事々に他說に反抗して以て智識を得可しと、其英に入り、佛に入る、日本留學の士雲の如し、島地故らに異說を立て相挑む。

彼等年少氣鋭、如何ぞ相屈せん、滿腹の智力を傾瀉して戰ふ、爲に島地の得る所少許に非ず、從て一大辨論者となりて歸朝したりと。

中外日報を求む

右紙とその前身「教學報知」をお持ちの方、また所藏先を御存知の方は當所資料部迄御知らせ下さい。

新刊明治關係文献

自十二月十六日
至一月十五日

書名	著者		發行所	價
支那社會經濟史	森谷克己	四六	章華社	1.80
近世日本國民史 三二 神奈川條約締結篇	德富猪一郎	同	民友社	
支那社會史	サファロフ著 早川二郎譯	菊	白揚社	2.60
日本經濟史	竹越與三郎	同	平凡社	
眞言宗全書	高岡隆心	同	眞言宗全書刊行會	非賣
大谷光瑞全集 一 經典篇	大谷光瑞	同	大乘社	1.50
日本歐字新聞雜誌史	蛯原八郎	四六	大誠堂	2.80
己辨集	姉崎正治	菊	大東出版社	4.00
明治俳諧史話	勝峰晋風	四六	大誠堂	2.80
日本文學講座 一二 明治時代中編	佐藤義亮	菊	新潮社	1.50
明治、大正詩 圖日錄篇	山宮允	同	啓成社	12.22
同 同書綜覽	同	同	同	同
本文篇 維新日誌 第二期第十卷	橋本博	四六	靜岡鄉土研究會	非賣
日露戰爭秘史 中の河原操子	福島貞子	同	婦女新聞社	1.20
本願寺法難史	上原芳太郎	同	東學社	2.00
日本精神と日本佛教	矢吹慶輝	同	佛教聯合會	1.50
日本佛教社會事業史	淺野研眞	菊	凡人社	2.00
維新史籍解題 傳記篇	高梨光司	同	明治書院	2.80

原稿募集

本誌は明治佛教研究の指導的機關でありたいと當初から念じて居りまします。此際特に一般から研究、資料其他事明治佛教に關したものを募ります。掲載分には薄謝を呈します。毎月十日〆切、紙數は當分四百字詰四五枚位とします。

第九回明治佛教研究例會

時 二月廿三日（土曜）午後一時

處 銀座西五ノ五　明治佛教史編纂所

講師 當所主事　**増谷文雄氏**

講題 「福田行誡上人と其時代」

新刊寄贈圖書雜誌

太田覺眠　レーニグラード念佛日記（一・二〇 興教書院）

同　露西亜物語（二・〇〇 丙午出版社）

兩書は太田氏の露西亜に於ける開教三十年の苦闘を語る明治開教史の好文献。

上坂倉次　寺院副業の研究（再版）（〇・三〇 當所扱）

越智道順　宗教復興論の概觀（〇・三〇 當所扱）

大日、吉祥、新佛教徒、佛教法政經濟研究、法華、眞理、教育經營、立正大學新聞、海外佛教事情、佛教、明治文學研究。

編纂後記

◇明治佛教の研究がとみに盛んになつてきた。前號で諸論文の一二を紹介したが、充分な資料に基かない覺つかないものが、見受けられる。もつと堀り下げて考察さるべきであることを痛感する。われ〳〵は學的良心に基いた論究が爲されることを切望する、そのため本誌の使命を資料提供の基礎的方面に一段押しすゝめたい。

◇そして眞劍な討究の檀場として、本誌面を開放したい。御覽の通り頁數は少いが、分量は普通雜誌の三十頁に匹敵する。最近讀者申込みが殖えてきたので漸次贈呈を少くします。此際購讀をお願ひします。

第二卷第二號

昭和十年一月廿五日印刷
昭和十年二月一日發行

編輯兼發行人　上坂倉次
東京市深川區冬木町一〇

印刷人　吉本菊松
東京市京橋區銀座西五ノ五

發行所　明治佛教史編纂所
電話銀座五三八九番
振替東京七四二一八番

發賣所　山喜房佛書林
東京市本鄕區六丁目赤門前

定價　一冊　金拾錢　一年分　金壹圓拾錢

明治佛教　昭和九年十月一日第三種郵便物認可　昭和十年一月廿五日印刷　第貳卷貳號（毎月一回一日發行）明治佛教史編纂所

昭和九年十月一日第三種郵便物認可
昭和十年二月廿五日印刷 昭和十年三月一日發行
第二卷第三號（毎月一回一日發行） 通卷第八號

明治佛教

第貳卷第參號
參月號

目次

明治佛教史編纂所
東京・京橋・銀座西五ノ五

明治の僧俗事歴を募る

わが明治佛教史編纂所では「人物篇」編纂のため、明治佛教史上に活躍した幾多僧俗の人物名約三千を、すでに蒐集しました。それでも、世に顯はれた高僧大德から村里に隱れた香氣高い聖僧の傳記逸話の漏れたものも鮮少でないと思はれます。此際、完璧を期するため江湖諸賢の御協力を得たいと存じます。

そこで、此の人物こそは、明治佛教史上に逸することが出來ないであらうとお考への方がありましたら、當所まで御報らせ願いたいものです。

左の要目について御報告下されば結構ですが、一部分だけでも差閊ありません。

明治佛教關係僧俗事歷報告要目

一、氏名、法諱並に字號
二、イ出生地、ロ、生年月日、ハ、死歿年月日、ニ、示寂地、ホ、享壽
三、出家得度の因緣と年齡並びに宗派
四、得度受學の師僧
五、住持寺院名、並に開創再興寺院名
六、閱歷、僧階歷次、重な行業事蹟
七、著作、編述、意見書等
八、授業、附法の弟子
九、逸話、傳譚
十、其他

尙ほ參考に供するに足る書畫、肖像寫眞、書簡等があれば、御提供を希望します。期限を附して丁重に扱ひ、用濟みの上は速かにお返し致します。佛法宣揚のため切に十方諸賢の御支援を懇願致す次第です。

昭和十年三月

明治佛教史編纂所

名譽所長 文學博士 井上哲次郎

所長 文學博士 常盤大定

巡察使威力院義導述「三河國動搖實記」について

――新發見の大濱事件史料――

藤井靜宣

明治四年の春、三河の大濱で勃發した血染めの護法騷動は、「大濱事件」又は「大濱騷動」として今なほ人口に喧しく傳へられてをる。平松理英氏の「廻瀾始末」及び大正年代に成つた「辛未殉敎繪詞」は之を傳へた文献として知られ、鷲尾順敬、辻善之助、村上專精三博士編纂の「明治維新神佛分離史料」中卷に收めてある。予は鷲尾博士に對し、當時、上記の資料に就て多少の努力を捧げたことが記憶に殘つてゐる。實をいふと、此の大濱事件に於て、リーダー石川台嶺と倶に若手の鬪士たりし藤井至靜(當時二十四才)は予の實父であり、予はその長男であるから、之に關しては容易ならざる因緣を感じてをり、何かといふと、乃父の六十九年の生涯を一貫せる護法献身の精神が、予の血管の末端までも沸々と湧き立つやうに感じて來るのだ。

餘談はさておき、此の事件に關する文献は、上記二種の外には最早や一つも殘つてゐないであらうか？そんな筈はないと思ふ。そこで予は多少之に就て探査してみたが、何しろ當時の官邊の檢擧が頗る嚴重であつた爲め、證據となるべき文献類は、多くは燒き捨てられたらしい。然し、某々寺あたりの倉庫を尋ねれば、必ず何か殘つてゐるだらうといふ見當はある。それと倶にその時の官邊當局の調査書といふものを既に一見したといふ人もあるから、此の方面にも見込がないでもない。又た東京品川の平松氏の寺には屹度何か資料が殘つてゐると推察する。

×

ところが、昭和五年夏、予は母の實家なる三河國西加茂郡擧母《ころも》町字樹木、陽龍寺へ講演に赴いた際、はからずも叔父石川春英氏より一冊の半紙綴りの寫本を一覽せしめられた。これ即ち巡察使威力院義導述「三河國動搖實記」である。表紙の右肩には「明治辛未七月、和上阪悶之節寫之」とあり、左下には「威力院舍中靈一」とある。舍中とは門弟といふ意である。而して靈一氏は美濃國養老郡南津屋本慶寺小圓の幼名である。明治四年七月三河より威力院が大任を全うして西京へ戻る途上で、此寺に一泊し、大濱事件の物語を爲し、その日記を見せたので、徹夜をして之を筆寫したものであるが、大正九年病床に於て遙かに見舞に來た石川氏に「私の餘命も幾何もないから、是を三河へ持ち歸りて有志に一覽させられよ」とて手渡された紀念の遺物が是れであるといふ。石川氏は靈一(小圓)の實弟圓滿(春位)の長子であつて、伯姪の關係になつてゐる。(又た名古屋佛敎專門學校敎授山上正尊氏は靈一氏の孫に當るのである。)

×

ところが、更に昨秋長逝された宮部圓成氏――大谷派の耆宿で、大布敎家であつた――の百ヶ日に參詣すべく去る一月廿九日豊橋市神野《じんの》新田町圓龍寺へ到ると、此處でも嗣子宮部正氏より、故人の筆寫になる「三河大濱騷動逸事」なる一本を提供された。その解題に曰く「明治辛未三月九日夜、菊間藩ニ於テ騷動ス、其砌リ、嗣講威力院、巡察使トシテ出張中ニテ、圖ラズソノ事ニ關係シ、官員ト應接シ、落着ノ後、六月二十六日三河ヲ發シ、歸京ノ途次尾張國東五城村太兵衞方ヘ立寄ラレ談話ノ記」とある。この解說で、大體の本書の輪廓は解る。但し此の宮部氏寫本は拔粹本であるのみならず、半紙四ツ折り十枚に足らぬ未完本であるが、之を前の靈一本の「實記」に照合して見ると、字句の校訂も出來たし、又た四月二十三日附の民政局及び社寺局の達書の遺失を追加することが出來た。

×

本書の內容は、日記體になつてをり、威力院義導嗣講が、巡察使として出張中明治四年三月三河の舉母陽龍寺から同地の善宿寺へ移つたとき、端なくも三月二日、暮戶《くれと》會所に四科の條件について衆議の爲め集會があるといふことを聞き込んで以來、此の大濱事件の進行を情報のまゝに觀察して詳記したもので、同八日暮戶で石川台嶺が「菊間藩排佛の氣色甚だ急に逼れり、因て我これより攻寄可申、十人一味者あらば、直にまかり出可申云云」と叫ぶや、野寺村徹觀が一同に向つて「我を殺して、わが血を一盃づゝすゝるべし、然らば心丈夫に首途つべし」と應じたと記してある。全體が日次によつて書留めてあるが、自分の接渉した人々、發信、受信の文書の寫しを正しく記入してあつて、根本的な確實さが認められる。遂に事件は爆發し、その善後處置を如何にすべきか、これに就ては藩の當局も、寺院僧侶側も雙方とも甚だ困惑してゐたが、此際、豪膽不敵にして才智縱橫な彼が巧妙に兩者を押へつけ、京都より派遣されたる闡彰院講師を補佐して六月下旬まで三河各寺を巡回しつゝ一切の處置を完了したのである。（本書を私は二百七十字詰の原稿紙に寫し、一百三十枚を要した）―昭和十年二月一日豐橋にて記す。

二

正法寺舜成師と增上寺妙定院

松濤賢定

○京都府八幡町正法寺主松濤舜成師

師は大分縣宇佐郡糸口村善光寺の徒弟なり、安政年間緣山に掛錫し、我法類宿老松濤泰成老師に師事す、老師文久年間寶松院を董するに及び、院代見習に任じ、會計を主管す、明治初年學寮主に補す、師は時務を知るの材あり、五年神佛合併大教院成るや、神原精二翁（僧名圓海我法類華頂山赫譽大僧正の上足、儒佛刀槍に通す、明治三年歸俗し、學舍を東京本鄉丸山町に創立して共慣義塾と稱し、英・漢・數學を教授す、翁は行誡大教正と同學、東台慧澄律師に師事し、天台教義に精通すること著名の事實なり、翁明治十六年奈東部大學林に於て天台四教儀、文章軌範を講せらる、小衲當時陪聽親しく風丰に接せり）―翁の略歷は「中外日報」（昭和三年十二月九日以後三回にわたりて掲載せり）等とともに院務に鞅掌し、權少教正に補す。

師時運に鑑かみ、言論機關の必要を感じ、明治八年藤井德存、鵜飼大俊(已上本宗人)鴻春倪(曹洞宗)吉堀慈恭(新義眞言宗智山派)師等と謀り、明教新誌(本誌刊行を主唱せるは大俊師にして大内青巒氏編輯せるは俊師の推挽による、此事は愚作「輓大内青巒先生」大正七年十二月淨土教報の中に記す)を創刊し教界を覺醒せるのみならず、是年信州善光寺問題に關し、淨土宗教務所(今の淨土宗務所に該當す)の命を奉じ信州に出張し、天台宗代表大勸進村田寂順師と對抗し、萬難を排除し、現在淨土宗大本願及び付屬坊(末寺)の位地を決定せるは著名の事實、而して現在之を知る者皆無なり、華頂山順譽徹定大教正、師の材幹を知り、明治十三年春、師を知恩院に招き寺務長に任じて山務を統理せしむ、此間京都府八幡町正法寺を董す、十八年十月廿三日寂、享年未詳、法號は成蓮社戴譽功阿舜成なり。師雲華と號す、詩及書を善くす、逸庵岸上恢老師と交誼淺からず、又吾黒田眞洞老勸學曾て京都に留學して正法寺に掛錫せらるゝや、深く老勸學の人と爲りに敬服せられしと云ふ。師緣山掛錫中は先師好譽と往復せられしを以て小衲亦しば〳〵拜眉せり、故吉岡呵成師は師の上足なり。

○法蓮社旋譽舜阿淨英卓轉 長州下關市引接寺に住す、慶應元年十月一日寂す徒弟左の如し。

玅蓮社贈正僧正觀譽念阿覺樹泰成 始め豊前善光寺文海上人を拜して得度す、名を東海と改む、(但し東或は洞歟不詳)後長州下關に來り引接寺旋譽上人に師事す、天保十二年の突、先師好譽同伴三緣山に來り、玅定院第六世(寶松院第十六世)界譽周觀上人に師事す、此間名を泰成と改む、學寮主を經歷して、文久元年五月恩師界譽上人の後を承け、寶松院を董す。明治十五年臘月教導職權少教正に補す、十六年某月檀林傳通院了胤上人寂す、閣山大衆の請に應じ、其後を承けて傳通院を董す。是より先地を麻布廣尾町に卜し、一宇を建て、阿彌陀寺と號す。廿四年某月辭職し、阿彌陀寺に嘉遯す、師道念磐石、壯年閲藏に志す、又頗る和歌を嗜む、淨業の暇、花晨月夕、風懷を吐露して悠々彼天を樂む。小衲永年謦咳に接して恩顧を蒙ふる、我法類の起原及沿革を知悉するを得たるは、實に老夫子と先師好譽の慈教に出る。廿八年十二月六日寂す、其生文政六年某月を距る、幻壽七十有三。

相蓮社贈正僧正好譽觀阿是心在舜 長州下關の人、百田氏孫左衛門の二男なり。幼にして引接寺旋譽上人の室に入りて披緇す、名を諦心と改む。天保十二年の突、觀譽同伴三緣山に來り、玅定院第六世界譽周觀上人及び孝沾寮主(師は學蓮社文譽と號す、華頂山泰譽在心大僧正の上足、檀林瓜連常福寺を董す、文久元年十二月四日寂す)に師事す。學寮主を經歷して、文久元年五月玅定院を董す。是より先眞譽在源上人(寶松院一代緣山燕譽在禪大僧正の上足)の牌所を繼承し、名を在舜と改む。大雲院家に親炙して宗餘乘を承け、明譽學天上人に謁して眞言秘法を傳ふ。又大槻磐溪大沼枕山二老に就て漢學を修む。中年以後心を和歌に傾け、伊東祐命(御歌所參候)天光院眞野觀堂師等と訂交す。

明治五年十一月十五日始めて教導職試補に補す、(淨土宗管長)考試を經て六年二月十二日權少講義に補す、(教部省)二び考試を經て九年一月二十日權中講義に補す、(同前)三び考試に應じ、是歲五月廿五日大講義に補す、(同前)。十三年春貫首立譽大教正の命により增上寺會課長に任す。十五年十二月十四日權少教正に補す(太政官)。十六年十月東部大學林を增上寺開山堂より支

三

院月界院（今の芝區役所隣地協調會館所在地）に移轉開校に際し、金三百圓を義捐して經費を支辨す。廿七年十二月廿五日増上寺より永年の功勞を旌表せられ、特許緋衣及妙定院特許永代紫衣の辭令を受く。廿八年九月妙定院住職を辭す。

四十二年九月二日寂す、其生文政十二年九月九日を距る、幻壽八十有一、大正十年五月廿五日贈正僧正。

古人云く、疾風に勁草を知り、板蕩に誠臣を見ると、憶ふに明治戊辰霸府解體し、王政復古するや、朱印黑印の制を撤し、寺院の經濟的基礎全然喪失す、先師憂慮措かず、百方斡旋、觀譽老に稟議し、勇斷果決、法祖護法の精神を體して、牌所資財を利用し、土地を澁谷麻布方面に購ひ、苦辛經營、殖産の基礎を樹立す。春風秋雨茲に六十餘年、當初の方針は氣運の推移と合致し、寶妙兩院及阿彌陀寺現在の位置に到達し、敢て檀越の庇護によらず、獨立して精舍を維持し、敎化に從事することを得るもの、開祖妙譽定月大僧正の遺德冥護によること勿論なりと雖、抑も亦維新以來流離顚沛に際し、法伯觀譽先師好譽の發憤努力與りて力あり。不肖賢定明治九年十月先師好譽の室に入りて薙染し、陛下に侍すること三十餘年、維新以來轉變の事實を見聞して感懷特に深く、聊か一端を叙すと云ふ。

○建蓮社立譽卓心　大阪府河内國讃良郡高宮村西蓮寺明治廿五年二月十五日寂す。

○行蓮社秀譽舜阿卓成　長州慶雲寺、明治廿七年一月一日寂。

○弘蓮社誓譽深阿無量定海　存澄なり、伊豆七島神津島濤響寺に住す、明治廿七年一月十九日寂す、該寺現住瓜生延隆は實子なり

○清蓮社賢譽淨光舜明　明治三十年八月七日寂。

○階蓮社正僧正孝譽天阿至德舜海　妙定院第四十世大正十四年十一月二日寂す。

參照　卓心卓成舜明三師は小衲面識なし過去帳にありて之を記す

大敎正、權大敎正、（已上勅任、緋衣）中敎正、權中敎正、少敎正、權少敎正、（已上奏任、辭令は太政官より交付す、權少敎正已上は紫衣、袈裟純金、三大節には宮内省に拜賀す）、大講義（香衣純金）、權大講義（同前）中講義、權中講義（香衣雜金）、少講義權少講義、訓導、權訓導（大講義以下は判任に付辭令は敎部省より交付す）、試補（所屬宗派管長より交付す）。

清澤滿之の自由主義

篠津秀村

自由主義一般の考へ方は、多く拘束規範から逸脱した獨立自主の思想であり、從つて、それは權力主義に拮抗し、封建思想に反抗するものと見られてゐる。民權に於ける自由の獲得、信仰に於ける自由の獲得の如き、其の政治に於ても、宗教に於ても標謗主張するところは概して束縛から離脱せんとする權利の主張であり、いはば權力への反抗である。

然るに清澤に於ける自由主義に於てはかうした所謂リベラリズムの片鱗をすら窺へない寧ろあまりにも平和を愛し、鬪爭を避くるかの嫌すら見受けられるのである。

服從、調和、滿足の甘受主義は實に彼に於ける精神主義運動に於ける自由の基調ですらあつた。

精神主義は完全なる自由主義なり。……今精神主義によりて云ふ所の自由は、完全の自由なるが故に、如何なる場合に於ても、常に絶對的服從と平行するを以て自由に自家の主張を變更して他人の自由に調和することを得て決して彼の自由と衝突することあらざるなり。（精神界第一卷第一號精神主義）

これ實に彼に於ける精神主義乃ち自由主義に於ける直截簡明なる思想の表現である。それ故に、此の主義に於ては、他との競爭心を去奪し、羨望の心を排し、自己内心に於ける「圓滿を期す」るのものである。而もこの自由主義の行動は一切が神秘の觀念に基いてゐる。即ち、個人の進退去就は悉く如來の指令、無限大悲の回向に待つものであるとなす。されば清澤の自由主義は普通考へられるところの自由とは全く異色をもつものであり、他力感知の世界にのみ於ける自由主義であると云ふことが出來る。

「佛心を我に得て居る以上は、佛心が無限であるから私共も亦完全なる無限の自由で、決して何等の束縛を感じない」（精神界第七卷第六號二〇頁）

從つて、「他人の事に進んで服從する」、「他人の事に服從せぬ」それらの何れの態度も自由であり、而もそれらの進退は何れに於ても、「之れ皆、他力光明の導きに依つてであると信じ、如來の爲さしめ玉ふこととする。」（前同）

こゝに見出される彼のいはゆる完き自由には最早近代自由人の思想とは全く相容れぬものがある。人間の自由は殆どこゝでは認められてないのである。すべてが神秘主義的觀念論を基調とする判斷を出でない。それゆへに、こゝにたゞあるものは靈格に依る支配であり諦觀である。

この神的なものによる諦めによつて現在に處し、未來に處する勇氣と覺悟とを起すのである。

精神主義は過去の事に對する諦め主義なり
精神主義は現在の事に對する安住主義なり
精神主義は未來の事に對する奮勵主義なり

と云ふ過現未の三世に對する處世觀は畢竟するに「諦め主義」に歸してゐる。だから、彼の場合に於ける自由主義は、すべてが諦めによつて得られるところの自由であつて、其處には概して積極的な意味が見出されない。さうかと云つて決して宗教的なペッシミズムではないが、少くとも潑溂たるオプテイミズムを見出すことは困難だ。この事は恩寵の宗教や、感激の宗教の領域に於て吾々は屢々觀てゐるところである。それゆえにこゝには多分に封建的な屈從の香ひを感ずることができるのである。こゝには恰も國家道德を說く倫理學者が、「服從」或は「從順」と云ふものこそが事實に於て眞に自由なる所以であると訓ゆるのと一般であることを知ることが出來るのである。

されば、こゝでは何等の學問的了解も要さないつまり「別に學問的の理論と云ふ樣なものの必要」はないのである。されば「學說には無關係」なるがゆへに

「所謂學理的に宇宙萬有を研究考究して、此が眞理であり、此に反するは非眞理である抔と云ふのではありませぬ」

と云つてゐる。

要之に、彼に於ける精神主義と云ひ、自由主義と云ふは理論ぬき、批判ぬきの從服ではあり許容である。道德に於けるモデスティではない。そこには恰も大乘妙典に說くところの不輕菩薩の如き精神すらもが感ぜらるゝのである。

而して、之をいま結論的に云ふことを許さるゝならば、彼の自由主義の獲得とは無批判主義のうちに安心を見出すことにあると云へる。

五

水谷仁海大菩薩

鎌倉知泉

四輪車上の轉法輪

明治二十年の暮、東海道の街道を、四輪車の箱車に乘じた五十餘りの僧侶が、門弟とおぼしい一人の僧侶に押されて旅行してゐた。一車には二流の旗が寒風にはためいてゐる。一流には「…大菩薩出現世間」と讀まれ、一流には「改良佛法」と書かれてあるらしい。往く先々の宿驛で、老僧は立つて佛法の腐敗を慨し、正法の墮落を歎じ、熱誠面に溢れて何事かを辯じてゐた。

人々は最初こそ異様の形態に驚き怪み、或は狂人かと囁いてゐたが、やがて何か並々ならぬ堅い決意を胸に感じて耳を傾けた。

旅の二人は岡山縣淺口郡柏崎村を十二月二日に出立してから、日毎に路傍演說をつゞけて、五十三次を上りつめて帝都入りしたのが明けて二十一年一月の一日であつた。老僧は、車馬絡繹とした萬世橋畔に立つて獅々吼の第一聲を放つた。折しも正月、行人大衆忽ちに雲集して、演說する一奇僧の口許をみ守つた。

五風十雨の世に益あるも其勢ひ烈しきときは害あるのみ、八宗九宗の國家に功あるも其勢ひ盛んなれば、弊を生せんのみ。然り而して風雨の勢ひは人力之を制すること能はず、宗敎之弊も亦た宗敎の力にあらされば之を救ふこと能はず。昔し南都の朝に華嚴法相の二宗最も盛にして其弊も亦た大なり、玄昉法相道鏡華嚴の事跡以て之を徵するに足る。傳敎弘法の二師此時に出て顯密の兩敎を弘め以て南都の弊を除き、北京の隆盛を致す。是に於て人心此兩師に歸して天台眞言の二宗興る其盛なるに及んで亦た其弊を生す。此時法然眞鸞の兩師起つて念佛の易行を弘め顯密の難行を廢す……蓋し是に於て禪宗亦た興て國を益すと雖とも不立文學の弊我慢を增長して……亦た日蓮出て超人醍醐の法華を弘め、念佛を折伏し兼て天魔を降伏す。是に於て亦た漸く其弊を除く、故に知る各宗の祖は皆な各々一時救弊の益

六

を爲す者なり。凡そ益ある者にして盛ならざる者はなし。盛なれば隨て其弊の伴ふは自然の理なり。是故に時々改革の明師起て佛敎一新す、然りと雖ども是れより以後海內分裂し、宗門別立し、敎法も亦た自ら割據の勢をなす。是を以て改革の師其間に出づることなし、積年の弊之を撼す可からざるに至る。偶々明治の初め朝廷に於て僧官を廢し、各宗を合併して一敎職となし、以て其弊を除かんと欲すれども其功顯はれずして反て其弊を增加し、遂に之を如何ともすべからざるに至る。是れ敎法の力を假らずして敎法の弊を除かんと欲する所以なり、今や文明維新の際百事皆な改む。獨り宗敎の改らざるは國家の一大欠典なり。是を以て、仁海奮然自ら此任を盡さんと欲す……

舌端火を吐くかとばかり、聽衆は何時しか狂人にあらざる件の僧が何を言ひ、何を爲さんとするかゞ朧氣にもわかつたようだ。

足跡關東の野に普し

老僧とは水谷仁海、伴は淸田寂深である。帝都に來て、天を幕とし、地を席とし乾坤の大道場を設け四輪車上に活轉法輪を現じ、忽

ち都人の間に「新佛出現」の名は廣まつた。

爾來、彼は、駒込吉祥寺山内の佛教會を宿とし、朝に星を頂て起き、夜は月を踏て歸り、東に馳せ、西に至つて日々路傍説教の陣を張つた。彼の赴くところ二流の旗は常に飜つた。其後更に教域を擴大して、茨城縣、千葉縣等を巡回し再び東都に戻り、日本橋茅場町の智泉院を根城として活躍をつゞけた。或時は二松學舍に講筵を開き、或は華族久松定弘の宅に出講し、又中村敬宇川田甕江等の宅に於て諸人を集めて演説する外、佛閣に於て、街頭に橋畔に於て、日本佛教の積弊を痛斥しもつて、其改革を唱へ、新佛教の提唱につとめた。

のち神奈川、群馬、栃木の諸縣下に迄、其の足跡は及んだ。

自稱大菩薩のいはれ

仁海つらつら當時の日本佛教界の狀勢を眺めるに、僧徒にして陽に持戒監回の形を現し、陰に破戒無慚の所爲を行ふ者あり、又内に其德なきに外に紫繙を飾りて虛德を現するあり。智なきに高座に上り智を示すなり。身に如法の佛衣を著して意に不法の覺事を行するあり。口に善を說き身に惡を行するあり。未だ學ばずして學位を受け、未だ知らずして師となり、僻せずして經論を講じ、人を欺き世を惑はす。その因襲積惡たゞならずみえた。其の積弊を斥けんとするときは恐らく各宗の僧侶を悉く斥けなければならん有樣だ。之を斥けると云ふも不可能であらう。唯だ其の依る所を改むるに如かない。其の依る所を改めんとするならば須らく各宗の上位に立たなければならぬ。茲に於て仁海は其上位に立つて惡弊を匡殺せんものと決意したのである。時正に明治十四年、彼は備中國淺口郡玉島港本覺寺天台宗の住職であつた。先づ「天下各宗の僧侶に告ぐ」と題する一篇の檄文を草し九月の山陽新聞及び明教新誌に載せて、其の反響を窺つた。しかし、之の慨世の警告文に對しては何等の反應がなかつた。

翌十五年一月に「皇教汎論」を著はし、其の文中に自ら「新佛出現」と書いて、各宗祖師の上に立つの氣慨を示した。然しこれに對しても各宗本山は之を默過した。そこで仁海は、竊かに、「天正に佛位を仁海に授くるならん、之を受けざれば却て禍を招く、仁海速に佛位に上るべし」と考へ、是に於て、自ら大菩薩と稱するに至つた。かの大幡に「仁海大菩薩新佛出現」と書したのは實にかゝる覺悟の上からであつた。

自ら信ずること厚し

その諸宗祖の活動は、みな釋尊の一分身としてみるとき、各々その長を見出すことが出來、不可缺のものである。それら等は一時の救弊には役立つであらう。然し乍ら釋迦の全身を現し、法の全體を示すものではない。それ故に今や文明の隆世、人智大に進むの此時に當つて其全身を現はし其全體を示す者がなければ、またなんぞ其の積弊を洗除し、此の立憲の政體を翼贊することが出來よう。「仁海不肖なりと雖も、佛門に入つて各宗に通じてゐる。何んぞ奮發せざるを得んや」と。もつて身は親鸞に倣ひ、眞俗不二の形を現し、心は達磨に倣つて生佛一如の理を示す、口は天台に倣て無礙の辯を用ひ手は空海に倣て佛印を傳へ、足は法然に倣て易行の道を行じ、耳は日蓮に倣て舊弊を呵責し、各宗の長を取てもつて之を一身に具へ、偏頗の見を破り、公平の大道を示さうと。彼の決心は堅かつた今や天下未曾有の大變革の時に當て、教法もまた未曾有の大變革を必要とする。そこで彼は、これを上古に監み、之を當世に驗じて、國家のために惡弊を除き、佛家のために法威を輝かそうと、玆に新佛教を提唱し、改革の旗印を擧げたのである。

七

資料

大教院創置日記（三）

〇四月十三日社寺ヨリ御召ノ衆江ノ口達書
卿輔御用掛リ及奏任之御中御列席、昨十二日拜命ノ祠官僧侶被召寄、御口達概略
一今般祠官僧徒出仕被仰付レハ深キ思食ニテ闔國ニ敎導行届キ皇威チ四表ニ輝セントノ儀ニテ前々召サレタル大社並諸本山追々參着ノ間、ソノ祠官僧侶、朝旨ヲ誤認セサルヤウ氣脈貫通致スルチ任トスヘシ、就テハ御尋ノ事モアルヘシ、當座言フ事モアラハ忌憚ナク申出スヘシ、神道佛道ノ門戶ノ見チ止メテ互ニ共和シテ國體チ維持スル事ニ注目スヘシ、内ニ敎導ノ備ナクハ異敎忽ニ蔓延シテ他日三道共ニ臍チ噬ノ地ニ至ラン、省中ノ事機密ニ渉ルコトアレ、今後省中ノ職員タル上ハ舊習チ脫シテ私論チ交ヘス勉强シ一分チ盡スヘキ旨被仰聞、敬神愛國等ノ三條拜見被仰付タリ。
〇四月廿七日　御差紙ニテ住持御召
〇同廿八日　權小敎正拜命

〇敎則三條　右之三條並而奉體之說敎等之節ハ尙能注意致シ御趣意ニ不悖様厚相心得可申事
　　　敎部大輔　　住持當
嵯峨、、卿
〇廿八日　龍　御差紙
〇廿九日　權訓導拜命
　〇廿九日權小敎正衆江御達シ
一今般敎導職旨爲置、海內一般ニ敎化被宣布ソロニ付テハ、敎訓三ヶ條ノ旨チ導奉シ、人民敎導行届候様施設ノ要茂、方法各宗每ニ書面チ以可申出事、
一敎導職管長ノ任ニ可堪者各宗ニ適當ノ薦擧ヲ以致人撰可申出事、
　但大敎正ノ職掌ハ部門敎官及生徒チ統率シ其進退黜渉チ具狀スルチ掌ル儀ニ付、
右兩條共來月三日限遲滯有之間敷事、
〇晦日御達
來ル四日迄ニ說敎人撰申付、右名前本省江可届出事
同十日ヨリ晝說敎相始ル手續ニ取斗可申事
　〇省中出仕規定
一每朝第九字出頭之事、一第拾二字晝飯之事
　但シ一字休息之事、一午後第三字退出之事
但シ御用有之節ハ別ニ可致事
一、一六休暇之事、一所勞ニテ不參之節ハ別

八

紙案之通届書差出之事、一着到帳差出置候間出頭之節日々名前相記事
　〇廿九日御達書ノ目折半御渡（文別帳）
五月分
　〇五月二日管長兩寺上方、兩寺代理、兩寺雜認差出
　〇三日　說敎師雞林、圓璣兩出仕人撰之段
　但シ兩寺連名書付差出
　〇三日　宣敎要領差出ル　（文別記）
　〇四日　來ル十日ヨリ十四日迄　說敎所
　　但シ第二字ヨリ始
澁谷禪雲寺、兩寺達
右江大德妙心兩派ノ者出頭說敎所之取極置其他ハ御府內外於各寺猶追々開場爲致度奉存候此段御届申上候　以上
　〇五日　府內各寺參集告報　（文別記）
　〇五日　麟祥、海禪、東禪、松源、曹溪、汲江、道林、宗傳、德源、天眼、正燈、長德、要律、東盛、
周旋方申付ル
　〇八日僧官御尋ニ付口上書
大僧正始法眼法橋等之僧官有無御尋之儀、奉得其意候、於當門派右官名無御座候得共、從前和尙並長老等モ官蒙勅許候儀ニ御座候、此段御答申上候　以上

○教部省より東京府江ノ書付

今般教導職補任ノ祠官僧等を始、其他説教免許之者共本月十日より府下各社寺ニ於テ聽衆相集、説教之講席相開候ニ付而は多人數參會旁御手配も可有之、此段兼而府下一般御布令有之度候也

○九日於別席一同江御達書

過日相達候管長人撰之儀既ニ申出候得共、尙又各宗共門閥本山年長等之緣故ニ不拘、偏頗無之碩學德望事理通達、一家教導職管長釣當り人撰見込來ル十五日限り壹人每ニ封書を以可差出事

○教部省より正院江伺書

教法ノ儀各其所奉ノ教法研究ノミニテハ彼我ノ情茂不相分候就知識狹隘ノ患、有之ニテモ是迄有志ノ人ハ他ノ教法ヲモ研究致シソロ趣尤ノ次第ニ付、教學校相設ケ神道ヲ始メ、夫々比較研究ノ爲メ凡世界中ノ教法書籍ヲモ漸々渉獵致サセ、且又其各教各派ニテモ是迄取立有之ソロ分ハ勿論、未タ所立無之分モ追々取立、其上可然人ヲ各教導職ヨリ人撰右教學校江入レ猶又右諸教義研究熟達爲致度、尤教學取立等ノ入費金ハ官費ヲ不仰、各教導職ニテ評議ノ上出金取繼メ相充度、凡見込左ノ通

一教學大校　壹ヶ所

右者御教導職ノ出金ヲ以テ取立テ分教師ハ本省ヨリ申付ソロ事

一教學小校　各教導職下壹ヶ所

右ノ外技校ヲ設ケソロ分ハ各教導ニテ夫々張リ候許イタシ、教部省江可届出ソロ事

右ハ教導職各自出金ヲ以テ相辯且教師ハ各教導職ヨリ申付ソロ事

右ノ次第許可被下度此段相伺ソロ也

禰羽ヽヽヽ

正院御中　江藤司法卿

仁海の淨土有無の説

咨あり問て曰く彌陀は實に現在し、淨土實に之あるや、答て曰く、彌陀實に現在す、經に曰く、諸佛法界は衆生の心想中に入ると、是に由て之れを謂はゞ衆生の心想盡きざる內は必ず佛現在す、又淨土も穢土のある限りは之れあるへし。夫れ境は心に隨て變ず、心垢なれは境濁る、心淨けれは境淸し、故に傑紂の天下は人之れを穢土と稱して厭ふ、湯武の天下は人之れを淨土と稱して願ふ、盜泉の水は濁れり、廉士は渴するも之を飮せす、首陽の薇は芳しく、賢人之れを賞す、是れ其境は心に隨て變する所以なり。是れに由て之を觀れば、佛の所居は、樹下石上なるも之を淨土と稱し、人の所住は金殿玉棲なるも之を穢土と稱すること洵に以へあるなり。經に厭離穢土欣求淨土と說く者、豈に止た此土を去て別土を求むるの謂ならんや、但た其心を一新するにあり。故に巳心の淨土、唯心の彌陀と謂ふ、蓋し其れ之れを謂ふなり。（新佛敎九二頁明治二十五年八月刊）

九

人物我観

眞言宗十五大家

事相家に別處榮嚴、法相家に佐伯旭雅、敎相家に高岡增隆、華嚴家に楠玉諦、天台家に上田照遍、持律家に釋雲照、道德家に阿刀靈光、悉曇家に和田智滿、精神家に原心猛、觀法家に釋隆燈、因明家に高志大了、議論家に土宜法龍、說敎家に服部鑁海、聲明家に葦原寂照、演說家に本莊堅宏。以上明治十八年末の眞言宗内の指令投票によつたもの。

日蓮宗十五哲

膽力は新井日薩、道德は三村日修、博識は小林日昇、人望は福田日耀、漢學は津川日濟、老練は久保田日龜、經濟は釋日禎、護法は中洲日振、哲學は小林是純、事務は神保日淳、論議は守本文靜、遠辯は山田日宗、國學は協日淵、精進は毘尼薩台嚴、戒律は山本日諦。

久保田日龜と蜂

日龜、鎌倉妙本寺に在て妙經を讀誦す、蜂あり、來て其經を捧持する所の手に止まる、日龜以爲らしく此蜂、宿善の催ふす所、妙經を聞くを喜ぶと、少らくして蜂、忽ち一刺を日龜に與へて去る、日龜疼痛を忍んで曰く、若信若謗皆成佛道。

大狂院

增上寺内の八神殿落成す、神佛各宗の管長、各之が慶讚の式を擧ぐ、眞宗特に壯麗を極む、大洲鐵然、渥美契緣等、皆烏帽直衣を蒙りて之に赴く、某老僧長大息して曰く、此大敎院にあらず、大狂院なり、前途知るべきなりと、式を畢へずして去る。

阿瞞得聞、禪僧を試驗す

金池院内に大敎院試驗場を設く、得聞試驗係たり、其禪僧を試驗し、皇上奉戴、朝旨遵守の章に至り、得聞問て曰く、こゝに桀紂の如き天子あり、無辜の良民を殺せと命せば、之をしも朝旨として遵守すべきか、其の僧、呻吟之を久ふして曰く、既に朝旨なりとせば、何ぞ之に背くを得んと、得聞勵聲して曰く、愚僧、汝まだ孝經の諫爭章を讀まざるかと。

坦山、葬場に於てシヤレをいふ

中村正直死す、朝野の名士悉く會葬す、唯坦山あらず、人々皆之を訝る、既にして坦山、

事物始原

監獄教誨の始は?

わが國明治の監獄敎誨の最初は何時からであらうか。左のものなど古い方ではないかと思ふ。これより古いものがあつたら御知らせを乞ふ。

明治八年八月山梨縣伺

甲斐國巨摩郡一町畑村

廣泰寺住職

一金十圓但一ヶ月給料　生和利生

(前文略)今般右之者訓導に雇入敎論爲致候間右月給金本月より御下渡相成度上申候也

〔内務省指令〕

書面懲役場訓導の者月給金十圓を以て雇入の儀聞屆候(中略)事

僧服改良の權輿?

明治五年一月本派本願寺から梅上澤融に附して島地默雷、赤松連城の諸師が歐州視察に向つた節、印度内地に入り、佛塔若くは、寺院に到るときは、如何なる被服を用ゆべきやとの相談があり、遂に七條を修多羅なしに紐

獨棺車に匿して來り、會葬者に對して曰く、諸君は車で來たナ、老僧は久しい名染だから、大骨折つてついて來た、正直に。

中村敬宇の有神論

敬宇、帝國大學の哲學會に於て演說す、會に先つこと數日、其の演題を報ず曰く「我は造物主あるを信ずと」會員中の外敎徒大に喜び、得々として來り聽く、既に演說するに及んで、自ら漢文の艸稿を携さへて壇に昇り說出して曰く、余が所謂造物主といふは、耶蘇敎に所謂造物主の如く、四萬年や八萬年の前に出て、僅々一地球、若くは一太陽系を手づくりするが如き、ツマラヌ神をいふにあらず、無量百千萬億那由佗恆河沙の前に出で、無量百千萬億那由佗恆河沙劫を造る者にして、橫に十方を盡し、竪に三世を盡して、神通自在なる造物主を信ずるなり、若强て其名を聞かんと欲する人あらば、余は之に答へて、毘盧舍那如來といはん耳と、外敎徒大に失望し、呆然たること食頃。

進藤端堂、演壇上に火事を說く

往年愛岐震災の時、各宗協會相議して、增上寺に於て慈善演說會を開く。端堂選ばれて辯士たり。豫め慈善箱を堂上に設く。端堂壇に上りて比喩を說て曰く、こゝに火を失する者あらん、隣保の甲乙相讓りて水をそゝがずんば、何の日か此の慘狀を救ふを得んやと。辯舌爽快交ゆるに滑稽を以てす、聽衆皆義金を箱中に投ず後各所に慈善演說を開くごとに幹事曰く、進藤さん、今日も火事を願います

時計は不用

人あり、佐伯龍詳に八角時計を購求せよと勸む。龍詳曰く、雨ふる今日も、空晴る明日も、吾人が務むべきを務め、行ふべきを行ひ空腹になれば食ひ、渴すれば飲む、時辰器余に於て何の用ぞと。

數を冠した新聞雜誌

一々時報。
二諦敎報。二葉新誌。
三眼。三寶。三寶一鳥。三密。三昧。三條學報。
四恩。四明餘霞。
五明雜誌。五瀨敎報。
六大新報。六條學報。六端。六波羅密。
九州敎報。
十善寶窟。
十四光
千草園。千草叢誌
卍字會雜誌

にて結びて懸る方宜しからんと、其用意なして梅上師は出立せられた。されば印度にて佛塔を拜せしときは洋服の上に七條を懸けられたることと思はる。是時已に僧服改良の事實あつたものと謂ふべきであらう。

佛敎講談の始め？

明治十四年六月、大谷派の僧侶、明治會堂に於て佛敎講談會を開く、之を東京に於ける佛敎講談の嚆矢とす、聽衆滿堂、殆ど立錐の地なし、學師潛龍、楊々として壇に登る、聽衆成田屋アと呼ぶ者あり、潛龍滿面朱をそゝぐ。

英佛語演說の注文

和敎會大導師ヨ、末ダ佛敎ヲ英佛等ノ語ヲ以テ演說セシコトアルヲ聞カス、希クハ自今三度ニ一度ハ英佛等ノ語ヲ以テ演說シ、我等ノ如キ新渡來ノ外人ニモ聽聞ノ出來得ル樣致度候頓首

一八八六年六月十八日　築地に於て　某

右の樣な葉書が、明治十九年六月十九日和敎會のあつた靑松寺に配達された。外人自らの注文か、惡戯か、とも角時運をみるに足りよう。

一一

新刊明治關係文献　自一月十六日 至二月十五日

書名	著者	發行所	價
日本海大海戰史	軍令部	菊　内閣印刷局研究會	1.50
明治天皇と立憲政治	渡邊幾治郎	四六　學而書院	2.50
東洋經濟學史	田島錦治	四六　有斐閣	2.80
明治文學史	永井一孝	菊　敬文堂書店	1.70
幕末明治大正回顧八十年史一五	大澤米造	大判　東洋文化協會	1.20
國史大年表明治上四	日置昌一	四六　平凡社	非
清澤滿之全集「信仰」三	原子廣宣	菊　有光社	非賣
季刊明治文化研究第三	蛯原八郎	菊　書物展望社	1.00
靖國神社忠魂史	賀茂百樹	四六　靖國神社社務所	非賣
明治維新の大業	德富猪一郎	四六　民友社	1.00
維新志士銘々傳	安藤德器	四六　東光書院	1.80
帝國議會の五十年史自第一議會至六十六	深尾逸雄	四六　新聞人協會	25.00
改訂增補神道の宗教學的新研究	加藤玄智	四六　國文館	1.50
實錄維新十傑木戶孝允下	伊藤痴遊	四六　平凡社	非
福澤先生誕生百年記念論文集	理財學會	菊　理財學會	非賣
日本怪奇物語明治、大正、昭和篇	富岡直方	四六　二松堂書店	1.50
明治天皇御聖蹟史料寫眞	藤原兼助	四六　長崎縣史談會	
寺院經濟史研究	森克己	菊　三教書院	1.80
幕末歌壇の研究	森敬三	四六　染浪書院	2.50
幕末明治新聞全集四	尾佐竹猛	四六　大誠堂	2.50
大谷光瑞全集經典篇	大谷光瑞	四六　大乘社	1.50
自第一議會至第六議會貴族院先例錄	貴族院事務局	菊　貴族院事務局	
明治經濟學史	堀經夫	菊　弘文堂書房	2.50
レニングラード念佛日記	太田覺眠	四六　大乘社	1.20

新刊寄贈圖書雜誌

明治傳道略史　棲悟寶嶽氏

第四回日蓮宗史料展覽會列品目錄

法施 二月號、靈潮 二月號、淨き園 二月號

一德 二月號、比叡山 二七號、吉祥 三四號

眞理 三月號、明治文化 八卷二號、明治文學研究 二月號、白毫 二月號

「中外日報」を求む

佛教日刊新聞として最長の生命を保持するものであることは已に御承知の事と思ひます。何分分量が多いので揃つては仲々手に這入りません。大方の御支援をもつて、一紙半葉を集めて大成したいものです。其の前身である「教學報知」も欲しいと思ひます。

教學報知は明治三十年十月一日發刊

中外日報は明治卅五年一月十五日改題して今日に及んでゐます。

よろしく御願ひします。

資料部

一管之毫三寸舌降夷平
狄作　王臣爲言六十餘
州士架上兵戈不拂塵

等象齋介石

清水市鈴木與兵衛氏藏の佐田介石の書幅で、昨年末友松圓諦氏に贈られたものです。雄勁な筆蹟、介石の面目躍如の感があります。

編纂所日誌

一月四日 開所、來信整理。松岡讓氏より常盤博士著法句經發行年時所について質問直ちに回示す。

八日 「書窓漫題」校訂成る。幕末明治新聞全集編纂所蛯原八郎氏より「隨時新談」につき問合せ。所員綠川光覺氏改性吉田を名乘る。

九日 大道長安の關係者訪問出張

十日 所藏雜誌中の宗教關係論文記事カード記入開始。日本主義、日本人、新日本日出公論、中央公論等、

十二日 新井日薩年譜成稿。

十四日 地方談話會事務所へ欠號目錄送附資料蒐集方依賴。

十六日 大陽によるカード。慶大生神作君論文作成のため資料調査。

十八日 佛教新聞雜誌年度別一覽表成る。

十九日 第八同明治佛教研究例會、「明治佛教雜誌發達史」について當所上坂氏發表。

廿一日 普通新聞調査の上まとめる。

廿二日 六甲書房へ「目錄」販賣委託。

廿三日 「本誌」七號編輯。欠號表追加作表

廿四日 野澤、神作氏來所調査。

廿六日 慶應義塾圖書館にて德川時代經濟史料展催さる。同塾野村教授より、「眞言宗中教院御回達」を覽す。

廿八日 本誌校正。廣告山喜房より。藤井榮三郎氏來所所の現狀について說明す。

卅日 壹月分會計調査、立正大學宗教問題研究會へ出席。

卅一日 芝松濤賢定氏へ拜借本返却し、依賴中の原稿を頂く。廣告の件につき教學新聞社訪問。

一月中主要業蹟。 人物カード作成。論說記事カード作成。缺號調査と缺號表作成。小論數篇。總て基礎的事務。研究會。

後記

◇追々春暖に向ひます。編纂所は目下凡ての活動を基礎的な方面に傾注してゐます。嚴寒中は資料蒐集も待機の形でした。それでも近接地へは時折出掛けてゐました。思はしい成績を擧げ得ませんでした。

◇近頃本誌の見本を請求せられる方が日に二三通もあります。定價十錢ですから、切手で同額御送りになることを希望します。

◇明治佛教の研究が盛んになつてきたせいか色々調査質問を求められる方があります。質問は要旨を簡潔に願います。本所に關係ある外護者には速かに調査回答いたして居ります。學的啓發のためにはお互ひに勞はいとひません。しかし御自分のための調査研究の依賴は、手少い當方の事で所員が勤務時間外の勞を費すことですから、時に條件を出すことがあることをお含み下さい。

◇三月中旬頃から、各大學學生のために、明治佛教の基礎知識を吹き込む講座樣のものを設けたいと計畫中です。

第二卷第三號

昭和十年二月廿五日印刷
昭和十年三月一日發行

編輯兼發行人 上坂倉次
東京市深川區冬木町一〇

印刷人 吉本菊松
東京市京橋區銀座西五ノ五

發行所 明治佛教史編纂所
電話銀座 五三八九番
振替東京七四二一八番

發賣所 山喜房佛書林
東京市本郷區六丁目赤門前

定價 一册 金拾錢 一年分 金壹圓拾錢

明治佛教
昭和九年十月一日第三種郵便物認可
昭和十年二月廿五日印刷
昭和十年三月一日發行
第貳卷參號
通卷第八號
（毎月一回一日發行）
（定價拾錢送料五厘）

南傳大藏經

巴利語一切經の全譯

【南傳大藏經】は錫蘭緬甸暹羅等の南方諸國に傳ふる巴利語一切經原典の全譯である。これ初期佛教以來一味相承の三藏聖教であつて、發達佛教たる菩薩大乘妙典の始源に遡るもの、【歴史的佛陀の眞教】は寧ろ萃まりて本典に存す。東亞印度思想の最頂峰に位する金典として其の名全世界に轟然たるに拘はらず、未だ曾て邦語譯のあらざりしもの、今茲に【基本的大典】を完成弘通すべく、斯學の權威荻原雲來、宇井伯壽、長井眞琴、金倉圓照等の諸博士、立花俊道、赤沼智善、干潟龍祥、福島直四郎、渡邊楳雄、中野義照、山本快龍等の諸教授其他諸氏の譯稿を獲、高楠順次郎博士親しく監修綜攬の任にあたり、【大正新修大藏經の姉妹篇】として、一九三五年非常時思想界の第一線に贈ることになつた。我が教學界に於ける萬人待望の書としての本典の進出は、當今佛教の宣布に劃期的効果と衝動を與ふるは勿論【千紫萬紅興味多含の訓話】の種々相は所謂地上の佛陀大聖釋尊の慈容を遺憾なく發揚し、滿天下の士女をして修養に訓育に普く正法の醍醐味を滿喫せしむることを確信する、「本典を讀まざれば佛教を語る資格なし」の標語は、實に本典に局り用ゐらるべきである。

本典を讀まずして佛教を語る資格無し

洋裝豪華版菊版
四百頁全六十五卷
定價
一時拂 貳百五圓（送料共）
毎月拂 參圓五拾錢（同前）
申込金 參圓五拾錢（最終卷充當）

内容見本進呈

東京市本郷區
本郷三ノ二
大藏出版株式會社
電話小石川六三一〇
振替東京五一六八四

昭和十年三月廿八日印刷　昭和十年四月一日發行

明治佛教

目次

第貳巻第四號
四月號

明治佛教史編纂所
東京・京橋・銀座西五ノ五

明治佛教史編纂所の事業

趣旨 昭和佛教の近い胎生期である明治年間に於て、盛んに活躍された長老元勳の見聞を整理する今が最後の時期であること。此時代の文献資料類が散逸して手に入り難くなつてゐること。今日は明治佛教界の足跡を省みて、奮起清算、反省を要する時であること等を理由として、宗派的偏見を去つて和合協同して進むべき指標として明治佛教史の編纂が、計畫されました。

創設 昭和七年の秋から發願されて、八年一月準備委員會が成立し、三月一日に事務所を開設して今日迄、資料蒐集にあたつてきました。

事務所 東京市京橋區銀座西五ノ五菊地ビル内に之を置き、京都市、に京都編纂所を置き、大阪にも支所を設けてあります。

編纂要項 五ヶ年のうち二年を史料の蒐集分類、整理に充て、後三ヶ年に左の篇目によつて綜合大明治佛教史全十二卷、の刊行に移ります。各册は菊判千頁程の大册になり索引年表と共に萬遺憾なきを期して居ります。

1 通史篇　7 宗史篇
2 學史篇　8 寺誌篇
3 文献篇　9 人物篇
4 布教教育篇　10 藝術習俗篇
5 社會事業 社會運動篇　11 地方史篇
6 法制經濟篇　12 統計年表 索引篇

組織

名譽所長 文學博士 井上哲次郎
所長 文學博士 常盤大定
代表 理 友松圓諦

東京編纂所
主事 增谷文雄
所員 上坂倉次
同 吉田光覺
同 牧野內寬清
編纂所囑託 若干名

京都編纂所（京都市東山區東山中學校內）
代表 禿氏祐祥
主事 小笠原宣秀

大阪編纂所（天王寺區生玉前町法音寺內）
代表 中井玄道
主事 桃野春興

編纂員（決定分）
禿氏祐祥　德重淺吉
友松圓諦　增谷文雄
藤原猶雪　藤本了泰
江藤澂英　淺野研眞

理事 若干名、各宗代表其他援護者をもつてあつ。

地方評議員

地方史編纂囑託

實動機關 編纂所動靜、各地座談會の連絡、資料、研究論文等の發表機關として、所報と月刊「明治佛教」をもちます。毎月明治佛教研究會を開き各方面の長老權威者を招請して話を聽いてゐます。

業績

蒐集資料 昭和八年三月以降の蒐集資料は
新聞雜誌、三萬九千餘册（又ハ部枚）
單行本　一千五百餘册
に達します。（本誌六號、所報二號參照）

出版 昨年、明治年間佛教關係新聞雜誌目錄（八十餘頁定價五十錢）を出して好評を受けてゐます。近く單行本カードの整理を了へんとしてゐます。人物篇用カードの作成も進行中です。

經營 各宗の御補助をはじめ各方面の助成費、寄附によつて之を爲して居ります。愈々篇纂を開始いたしますについて一層の援助を望んで居ります。

上知問題の展望

豊田武

維新の直後、神佛判然令を契機として急速度に展開した廢佛毀釋の運動は、當時の佛教界に未曾有の波瀾を捲き起し、いたましき數々の哀話を殘していつたが、それも亦一面から見れば、長く太平の夢を貪る封建的佛教に痛撃を加へ、近代的諸制度にふさはしき新佛教を生み出した點に於て、廢藩置縣、地租改正、秩祿處分等維新後に繼起したもろ〳〵の社會現象と同じ流れの上にあるものと見なければならない。

寺院知行地の沒收もこの觀點に立つてこそはじめて正當な理解に到達することが出來るのである。

（一）

即ち明治初年に沒收せられた寺地は、朱印地、黑印地、除地、高内免税地等、封建的特權をあたへられた土地と、見捨地等民有の證なき無税地であり、求地、買地、寄進地等の年貢地即ち「私有地」ではなかつた。このうち朱印地黑印地の大部分は、近世初頭の檢地によつて中世以來所有權を奪はれ、改めて寄進の形をもつて封與せられた封土であり、その總高は寛文朱印帳によれば、社寺合せて二十六萬石に上る。然しこれらは天領や藩領の總石高に比べて、僅かに一%に過ぎず、よしんば脱漏分、黑印地、除地等の分を加へても三%を超えることはなかつた。だが次第に財政窮乏の度を高めつゝあつた諸侯にとつては、租税を納めぬ寺地の存在は、何等の利益をも藩にもたらさぬばかりか、却つてますますその財政に苛重なる負擔を加へたため、水戸・會津・備前藩の如く寺院の整理を行ひ、薩摩・黑田藩の如く寺社領の借上を行ふ藩が日を追ふて增加した。

この傾向は幕末に至つていよ〳〵激しく、鹿兒島藩の如きは、慶應元年寺院の整理に手を着け、同三年頃には藩内の寺領を悉く沒收してしまつた。殊に維新後、中央政府の神佛判然令が發せられ、神道國教政策が遂行せられるや、實行の任にあたつた府藩縣の一部は、命令の範圍を越えてまで廢合寺に狂奔したのであつた。

廢寺の原因には、神佛分離令によるもの、神葬祭流行の影響によるものもあるが、無檀無住の原因によつて廢合せられ、土地を沒收せられたものは、その數に於て、恐らく維新當時に全廢された寺數の過半數を占めるであらう。中でも藩領の中から若干の寄附を受けて來た黑印地は、その存否が領主の意中にあつたゝめ、受けた打撃も非常に大きく、殊に明治二年六月の版籍奉還後は、全國的に上知せらるべき運命にあつたが、それらは當時なほ存續してゐた御本印寺領と同樣の觀念を以て實際的處分を延期され、明治四年の上知令發布と同時に施行された統一的な收公事等によつてはじめて消滅したものの如くである。

（二）

廢佛毀釋の運動による社寺領の沒收及びそれにからまる各地の騷擾が、櫛の齒を引くが如くに中央へ傳へられる頃、政府當局にあつては、近代的土地私有制度を樹立して、租税徵收の基礎を鞏固にするため、全國にまたがる封建的領有地の撤廢を企て、着々とその歩を進めてゐつた。封建的勢力の一分野をなす御朱印寺院も亦この例に洩れない。

一

すなはち、明治新政府が諸侯の土地人民支配權を奪つたのと殆ど、相前後して、村々の役人進退、宗旨人別帳の作成等、社寺のこれまで有し來つた重要なる行政的權限は、すべて府藩縣に於て取扱はれることゝなり、殘されたものは、大名領地と同じく、たゞ領内の租税徴收權のみとなつた。かくて、明治二年正月より六七月にかけて諸侯各々その封地を奉還するに至るや、大名領地と同性質をもつ御朱印寺院の領有權に對しても、「朱印地ト稱スルモノ、自今藏米ヲ賜リ、土地人民ヲ奉還スベシ」なる奉還論が公議所に提出されたのであつた（明治二年四月）。京都の寺院に於ても、「諸國共土地人民御返上ニ付十分一之御規則ニ相成、何レモ大變革――尤一旦皆々召上、後ニ藏米ニ而十分一御渡ニ相成候由、左候へバ、御本山モ矢張同様ニ存上候事」との覺悟を定めてゐたことが、二年十二月十八日、京都より來翰に見える（明治佛教全集護法篇）。

しかも奉還された藩領を整理し、地租改正事業をおし進めて行くにあたつて、未だ奉還を終へない社寺領の介在が、事業の進捗に非常な妨げとなつたため、寺社領上知の意見はいよいよ有力となつて來た。かくて三年五月二十二日、民部省は、藩領の各地に散在してなるものを一ヶ所にまとめるため、藩地に交錯する社寺領の還納を提議して太政官の裁可を得、ついで六月、一歩を進めて社寺領の統一的處分を提議し、太政官と種々協議の末、閏十月五日、その垂問に答へて、大藏省と共に「神社佛等ニシテ朱印地ヲ領有スル者ニハ藩米ヲ以テ之レニ換給ス可キニ由リ、五年間ノ平均租額ヲ計査シテ申明セシメントスル」方針を定めた。この具體案を採用した太政官は、還納を命ずる地所が秋收の期節近く、夏税の如きはすでに之を徴收した所もあつたゝめ、明年の春を待つて一般に納地を布令することになつた。まもなく十二月上知命令が達せられ、四年正月五日、これが公布されたのである。

上知命令の範圍は、社寺領現在の境内を除く外一切の朱印地除地であつたが、これには二つの附帶命令がついてゐる。(一)は領地の外に幕府ならびに領主等より寄贈された米金を廢するといふ項目であるが、これによつて、かの版籍奉還の際、なほ沒收をまぬかれた黒印地も、徹底的に上地せしめられた、尤も、この命令にもある如く、舊藩主の中には、家祿の一部を割いて寺社に附與したものもあつた（鍋島家の例、社寺取調類纂五十九）。

二

(二)は所有權の判別に關するものであるが、かゝる簡單なる法令ではなほ徹底しない憾みがあつたゝめ、翌四年九月十三日大藏省達を以て、この附帶命令の補足をなし、爾後も、朱印地内に含まれた所謂私有地の取扱ひに關して屢々法令を發布した。この詳細は頗る複雜を極めてゐるので逐一述べることを差ひかへるが、ともかく雨下された法令の中から、我々は、政府が如何に地主權を尊重し、土地私有制度の認容につとめたかを窺ふことが出來る。

ともかくこの複雜な私有關係の調査と、全國寺社領の石當りの平均收入額の調査とが、意外に時日を要し、祿制の制定を遅らせたため、政府は、明治四年・五年・六年度に於ける收納額の半分を各社寺別々に支給することに定めた。これ即ち半租給與と稱せられる所以である。要するに半租給與の三年間は、一定の統制を定めるために、必要な事項の調査期間であり、半租給與は祿制々定施行までの假處分であつた。

（三）

前述の二つの調査がほゞ完了した明治七年九月政府は遞減祿祿制を公布した。これは、現收高を四つ物成の高に直し、半を社寺祿として初年度に支給し、次年度の翌八年からはその十分の一づゝを減じ、漸次遞減して十年目には十分の一、十一年目即ち明治十七年には社寺祿を全廢するといふ祿制である。

この祿制制定でもつとも注意せられるのは江戸幕府と密接な關係を保つてゐた寺院が明治政府より冷遇され、中には廢滅に近いまでの打撃を蒙つた寺院のあつたことである。寛永寺もこの祿をもらへなかつた一寺である。

遞減祿の給與ははじめ一年のみ米で行はれたが、翌八年から金祿となり、ついで十年十二月、遞減祿一時給與の制が設けられ、財政の負擔となるこの祿は一日も早く消滅せられようとした。以上の經過は士族の秩祿處分の場合と非常によく似てゐる。さきにあげた民部省の議に社寺の祿制は士族の祿制に準據するとあり、京都からの書簡にも、十分の一の祿云々とあるのはその證據である。即ち明治三年の版籍奉還と共に六月、五箇年平均現石高十分の一が士族の家祿となり、やがて明治六年、秩祿の奉還を許し、半分を現金、半分を秩祿公債で下附することゝし、明治八年、全部金額にあらためた。社寺の祿制も若し、上知令發布と同時に施行されてをれば、恐らく「十分一制」をとつたであらうか、もはや秩祿奉還の許された後であつたから、この成績に鑑みて、遞減祿といふ極めて巧妙な方法が案出されたのであらう。

なほ上知處分に關聯して、境內地沒收の問題が殘されてゐるが、これは問題も大きく、面倒な所が多いので、省略して、上知處分の影響跡地處分について考へて見よう。

（四）

沒收された土地は、國有財產編入、公園地設定、一般拂下げ等の方面に利用された外、廢合寺のために、寺を失つた僧侶と、版籍奉還のために、秩祿を失つた下級武士の救濟に用ひられた。殊に約四十萬戶、二百餘萬の士族を處分するに惱んでゐた政府にとつては、社寺領沒收によつて生じた餘分の土地を彼等の歸農耕地にあてることは、洵に一石二鳥の名案であつた。上總の大多喜藩、常陸の土浦藩、丹波の園部藩、皆これである。

だが上地された寺院こそ、全くの災難でこれがため、生計もたたず、相續方もならずして僅かに檀家の布施により露命をつなぐ寺院も少くなかつた。これらの中で比較的打撃を蒙むることの薄かつたのは、土地私有關係に依存すること多き眞宗、日蓮、曹洞の諸宗であり、かの血緣世襲制度によつて土地財產を私有した眞宗寺院の如きは、維新後、却つて檀家を增し、近代的宗教としての陣容をいち早く立て直したのであつた。これに反して、封建的所有地たる朱黑印地、等を最も多く所有してゐた天台眞言、臨濟時宗淨土は、上知の影響を蒙むること深く、それがため今日に至るもなほ舊態を存し、時代の荒々しい動きに乘り切るだけの力もない寺院が各處に見受けられる。

これを要するに、明治初年の上知處分は、封建的な割據的稅制を打破して、近代的な統一的租稅機構を樹立せんとする地租改正事業の一翼をなすものであり、同時に新佛教興隆期に於ける最初の陣痛現象であつたと信ぜられる。（昭和十、三、廿四）

なほ詳くは拙稿「江戸時代の寺領」「明治初年の上知問題」（宗教行政八、九、十）を參照していたゞきたい。

三

明治佛教企業の發生

――特に初期の銀行業――

上坂倉次

僧侶が營利企業に從事することは佛教教理では永い間禁止さるべきことと理解されてゐた。嘗ては恐らく佛教企業史など成立しさうにも思はれなかつたであらう。しかし、社會經濟の變遷は、佛敎僧侶もまた世俗的營利の巷に觸入することを怪しまないまでに――尙ほ多少の論議はあり、批難の聲はあるとしても――成り至つてゐる。わが國に於て、佛教僧侶の企業が漸次表面化して來たのは明治以降であると言へよう。僧侶が營利事業に關與するに至つた必然性は、封建經濟から資本主義經濟への轉移にあたつて、寺院經濟が蒙つた大きな變化にもとめられる。明治維新に際して、朱印黑印によつて寺領收納を保證せられた寺院の特權が剝奪されて、寺院經濟の基礎を喪失したことは、何と言つても寺院僧侶には手痛いことであつた。政府の側からの壓迫と相應じて、民間側に於ても寺院、僧侶へ投ぜられた不信認はいよ〳〵彼等の立場を困難なものとせしめた。かゝる受難の數年を經て、政府の佛教壓迫の手は緩み、佛教は漸次社會に受け入れられ、其の地位を回復しかけた明治二十年前後の好狀件下にあつて、經濟的不安定の狀におかれてきた僧侶の惱みは、如何にして佛教の勢力を増進せしめるための財源を得るかであつた。佛教寺院の對社會的働きかけに必要なる資金は如何にして調達すべきかゞ問題であつた。寺院の維持、僧侶の生活の保證は何によつて可能となるか。これが明治十年代末の重要な寺院問題として扱はれたのである。

× × ×

當時のわが國の經濟狀態は、西南戰爭直後に起つた不換紙幣亂發による經濟界の混亂を救ふべく、松方正義によつて不換紙幣整理の事業が着々進められ、經濟界は極度の不振を

四

經過した後で、整理の一段落と共に景氣の上昇を來たしつゝあつた。わが產業は從來の不振沈滯から浮び上り、活潑な發達の足どりを歩み始めた。十九年以降の會社企業の勃興の機運は、窮迫の底にあつた寺院經濟にも一脈の活氣を注入せずに置かなかつた。

此頃の經濟界の一般的叙述は省くことにするが、明治廿年七月九日の「東京經濟雜誌」の記事をかりて當時の狀況の一端をみよう。

昨年の暮より本年に亙りて種々の會社全國各地に勃興し初め、之を起すや某株券は世の爭ひ競ふ所となり、中略、われ一にと互に會社創立に騷ぎ立ち續々新會社の各地に起るは恰も春草の一雨毎に茂生するが如く、其有樣人を驚かす許りなりしは世に著名なるところなり、中略、加之知恩院保存會社、演劇改良會社、洋行會社、佛書出版會社、衣服改良會社、葬具請負會社、鼠皮會社、鼠取會社等の類に至るまで悉く之を含めるものと知るべし。

と。佛教關係の此等の會社が悉く僧侶の關與するものだとは云はないが、恐らく傍觀視出來ない社會經濟狀勢であつたに違ひない。明治十七年に一千二百九十八であつた會社數は、二十三年には四千二百九十六と約四倍弱

を示し、資本金は其間に二千二百十六萬二千圓から、二億二千五百四十七萬七千圓と約十倍に達してゐる。

× × ×

斯様な時機に、佛教僧侶の手によつて、銀行業が畫策されたといふことは、當然であるように思ふ。勿論、銀行の如き純營利企業に僧侶が關係することは一言の非難なしに實行に移せる時代ではなかつた。その他は設立をめぐつて賛否様々な議論か盛んに起つたことも怪しむに足りない。それ等の議論をみることによつて此時代に佛教僧侶が一般企業に對して如何様な見解をもつてゐたかをみることが出來る。實際には明治二十五年に賛否の囂々たる議論を股服して創立された一つの宗教銀行をめぐつて起つた論爭の賛成者反對者の意見を左に開陳する。

賛成の立場をとる者の言にきく。

佛教と雖も世間的關係に置かれてゐる、僧侶も普通の人間たる以上、經濟界を絶つ能はず、僧侶が資本主になるは、寺院維持の基本財産及び、布教傳道の費用を得るものゆえ、僧侶の銀行關係不可なし。

否定の立場をとるもの

一、株主たることは差支なきも、設立企業者として俗界の事に關與するは職を汚す、僧侶の腐敗墮落もまたこれより起る。

二、銀行は營利の業を執ること人皆之を知る、僧職以て營利の擧に與るべからざること亦人の皆之を知る、しかるに宗教銀行の創設をもつて教門の公益を謀るといふ、甚だ其説を得るに苦しむ。僧侶佛教徒にして資財を必要とするとき敢て佛教銀行のみに頼るにあらざれば他に融通の途なしとせんや、宗教銀行とても信用なくしては貸附と爲さゞるべし。されば爲すところ佛教的なるものなく、一般銀行と異るところなし、布教興學に熱なくして單に蓄財をもつて之にあてんとするは本末を顚到せる空論といふべし。（明教新誌三〇八〇號）

三、利殖の事は最も僧侶の不得手とせる所、事半途に破るゝを願はず、吾人は寧ろ其の誕生前に死せんことを願ふ。十分の見込と確實なる方法の立たざる以上は（密嚴教報明治廿三年十一月）。

× × ×

明治最初の空前なる企業勃興は二十三年早くも反動恐慌を生じたが、佛教界最始の銀行企業は、好景氣中より計畫せられ、其の傳ふるところによれば、淨土宗幡隨院住職の北條辯旭等によつて資本金一千萬圓の豫定であつた。その設立の趣旨は、佛教社會は稍もすれば、理財の能なきをもつて、銀行業によつて剰財をつくりこれを教學の振興資となさん意氣込みであつた。はじめ、日本護國銀行或は宗教銀行と稱し種々、企畫運動の結果、明治廿五年七月十日に設立認可を得、護國貯藏銀行と名づけた。資本金は最初の豫定金高に比して僅か三萬圓に過ぎず、發起は松本太兵衛が之にあたつた。本店を日本橋區葺屋町に置き十月廿五日開業の式をあげたが、當日は五百圓の預金があつたといふ。業務執行機關は、俗人によつて占められ、頭取は丸山傳兵衛、取締役は前記松本と、村山資深、支配人は菊地治朗兵衛等である。反對論が相當に强硬であつたため、關係僧侶寺院は、株主として投資者の地位に落ついたものと考へられる。

本社の目的として掲げるところに若干宗教味を盛つてゐる「寺社の保護と慈惠の事業に關し大に注意す。」とあるのと「右社寺の積立金、講社檀家、信徒の共有金及軍人學生職工傭人等多人數申合せ預け入るものは特に利子を増附すべし」とあるのが目につくだけで、當時の經濟界の一金融機關としてはさして重要な存在ではなく、佛教銀行としての特殊的

五

存在活動をも示しはしなかつた。（よしその特殊機能があつたとして）

× × ×

此の期に生じた佛教企業の様々なものについて詳説することによつて佛教企業史の創始期の全貌をみることが出來る筈である。今は紙幅の制限によつて次に進まねばならない。

佛教企業の時期を日清戰爭後の好況期とする。直後に六條銀行（三十一年八月）の創立計畫があり、三十四年反動恐慌前に、日本佛教銀行、（三十三年三月頃）兩者は成立せず水泡と化したが、新義眞言宗豊山派の僧徒により計畫された、豊山護法銀行が三十三年四月設立計畫を進め、翌年一月開業橋銀行が日蓮宗緇素の機關として四年七月一日に開業したのが目につく。

佛教企業史上の發展期たる日清戰爭後に於ては、銀行業の外に佛教保險事業の擡頭したのを特筆すべきである。わたくしは、佛教企業史上に比較的生命をもつた豊山護法銀行について別の場所で詳述することになつてゐるのでその煩をさける。

今こゝでは、佛教企業が一般の社會經濟の發展と併行的に生じ、のびて行つたことについて私見を述べるに止めた。（昭拾・三・廿七

明治佛教史編纂所と「明治佛教全集」

わが編纂所は常盤博士の他業たる「明治佛教全集」とわが「明治佛教史」編纂の仕事とは如何なる關係にあるのかといふ問ひを屡々受けたので、さきに本誌第四號をもつて詳細に兩者の關係を闡明したのであつた。最近いよ〳〵常盤博士の全集出るに及んでまた、同樣の問合せに接するので一應此際はつきりして置きたい。

當所の組織は別述の如く、名譽所長に井上哲次郎博士を戴き、故境野黄洋博士を初代所長に仰ぎ、ついで常盤大定博士が所長の地位につかれたのである。

常盤博士は多年明治佛教關係の單行本を蒐集せられて居つたので、當所の所長としては權威たるを失はないのである。第三者的臆側を排除するため當所編纂事業と今回博士の刊行された「全集」との性質關係を博士自らのお言葉によつて卒直に了解して戴きたいのである。

本集は（明治佛教全集をさす）あらゆる方面より、明治三十年前後までの佛教を知らんが爲に、紙數の許す限り、各方面の資料を網羅したものである。實際に當つて見ると、蒐集の容易ならぬを痛感し、今日之が保存を圖らずんば、永遠に失はるべきを虞れて、これを公刊する事とした。其意は、明治佛教史研究の重要なる資料たらしめんと期するのであつて、大方に向つて、切に種々の資料、殊に未刊の高本を提供し、以て此大業の効果を一層大ならしめられんを請ふ。本集中に加ふるを得ざるものは、自分の主宰しつゝある明治佛教史編纂所に保存する事に致します。　常盤大定

かく博士は誓言せられてゐる樣に、巨多の單行本中其の一部を再刻して佛教史資料とする意圖と、當編纂所の聖代四十五ヶ年にわたる佛教史編纂の素材として其の殘部をも提供せられるのである。從つて當所が今日迄資料として立體性を豊富にもち、蒐集に最も困難な新聞雜誌、俗謠圖譜等に主力を注いで蒐集を續けて來たのと博士の提供される單行本を合せれば、編纂所に集藏される明治佛教關係資料は恐らく、他に比をみぬ完璧に近づくと考へられる。

それらの豊饒な資料を、斯界の權威によつて考證、批判、展望拜寫等あらゆる角度から吟味されて出來上るものが、當所の明治佛教史十二卷である。明治佛教の綜合大觀は、當所によつてなし遂げられるのである。博士の「全集」が佛教史學に寄與するところ大であるは言ふ迄もない。こゝに大方の了解を得、今後開始される、わが編纂所の聖業に絕大なる御支援をのぞむ次第である。

六

資料

大教院創置日記（四）

○十三日右御伺ニ付本省江差上ソロ伺書
十等官ヨリ認調印可致トノ旨ニ付無論僕差出ス

教學院伺書

新ニ教部省ヲ置セラレ祠官僧徒數科ノ教正ヲ徵シ朝旨ヲ普ク海内ニ貫徹セシメント欲ス、然ニ僧徒皆時事ニ疎濶ニシテ口高遠說テ脚實地ヲ践コト能ハス、四分五裂各一偶ヲ守リ教職狹隘ニシテ之ヲ方今ニ施ニ爛舌説諭スト雖尤愚民ノ疑惑ヲ解キ、朝旨ノ所嚮ラ奉體セシムルコト能ハサルベシ、是ニ於テ今輦下ニ一大教院ヲ設ケ神道ヲ始メ釋漢洋諸科學ヨリ宇内各國ノ政治風俗農功物産ニ至マデ悉ク之ヲ講習シ、海内ノ講師ニ媿サラシメ、人才ヲ練育シ頑固迂僻ノ悪習ヲ一洗シ今日實用ノ學ヲ起サシメ、且各府縣ニ小校ヲ置、其制ハ大教院ニ傚ヒ、文明開化ノ氣運ヲ領シテ家毎ニ說、戸毎ニ喩サハ、縦令ヒ奸民アツテ愚民ヲ煽動スト雖モ、之ヲ施ニ術ナカラン、是ヲ以テ各宗合議注目スル所一ニ教院ニ在リ、仰冀ハ大小教院ノ許可ヲ賜ヒ、各宗報國ノ微志ヲ遂ケシメンコトヲ、其創築冗費及ヒ生徒俸給等ハ各宗本支ノ寺院ニ課シ敢テ官費ヲ不仰、民ニ募ラス各衣鉢ノ資ヲ捐テ無用ノ器物ヲ沽却シ之ヲ辯シ、永久ノ策ハ信者講中ト相謀テ會社ヲ結ヒ、之ニ備ン、其學科規則金穀會計ノ如キハ同心勠力方法相立可申候、前件ノ通御聞届奉願上候也

教部省
御中
諸宗本山住持連名

意見方法

一、皇學ハ皇學者流ヲ招請ス可シ

一、釋學ハ各宗學業通練ノ者ヲ擧テ古ヲ徵シ今ニ通スル經論ヲ研究スルコトヲ要ス。

一、儒學ハ儒者派ヲ迎テ歷史文章ヲ學ハセンコトヲ要ス、一、校ハ假ニ増上寺ヲ以テ總學校トス、一、金ハ寺院凡ソ八萬餘宇、毎宇ニ二圓金ヲ課シテ十六萬餘圓ヲ費トシ諸國ニ教法會社ヲ結テ百萬兩餘金ヲ備ン、

一、府縣ニ小校ヲ置キ寺ヲ小校トス、其金費ハ各宗之ヲ勤ム、一、常用ノ法服ハ一定シテ古制ニ傚ヒ參内法會ノ節ハ官服ヲ着スヘシ、一、四學ノ中釋學ノ如キハ書册浩繁ニシテ望洋ノ嘆ナキニ非ス、一目瞭然大意ヲ領スルヲ要ス、新ニ其書ヲ編輯スルヲ可トス、一、向後僧籍ニ歸入セントスル者ハ普通學專門學ノ檢査ヲ遂ルニ非レハ得度ヲ許サス、但シ非凡ノ者ハ此例ニ非ス

一、幼稚ノ生徒父母ノ命ニ任セ僧籍ニ歸セシ者モ學階成達ノ上自然改メテ世間ノ事業或ハ他ノ學業ニ歸セント欲スル者ハ其意ニ任スヘシ

一、一寺住職ニ任セント欲スル者ハ其器量履操檢査ヲ遂テ器量ニ應シテ大中小三等ノ寺院ヲ區分シ、各其職ヲ司トラシムヘシ（猶省度牒ノ規則ニ依准ス）

一、寄宿生徒五人ヲ一局ト定メ、五局毎ニ一長ヲ置テ、小訓導大訓導ヲ分テ其長ヲ司ラシムヘシ。

一、醫官ヲ置テ生體ノ强弱ヲ檢査シ、疾病ヲ豫防スヘシ、養生局ヲ設テ藥寮ヲ設施ス可シ右此件々ハ尙熟談ノ上追テ治定ノ約ナリ

○說教ニ付府下江御布告

一、今般諸民教導ノ爲メ教部省ニ於テ、教導職補任ノ祠官僧侶等ヲ始、其他說教免許ノ者本月十日ヨリ府下各社寺ニ於テ說教ノ講席ヲ相開キソロニ付衆庶男女ノ別ナク隨意ニ聽聞イタシソロ樣此旨可相心得事

七

人物我觀

行誡の英學

行誡年七十餘、英語獨修書に由て「アルハヘツタ」を習ふ。人其の晩學を笑ふ、曰く、是は來世の爲め宿習力にするのだ。

ビ南條？エフ南條

文雄の學、邦人之を讀んでフミヲといふ、南條の英國に在るや、書狀及び爲替の至る、時にエフ南條と署する者あり、郵便局若くは銀行に於て、其の名の相違せるを以て交附せられず、屢々困難せりといふ。

道龍の法界獨斷

道龍、法界獨斷を著はす、其法界の定義に曰く、予が謂ゆる法界とは、此一大地球の謂なり、(取意)とは眞にこれ獨斷。

豊島寛了、筆談を誤る

了寛、朝鮮元山津大谷派別院に在勤す、常に韓客と相往來し、以て布教の方便と爲す、一日某韓客と相逢ふ、乃ち翰墨を以て舌に喚へ、應酬正に闌なり、了寛韓婦人の服裝渾て乳房を露出するを詰りて「貴國婦人出レ乳可レ笑」と、韓人之に應《カラン》じて曰く、「產レ兒婦人出ニ乳汁一、日本亦同」と、了寛大に恥づ。

青大將に降參す

大内青巒、駿河清水港に演說す、聽衆中に異敎徒多し、頻りにノー〱と叫びて妨害を試む、青巒ます〱盛んに辯じて止まず。時に青大將の長さ四五尺なるを演壇に投ずる者あり、青巒此に至て復た一語を出し得ず、唯言ふサスがの青巒も大將の前へ出てゝは一言も無い。

無能の日課

無能は日課稱名六萬返、近世稀有の淨業と稱す、其の大往生の日に當り、疲勞甚だ强し、門人其の日課に欠あらんことを恐れ、乃ち曰く今日はお念佛もお骨が折れますか、無能曰く、アー今日は大に疲れた、僅かに四五千返しか申せない、門人驚いて曰く、然らば御日課の御補助を致しましやう、無能曰く、イヤ日課はモー濟んだ、其の餘の念佛が多く申せないのよ、其夜遂に正念大往生す、時僅に三十七。

八

蓮城、了法を評す

菅了法、既に撰擧競爭に失敗し、再び僧侶となる。或人蓮城に問て曰く、了法亦侶となると眞乎と、蓮城曰く、左樣、リヤウホウだから、又議員になるかも知れぬ。

施本傳道と高田道見

高田道見の名は通俗佛敎新聞と結んで明治敎界に逸し能はぬ一つである。彼が明治廿六年、友人丹靈源の勸めによつて「盆の由來」を著はして、佛敎の通俗的普及を志したのが施本傳道の嚆矢であらう。彼は學歷はない、獨學苦行をもつて自らを導き、新聞、雜誌、著書によつて佛敎の通俗化につとめた。

善靜衣を脫せず

善靜は眞宗大谷派の碩學なり、天性至孝曾て演說辯士に請せられ、某氏と武州本庄に至らんとす、候正さに晩春、寒暑定まらず、善靜旅裝を調へまさに出んとす、老母曰く、今日は寒し、書生羽織にても着し行くべしと、善靜命の如くす、途次候變じ、頗る暑氣を催す、善靜行く〱汗を拭ふ、某氏傍より曰く、卿何爲ぞ衣を脫せざると、曰く、母の命なりと。

事物始原

帝大卒業の僧侶

大谷派本山の命により、東京大學文學部に入り哲學を專修せられ、明治十八年六月全科卒業せられし、井上圓了氏は、僧侶にて東京大學を卒業せられたる嚆矢とす。（令知會雜誌）

日蓮宗最初の海外留學生

新居日薩の法弟松木文恭氏は十七歳にして小教院の全課を卒業し、本年十九歳、此度日薩師の許可を得て、去る六月九日（十九年）横濱發にて上海に趣かれ、同地にて英學を修め、これより更に歐洲へ留學せらるゝ見込なりと。（令知會雜誌二七號）

還俗衆議員議員

第一議會に僧籍を脫して衆議院議員となるもの、廣島縣第三第四兩區に於ける、金尾稜巖、赤川靈巖、岐阜縣第一區に於ける、天野若圓、兵庫縣第二區に於ける堀善照、島根縣第三區に於ける菅了法等とす。（令知會雜誌七六號）

從軍布教師の最初の人

二十七年日清戰爭始まると共に、本派本願寺の加藤惠證は從軍布教師として朝鮮に至つた。蓋し從軍布教は惠證をもつて嚆矢と爲す。（田島日本佛法史二二〇頁）

新刊紹介

維新政治宗教史研究
德重淺吉著

德重氏が佛教史家として特に明治佛教史家として新進篤學の學徒であることはこゝに贅する迄もない。數年來各方面に發表された明治佛教特に難澁な初期を扱はれ秀れた業績はまことに驚倖の外ないものである。さきに、維新精神史研究の大著あり、今また菊判七百四拾頁の書を世に送られた。章をわけること拾四、第一章理想主義史觀の一看點としての義認、第二章幕末の對外戰爭勝利論以下、開國說の內容とその實現、江戶幕府覆滅の背景としての幕罪論、戊辰戰爭と新聞紙の論調、江戶時代の佛教、神佛分離とその反對論、眞宗五派戊辰の聯盟と時勢、初年に於ける東西本願寺の立場と護法の爲めの動き、幕末維新に於ける佛基兩教の交涉、維新前後の佛教徒と日本精神、大教宣布運動に於ける天神造化說、明治佛教研究資料論、トーマス・バックルの歷史觀等である。その一部は歷史と地理、顯眞學報、大谷學報、史林、宗教研究等にてわれ等の目に觸れたものであるが、今また再讀して精微な研究に新たなものをつかみ得た。蓋し後世に永く讀まるべき書といふを憚らない。

（十年二月發行、目黑書店、定價六圓）

明治佛教全集「護法編」
常盤大定編德重淺吉解題

僧籍に屬せず大谷大學に於て嘗つて護法論を講ぜられた、德重氏が「護法編」を擔當せられ、護法總論と所收書目の解題を附してゐる事は正に當を得てゐる。總論二十頁と解題並びに同氏編の護法關係書目をみれば、本文約六百頁を讀んだと同樣の或は以上の滿足を與へると言へるかもしれぬ。爾餘の編書については知らぬが本書をみた限りではさう感ぜられた。德重氏の學識の然らしめるところだと考へる。本全集の性質については別述したから參照を願ひたい。

（十年二月廿五日刊、春陽堂發行非賣）

九

最近入庫資料と提供者芳名

（資料部）

新資料入庫數についての報告は既に本誌第二卷第一號所載の通りだが、其後に於ける増加成績は大して見るべきものがない。これは尤も時節柄冬眠期で手も足も出ず、從つて資料の蒐集に所員の出張を見なかつた爲めもあるだらうが、當所の働きかけに與つていたゞけなかつたことにもあるやうだ。冬眠期だからといつて睡眠を貪つてゐるのではない。貧弱な冷たいスチームの設備もない氷の樣なビルデングの中で、コツコツと聽て來るべき時節のために各種の基礎的な準備をやつてゐるのである。恰もそれは丁度白雪に埋れた若草が雪どけの陽を待つてゐるやうなものだ。

スプリング、ハズ、カム！もう春が訪れた。櫻の蕾も間近く綻びそめるだらう。所内に蟄居してゐる所員達も、そろ〳〵と地方へ出歩かなければならなくなつた。關係者各位に何分の御援助を望む次第である。

さてそこで正月以來資料を御提供下された方々の御芳名と書名をこゝに掲げ謹んで感謝の意を捧げたい。

書名	種類冊數	住所	芳名
寄日新報	一、四八〇、	京都	禿氏祐祥氏
明治傳道略史	一、一、	東京	中央禪定會殿
大東宗教縁起略 櫻花の精神 佛教修身論	三、三、	東京	田中弘義氏
日宗新報其他	七、四五、	埼玉	實相寺殿
禪、其他	五、五、	宮城縣	宍戸義一氏
明教新誌	一、一一二、	青森縣	角田堯現氏
佛教、宗粹法話	二、一五四、	青森縣	工藤順昌氏

此等の中、東北地方のものは、二月中に友松理事が、東北七縣へ講演旅行に出張の際、蒐集せるものである。尚右の外御手數を煩はせる左記東北の方々に對して御禮申上升。

畑　榮明氏（山形）　森田眞海氏（秋田）
司東眞雄氏（岩手）　齋藤誠信氏（弘前）
キクチユウカン（秋田）　工藤辯山（青森）
赤石兼三氏（秋田）　鮎貝眞觀氏（宮城）
矢田浩藏氏（山形）

（M生記）

佛教博覽會出品創刊雜誌目錄

（昭和十年三月廿二日）

三月十八日より四月末日まで名古屋の覺王山日暹寺境内を會場として佛教博覽會が同市新愛知新聞社後援の下に開かれます。同會の依頼により當所から左の如き雜誌類を

一〇

寄贈新刊雜誌

○**明治文化**　明治文化研究會

右は尾佐竹猛博士の主宰にかかはるもので、小さいながらも古い歴史をもつ立派な雜誌だ。毎號豆つぶの樣な短文で澤山うまつてゐるがいづれもオリヂナルなもので、「參考論文一覽」と共に同好を稗益すること少なからぬものがある。堅實な月例研究會を開催し、季刊、全集ものを出す等、學會の感謝すべきものが多い。

○**明治文學研究**　明治文學談話會

これも同じく小型の八頁、だが何處となくもり上らうとする元氣に滿ちてゐる。早く昔の姿に全快するように健闘を祈る。

○**評論**　明治文學會

季刊、「明治文學」の別動隊らしい。明治文學の分野に於ける中堅、新進の手揃ふこの陣容は益々發展することだらう。初對面だが成長を祈るや切。

以上はいづれも明治關係の一般雜誌で三

出品しました。何れも當所藏の創刊號です。貴重品は多少省きました。尚ほ當所でも斯うした試みを計畫中です。

明治七年代　教場必携
　　　　　　報四叢談
　　　　　　三寶一鳥
十年代　繪入日曜新聞
十三年代　妙法新誌
十四年代　信敬雜誌
十五年代　闡眞雜誌
十六年代　充洽雜誌
十八年代　妙法記聞
　　　　　日蓮宗教報
十九年代　明々新誌
廿一年代　日本國教大道叢誌
廿二年代　佛　教
　　　　　大同新報
　　　　　密嚴教報
　　　　　以音會雜誌
　　　　　五明雜誌
　　　　　淨土教報
廿三年代　道之友
　　　　　經世博議
　　　　　宗義講究會誌
　　　　　十善寶屈
　　　　　法　皷
廿四年代　花の園生
　　　　　同入海
　　　　　獅子王
廿五年代　活波瀾
　　　　　教海指針
　　　　　佛教公論
廿七年代　佛教大家論集
　　　　　旭
廿八年代　禪學講義
　　　　　彌陀の光
廿九年代　日曜文學
卅　年代　宗　粹
卅一年代　御國之光
　　　　　法　施
卅二年代　三　眠
卅三年代　新佛教
卅四年代　凡　聖
　　　　　佛　光
　　　　　佛陀の福音
　　　　　精神界
卅五年代　信仰界
　　　　　獅子吼新報
　　　　　愛　信
卅六年代　雙榎學報
卅七年代　時代宗教
　　　　　佛教公論
　　　　　綠　山
　　　　　大崎學報
　　　　　眞　友
　　　　　宗教界
卅九年代　同　志
　　　　　法の都

五十五種　八十七册

月號のもの。次に佛教界の寄贈雜誌の誌名をのせて禮に代へ此等の寸評は次月に試みることゝする。

○人華　十三卷三號　大阪　顯眞社
○眞理　四號　東京　眞理運動本部
○莊嚴　六十九號　廣島　其社
○傳道　四四四號　東京　鴻盟社
○新佛教徒　二十三號　濱松　其社
○達明　一一〇號　大阪　達明會
○中道　六三號　北海道　中道會本部
○五明　八十五號　東京　其社
○眞實道　一一二號　鹿兒島　其社
○比叡山　一二七號　比叡山　延暦寺
○一德　二一四號　京都　其會
○吉祥　三三四號　東京　佛教社
○法施　三四七號　東京　國母社
○白毫　五號　東京　其社
○佛教　一〇二號　東京　安民窟學寮
○佛教法政經濟研究　一二號　東京　其所
○海外佛教事情　二卷三號　東京　國際佛教協會
○The Young East vol.iv.　東京　國際佛教協會
○道人　二號　神奈川　其會

一一

新聞雜誌在庫缺號一覽表

○旭 一三、一五號以下、○溫知會雜誌 一―一九、二一號

○教會新聞 一―六三、六五―九一、一一七―一三三號

○開導新聞 二―六、八、九、一一、一三、四五、八三―一六三、二八一―三三五、四〇一號

○海外佛教事情 二、四、九、一一、一六―三三、三四―三七、三九號

○奇日新報 一―二六、二九、五九―八三、八五―九四、九八―一三〇、一三四―一三九、一五二―一五四、一六一―一九五、二一〇―二二八、二六三、三三五―四三二、四四八、四四九、五三八、五八四、六七六、七六七、七九四、八二二―八八八、九一四、九二八―一〇〇四、一〇一八―一〇四五、一〇四七―五八號

○教學報知 一―二八、七三、一〇四、一〇五、一四二、一六一、一七五、一七六、二〇六、二二五―二一七、二二九、二三二―二三六、二三一、二三三號以下

○教學論集 六三―七〇、七四、七五號

○教友雜誌 一―七三、九一―一〇〇、一〇六―一一三、一一五、一二八―一八五、二二〇―二五七、二七〇―二七九、二九四―三一七、三三〇、三四一、三四三、三四四、三四六、三五〇、三五一、三五五―三五八、三六〇、四四二號

○教海指針 五、八―一五、一七號以下

○教義新聞 五號以下、○居士林叢談 三號以下

○教海新潮 一―七二、七六號以下、○經世博議 一一、一四號以下

○教林新報 二號以下、○共存雜誌 一―一三、四一號以下

○教海新思潮 二號以下、○教場必携 八號以下

○教院講錄 一〇號以下、○教育報知 一―一四四、一六五號

○活天地 一―四、六、一七號以下、○貫練 一號以下

○加持世界 一卷一―三、五卷全號、六卷三號

○華頂 一―八八、九〇、九二、九四―一〇六、一〇八、一一〇、一一二、一一三、一一五、一一六、一一九、一二一、一二四、一二五―一二七、一二九、一三四―一四八、一五〇―一五三、一五五―一五九、一六八、一六九、一七一、一七六―一八二、一八四、一八五、一八八、一九〇―一九七、二五二―二六一、二六四―二六七、二七〇―三三五、三三七―三三三號

○活波瀾 二號以下、○國柱新聞 三一―三九號

○三寶叢誌 九六、九八、一二五、一二七―一七六、一八四―二二五、二三二號以下

○曹洞宗々報 三二〇、三五九、三六〇、三八五―四〇六、四二八―四九四、四九六―五五六、五五九、五七六、五七八號

○曹洞扶宗會雜誌 一―一五、二四號以下

○青年傳道 一―一〇、一三、一七、一八―六四、六六、六七、六九―八二、八四―八六、八九―九八、一〇一―一〇九、一一一、一一三―一二一號

○聖德 一卷一―一一、二卷一、六、七、一三、三卷二、四―三、四卷一、三、一一號

○精神界 一卷二、八、二卷一―八、三卷二、五卷一、三、四、五、六、八、七卷一〇、一一、八卷一―一〇、一三、九卷一―八、一一、一三、十卷一―三、十二卷一―一三、十三卷、十五卷、十六卷全號

○禪宗 七―二〇、二二―四九、五四―六六、七六―一八七、一九一―一九六號

○禪學 三卷一―一〇號、○禪 三三―九二號

○宗粹雜誌 六卷二―五、八、一一、七卷二、三、五―七、一〇、一三、八卷四、六、七、九、一二號

○日宗新報 一―五七六（革新前）革新後三七、三八、五一、五九、六九、九六、一二九、一三三、一三三、一三七、一三八、一四三、一四四、一五三、一五五、一五七、一五九、一六四、一六七―九、一七六、一七八、一七九、一八三―七、一九二、一九四、一九五、二〇一、二〇三、二〇九―二一三、二三二―九、二三一、二五二、二五三、二五八、二五九、二四八、三八六、四〇一、四〇五―四一三、四三九、四四四、五一二―五四三、五四七―五四九號

○能潤會雜誌 三、三四―三八號（卅四號より能潤新報と改む）

二二

○能仁新報 一―三八、四二、四五―五六三、五六五―六八、五七二、五七五、五七六、五七九、五八二―八九、五九二、五九四號

○日蓮宗教報 八一―九〇、一一〇、一一二―一一九、一八〇、二〇一―一三、二三五號以下

○配紙 一―三四五、九六四―一一三二、一七五四

○友省雜誌 第一―四年度迄、五年一―一一、六年七―一二、八年七、九、一一年二、一一、一二、十三年一一號

○友省會雜誌 一―二二、二三、二四―三六、四八號以下

○佛教史學 第一篇九、第二篇四―一三、第三篇七號

○佛教史林 一三―一六號（通卷）

○佛都新報 一―一九九、二〇一號以下

○佛教每週新聞 一號以下

○佛教演說集誌 一―一七、一九、二一號以下

○佛教公論 三號以下

○佛教大家論集 七輯以下

○婦人教會雜誌 一、三、三八、九九―一〇八、一一〇號以下

○天鼓 二卷六、七、一三、三卷一、二、七卷二、三、八卷二、三、十卷六―一三、十一卷、十二卷全號、十三卷一、三、六、八―一二號

○轉法輪 一、三、四、六、一八號以下

○天台 一―一九、二二―九八、一〇一―一二九、一三一―一三七、一四九、一五〇、一五三、一六一、一六三、一六六、一七七號

○智嶺新報 一―一三二、一三八―一四二、一四四―一六六、一七八―一八九、一九三、一九六―二五五、二五七―二六一、二七一―二九七、二九九、三〇二、三〇三、三一三號

○通俗佛教新聞 一―一三三、一三五、一四七―一六三號

○中央公論 第十四年一、三―一三、第二五年一―一一、第二六年三、九、一〇、第二七年二、四、五、九―一二號

○北天教報 一―四五、第一卷全號、第二卷一―九、三卷二、第四卷全號以下

編纂所日誌

二月一日　人物事歴問合せ要目をつくる。
明治佛教第七號發送。

二日　明教新誌、大崎學報、天鼓等より人物カード作成。

四日　藤井榮三郎氏來訪。

五日　日宗新報、法華通覽。

六―七日　密嚴、淨土、明教等檢索、埼玉地方資料依頼狀發送。

八日　在庫單行本目次調査。雜誌欠號表二百部印刷。

九日　清水龍山氏より「法鼓」誌調査依頼。

十二日　通俗佛教新聞、精神界其他檢索。

十三日　藤井靜宣氏と面接の上、三河國動搖實記一册拜借。禪學、本山事務報告調査。高岡、大阪へ資料搜索通信。

十四―十六日　傳道新誌、傳燈、奇日新報檢索。

十八日　研究會案内狀發送。

十九日　野川政憲氏資料調査に來所。眞理幹部講習會出席者へ資料につき問合。

廿日　本誌八號編輯、印刷所まわし。

廿一日　高島米峰氏に研究會依頼。

廿二日　市近接町寺院、谷中方面訪問。

廿三日　文部省宗教局豊田武氏に研究會講師依頼承諾を受く、第九回研究會開催、講師増谷文雄氏、「行誡上人と其時代」

廿四日　本郷高林寺訪問。

廿五日　明治佛教校正。

廿六日　東北地方へ　友松理事巡講につき各方面へ資料調査提供方依頼狀發送す。

廿七日　二月分會計整理、常盤所長へ通信

廿八日　給仕土志田正本日退所す。

二月中主要業績
前月につゞいて人物カード、論説記事、カード作成。各地通信連絡により資料搜査。研究會。整理事務に從事。年代別佛教新聞雜誌目錄。

後記

◇最近本誌を創刊號から注文下さる方が大分あります。段々本誌が小型ながら世に認められてきたのだとうぬぼれてみます。しかし揃つて殘つてゐるのは二十部程しかありません。注文は一年前金拂込を望みます。

◇特に此際一年前金申込の方五十名に限つて、當所の苦心編輯の「明治年間佛教新聞雜誌目錄」（定價五十錢）を贈呈いたします。

◇いよ〳〵春です。各方面へ所員が出動して皆樣の御援助を仰ぐこと、なります。よろしく御願ひ申します。友松代表理事も御承知の通りで全く寧日ない有樣ですがそれでも各地巡講の折には資料を心懸けて戴いて居ります。目下關係者健康狀態良好。皆樣の活躍を祈ります。

◇第拾回研究例會には服部賢成氏はじめ上知問題に關心を持たれる方がみえ、熱心に討議がなされました。巻頭の豊田氏の論文は當日の概記ですが、近來みるべき快文字です。御忙しいところ執筆願ひました事末筆ながら厚く御禮申しあげます。

第二卷第四號
昭和十年三月三十日印刷
昭和十年四月一日發行
編輯兼發行人　上坂倉次　東京市深川區冬木町一〇
印刷人　吉本菊松
發行所　明治佛教史編纂所　東京市京橋區銀座西五ノ五
電話銀座　五三八九番
振替東京七四二一八番
發賣所　山喜房佛書林　東京市本郷區六丁目赤門前
定價　一册　金拾錢　一年分　金壹圓拾錢

月刊佛教
昭和九年十月一日第三種郵便物認可
昭和十年三月廿八日印刷
第貳卷四號
（每月一回一日發行）
（定價拾錢送料五厘）

明治佛教

昭和九年十月一日第三種郵便物認可
昭和十年四月廿八日印刷 昭和十年五月一日發行
第二卷第五號（毎月一回一日發行） 通卷第十號

第貳卷第五號

五月號

目次

明治佛教史編纂所
東京・京橋・銀座西五ノ五

明治佛教史編纂所の事業

趣旨　昭和佛教の近い胎生期である明治年間に於て、盛んに活躍された長老元勳の見聞を整理する今が最後の時期であること、此時代の文獻資料類が散逸して手に入り難くなつてゐること、今日は明治佛教界の足跡を省みて、奮起清算、反省を要する時であること等を理由として、宗派的偏見を去つて和合協同して進むべき指標としてこゝに明治佛教史の編纂が計畫されました。

創設　昭和七年の秋から發願されて、八年一月準備委員會が成立し、三月一日に事務所を開設して今日迄、資料蒐集にあたつてきました。

事務所　東京市京橋區銀座西五ノ五菊地ビル內に之を置き、京都市に、京都編纂所を置き、大阪にも支所を設けてあります。

編纂要項　五ヶ年のうち二年を史料の蒐集分類、整理に充て、後三ヶ年に左の篇目によつて綜合大明治佛教史全十二卷の刊行に移ります。各册は菊判千頁程の大册になり索引年表と共に萬遺憾なきを期して居ります。

1 通史篇　7 宗史篇
2 學史篇　8 寺誌篇
3 文獻篇　9 人物篇
4 布教教育篇　10 藝術習俗篇
5 社會事業 社會運動篇　11 地方史篇
6 法制經濟篇　12 統計年表 索引篇

組織

名譽所長　文學博士　井上哲次郎
所長　文學博士　常盤大定
代表　理事　友松圓諦

東京編纂所
主事　增谷文雄
所員　上坂倉次
同　吉田光覺
同　牧野內寬清
編纂所囑託　若干名

京都編纂所（京都市東山區東山中學校內）
代表　禿氏祐祥
主事　小笠原宣秀

大阪編纂所（天王寺區生玉前町法音寺內）
代表　中井玄道
主事　桃野春興

編纂員（決定分）
禿氏祐祥　德重淺吉
友松圓諦　增谷文雄
藤原猶雪　藤本了泰
江藤澂英　淺野研眞

理事　若干名、各宗代表其他援護者をもつてあつ。

地方評議員

地方編纂囑託

實動機關　編纂所動靜、各地座談會の連絡、資料、研究論文等の發表機關として、所報と月刊「明治佛教」をもちます。每月明治佛教研究會を開き各方面の長老權威者を招請して話を聽いてゐます。

業績

蒐集資料　昭和八年三月以降の蒐集資料は新聞雜誌、四萬二千餘册（又ハ部枚）
單行本　一千六百餘册
に達します。（本誌六號、所報一號參照）

出版　昨年、明治年間佛教關係新聞雜誌目錄（八十餘頁定價五十錢）を出して好評を受けてゐます。近く單行本カードの整理を了へんとしてゐます。人物篇用カード及び年表の作成も進行中です。

經營　各宗の御補助をはじめ各方面の助成費、寄附によつて之を爲して居ります。愈々編纂を開始いたしますについて一層の援助を望んで居ります。

近代的佛者
渡邊海旭

増谷文雄

（1）

渡邊海旭師が亡くなつた時、德富蘇峰翁は、例の「日々だより」において彼を評して「現代的佛者の典型である」と稱揚し、また「行誡上人以後の一人者であつた」と讃嘆してゐたものであるが、かうした考へ方は、決して蘇峰翁だけの考へ方ではなく、眞に彼を知るほどの者は、皆さう考へてゐたのであつた。

（2）

海旭師は明治五年一月十五日、東京市淺草區田原町、渡邊啓造の長男として生れた。幼くして嚴父を失ひ、博文館の小店員となつてゐたが、十四歳の時、當時小石川初音町の深光寺にあつた端山海定和尚（のち深川區御船藏前町西光寺の住職となる）について剃髪得度した。明治二十年十六才の時、淨土宗東京支校に入學したが、その入學の因縁に、つぎのやうな話がある。

その頃、海旭師は、寺務の寸暇をさいて、檀家の老婆のために、ひそかに地藏和讃に注解を施してゐたが、やつと完成したところ、ゆくりなくもそれが師匠の眼にとまり、師匠はその穎悟の質におどろいて、就學せしめたといふ。淨土宗東京支校を卒へると、更に淨土宗本校（大正大學の前々身）に進み、明治二十八年には優秀な成績でこゝを卒業した。卒業後は、淨土宗第一敎校（芝中學の前身）に敎師を拜命したが、傍ら淨土敎報主筆として、宗門の木鐸となり、更に新佛敎同志會（佛敎淸徒同志會）に參加し、雜誌「新佛敎」の同人として、佛敎界の第一線に活躍することとなつた。（新佛敎運動時代については、本誌六號「卅年代の佛敎復興運動」と、「佛敎」二號「明治佛敎運動の一特質」參照）

（3）

海旭師の洋行は明治三十三年五月であつたが、出發に際して、こんな逸話がある。

出發に際して海旭師は、雜誌「新佛敎」の費用にといつて、金拾圓也を寄附せんとした。その頃の拾圓といふと相當なものであつて、今日にすれば、百圓もの値打があつた。それほどの金を、しかも海外出發を前にして寄附するといふのである。人情の常道から云ふと、こゝでは一錢でも多く餞別をもらつて出かけたいところである。しかも、その頃の海旭師は金看板づきの貧僧であり、留學生として切詰めた學資で行くのであるから、「新佛敎」の高島米峰は、歸朝してからでも寄附したらと言つて見たが、それに對して海旭師は、

「僕は生涯結婚しないから、簡易生活が出來るので、仕事に金を出すことは他の者よりは樂だ。」といつて矢張り寄附して出掛けた。

かうした金錢に對する淡白さは、生涯、海旭師の一つの特長であつて、お葬式に出かけて、こちらから香奠を持つて行つたり、學校の校長であつて、貧しい生徒の月謝を自分が出すといつたやうな、當世まれに見る行爲が多か

つた。

（4）

獨逸に入るや、ストラスブルグ大學に入學し、主としてロイマン敎授に師事し（「佛敎」一號「ロイマン」傳參照）、先づ梵語、巴利語、西藏語など、佛敎原典の研究に必要なる各語を研究し、これを基礎として比較宗敎學の研究に進み、在獨實に十有二年に及んだ。

在獨十二年の前半六年は、全く研究室に籠つて專心自己の研究に終始したが、後半の六年は、漸く對外的活動にも進出した。その中でも、カイゼルウイルヘルム第二世大學をはじめ、各大學および、傳道學校等の招聘に應じて、佛敎哲學、印度學等の敎壇に立つたことは、外國人に對する東洋文化普及の先驅をなせるものとして、特筆大書に値するものである。

在獨中の研究は、隨時母國の雜誌に稿を投じて發表してゐたが、中にも密敎發達論、孔雀王經、毘沙門天王經等の研究は、その該博なる智識、精細なる討究、犀利なる見解、稀に見るところであつた。なほ原典研究として、普賢行願讃諸本の比較研究があり、これに獨譯を附して刊行したる論文によつて、明治四十年十月ドクトル・フイロゾフイーの學位を獲得するに至つた。

しかし、學位のごときものは、海旭師の全く介意せざるところであつたらしい。ある時、ロイマン敎授が荻原雲來氏の言語學上の一論文を提示して、門下生一同に紀念の署名を求めたことがあつたが、その時、海旭師は、

「吾人の天職豈に是のごとき區々たる小事業ならんや」。と書して、浩然大笑したことがあつた。以つて「君が抱負の偉大なりしを伺ふに足る」とは、當の荻原雲來氏の述懷である。

（5）

明治四十三年春三月歸朝とともに、宗敎大學（大正大學前身）及び東洋大學の敎授に招聘され、また再び淨土敎報の主筆に迎へられた。

明治四十五年五月、同志を勸誘結合して、佛敎徒社會事業研究會を創めた。それまでの我が國の社會事業は、なほ慈善とか積善とか、乃至は感恩などといふ考へ方のもとになされたものであつて、所謂慈善事業の範圍をすこしも出てゐなかつた。ところがながく歐洲にあつて、この方面の智識をも得て歸つた海旭師はこの慈善事業の範圍から踏み出して、社會事業の範圍にまで進まなければ駄目だといふことを考へたので、いま、この佛敎徒社會事

二

業研究會をつくり、これを中心にして、時代に則り大衆に即した社會事業の調査、研究、指導にあたり、よく佛敎徒社會事業の先驅者指導者としての任を果すことが出來た。

なほ、社會事業といふ言葉の名づけ親は、この海旭師であつた。ところが、當時はまだ相當に物のわかつた人々の間でも、社會事業とか社會政策とか社會主義とか社會科學とかいふ言葉が充分に判然としてゐなかつた時分であつたので、內務省あたりでも、社會事業といふ名を嫌つて、慈善事業だとか、感化救濟事業といつた名で呼ばせてゐたものであつたが、海旭師を中心とする佛敎徒の間では、この社會事業といふ名稱でおし通し、やがて內務省あたりでも、また一般にも、この名稱を用ひるやうになつた。

その後海旭師が、この方面の事業において、指導と援助とを與へたことは枚擧するに遑ない程であり、從來、基督敎に比して著しく劣つてゐた佛敎徒のこの方面に於ける活動が、漸く遜色ないものとなつて來たのは、一つにかゝつて、彼の指導と援助とによるものであつた。昭和三年、彼のこの方面に於ける功績は、遂に天聽に達して、敍勳の御沙汰があつた。（「明治高僧傳」より）

宗教小説の萌芽時代

田口松溪

佛教小説要求の叫び聲があがつたのは今より四十餘年前、明治二十八、九年頃のことです。例へば今、大衆小説をよろこび、探偵小説を迎へるやうに、當時にあつては佛教味を巧に鹽梅した小説を求める機運が動いてたのです。勿論、その頃の文壇は、今日から見ると極めて幼稚なものですから、佛教小説の定義も甚だ乳臭いものであつたことは致し方がありませぬ。

その頃の佛教新聞では、宏虎童氏の「明教新誌」が最も光つてました。隔日發行ですから、雜誌と云ふよりも寧ろ新聞に近いもので、加藤咄堂氏を主筆とし、横井雪庵安藤正純氏等が之を助けてました。純粹の雜誌では「佛教」、これは淺草吉野町の梶寶順氏方を發行所として、活氣ある論陣を張つてるので相當の讀者を惹きつけてました。この外にも各宗各派、それ〲に言論機關を有つてましたが、大部分は施本程度のもので、稍異彩を放つてたのは渡邊海旭氏主筆の「淨土教報」ぐらゐでした。

偶ま這種の新聞雜誌に關係してる人たちが集つて、即興、即吟と云ふやうな催しをした事があります。場所は上野公園三宜亭、會費一名二十錢、時は小生の記臆にして誤りがなければ明治二十九年の春でした。當日參集の顔觸は、肝煎役の加藤咄堂氏を初めとして、安藤正純、梶寶順、渡邊海旭、本多文雄、小林正盛、本多澄雲、横井雲庵、梅原薫山、足立栗園の諸氏と未熟な小生まで加へて總勢十一二人でした。席上、思ひ〲の課題を提出し、それを籤引にして、各自當つた課題に就て、詩なり歌なり文章なりを作つて披露したのです。今から考へると兒戯に類して他愛もないことだが、談笑の間に懇親を深めながら、文章報國の道に精進した譯なのです。會は文友會と云ふ名で毎月一回づゝ、四五回も續いた。今でも覺えてるのは、本多文雄(五陵)氏が花と云ふ題に當つて、得意の新體詩を作り「何とやらした兒櫻」だの「眼鞍馬の雲珠櫻」だのと、櫻の名を澤山に讀込んだのです。小生はまだ漸く十七八の少年なので、そんな櫻がある事を知らず、早速圖書館へ馳付けて、緋櫻、寒櫻、犬櫻など「櫻品」に就て櫻の智識を仕入れたものです。

斯樣な交游を續けてる間に、何時からともなく、また何處からともなく、宗教小説と云ふやうな話が生れ出ました。これは時代が然したものを要求して來たにも因りませう、編輯者が目先を變へる術策にも因つたでせう、併せて浮浪少年の小生を救恤し鞭撻して呉れる意味もあつたと思はれます。兎も角、加藤氏は卒先して其主宰する「明教新誌」の半頁乃至一頁を割いて呉れる事になり、小生が一回三十錢づゝで佛教小説を書いて見たのです。素より小生は佛教にも暗ければ小説にも通じないので、寺院や僧侶を題材にした一種の記事文を綴つたに過ぎなかつたと回顧して深く

三

恥入るばかりです。併し盲人蛇に恐ぢずで、段々と手を擴げ其後は「淨土教報にも、本多澄雲氏關係の雜誌(失名)にも、また知恩院關係の婦人雜誌(誌名失念)などにも、時々そんな物を發表しました。

善かれ惡かれ鋒火は既に擧つたのである。これに刺激されて名乘をあげて現はれたのが江見水陰氏門下の大澤天仙氏です。氏は曹洞宗出身ださうなが、小生から見れば年長でもあるし書く物も確かに上手でした。併し佛教小説として取扱つたのは幾つも無かつたやうです。續いて足立栗園の令弟堀内新泉氏も、二三度、そんな物を書いたやうに覺えてます。新泉氏は其後、「成功雜誌」に成功美譚を書續けて成功しさうに見えたが、後年國民新聞へ入つて來た時には、餘り元氣も無さげで、小生は昔を語るに忍びませんでした。

當時、宗門出身者で小說に筆を染めてたのは太田玉茗氏だが、「文藝倶樂部」が出て二三年後、群馬縣下の寺へ住職してからは一向に何も發表しませぬ。明治二十九年「新小說」が出て、創刊號には水谷不倒氏の小說、第二號は中谷無涯氏の「芻蕘物語」を掲げた。中谷氏は該誌主幹幸田露伴氏の門下だと云ふので、一部では括目して待つたのだが、淨土僧だと本體が明かになつただけで別段の反響もありませぬでした。中谷氏も寺へ納つてからは作品發表の機會も無い樣子に見受けます。

斯の如くにして小生は明治三十一年まで佛教小説修行を續けましたが、その躑躅ひの後を承けて出て來る人はありませぬでした。小生は奠都三十年祭が行はれた後、兩毛へ身賣りしましたので、自然此方面と絶縁になりましたが、其後の佛教雜誌は小説と云ふやうなものを排斥して、寧ろ綺麗な舊の姿に復しました。今にして思へば此三四年間、我儘無鐵砲な小生のために、どれだけ皆樣に迷惑をかけたり、世間さまを騷がしたことだらうと、恐縮に堪へないのであります。聊か佛教小説芽生の實相を懺悔して罪過を詫びる次第であります。

四

雲照の僧律建言に對する左院の批評

左に掲げたものは、雲照律師が未だ大講義のとき、明治六年の頃の左院への建言書と、之に對して左院で「建白書御採用難相成旨説諭返却候事」として返却した理由書である。明治六年十一月七日附の「日新眞事誌」第百六十五號左院錄事中に載せられてある。わが編纂所に好意を寄せられる帝大法學部明治新聞雜誌文庫主任宮武外骨氏の贈られたもの、謹で御禮を申上げる。

建言

僧律ノ議ニ付大講義釋雲照建白

一僧徒ノ犯姦《ホンイン》等ハ不應爲破廉恥甚ノ類ニ入ルヘキ事

新律綱領ニ云、凡ソ有官ノ僧徒若姦盜賭博《チ》等戒律チ破ルコト甚キモノハ笞杖ニ該タルハ還俗セシムルニ止ム云々、故ニ庚午十二月御布告ニ今般宗規《シユウキ》僧風御釐正《タダシ》ニ相成候條銘々自分僧律チ守リ文明維新ノ御趣意チ奉體可致ト、然ルニ客歲四月ニ至リ自今僧侶肉食妻帶可爲勝手云々仰出サレ候處凡ソ釋氏ハ父母ノ家チ辭《タ》シ妻兒チ畜ヘス産業チ營マス王公四民ノ施チ受ケ而メ敎化チ以テ其恩チ報ス、若婬等ノ重戒チ破スレハ斷頭罪ト名ケ沙門ノ死トス、國王ノ水チ飲ミ國王ノ地上ニ行ク事チ得ズト制セリ、然ルチ無識ノ者　朝命チ口實トシ公然非法チ行ス不應爲ニ云凡ソ律令ニ正條ナシト雖情理ニ於テ爲チ得ヘカラサルノ事チ爲ス者ハ笞三十事理重キ者ハ杖七十ト、凡ソ佛戒ノ起リハ僧侶ニ於テ爲スヘカラサルチ爲ス故ニ世人譏嫌《キケン》ス故ニ佛戒チ制ス、綱領ニ云凡ソ父母舅姑《キウコ》及夫ノ喪ニ居リ若クハ僧尼ノ姦チ犯ス者ハ各凡姦ニ二等チ加フ相姦スルノ人ハ凡姦チ以テ論ス、改定律ニ云僧尼ノ姦チ犯ス者ハ凡姦チ以テ論スト、然ルニ僧尼チ終身ノ喪ト名ク故ニ閨室《ケイシツ》ニ染《ソ》ムヘキニアラス、假令朝廷置テ問ハセラレスト雖出家終身長齋ノ者婬戒チ破ス豈ニ犯姦ニアラスヤ僧徒ノ爲スヘカラサルチ爲ス世人口チ極テ惡罵《ノノシリ》ス本寺法類豈ニ傍觀メ糺サヾルチ得ンヤ、若之チ糺スト雖モ傲然耻ル事ナキ者ハ破廉恥ノ甚キニアラスヤ世人佛像チ棄《スツル》毀スルスラ不應爲重ニ科ス、僧徒トシテ佛戒チ破スルハ佛ノ法身チ毀破スルナリ不應爲ノ甚重キモノニアラスヤ一破廉恥除族ニ當ル類ハ寺中ニ不廳共住事新律綱領ニ云、士族若シ賊盗《ヌスミ》及賭博《バクチ》等ノ罪チ犯シ廉恥チ破ル事甚キ者バ笞杖ニ該《ワタ》ルハ廢メ庶人ト爲スニ止ム、改正閏刑律ニ云姦盗等ノ罪チ犯シ廉恥チ破ル事甚キ者懲役百日以下ニ該ルハ除族ニ止ト、閏刑條例ニ云凡ソ華士族罪チ犯シ破廉恥甚ニ係《カカ》リ廢メ庶人ト爲ス者改テ除族ト稱《トナヘ》スト、又云凡ソ華士族罪チ犯シ除族ニ該ル別ニ生産ナク同族ノ家ニ同居スル事チ願フ者ハ之チ聽スト雖附籍スル事チ聽《ユル》サスト、改定律ニ云凡僧徒罪チ犯スニ寺職ノ者ハ士族ニ準《ナラヒ》シテ論シ、破廉恥甚ニ係ル者ハ職チ奪テ實斷シ限滿テ本寺ニ附スト、士族ニメ除族ノ者同居チ聽スト雖附籍チ聽サス僧侶ニメ若シ重戒チ破メ出家ノ體チ失スル者ハ佛戒ニ不共住ト名ク須ク寺門チ擯《シリソカ》スヘシ豈ニ附籍スルチ聽スヘケン、況ヤ寺ハ是レ敎院ナリ私宅ニアラス違敎不共住ノ者同居スルチ得ンヤ僧律ノ持犯ハ固ヨリ僧法チ以糺正《タヾシ》スヘシ何ソ政家ノ罪チ問セラルヽチ待ツヘケン、若强剛ニシテ本寺ノ處分チ拒ムモノ有ラハ速ニ政廳ニ訟《ウツタ》ヘソノ處置チ受クヘシ、本寺法類顏面シテ匡サヾレハ與ニ同罪ニ處スヘシ是故ニ本寺本山ノ住職タルモノ尤モ戒律チ嚴ニシ智行精練シテ以テ末派チ正シ敎化チ施スヘキナリ、冀クハ公議英斷出家ノ名分チ正シ僧行ノ根基《モト》チ確定セラレ御嚴重ノ御沙汰被仰付候樣伏テ奉建言候戰慄《ヲソレ》ノ至ニ堪ヘス頓首謹言

本院ノ議

僧徒ノ風俗衰頽チ慨歎シ敎法ノ不振チ論ストイヘ雖其敎法ノ振不振タルヤ各宗ノ敎員及徒弟ノ勉不勉ニ干渉《ワタリ》メ政府法律上ノ關スル處ニアラザルナリ、建議中僧侶肉食妻帶勝手云々チ論シ釋氏ハ父母ノ家チ辭シ妻兒チ携ヘス産業《クワシ》チ營マス若犯姦等ノ重戒チ破スレハ斷頭罪ト名ケ沙門ノ犯トスト云チ援《ヒキ》據シ客歳四月中ノ布令ヨリ僧律破壞《ヤフル》ニ至レリト云カ如キ今日日新開明チ期スルノ際何ソ區々ノ舊株チ墨守《マモリ》スルノ際ナランヤ、是政府此禁チ解ク所以ニシテ肉食妻帶チ許スカ爲ニ僧道不振ノ弊チ顧ル能ハス、僧侶自ラ能ク敎義チ守リ行跡チ善クスルハ則佛敎ニ背カスシテ僧道モ自然振《フルヒ》興シ政府モ之チ所賞ナリ、之ニ反シ姦盗及他ノ罪チ犯シ政府之チ罰スルハ法律ノ免カレサル處ナリ、又已ニ妻帶チ許セシ上ハ隨テ律例モ變セサルチ得ズ故僧尼ノ姦チ犯ス者凡姦チ以テ論セサレハ權衡ニ適セス然ルチ僧尼チ終身ノ喪ト名ク云々是レ法敎ノ一家言ニシテ天下普通ノ道ニアラス破廉恥甚キニ係《カカ》ルモノハ除族云云チ論シ凡僧徒罪チ犯スニ寺職チ奪フテ實斷シ限滿テ本寺ニ附スト云フチ援據テ佛律ニ比較《クラヘ》シ佛戒ニ不共住ト名クルチ以テ須ク寺門チ擯スヘシト、其言フ處佛徒ノ私說ニシテ取ルヘカラズ、然ルニ又律文チ引キ士族除族後附籍云々チ論ストイヘ雖是其除族人ニ生《クラシ》産ナクシテ本族ニ同居チ願フ者ハ之チ聽スノミニテ同ク華士族タルチ得ス只厄介ノ平民ナリ、其權衡チ酌量シテ僧徒ノ處分モ御改定相成候儀ニ付建白書御採用難相成旨說《サトシ》諭返却候事

以上左院錄事

五

資料

大教院創置日記（五）

○五月五日教部省ヨリ御達

一、今般諸民教導ノ爲メ教部省ニ於テ教導職補任ノ祠官僧侶等ヲ始、其他説教免許ノ者、本月十日ヨリ府下各社寺ニ於テ説教ノ講席ヲ相開キソロニ付衆庶男女ノ別ナク隨意ニ聽聞イタシソロ樣此旨可相心得事

○十二日本省ヨリ達シ

○教學院育才方法事

一、各見込ヲ立書取を以可申出候事

○教學院創立所費之事

一、教學院創立所費一ヶ寺二圓充ノ割合を以各派本山ヨリ取立當申歳限リ可差出候事、右ニ付各派ニテ取立上納之月割書取ニテ可申出候事

○永代結社方法之事

一、大教院ニ於テ永久所業毎年十萬圓之見込を以方法書取リシテ各派本山ヨリ可申出候事右來ル十五日限リ取立ヲ以可申出候事

○十四日高野寺ニ於テ會議向ノ件々

○意見方法

一、皇學ハ皇學者流ヲ招請シ或ハ諸宗ノ内其學ニ長スル者ヲ請スヘシ

一、釋學ハ各宗學業通練スル者ヲシテ古ヘヲ徴シ今ニ通スル經論研究スルヲ要ス

一、漢學ハ儒者流ヲ延テ歴史文章ヲ學ヘシメ又ハ諸宗ノ内其學ニ長スル者ヲ延ン事ヲ要ス

一、洋學ハ西洋學士雇ヒ普通學ヲ講習シ又ハ諸宗ノ内其學ニ長スル者ヲ雇ヒ知見ヲ開カシメン事ヲ要ス

一、大校ハ假リニ増上本堂ヲ以テ諸宗總黌トシテ大教院ト號スヘシ、但シ修理ハ各宗ヨリ集辨シ學徒入費ハ各宗其派下ヲ勸諭辨備スヘシ

一、府縣ノ小校ハ其地方ニ於テ議定スヘシ

一、得度或ハ諸宗ノ管長奉命ノ上合議上裁ヲ乞ヘシ、自條ノ細目ハ管長奉命ノ上決定スヘシ、天台眞言淨土禪済洞法華ノ五宗議定也

○同日議定巡國緊要ヶ條

一、三章ノ要用ヲ體認ノ說諭第一ノ事

一、大小教院創置ノ事　附用費取立方ノ事

一、内妻髮ニ付御布告ノ事

一、異宗防止ノ事右人撰伺定諸宗ノ内ヨリ二三人ツヽ、早々令巡國度候事

○十五日教學院育才並創立永續結社方法

増上寺本堂ヲ諸宗ノ大教院ニ設定、同山内ノ子院又ハ最寄ニテ各宗法緣ノ支院ヲ夫々ノ學寮ニ相設置生徒ヲシテ諸宗研究致サセ、一六三八位ノ日割ヲ以テ各宗教導職並生徒共各大教院江出頭論議或ハ輪講夫々勉勵爲致度左ソロヘハ簡易ニシテ即時實効相立可申然ル上ハ勸財ノ儀モ追々行屆永續結社ノ基本ト奉存候

諸本山連名

右ニ意見方法書添　十日、高野寺ニテ合議ノ文ナリ

○十六日說教人撰

麟祥、海祥、東祥、要津、說教所金龍寺八ノ日盤雲寺三ノ日

○十九日於別席高崎五六演舌國教宣布ノ示談

方法　教部省ヲ始カレ吾儕各其職ヲ奉ス然ラハ力ヲ盡シ胸中ノ論議ヲ吐露シ以テ大教ノ一端ヲ裨益スヘシ、果シテ裨益セント欲セハ、何ヲ以テ教法興隆宇内萬國ニ宣布スヘキカ、請、諸君ノ高論ヲ聞ン右ニ付種々演舌有之

○同日御達

京阪兩府並諸縣共教導職相設ヶ教導行屆候方法及ヒ人撰見込ヲ以至急往返ヲ除ノ外日數十五日限リ可申出候事

○廿四日御達

六

管長ハ一宗一派教導職ノ長タル者ヲサス名目ニテ大教正即チ管長ナリ、若シ大教正無キトキハ小教正以下ト雖モ現在上等ノ者其宗ノ管長ニテ即チ代理人ナリ、代理人ハ大教正ノ代理ナレハ大教正アルトキハ代理人アルヘキ理ナシ

但臨濟宗五山並曹洞宗永平、總持寺ノ如キモノ同一派ナレハ五山ノ内ニテ壹人永平總持両寺ノ内ニテ壹人代理人ヲ立ツヘシ、一宗ノ管長ニテ代理人タル者事故有テ歸京セサル時ハ別ニ人撰シタ代理ヲ立ヘシ

○同日東京府参事黒田清綱殿教部小輔ニ任セラル

○同日福羽美靜殿免職

○廿四日諸宗ヨリ差上ル書面

諸宗末寺一ヶ寺ニ付ニ二圓金ヲ賦シ大教院經營用費ト可致事

但シ寺ニ大小アリ、大ヲ以テ小ヲ補フ如キハ宜ク其本山ヨリ之ヲ處置可致事

一右ノ金一錢タリトモ極越ニ賦スヘカラサルコト

右ハ各本山ヨリ取集メ當申年九月中ニ教部省大教院江無遲滯可差出事

○廿四日布教ノ議ニ付書付差出

今日ノ御時體ニ於テハ神佛二道ノ藩籬ヲ徹却シ専ラ皇國ヲ維持スルノ修理ヲ恢張シ、三則ノ教章ヲ國教ト心得満天下ニ流布スヘキノ御趣意ヲ以テ京阪並諸縣ノ教導行届ソロ方法言上致スヘキ旨敬承シ左ニ申上ソロ

一京阪ノ教導説教ノ儀ハ大體當地ニ相準シ、京ナレハ諸本山盡ク大説教所ト致シ、其他町々ノ小寺ヲ盡ク小説教所ト定メ其檀家信者ヲ教諭シ月々日々ニ相進ミ勉強致サセハ教法ノ行届クコト家コト戸ゴトニ相説諭スルト同様ナルコト斷然可然奉存候

一浪花ノ儀本山トテハ無之トモ各宗ニ於テ大寺有之ソロヘハ是亦京ニ相準シ、大寺ヲ大説教所ト定メ、小寺ヲ小説教所ト定メ、其檀家信者ヲ教諭スルトキハ京ト同様ニ行届哉ト奉存候

一五港諸縣下ノ方法前ニ相準シ可然一國内ノ大寺ヲ中説教所ト相定メ小寺ヲ小説教所ト定メ度ソロ右ノ通方法相立テ大小寺共一ヶ寺ノ檀家ヲ一社或ハ一講中ト定メソロヘハ其事簡易ニシテ事成シ易クト奉存候

一教法ノ衰微スルハ諸事《ママ》ノ檀家何レモ移轉勝手ニ相ナリ又葬祭モ勝手ニ相ナリ規定モ自然ニ紛亂イタシソロ故教法モ亦行ハレ難タキナリ、蓋シ萬國ノ教法一旦民心ヲ習染固結スレハ容易ニ變革不仕哉ニ奉存候方法民心ヲ一定スルニハ吾國教ノ外ヘハ勝手移轉不相成コト確定セサレハ民心新奇時好ニ走リ一定ナリ難クト奉存候

一教法行ハルヽハ上下心ヲ一ニスルニアリ、近來神官ノ僧侶ヲ忌嫌フコト怨敵ノ如ク、其境内エ参入モ許サヽルアリ、然ル處過日御評席ニテ御告諭ノ旨吾輩感泣承服實ニ是時ニ當テ軀命ヲ抛擲シ國家ノ爲ニ微力ヲ盡サント欲ス、何ノ暇アツテカ私見ヲ以テ神佛ヲ論量スルノ理アランヤ、政ニ固陋弊習ヲ一洗シ至急ニ教法ヲ流布スルノ榮ヲ立ツヘシ、謹ミ案スルニ教法ヲ興スノ要ハ民ノ信スル所ノ賢ヲ用ユルニアリ、今ヤ神官僧侶ノ大社本寺ニアル者ハ已ニ徴庸セラルト雖モ猶遺賢ノ學篩ニ遁居スル者其地方ニ於テ捜索徴庸シ以テ教法ヲ恢張セシムヘシ宇内學ノ廣キ猶數百人ノ賢俊アルヘシ、是ヲ三府七十二縣ニ星羅碁布セシメ各々三教則ヲ講演シ、庶民ヲ教導セシメハ皇化ノ宇内ニ彌漫シ、國體ノ海外ニ照赫クラン事日ヲ算テ待ヘシ唯冀クハ滿朝ノ諸官吾輩國ノ爲メニ微意ヲ抱キソロ者ノ寸志ヲ洞察シ、教法ノ行ヒ易スカラシムル良策ヲ運ラサレソロ様被成下度奉存候、一諸國末派ノ僧侶今般ノ御盛意ヲ奉戴シ、教導主張ソロ様周旋ノタメ巡行ノ員各宗ニテ的當ノ人材ヲ撰ヒ、三人一隊トシテ巡行説諭致サセ、尤三越ノ如キハ禪曹洞宗共宗多ケレハ諸宗ヨリ其二宗ニ依頼シ監察一名差添巡行スヘ

七

シ、其他之ニ準スヘシ

一教法ヲ布ニハ人ニアリ、故ニ各宗末派ノ内教導職選擧ノ儀ハ各宗本山ヨリ名簿差上夫々相當ノ職狀本省ヨリ府縣ニ御廻達各廳ニ於テ當否檢査ノ上夫々拜命被仰付度ソロ、右宇内ノ廣キ遣方モ之レ有ル可クソロヘハ各縣ニ於テモ精々人撰之レ有度ソロ事

五山兩山
鎌倉兩人　　連名印

〇本寺ヨリ訓導等相願候節ノ文格

何寺詮議訓導權訓導等被仰付度一宗派内ニ於テモ至當差支之筋無之候ニ付此段奉願候　以上

月　日

本省御中　　權小敎正何々寺、、、

〇五月廿五日從四位宍戸璣敎部大輔ニ任セラル

〇廿九日本省評席ニ於テ高木氏清源寺出會六級衆一同出席
示諭概略

諸方說敎人ノ內、毀他自讃ノ說有之趣第一朝旨ニ悖リ甚聽惡シ此義堅ク可相愼尤宗法ニヨリ向上ニ說キ或ハ向下ニ說クノ家風ハ可有之ソロヘトモ、歸スル所ハ三章ノ御主意ヲ主張シテ萬民ニ貫徹セシメ人心ヲ團結スルヲ肝要トスヘシ、說敎所ハ寺院從前ノ說法ト相心得間敷、敎部省ノ出張所、御國敎ヲ宣布場スル所ト可心得、然ル上ハ訓導職ノ內互ニ他ノ說敎所エ出張致シ含其非ハ心添致シ、致《ママ》シ其是ハ記憶シテ海內一宗、皇政ヲ翼賛スルノ敎法ヲ宣布スヘシ此段依賴スルトナリ

十三日大敎院創営等御開届　（以上）

人物我観

坦山老師と鐵舟居士

坦山老師一日得庵鳥尾居士を訪ふ、坐に狂介といへる一僧あり。狂介學內外に通し、特に文章に長したり。三人品坐山雲海月を談するの次、老師忽ち狂介を顧みて曰く、子能く居士を打つを得る乎と。狂介其の意を悟らす、遲疑すること之を久す、老師乃ち劈面に狂介に一掌を與ふ。狂介驚きて倒る、老師曰く、禪士相見かゝる這般の技倆を具するにあらずんば、與に語るに足らずと、狂介深く老師の機略に服し、爾來屢々老師の爐鞴に入り遂に造詣する所あるに至りたりと。又石州の僧了山、鐵舟居士を訪ひ、頻りに禪理を談す。居士曰く、從ひ血盆の口を開き、懸河の辯を揮ふも、些子に較らす。須く咽喉唇吻を閉口して一語を呈露すへしと了山居士の喫烟するを狙ひて痛く一拳を與へんとす。居士忽ち携ふる所の烟管を以て之を庶りて曰く、他人は且く措く、劍道を以て世に立つの余にして、若し子の打する所とならば、何の面目有つて復た天下に見えん。且つ咽喉唇吻を閉却せよと云へば、直に手脚を勞するにあらずんば、一句を呈露することは能はざるか如くんば未だ眞個了事底の衲僧といふべからず、更に參すると三十年にして再び來れと、了山身徧汗流れて赧然として辭し去りしと云ふ。前者は狂介に之を聞き後者は泥舟居士に聞く。

楳仙、雲水の褌を洗ふ

畔上楳仙、曾て信州松代長國寺に住し、雲衲數十員を接化す、夜半人定りて後、諸堂を巡視して、警誡甚だ嚴なり、一夜浴室に於て、雲衲の犢鼻褌を水に浸して未だ洗はざるを見る、楳仙、窃かに之を洗ひて乾かしむ、翌日雲衲之を見て、其の誰の所爲なるやを知らず、唯漸謝して其の蔭德を欲す、後しば〳〵此等の事あり、遂に其の楳仙なることを知るに及んで、數十員の雲衲皆其の德に感泣せざるは無かりき。

牛郎、起信論に文を稿す

中西牛郎、磊落些事に拘はらず、曾て起信論を八淵蟠龍に借る、蟠龍之を返さん事を尉ふ、牛郎其の何れに在るや忘るゝ、蟠龍人をしてさがさしむ、牛郎の宅にて見出す、而も書中何處〳〵の區別なく文を稿し殆んど文を讀み得べからず、蟠龍閉口す、後牛郎米國に遊

ふに及び此の風大に革り、頗る溫厚の人なれり。

七里恒順、劇場に入る

明治十七年大內青巒、博多に遊ぶ、有志者歡迎、劇場を借て演說會を開く、恒順、其の徒百餘名を率ゐて來り聽く、場主歡喜措く能はず、會主に謝して曰く此の會を開くに非ざるよりは、爭てか和尙の劇場に來臨を辱ふするを得んやと豫約の席料を辭し、且つ更に金若干を寄附して其の喜を表す。

哲次郞、小彌太に龍王の有無を問ふ

哲次郞、小彌太に問ふ、佛說に天龍八部とあり、宇宙間果して龍王たる者有りや、曰く、在り、曰く、何の處にかあるや、曰く海底に居るから、御前さん往て見て御いでなさい。

佐田介石、外教を愚弄す

明治十二年の夏、介石東北地方に漫遊す、下野鹿沼の某寺に演說す、夜半外敎某徒、介石を旅館に訪ふて質問する所あらんとす、介石旣に褥に就くを以て謝す、彼可かず寢室に入りて質問せんことを乞ふ、乃ち之を引く、介石問ふ、足下の年齡は如何、曰く何十歲、曰く何十才にては甚だ不分明なり、足下が生れし時より何十何年何月何日何時何分何秒なるやを問ふなり、某逡巡答ふる能はず、介石曰く、自身の年さへ充分に答ふる能はずして、人に質問せんなとゝは小癪な事なり、今少し勉强して來れと。

藤井玄珠、前後ハツケウ

玄珠、維新の始め故ありて本願寺の司敎を辭し、堺縣の屬吏となる、後再び之を辭して僧となる、法主乃ち舊に依て司敎への學職を授く、人あり之を賀す、玄珠冷然として之に答へて曰く余曩に法主の內命を奉じで司敎を辭し、今法主の命に依て司敎となる、前後八敎なりと。

大州鐵然と小栗栖香頂

眞宗西派の命を帶びて鹿兒島に出張中、運惡く、西南役起り二月六日に敎線擴張に、從事してゐた鐵然を始め、山崎照天、香川默識、小池行運、暉峻普瑞、瀧澤謙致等の諸敎導職は賊軍に捕縛せられ糺問の上翌七日に投獄された。

この頃、東派支那別院詰であつた小栗栖香頂は、正月以來病氣療發の爲め長崎へ滯在中であつたが、此處も薩州程ではなくも、災害を恐れて市中騷然市民の逼走して難を避くるものも漸次に出來てきて、頗る不安を呈してゐたのであつた。

だが香頂は、泰然として騷がず、「皇國古來大義名分を謬るもの未だ嘗て其志を成せしものあらず、天威必ず速かに處分せらるべし」と云つて周圍の人々を鎭めてゐたが、氣に懸かるのは、其頃西海新聞紙上で、鐵然敎正が捕縛された事を知つてゐたので一人それのみを憂へてゐた。

然し、幸ひにも鐵然等は、數日にして勅使の御着縣によつて救はれ、(明敎新誌四三七號)宮中へ召されて主上に經過を具陳するの光榮を擔ふに至つた(明敎四四〇號)。そこでこれを聞いた香頂は、鐵然の心情を推して次の如き詩を賦したのである。

薩州恭虐世人知　說敎場中縛ニ師敎ー　最是鐵然驚愕處　匪徒圍レ獄拔レ刀時

柳公勇氣世人知　直向ニ甕州ー動ニ六師ー　諸君鐵然驚喜處　天兵破レ獄救レ僧時

布敎艱難今古知　錦衣玉食豈ニ良師ー　慇懃傳語鐵然氏　難レ忘嚴寒入レ獄時

阪・神・名古屋出張實記

篠津生

○プロローグ

去る四月の十五日から約一週間、京都は後日を心がけ、大阪をふり出しに神戸、名古屋の關係者各位をお訪ねした。もとより一メッセンヂャーボーイとしてゞある。だから誰が報告したのか中外日報に見えた記事のやうに別段厳めしいお役目を果したわけではない。たゞ若き學徒は須らく出歩くべしだからである。

スケッチブックの言葉ぢやないが、旅はよき人生の教訓を與へてくれるからである。生きた經驗は恰もブックウオームの如く血眼になつて活字の奴隷になつてゐたつて、畢竟えられやせんからである。あたかも昔古の達人が晴耕雨讀を理想としたやうに、且つは讀み、且つは出歩くのが今の僕には理想でもあり、一個の役割でもあればなりだ。誰がいつたか「行學の二道をはげみ候べし」とは味ひふかき言葉なるかなだ。

大阪編纂支所點描

さて序論はかくの如くに簡略して、漸次忠實なる旅日記展望へと進める。大阪支所は周知の如く生玉前町の法音寺にある。主事桃野春興氏はこゝの住職だ。右も左も全く始めてのこゝへついたのは丁度春雨にふさはしからぬザンザぶりだつた。境内の美しい櫻花は恰も濡れ鼠の僕を迎ふるかの如くほゝ笑んでゐた。だが肝心の桃野さんは多忙で會へぬとのことだつた。時季が悪い五重相傳の最中だもの。仕方がない、これより直に東へ上り西へ下り南へ遡つて大道町の累德學園に葭間惠文氏を訪れる。幸にしてゐませり。氏は立命館の出身でこゝの新主事である。京大出で金臺寺の若法主津留孝行氏と好一對の逸品だ。

ともに六花、桃野各老僧を補佐して大阪支所の仕事を進めてくれてゐる。こゝの學園は仲々立派な學校だ。編纂の本格的仕事は園内病院の二階の洋間でやりたいとアシマ氏は仰しやる。その洋間を拜見に及ぶ、どうして素晴らしい部屋だ、美しい三方のガラス窓を通して園兒の戯れる校庭の眺めは一寸愉快だ。

かうして阪訪第一日は暮れる。夜に入り葭間氏に連れられて金臺寺の津留氏を訪ねる。これより三人鼎座して如何にしたらお金がよく集まるかの相談をする。僕の阪訪の役目は、實は集金にあつたからである。春の夜の津留氏の書齋はしんと靜まりかへつてゐる。青いバットの煙りが集金帖の上を這ひつたはる。丸で三人が鳩首して幾何の問題でもひねつてゐる樣だ。

× × ×

阪訪第二日、早朝七時から各寺院へ参る。住職大ていもはや用事に出られました、と云はれる尤も大底京都の學校へ勤める人が多いからだが。一心寺の六花僧正、誓福寺の藪内老僧、大福寺の中西無二師等には、幸ひお目にかゝることができた。かくしてまことに疾風迅雷の如き超スピードぶりでかけめぐり、明くる十七日には親切な津留氏の見送りをうけてアッサリ神戸へ旅立つた。あとで神戸の茱氏が云ふことにお金あつめはせくものではありませぬ。悠りやらぬことには……。とにかく、馴れないから無理もないですといはれた。

兵庫區永福寺に宿る

神戸着驛。賀川豊彦の「死線を超えて」をよんで以來、随分と懐しい土地だ。丁度少年時代に立川文庫で訓染んだ眞田十勇士が大阪といふ土地を馬鹿に親しみをもたせるやうに。「永福寺までやつてくれ」贅澤なやうだが、皆目分らぬ所ではタクシイに限る。たが出張で下車直後にタクシーに納まるのはこれが嚆矢だ。僅か五分と經たぬ中「維新史蹟●永福寺」と石標のある綺麗な寺へ着いた。幸にして住職伊藤光信氏も夫人もをられた。

いづれも初對面だが樂な氣分で色々な話を伺ふ。京大印哲の出だといふ若い伊藤氏は一寸「新興佛敎」の妹尾義郎氏の面影を寫した樣なところがあり、强いてか自然か、氣障なモダン臭みは少しも無い。「こゝは如何いふ由來の寺ですか」僕は石標を想ひおこして寺誌をお尋ねする。氏の話と後でいたゞいた「神戸事件の眞相」といふパンフレットによると、維新外交問題の多難の頃德川幕府の外交上の犧牲となつて備前藩士瀧正信が當寺の本堂で切腹したのださうだ、そしてその「ハラキリ」の刀及び遺言狀が未だ遺物として保存されてあり、バーナード・ショウ等も參詣に見えたほど外國には、著名な史蹟である。

その遺物は時間がないので拜觀も出來なかつたが永福寺繪ハガキを見て充分鬼氣人に迫る思ひを感じた。寫眞を見較べつゝ、梗概をよんで行くと恰も一篇の壯烈な時代劇でも見せられてゐる樣な氣がする。先づ僕もこゝへきて史蹟實地踏査をやり、生きた維新史を學んだ樣なものだと思つた。この外、學んだといへば伊藤住職から貰い秘訣を傳授された。それは集金の方法論だ。

微に入り細を穿つた其の手法、これが京大印哲出とは思へん程だ。これも住職學といふ佛敎經濟學の恐らく一科かも知れない。この方法と細かくかいて貰らつた市内地圖を懷ろにして、短刀直入に各寺院を襲擊する。いづれも神戸では著名な寺ばかりだ。知らず知らずに、だから名所古蹟の見物ができるわけである。先づ「大佛」で知られてゐる能福寺の豐井和尙を訪問する。「今丁度、寶物展覽の時間だから觀て行つたら如何ですか」、と和尙、仲々親切なので恐縮する。頂戴した「能福寺々記」に「抑當寺は宗祖傳敎大師最澄の開基に係り」とあるからこゝは天台宗だ。

將來寺誌編纂の便に資せんと「寺誌」二部と英文でかゝれた“The “Daibu tsu”” をいたゞく。お寺に英文寺誌があるのは珍しいことだ。神戸は流石に外人の參詣が多いためだらう。こゝで、色々研究資料の話やら經濟問題などを伺つてから、鄭懇で面會謝絕だと仄聞する願成寺の濱田老僧を訪れる。成程お氣の毒なほど弱つてゐられる。老夫人のお氣遣ひは一方ではない。それでも快よく色々話されて「しつかりやんなはれ」と、よくまはらぬ舌で優しい言葉をかけられたには、勿體無い氣がして、眼がしらが熱くなり、咽喉がむせんで返事が出來なかつた。

安養寺、長傳寺、祭山寺いづれも都合あしく面會ならず、あるひは普請中やらで退却を餘儀なくされたが、寶池院の中川賢英氏の下では、多少思想問題で云ひ分をお聽かせさせられたが、晝食を呼ばれて神戸の色々面白い話を伺ひ役目を果して愉快にお別れした。

（つゞき）

佛教博覽會と出版文化展覽會

前號報告の通り名古屋日暹寺境內で開催の佛教博覽會は三月十八日より四月末日迄行はれた。當所からも初年から三十九年迄の佛教新聞雜誌の創刊號だけ五十五種類を出陳した。

先頃牧野內所員が關西へ出張の砌、途中名古屋に立寄つた報告によれば、參考館の一部に堂々偉彩を放ち、觀覽者の注意を深く索きつけてゐるとの事であつた。立留つてノートしてゐる人々もあつたとか。

一方東京でも新聞之新聞社主催の下に、去る四月廿七日より三十日迄麴町有樂町、電氣會館に於て出版文化展覽會が催された。わが編纂所では丁度名古屋の出品物がまだ返却されてゐないので、充分に種類をそろへることは出來なかつたが、明治初年の珍藏分若干を出陳した。

世益新聞、法の燈火、教院講錄、妙法新誌、教林新報、普通新聞等

普通新聞は、わが國の日刊佛教新聞として最初のものである。今回は一號から三十四號迄の合本を出陳した。同新聞については、上坂倉次所員が、教學新聞三月初旬號に照介したことがある。

斯うした時代物が世間の關心をもつて迎へられることは喜ばしいことである。今當所としては綜合的編纂開始の直前にあるので是等の資料に展觀にすることが出來るが今後三年程は、門外不出として從前やつてゐた一般の閲覽も出來なくなるかと思ふ。その前に當所主催で、所藏の佛教新聞雜誌、參考品の展覽會を開きたいと計畫中です。

新刊紹介

明治高僧傳　增谷文雄著

明治高僧傳は當編纂所主事增谷文雄氏によつて日本評論社の日本佛教聖者傳第十卷として書かれたもの、平易且つ興味ある筆稿をもつて書かれてゐる。同書の近代高僧論にも述べてゐるが明治の高僧を何の標準によつて撰ぶかは困難とするところ、本書では、福田行誡、島地默雷、原坦山、釋雲照、南條文雄、井上圓了、淸澤滿之、渡邊海旭の八人をあげてゐる。平易といふことは俗つぽいといふことではない、よくかみこなされてゐる。人物中心の明治佛教史とは著者の抱負である。（四六版二八三頁 定價一円二十錢）

受寄贈雜誌謝告

明治文學研究　第二卷第四號　東京　明治文學談話會
衆善　第十九卷第四號　京都　慈雲庵
莊嚴　四月號　廣島　莊嚴社
學道用心　三月號　東京　宗學會
奉仕　第十四卷第四號　大阪　奉仕會
傳道　第四四五號　東京　鴻盟社
達明　第十卷第四號　大阪　達明會
明治文化　第八卷第四號　東京　明治文化研究會
人華　第十三卷第四號　大阪　顯眞社
五明　第八卷第四號　東京　五朋社
和光　第二二二卷第四號　神奈川　和光社
吉祥　第三三六號　東京　鴻盟社
眞實動　第十一卷四月號　鹿兒島　共社
道　第百十九號　京都　共社
ピタカ　四月號　東京　大藏出版社
佛教　五月號　東京　眞理運動本部
眞理　四月號　東京　眞理運動本部
海外佛教事情　四月號　東京　國際佛教協會

最近入庫資料と提供者芳名

寺院境內地還付法律案制定　東京　服部賢成
徳川時代に於ける寺社境內の私法的性質　東京　服部賢成
中外日報　二六一九部　東京　松濤賢定
會報、反省雜誌　二册　名古屋　大田覺眠
佛教文藝
警世新報　九册　宮城縣　宍戸義一
和融誌　智嶺新報　觀音妙智力　智山派宗報　三寶一休の本尊　家庭と佛教　毘沙門天　佛教俱樂部　摩利支天　三寶一鳥　我家の信仰　智山學報　時局と不動明王　中央佛教　精神家庭の友　內觀三寶　東寺教報
四六六册　岩手縣　司東眞雄

明治佛教研究會

時　**五月四日**　午後一時　於當所
題　明治佛教研究の動向について　牧野內寛清
佛蹟巡拜者考　上坂倉次

時　**五月十一日**　午後一時
題　各宗教院經濟　上坂
「神道は祭天の古俗」について　牧野內

編輯後記

◇いよ／＼人物篇の編纂に着手いたします。四月は牧野內君が關西方面に出掛けて、連絡をつけてきました、用意萬端と迄參りませぬが、豫定のコースに着手します。

◇若干の增員をすると共に、增大する經費を內輪に喰ひとめて、實動力を最大に發揮するようにしなければなりません。

◇從つて從來の「**明治佛教**」も幾分小型のため宣傳力が伴ひませんので暫時縮少し、それによつて浮く費用と人手をあげて人物篇に集中する手筈としました。

◇若し從前通りの發行を希望せられる援助者がありますれば、材料はふんだんにありますし、勞力の提供位はいとはぬ覺悟です。

◇仕事が極めて至難なものであることは、御承知の通りですが、それだけに、一日も早く完成することの意義があるのです。明治佛教史上の一人物の名が出て、手許にある、人名辭典などいくら探し廻つても、一向に見當らないことに屢々出逢ひます。その人物が相當なものであつてもさうですが時代が新しいことのために今迄等閑視してゐた報ひです。

◇從來土曜日午後公開して居りました藏書閱覽も、事務繁忙と共に**中止**となります。大方の御歡びになつたことですが、止むを得ないことであしからず御諒承下さい。

御訪問は午後三時過ぎが都合よろしいです

◇本誌向き研究論文は新刊の「佛教」誌上に載せることに致しました。投稿は從前通り稿料も掲載分には今迄より幾分餘計差上げることが出來ます。われ／＼の研究會は依然每土曜日に行はれます。仕事の進捗と共に益々盛んに。

◇われ／＼の業績の一端ともみられる、增谷君の「明治高僧傳」は所藏の珍貴な材料の利用によつて成つたもの、われ／＼一同も動員されての結晶です。御高讀下さることを希望します。人物篇の行方は追て詳述しますが、「僧侶事歷問合せ」の項目を含む純學的立場から物される筈で、「佛家人名辭書」の權威を誇り得るものとしたい覺悟です。

第二卷第五號

昭和十年四月三十日印刷
昭和十年五月一日發行
編輯兼發行人　東京市深川區冬木町一〇　上坂倉次
印刷人　吉本菊松
發行所　東京市京橋區銀座西五ノ五　明治佛教史編纂所　電話銀座五三八九番　振替東京七四二一八番
發賣所　東京市本鄉區六丁目赤門前　山喜房佛書林

定價　一册　**金五錢**　一年分　**金五拾錢**

明治の僧俗事歴を募る

わが明治佛教史編纂所では「人物篇」編纂のため、明治佛教史上に活躍した幾多僧俗の人物名約三千を、すでに蒐集しました。それでも、世に顯はれた高僧大德から村里に隱れた香氣高い聖僧の傳記逸話の漏れたものも鮮少でないと思はれます。此際、完璧を期するため江湖諸賢の御協力を得たいと存じます。
そこで、此の人物こそは、明治佛教史上に逸することが出來ないであらうとお考への方がありましたら、當所まで御報らせ願いたいものです。
左の要目について御報告下されば結構ですが、一部分だけでも差問ありません。

明治佛教關係僧俗事歷報告要目

一、氏名法諱並に字號
二、イ、出生地、ロ、生年月日、ハ、死歿年月日、ニ、示寂地、ホ、享壽
三、出家得度の因緣と年齡並びに宗派
四、得度受學の師僧
五、住持寺院名、並に開創再興寺院名
六、閱歷、僧階歷次、重な行業事蹟
七、著作、編述、意見書等
八、授業、附法の弟子
九、逸話、傳譚
十、其他

尚ほ參考に供するに足る書翰、肖像寫眞、書簡等があれば、御提供を希望します。期限を附して丁重に扱ひ、用濟みの上は速かにお返し致します。佛法宣揚のため切に十方諸賢の御支援を懇願致す次第です。

昭和十年三月

明治佛教史編纂所
名譽所長 文學博士 井上哲次郎
所長 文學博士 常盤大定

明治佛教
昭和九年十月一日第三種郵便物認可 昭和十年四月廿八日印刷 昭和十年五月一日發行
第貳卷五號 通卷第十號
（毎月一回一日發行） （定價五錢送料五厘）

明治佛教

昭和九年十月一日第三種郵便物認可
昭和十年五月三十日印刷　昭和十年六月一日發行

第二卷第六號（毎月一回一日發行）通卷第十一號

目次　六月號

明治佛教史編纂所
東京・京橋・銀座西五ノ五

明治の僧俗事歴を募る

わが明治佛教史編纂所では「人物篇」編纂のため、明治佛教史上に活躍した幾多僧俗の人物名約三千を、すでに蒐集しました。それでも、世に顯はれた高僧大德から村里に隱れた香氣高い聖僧の傳記逸話の漏れたものも鮮少でないと思はれます。此際、完璧を期するため江湖諸賢の御協力を得たいと存じます。

そこで、此の人物こそは、明治佛教史上に逸することが出來ないであらうとお考への方がありましたら、當所まで御報らせ願いたいものです。

左の要目について御報告下されば結構ですが、一部分だけでも差閊ありません。

明治佛教關係僧俗事歴報告要目

一、氏名法諱並に字號

二、イ、出生地、ロ、生年月日、ハ、死歿年月日、ニ、示寂地、ホ、亨壽

三、出家得度の因緣と年齢並びに宗派

四、得度受學の師僧

五、住持寺院名、並に開創再興寺院名

六、閲歴、僧階歴次、重な行業事蹟

七、著作、編述、意見書等

八、授業、附法の弟子

九、逸話、傳譚

十、其他

尚ほ參考に供するに足る書齗、肖像寫眞、書簡等があれば、御提供を希望します。期限を附して丁重に扱ひ、用濟みの上は速かにお返し致します。佛法宣揚のため切に十方諸賢の御支援を懇願致す次第です。

明治佛教史編纂所

名譽所長 文學博士 井上哲次郎

所長 文學博士 常盤大定

明治のルーテル
北畠道龍

香川光暎

日本のマルチン・ルーテルと自ら稱し、日本の佛教を改革するを己が天務なりと信じ、其の所信實現のために、獨乙語交りの改革演說を諸所に試み、明治二十年前後の佛教界に特異の存在を示したもの、わが北畠道龍である。彼の一生程變化に富んだ者は少い。特に維新前、身桑門にありながら軍事に携はり、さながら僧兵を思はせる勇武果敢な行動の跡をみるのは面白い。歐米に留學し、歸途印度に於て佛陀の塔婆に日本人最初の參詣者として苦辛慘憺の努力を盡したことも彼の特色ある生涯を飾るものであらう。しかし何と云つても、終始宗教改革を念頭に置き、東西南北席暖まる暇もなく說いて廻つたことに、たとへそれは美事な成果を生ずることはなかつたにせよ、彼を時代の人として逸することは出來ない。

× × ×

北畠道龍は紀州和歌の浦、法福寺知空の子として生れ、母は同藩士北村某の女であると云はれてゐる。十一歲の時、浦の樸齋について徂徠學を學び、のち塚山、川井二氏につき更に志賀南岡の門に至つて易學三禮律部十子等其他廣く史籍を涉獵したといふ。傍ら銃馬劍槍の術を學んで其技通常を超えてゐた。武家的教養訓練は全く母方の血を受けついだものであらうと思はれる。

其後鄕關を出て、諸國を巡ること四十八ケ國、學舍に入ること廿四塾、廿八ケ年の間、宗部他部に就いて苦慘の限りを盡し、終に京都に至り、得業階に擧げられ、それより隆賢に就いて性相因明を學んだ。嘗つて東臺の慧澄律師について學ぶこと數年、同學に神原精二、福田行誡等があつた。遂に助教階に昇り大學林の年豫參事に抽でられた。

嘗つて選擇集を講習討論の際にあたり、水戸黃門教法無益といふ十三難を出した第二條に、今吾日本の佛教は政府及び人民に對して實に無益の曠物であるから、悉く天下の僧徒を還俗せしめ、蝦夷地の開拓に從事せしむべしといふ說に至つて、道龍は、當時の情勢をもつてしては宗門の教法衰滅の時期程遠からぬに思ひいたり、法主に教法改正の條々を具狀して建書した。かくすること數次に及んだが、彼の建言は容れるところとならなかつた。彼は慨然として京都を去つて國へ歸り、まづ周邊より宗教改革の實を擧げんものと考へた。自坊法福寺にあつて文武の道を錬磨し、其間に眞の教法を知らしめんと大につとめるところがあり、近隣の輿望を收めたといふ。

時に大和吉野郡十津川の近傍に於て、中山侍從を首として正義愛國の旗をかざして四五千の兵起り、四境騷擾を呈した。幕府、紀州家に命じて之を討たしめた。藩主は更に道龍

一

に命じて之に向はしめた。道龍は、躬親ら鍊制した僧俗兵の義烈隊二百五十名を帥いて、策略精密、忽ちに敵の虚を衝くこと數次、遂に之を平定せしめた。

其後又長州の亂起るや、前回の功をみとめられ拔擢されて大隊長の任を帶びて防長二州に向ひ、激戰數十回を重ね、武威を輝かして國に還り、藩主の褒賞するところとなり、祿三百石を賜はつた。

ついで和歌山藩の藩政改革に際しては、北畠は武官の將として改正に參畫し、藩士の動搖をおさへてよく其の功を擧げた。これによつて同藩の小參事に擧げられた。此間、彼は本山に對して敎法改正案を建呈したが、また容るゝところとならなかつた。此頃、同藩では獨乙兵式によつて徵兵の令を布くや、彼も獨乙學を學ぶに至つたといふ。同藩にあつては陸軍を司り兵學總寮長を兼ねつとめた。のち藩籍奉還に際して、新政府に入ることを薦められたが、自ら敎法改正の素願を貫徹するため望を官途に絕ち、銳意泰西の宗敎關係諸學科の研鑽をつゞけた。

「佛敎の人々に尊崇せられ、國家を利益するは其の僧侶の道心堅固なるに由るにも拘はらず、近來の僧侶の行作には萬人の師表たるべき點に缺け、佛敎の尊崇すべき法德を顯示するに足らぬ嫌あり、專ら自己の口腹のために汲々として一擧手一投足他に賴つて歩むの風に傾く、人々の僧侶に對する不信は蓋し是等の點に發するもの」と北畠は考へ、更に耶蘇敎のわが法城を覬覦するの氣配濃厚で、今の時に佛敎百年の大計を打ち樹てない限り、佛敎の法幢は地に墜るに至るであらうと、こゝに道龍は紀州より上京して有樂町のほとりに私塾を設け、佛敎改革の必要を堂々と主張するに至つた。かくて爾來世を終ふるまで、全國を遍遊すること前後五十餘度、又本山に建言すること前後六十二回に達すると稱された。（天皇行啓次所見高僧品評）

明治初年の奇僧佐田介石の爲すところの建白三十有餘度に及び、之を淺野研眞氏は介石の建白癖と呼ばれたが、道龍にあつてもまたかく癖と言ひ得るであらうか。改革運動期の彼については筆を改めて述べよう。

二

島地默雷の十七論題修齋通書

藤原圓了

これは明治七年九月發行の報四叢談第二號附錄として出されたもので、當時種々刊行された他の十七題解說書と比較すれば、恐らく其の內容の豐富さと、長文であり批判的である點に於て白眉と云へるものではなからうかと思ふ。附錄として出した動機は、報四叢談の編輯者大內青巒の言葉によれば、默雷の口述せるものを弟子が隨聞筆記したもので、それを何の氣なしに默雷が座にないてあつたものを、原稿依賴に推參した青巒の眼に止まり、彼が「固請」して貰つたもので、而も「之ヲ懷ニシ來リ略校訂ヲ加ヘ目シテ修齋通書ト云ヒ以テ世ノ同志ニ示サント欲ス」（附錄緒言）とあるから題名も青巒の手にかゝはるものである。

だが青巒は、たゞ一編輯記者根性から手當りばつたり名士默雷の書き留め原稿を貰つたのではなくして、資文式の解說書の氾濫狀態を呈した當時にあつては、大敎院分離問題まで起して氣概と薀蓄の深さで鳴る默雷に十七題は實に打ってつけのものだつたからである。而も當時敎導職の有樣は次の青巒の言葉

天臺宗の機關誌

明治二十一年一月廿四日、天台宗務廳文書課から月刊で「四明餘霞」が發行され、鷹津實全並びに梅谷孝永が中心となつて之が編輯に當り、一宗重要の事項を布達すると共に、内外の教界論壇を賑はし、一般教界の活躍時代に佛教雑誌の花形として仰がれた。號を重ねること三百三十六號（大正一二年十二月）（第二十七卷八號）にして廢刊となつた。

次いで布達報告を主とした「宗報」の發行を見、大正五年には天台宗大學内山家學會から「山家學報」を、同九年には西部大學から「叡山宗報」を出した。前者は大正大學の設立により同學内天台學會から更正刊行を繼續し、專修院研究會からは新たに「學報」を出した。其他天台宗の各方面から「天台」（三六年六月創刊）「新天台」「一音」があり、更に「聖潮」（淺草寺有志）「比叡山」「大無畏」（同淺草區公園地第三區淺草寺内淺草寺觀音會）、「觀自在」、等相次いで發刊された。

個人雑誌として「傳教大師研究」を塩入亮忠氏が大正十四年に創刊して年餘にして中絶した。

以上若干の脱漏誤記なきを保し難いが、主要なものだけは擧げた。地方の小團體により發行されたものは省いた。

それ等のうち光つてゐるのは何と云つても「四明餘霞」である。その創刊當時のわが國運の前途は實に洋々たる希望に滿ちてゐた如く、憲法發布の前後の頃國民の志氣の活潑であつたこと恐らく比すべきものがないであらう。佛教界も政府の對佛教政策の變更により、宗團寺院の内部の是正による蘇生發展の策や、また教役者の護法的努力によつてか稍々効果を呈してきたので、その活動も盛んになつてき、運動の機關誌として新聞雑誌が盛んに創刊されたのも此頃であつた。「四明餘霞」もさうした二十年代初めに生れたものであるが、爾來、單に天台宗のみならず明治佛教界にあつても有數の雑誌として長き命脈を保つたのである。その發展の跡の内容的考察は興味あるが今は省略した。（上坂倉次）

の如く無定見も甚しかつたのである。

「近來巫祝僧侶頻リニ十七題ト云フモノヲ講究シ、諸氏ノ書述モ亦タ少シトセス、故ニ巫僧或ハ之ヲ誤認シテ直ニ教義ト爲ス者アリ世人多クハ之ヲ等閑ニ看過シテ唯巫僧ノ談ト爲ス之亦タ曾テ然リトナス」

とある如く、見識のある僧分は先づ寡かつたと云つてよい。一例を擧げて見れば、明治八年七月の明教新誌一四二號に土宜法龍は、

「方今教職學徒昇級ノ弊ヲ云ハヾ徒ニ昇級ノ速カナヲ欲シ故ニ或ハ各宗專門ノ檢査ハ迂遠ナ謂ヒ、只是一心不亂三條教憲及十七題等ノ講究ノミヲ勉强シテ終ニ訓導講義ニ昇級シ以テ揚々如タリ」（傍點筆者）

と云つて概嘆し、新川縣の雄山説眼は、同誌一三九號に信教自由令發布を祝福する文中に於て、「吾輩ノ身タル生ヲ祖門ニ活カシ職ヲ教導ニ辱カシムレハ造次ニモ三條ノ教憲ヲ體認シ顛沛ニモ王法爲本ノ宗規ヲ擴張スルニアリ爾ルヲ間々教法ノ何物タルヲ知ラズ倫安コレニ耽ルノ徒アリ之ガ爲ニ玉石トモニ焚レ終ニ罪ヲ宗主宗祖ニ及ボス」云々といつてゐる以て叢門一般の墮落を知るべきである。而も此等の僧侶に對して十七題の解說書が寄辯の管の如く少からず出てゐるが、これ等が教導職一般から歡迎されたであらうことは疑ふべくもないところであらう。それは恰も前年に三條教則の虎の卷が田中頼庸や亦は魚文の如き人情小說家によつて出されて喜ばれたと同様の意味をもつものである。

明治佛教百傑を選ぶとすれば

佛教史上明治程波瀾重疊起伏の變の烈しかつた時代はないであらう。大廈の正に倒れんとする時、よく之を支え得しめたものは、時勢の變によることは勿論であるが、また幾多の佛心に生きる僧俗の努力にあつたことは疑へない。さき頃から明治百傑殿の企てがあるが、今かりに佛教界の百傑を選ぶとしたらどんな人々が現れてくることであらう？　試みに、あらゆる角度からみて、明治佛教に盡したと思はれる僧俗を左に列擧してみた。思ひ浮ぶまゝを記したのであつて、重要な人物を漏してゐるかも知れない。書いてゐるうちにこの百人のうちに盛り切れないで、第二の百傑も出來てしまつた。これかれの重要性は、其人々によつて活動貢献の方面が違ふところからして、取捨選別は容易でない。手あたり次第と申しては濟まない次第であるが、今回は第一の百傑だけをあげた。

實際にある人物の經歷事功の明瞭でなくて、世間的に知名なものも這入つてゐるので、筆者としては全責任を負ひかねるが、詳細な傳歷を御存知の方々の御教示を得たいと思つてゐる。それによつて正しい百傑を選び出すことが出來ようと思ふ。

百傑を選び出すことは單なる遊戯ではない。現存の人物の價値評價が極めて困難事であるのに對して、左記の人々は歿後早きは數十年

村田寂順　鴻　雪爪　東　瀛
廣　如　七里恒順　明　如
嚴　如　諸嶽奕堂　大内青巒
赤松光映　原　坦山　現　如
養鸕徹定　瀧谷琢宗　久我環溪
西有穆山　福田行誡　島地默雷
荻野獨園　今北洪川　新居日薩
釋　雲照　佐伯旭雅　辨　玉
日光院守脱　淨土院慈隆　圓照寺超然
照雲寺善讓　明教寺亮恵　大隆寺道廊
春德寺祖門　圓照寺宏遠　梅園院德含
萬福寺如隆　願正寺開悳　爪生岩子
守野秀善　新井石禪　山岡鐵舟
上野相憲　畔上楳仙　圓通寺道契
大椙覺寶　長光寺頓成　釋　宗演
吉川日鑑　南條文雄　佐田介石
鳥尾得庵　無盡院大雲　香山院龍溫

四

を經、極若干が最近示寂せられたものである。それ等の人々の功業も大方十數年以前に決定的なものとなつて餘生に永らへられたのであるから、既に大方は靜止的に眺めることが出來そしてその影響力についても大體決定的にみることが可能であらう。次號には第二の百傑をあげよう。

×　×　×

雷　雨　大洲鐵然　奥田貫昭
前田慧雲　森田悟由　笠原研壽
三村日修　清澤滿之　小栗栖香頂
大田垣蓮月　南條神興　渡邊南隱
北畠道龍　井上圓了　石川素童
石室孝暢　原口針水　貌枯射德令
日置默仙　福山默堂　橋本峨山
石川舜台　高津柏樹　攝　信
三浦梧樓　竹田默雷　北野元峰
奥村五百子　村上專精　由利滴水
西山禾山　高岡増隆　島田蕃根
櫻木谷慈薫　赤松連城　松本白華
平松理英　豐田毒湛　弘津說三
威力院義導　大道長安　齋藤聞精
吉谷覺壽　唯我昭舜　神原精二
福羽美靜　日賀田榮　藤島了穩

人物我観

默雷、七十五六才

島地默雷、越前を巡化す、信者あり齋食を供養せんとす、曰く和上さまは御老躰の事ゆゑ何ぞ軟かき物をと存して云々、侍者曰く和上の年を幾つ位と思ふか、信者曰く七十五六才ほどに見まゐらせたりと、默雷時年四十八九。

青巒、七八十才

大内青巒、長崎に演說す、時年四十才、聽衆多くは言ふ、是れ眞の青巒には非ず恐らくは僞物なるべし、去年神原精二來る、白髮の老翁なりき、而して青巒の名を聞くこと精二より古し、蓋し眞物は七八十才の老翁ならざるべからずと、隨行の加藤惠證ほとんと其辯解に困しめり。

琢宗三人前の茶を飮む

琢宗嘗て、大内青巒、平松理英等と、和敬會演說に巡回し、群馬縣前橋橋林寺に至る、檀徒某茶事を好む、三人を招きて懷石を供す、琢宗素と茶事を會せず、茶室に入るに及んで、主人濃茶を點じて薦む、琢宗獨之喫了し、大内に與へず、主人大に困しみ、二人に白湯各々一椀を薦む。

陸奥道龍の年を算す

陸奥宗光、一日北畠道龍と話す、談偶々學事に及ぶ、道龍揚言して曰く、余六才にし始て父母の敎育を受く、爾來書法を學ぶこと何年、詩文を修むること幾年、某氏に就て幾年兵法を講じ、某先生の門に劍術を研くこと何年、餘乘は俱舍、法相、華嚴、天台を學ぶこと各幾年、宗乘何年、法律何年、和學何年、獨逸學何年と、口に任せて之を語る、宗光聞くに隨ふて之を手記す、旣して問ふて曰く、師は本年何才なりやと、道龍曰く四十余才、宗光乃ち前の手帳を示し、師が今いふ所の年子を打算し來れば師は七十餘才ならざる可らず、然らざれば計算の合せさるを如何と、道龍亦答ふる能はず。

得庵、四諦の講釋に窮す

得庵嘗て人を集めて佛敎を講す、苦集滅道の四諦を講ずるに至りて、因果の順序を轉倒す、曰く苦の因に由て集め果を感じ滅の因に由て道の果を感ずと、百方之が辯解をなさんと欲すれども、說を得ずして已む。

中西牛郎、裸體にして散步す

牛郎、書に耽り、時に帶の解くるを知らず、屋外に散步す、人以て狂人となす、牛郎更に意とせず。

北野元峰の放屁

元峰十數年來每月一二回、佐々木東洋の邸に講演す、貴顯紳士醫者官吏其他十數肅然として坐にあり、元峰將に講座に上り咳一咳說き出さんとして放屁一發す。滿場の聽者寂として聲なし、元峰、後人に語りて曰くあんなきまりのわるかつたことなかつたと。

鳥尾、三宅雄次郎をツメル

雄次郎、小彌太を問ひ、談偶々心識の事に及ぶ、雄次郎曰く、泰西の說は、心識の所居を頭腦とす、知らず佛說は如何と、小彌太答へず、卒然雄次郎の腕をツメル、雄次郎大に驚き痛い〳〵と、小彌太曰く此心識の所居なりと、又腿をツメリ、背をツメリ、雄次郎が痛いと云ふごとに、それここにも心識がある、あすこにも心識があると。

坦山、得庵と途に會す

原坦山、鳥尾得庵を訪はんと欲し、鳥尾得庵、原坦山を訪はんと欲し途上相遇ふ、得庵先づ弓をひくの狀を擬す、坦山乃ち一圓相を描き、一語を交えず袂を別て還る。

資料

浄土宗

中教院開筵式

出納概算表（三重縣）

（明治九年四月從五日至七日）

供物	三、三五五〇円
雑作	―
機械	三、一二五〇
飯米	二六、八八〇〇
天盃	一五、〇九二五
説教	一五、〇〇〇〇
借物謝	一、三一五〇
筆黒	、五〇〇〇
紙類	三、一六五〇
人足	一二、五五一〇
謝物	一五、一二五〇
郵便	、〇六〇〇
青物	八、五八四五
味噌	、八七五〇
酒	七、一五三〇
蠟燭	二、一三五〇
油	一、三八七〇
溜	一、七五〇〇

六

大阪編纂支所總會

人物篇刊行についての編纂準備委員會が五月廿三日に開かれ、ついで、廿八日に大阪生玉の法音寺で桃野春興氏の司會のもとに大阪支所總會が開かれた。これは平素のとかく途絶えがちな連絡をつけるためと、東京編纂所の狀況報告とを兼ねたものであつて、東京側からは、友松理事と牧野内所員が參向し、種々と經過報告やら今後の方針についての諸氏の意見交換があり充分和やかな雰圍氣の中に總會を終ることが出來た。當日は午後五時から友松理事を中心の淨宗靑年會主催の座談會の開始時間がくるまで約二時間であつたが、雨天にも拘はらず多数御出席下さつた。こゝに當夜の出席者諸師の芳名を記して感謝の意に代へる次第である。

六花眞哉、津留眞孝、廈間惠辯、飯田順隨秋田貫融、堀田得俊、中川澄道、中西無二松中實玄、橋本順徵、津留光孝、廈間憲文桃野春興等。

外に、中外日報の三浦大我氏、時事新報の岩津記者等の顔が見えた。

京都編纂支所訪問

京都の支所は東山中學校内にあつて、こゝの校長江藤徵英氏が代表され小笠原氏が主事である。着驛するや直ちに同校に向つたが、相憎創立記念日で校長式場にあつて面會不可能なので所用の旨を某氏に託して早速谷大の德重教授をお訪ねした。氏には二度目の面接であるが、つい先頃御上京の時よりは元氣がなかつた。東京へ旅行して以來とかく健康が勝れないといはれてゐた。隨分と僕を勞つて下さつた。身に泌みて難有い感じがした。責任を帶びた旅で、まだお馴染淺いお寺に無料宿泊をお願ひするわれわれの旅行といふものゝ若干の氣苦勞と疲勞の伴ふのを如何とも し難い。

それはさてをき、編纂の方針について德重教授に種々と意見をお傳へ申し、留守で御目にかゝれなかつた佛敎兒童博物館の中井玄道氏、禿氏教授などへ宜敷御言づけを願つて今後の御援助を希望し、初めて見る京の町を殘りなしくも立去つた。

受贈雜誌謝告

奉仕 第十四巻第五號 大阪 佛教奉仕會
莊嚴 五月號 廣島 莊嚴社
明治文學研究 第二巻第五號 東京 明治文學談話會
明治文化 第八巻第五號 東京 明治文化研究會
衆善 第十九巻第五號 京都 衆善會
比叡山 第一百二十九號 滋賀 其社
法施 第三百四十八號 東京 國母社
達明 第十巻第五號 大阪 達明會
正法輪 第八百十六號 京都 妙心寺派
正法輪 第八百十七號 京都 宗務本所
自覺 五月號 東京 其社
新覓 第六巻第五號 千葉 其社
傳道 第四百四十六號 東京 鴻盟社
人華 第十三巻第五號 大阪 顯眞社
五朋 第八巻第五號 東京 其社
吉祥 第三百三十號 東京 佛教社
眞實道 第十一巻五月號 鹿児島 其社
和光 第二百二十三號 神奈川 其社
衆善 第十九巻第六號 京都 其社
評論 第十四巻六月號 東京 明治文學會
奉仕 第十四巻第六號 大阪 佛教奉仕會
ピタカ 五月號 東京 大藏出版社
莊嚴 六月號 廣島 其社
佛教 六月號 東京 眞理運動本部
眞理 五月號 東京 眞理運動本部
海外佛教事情 五月號 東京 國際佛教協會

編輯後記

◇前號で申しあげました通り、本號から舊八頁位に縮少する積りでしたが、幸にも本誌の發展を望まれる援助者が現はれまして、急に模樣がへになりました。そんなわけで、既に編輯を終へたところにこの話でしたから、發行が遅れまして讀者諸氏におわび申します。篤志者のお志に對しても一層の努力をする覺悟です。讀者諸氏からも遠慮ない御意見を聞かせて頂き、本誌をよりよいものと致し度いと思ひます。

◇御援助下さつた方に對して厚く御禮を申しあげます。御言葉によつて芳名を掲げ得ないことを惜しく思ひますが。

◇五月廿二日(水)東京編纂所で編纂會議が開かれました。常盤所長は旅行中で缺席、藤本、藤原、友松、増谷の編纂員が集つて人物篇について具體的な審議を行ひました。

◇右が終つて、友松理事、牧野内所員が大阪の支所總會に出張しました。詳細は別記の通りです。

◇本月は資料の入庫が殆とありませんでした。編纂が始つても、資料蒐集はかねて行つて居ります。積極的な御後援を希望します。

◇來月は本誌誕生滿一年になります。頁も増してみたいと計畫中です。近頃本誌のバックナンバーがしきりに所望されます。段々認められてきたのでせうが、九號の如きは殘部なし。二、三、四號は殘部僅少です。保存用に二十部だけ揃つて居りますが、希望者には定價で御讓りします。段々暑くなります御自愛下さい。

第二巻第六號

昭和十年五月三十日印刷
昭和十年六月一日發行

編輯兼發行人 東京市深川區冬木町一〇 上坂倉次
印刷人 吉本菊松
發行所 東京市京橋區銀座西五ノ五 明治佛教史編纂所 電話銀座五三八九番 振替東京七四二一八番
發賣所 東京市本郷區六丁目赤門前 山喜房佛書林

定價 一冊 金五錢 一年分 金五拾錢

明治佛教史編纂所の事業

趣旨　昭和佛教の近い胎生期である明治年間に於て、盛んに活躍された長老元勳の見聞を整理する今が最後の時期であること、此時代の文献資料類が散逸して手に入り難くなつてゐること、今日は明治佛教界の足跡を省みて、奮起清算、反省を要する時であること等を理由として、宗派的偏見を去つて和合協同して進むべき指標としてこゝに明治佛教史の編纂が計畫されました。

創設　昭和七年の秋から發願されて、八年一月準備委員會が成立し、三月一日に事務所を開設して今日迄、資料蒐集にあたつてきました。

事務所　東京市京橋區西銀座五ノ五菊地ビル内に之を置き、京都市に、京都編纂所を置き、大阪にも支所を設けてあります。

編纂要項　五ヶ年のうち二年を史料の蒐集分類、整理に充て、後三ヶ年に左の綱目によつて綜合大明治佛教史全十二卷の刊行に移ります。各册は菊判千頁程の大册になり索引年表と共に萬遺憾なきを期して居ります。

1 通史篇
2 學史篇
3 文献篇
4 布教教育篇
5 社會事業 社會運動篇
6 法制經濟篇
7 宗史篇
8 寺誌篇
9 人物篇
10 藝術習俗篇
11 地方史篇
12 統計年表 索引篇

組織

名譽所長　文學博士　井上哲次郎
所長　文學博士　常盤大定
代表　理事　友松圓諦

東京編纂所
主事　增谷文雄
所員　上坂倉次
同　吉田光覺
同　牧野内寛清
編纂所囑託　若干名

京都編纂所（京都市東山區東山中學校内）
代表　禿氏祐祥
主事　小笠原宣秀

大阪編纂所（天王寺區生玉前町法音寺内）
代表　中井玄道
主事　桃野豢興

編纂員（決定分）
禿氏祐祥　德重淺吉
友松圓諦　增谷文雄
藤原猶雪　藤本了泰
江藤徵英　淺野研眞

理事　若干名、各宗代表其他授識者をもつてあつ。

地方評議員

地方編纂囑託

實動機關　編纂所動靜、各地座談會の連絡、資料、研究論文等の發表機關として、所報と月刊「明治佛教」をもちます。毎月明治佛教研究會を開き各方面の長老權威者を招請して話を聽いてゐます。

業績

蒐集資料　昭和八年三月以降の蒐集資料は
新聞雜誌、四萬二千餘册（又ハ部枚）
單行本　一千六百餘册
に達します。（本誌六號、所報二號參照）

出版　昨年、明治年間佛教關係新聞雜誌目錄（八十餘頁定價五十錢）を出して好評を受けてゐます。近く單行本カードの整理を了へんとしてゐます。人物篇用カード及び年表の作成も進行中です。

經營　各宗の御補助をはじめ各方面の助成費、寄附によつて之を爲して居ります。愈々編纂を開始いたしますについて一層の援助を望んで居ります。

明治佛教
昭和九年十月一日第三種郵便物認可
昭和十年五月三十日印刷
昭和十年六月一日發行
第貳卷六號
通卷第十一號
（毎月一回一日發行）
（定價五錢 送料五厘）

昭和九年十月一日第三種郵便物認可
昭和十年六月廿八日印刷　昭和十年七月一日發行

明治佛教

等二卷第七號　（每月一回一日發行）　通卷第十二號

第二卷
第七號

目次

硯海一滴

松濤賢定

本誌六月號に明治佛教百傑として村田寂順師己下百餘人を列記する中に我淨土宗に屬する諸氏に關して愚見を述ぶること左の如し。

辨玉　は大熊辨玉上人なるべし、神奈川縣神奈川町三寶寺に住す、和歌を善くす、萬葉調にして長篇尤も巧なり、著はすところ「ゆろむろ集（未見）あり。上人の和歌に關しては、往年御歌所寄人金子元臣氏の批評あり、當時該批判書一部惠贈せられしも今所在を失ふ、惜むべし。神奈川縣成佛寺大熊辨眞師は上人の弟子なり、余三十年前同師に會見せしも、上人行履に關して聞くところなし。

無邊院大雲　は無量覺院大雲上人なるべし、上人は維新前後に於ける宗乘學の巨匠なり、字書に通じ、和歌を嗜み、短札を善くす、京都華頂山支院入信院に住す。華頂山尊秀法親王に近侍して宗乘を進講せらる。無量覺院の稱號、蓋し尊志に出づと云ふ。法親王維新後復飾、北白河宮能仁親王殿下と稱したてまつる、上人維新後東京に轉錫し、我三緣山支院肆照院（今の光照院、芝中學校寄宿舍）に寓し、宗徒の請に應じて宗餘乘を獅子吼せらる、先師妙定院在舜知遇を辱なうす、當時寸志を呈して上人衣鉢の料に供せり。明治九年二月一日寂す、興蓮社法譽忍阿大雲と號す。前記因緣により、上人寂後、藏書大半は當該法類より妙定院に寄附せらる、藏書とともに、法親王の恩賜に係る御歌及び御紋章入袈裟金襴五條を珍藏せり。

雷雨　上人は京都東山一心院に住す、天台學の巨擘なり勤息義城勸學の恩師なりと云ふ、委細は一心院に照會せらるべし。

太田垣蓮月　尼の經歷は、大正十五年六月村上素道師編纂せる蓮月尼全集三卷に詳かなり、但し蓮月尼と同時に高畠式部女史の存在を忘却すべからず。

女史太だ多能、笙、琵琶、琴を善くす、又彫刻に妙なり、尤も和歌に長ず。著はすところ「麥廻舍集」、「かたみの藏」あり、明治十四年女子齡九十有七、徒步伊勢に至り、恭しく大廟を拜す、是歲五月廿八日、泊然簀を易ふ。昭和五年五十年忌辰に丁る、山本香園女史首唱者、川柳久良岐社主盟阪井大人顧問となり、五月廿八日、名流諸賢を我妙定院に會して法會を虔修し、遺墨を蒐集して展覽に供し、追遠の誠を表す。御歌所參候坂正臣先生、棚橋絢子老女史、澤男爵夫人己下七十餘人參會、獻詠者數人、坂先生追憶談あり。佐々木信綱、尾上八郎兩博士不參に付、其獻詠は阪井顧問代讀せらる、席上揮毫あり、頗る盛況なり。女史の經歷は、當日小納敬師せる「招魂抒情」（昭和五年七月十三十七日中外日報に登載す）に詳かなり。

一

神原精二先生　の行履概要は、堤正勝氏著はすといふ「神原護國居士墓志」、愚稿「神原護國居士と大内覇々居士」（和昭三年十二月中外日報載）「護國居士五十年忌追遠徵衷」（昭和九年五月十五日發誌大日登載）に記述せり。

鵜飼徹定大敎正　明治維新後、排佛毀釋の暴論朝野を風靡せる時、我淨土宗を代表し、大義名分護法資治を標榜し、堂々摑裂邪網の論陣を張りて、群生を驚醒せられたる傑僧は、華頂山順譽徹定大敎正、立譽行誠大敎正、增上寺義應中敎正、增上寺學寮主釋大俊（鵜飼氏）上人の右に出づる者なきこと歷史の證するところなり。兩大敎正には並に傳記あり、義應中敎正略傳は、愚稿あり、淨土宗全書に之を載す、大俊上人傳は二種あり、俱に淨土宗全書に登載す、余上人に私淑すること年あり、二傳其他關係書類を檢討し「釋大俊師に就て」と題し、雜誌「日本及日本人」（大正十四年三月十五日）に登載せり。別紙謄寫版百人列記の中に大俊上人を逸するは遺憾と謂ふべし。

木村鷹太郞は佛敎と沒交涉、況や福羽美靜、は頑迷の國學者、當時排佛毀釋の方針實施、大半彼の手に出づと云ふ、天覺波旬の屬、之を明治佛敎百傑の中に算するは、活字の誤謬歟、誤謬大なりと謂ふべし。

本紙及び謄寫版列記氏名を一瞥するに、敢て月旦するにあらずと雖、所謂傑に該當する者果して幾人かある、他宗措て論ぜず、我淨土宗の如き最も考慮を要すべし。

昭和十年六月十三日

佐田介石の轉宗始末補遺

二

淺野研眞

私は昨年十二月一日發行の『明治佛敎』（第一卷第九號）に『佐田介石の轉宗始末』なる一文を發表したのであるが、その直後に至つて、右文の最後の部分に對して重大なる補遺をなすべき責務を痛感し乍らも、種々の雜用に邪魔されて、荏苒、日を過したことは、何とも申譯けない次第である。

ところで、その「重大なる補遺」とは何かと云ふに、それこそ今茲に記述せんとする所のものであるのだが、順序として私は、前出拙文の最後の部分を、以下に再現することにしやう。

「………『明敎新誌』（明治十三年八月十日刊、第一〇二二號）に、「天台宗の佐田介石は本派本願寺へ雇はるるやの噂あり」と報じてゐる如きも、………彗星的人物としての、介石の動きを恐らく妄報（?）したものであらうが、………」（同誌三頁）

右文中、「本派本願寺」とあるは「東派本願寺」の誤植（東の字を行書で認めた爲に起つたもの）であつたのであるが、實は此の雜報記事は、決して「妄報」などではなく、「煙の立つところ火あり」と云ふ這箇の消息が、其後に至つて探知さるるに至つたのである。

それは本鄕の西善寺（大谷派）に、佐田介石の書簡が五十數通までも所藏さるる中に、右轉宗事件當時の書簡數通が發見されたにあるのである。それは同寺前住職大伴義正師に宛てたものであつて、同師は介石の高弟(?)として、晚年まで常隨昵近されたものであり、且つ大の活動家でもあつた。介石の沒後も、介石の論著『點取交通論』を出版された程の人である。だから此人に宛てた介石上人の書簡なるものは、相當に重要性を持つものと云はればならぬ。それに「東派本願寺へ雇はるる」と云ふ噂に關する限りに於ては、大伴師が大谷派の人たるに於て、一層、然るものがあるのを覺える。

×

實際、新發見の次の一通によると、この噂は決して妄報ではなかつたやうである。——

急啓候、渥美占部兩君へも面會仕、委細相談仕、是非七月上旬ニ西京へ移轉之事ニ相決候間、西京差止メ、信州行キニ向チ相替へ、右樣御承知被下度、乍去、暫時之處、雇入レ之姿ニ仕方、隣山へ對シ都合宜歟、左樣御承知被下度、乍去此儀外ニ洩レザル樣、〇〇（二字不明）御包說被下度、委細ハ歸京之上可申上候、頓首

（明治十三年ならん）

四月十一日　　　佐田介石

大伴義正樣

御本山之手數も一兩日中都合能相濟申候

これは明治十三年のものであらう、而して此の四月の手紙は暫らくは外に洩れず、前出『明教新誌』の如きも、四ヶ月おくれて、八月に至つて初めて「噂」を報導したに過ぎなかつたのである。

云ふまでもなく、渥美・占部の兩師は、當時の東本願寺の上局であつたのであつて、これに少くとも橋渡しの一役を、かつて出たのが、却つて門弟の大伴師であつた如きことも、興味深いことであらうと思ふ。

尙ほ文中に、「隣山」即ち西本願寺に對して若干遠慮した點のあるのも、注目に價するものがあるやうに思ふ。

×

尙ほ他に數通、轉宗事件に關聯する手紙もあるが、それらは改めて全體的に整理したいと思つてゐる。そして近刊の『佐川介石全集』に收錄すると共に、他方、これ又近刊の評傳に於て、それらの材料を充分に驅使したいと思つてゐる。（昭和十年六月二十日）

鞭達錄

安藤正純氏より

拜啓明治佛教百傑傳ニハ物故者ニ限ルトアリ、然ルニ木邊孝慈、梅原薫山兩氏ハ確ニ健在ナリ、岩堀智道君モ或ハ健在？　コレハヨク御取調被下度候

チヨツト氣付イタ處デハ、慶應義塾出身、同塾佛教青年會講師且創立者

芝三田北寺町　白山謙致

眞宗大谷派　澤田式憲

加賀出身、文學士眞宗大谷派朝鮮布教監督

大谷派東京出張所長　和田圓什

岡崎市　大谷派ノ宗政家ニメ有名同派耆宿　大田祐慶

三河、同右　篠原順明

北陸、大谷派ニテ石川舜台、渥美契縁ト並ンデ三傑ト稱セラル　松本白華

北陸、大谷派宗政家ニメ明治初中代ニテ鳴ラシタモノ　月見覺了

江州、大谷派ノ明治廿九年白川黨改革ノ主唱者ノ一人大谷大學ノ功勞者　今川覺神

加賀、白川黨改革主唱者ノ一人、理學士、後ニ九州戸畑明治專門學校教頭　井上豐忠

秋田縣、大谷派白川黨改革主唱者ノ一人　美濃田覺念

明治ノ初年、耶蘇退治ノ熱心家、演說家ニメ有名ナリ、居士

大多忙、ユツクリ見ル暇モ考ヘル暇モナシ今御來狀ヲ披見、一寸チヨツト思ツキノ儘御注意申上候　マヅ澤山アラン

六月九日記　拜具

明治佛教史編纂所御中

安藤正純

岩田教圓氏より

拜啓　貴所倍々御淸勝編纂御進捗被下候事と奉存候御送附に預り候明治佛教百傑傳候補中、弊派之分一人も見へざるは遺憾至極と奉存候　御送附被下度候補者を相見候へば、本派にも此程度之人は相當有之候に付玆に一二御加入之御取計に預り度御參考迄に思ひ出分申上候

一、天台宗眞盛派獨立初代管長　卒溪考恭

一、同右　金纘廣貫

一、同右　石山覺湛

右傳記、寫眞等は追而御送附可申上候　匆々

六月九日

眞盛寺　岩田教圓

平澤照尊氏より

前略　切に諸見の健闘を祈上候　明治佛教史編纂事業着々進捗の御樣子中心より感謝に不堪存居候　如斯聖業に從事する者の如何に多事なるかを想像して轉た美望罷在候

明治百傑傳一見直後思ひつき候まゝ朱筆を加へ返送いたし候

別便御一覽可被下候　何分相變らず東奔西走いたし居候爲何等應援も出來ず慚愧罷在候

六月十二日

平澤照尊

三

受寄贈雜誌謝告

衆善	第十九卷第六號	京都	衆善會
評論	第十四號	東京	明治文學會
奉仕	第十四卷第六號	大阪	奉仕會
明治文化	第八卷第六號	東京	明治文化研究會
如是	第七〇號	大阪	千里山佛教會館
ピタカ	六月號	東京	大藏出版社
人華	第十三卷第六號	大阪	顯眞社
比叡山	第一三〇號	滋賀	其社
傳道	第四四七號	東京	鴻盟社
眞實道	第十一卷六月號	鹿兒島	其社
五朋	第八卷第六號	東京	其社
和光	六月號	神奈川	其社
吉祥	第三三八號	東京	佛教社

編輯後記

◇いよ〳〵梅雨に這入つたかと思れたのも束の間、どうやら空梅雨らしい。盛夏の候も間近です。本年も上半期を完全に閉しました。われ〳〵の仕事もスピードで酷熱を征服してゆくでせう。

◇仕事が忙しかつたのと、來月の特輯號準備とで本號は、頁少しまして、懷しい昔の型になりましたが、諸宗の御好意ある鞭達が全紙面をうめました。厚く感謝いたす次第です。

◇明治佛教百傑を歷史上からみたときに、佛教側の人物のみを擧げることのみをもつて正しとしないと考へます。時には大仇敵こそ、正法を興隆せしめる有力な機緣となつたであらうことをわすれ得ないものがある

◇六月は、所員二人が交互に健康をそこねた不運な月です。手の少いこと安閑としてゐられない事情は無理を犯さしめがちです。

◇井上哲次郎博士常盤大定博士何れも元氣でお過しです。そして絕えず强い關心を持たれて、われ〳〵を鞭達されて居ります。友松代表理事は御承知の通り、南船北馬寧日ない活動振りです。その間、時折り貴重なる資料を採集されてきます。

◇七月上旬、編輯委員會が開かれ、細密な編輯協議がなされる豫定です。

第二卷第七號

昭和十年六月廿八日印刷
昭和十年七月一日發行

編輯兼發行人　上坂倉次
東京市深川區冬木町一〇

印刷人　吉本菊松
東京市京橋區銀座西五ノ五

發行所　明治佛教史編纂所
電話銀座　五三八九番
振替東京七四二一八番

發賣所　山喜房佛書林
東京市本郷區六丁目赤門前

定價　一册　金五錢　一年分　金五拾錢

明治佛教　昭和九年十月一日第三種郵便物認可　昭和十年六月廿八日印刷　昭和十年七月一日發行　第貳卷七號　通卷第十二號　（每月一回一日發行）　（明治佛教史編纂所）

昭和九年十月一日第三種郵便物認可
昭和十年七月廿八日印刷　昭和十年八月一日發行

明治佛教

等二巻第八號（毎月一回一日發行）通巻第十三號

第二卷　第八號

目次

福澤諭吉先生をめぐる

僧門の弟子

明治の先覺者福澤諭吉先生は無神論者といはれる程で先生自身には宗教に無關心であつた。しかし常に口癖のように自分には宗教は必要はない、經世的見地からは、それが果すべき役割りはあることであるから、宗教界の流弊は除去せればならん、そしてその長所効用は充分に發揮せしむべきであることを言つてゐる。だから必しも宗教の否定論者ではなかつたわけである。

「自分は何れの宗教をも信ぜないが、一身には自から信ずるところのものがある、而して其信するところの何であるかは獨り自分の心に存して他に語るべきものでないから、これを問ふことはやめてもらひたい」といつて、どんな信念を抱いてゐたかは明かでないが、或は先生一流の開明な智識をもつてした人世觀、世界觀を指したものではないかと思ふ。

× × ×

先生が佛教について論じた場合は、信仰そのものについてよりも寺門の腐敗、僧侶の墮落を矯正して人民の信仰を回復するといふことに關してゞあつた。其の著書新聞演説に論ぜられるところは常に世間の注意を受け、强い感銘を與へたものである。その論難の態度は決して單なる攻擊的なものではなく、いづれも僧侶の腐敗墮落を救濟し、佛教をして經世の用を爲さしめんとの精神が滲みでたものであつた。

その僧侶の不甲斐なさをのゝしるのは、彼等をして發奮せしめるための慈父の鞭である「僧侶の罪は維新の初に於て廢佛の風靡禍㗊に驚き、今日に至るまで恰も放心したる者の如くにして、唯政府に依賴し、世間に阿らんとして、遂に寺門を俗了するに至りしは、誠に歎息に堪へず。古語に「靑は藍より出で、藍よりも靑し」と云ふことあり、我輩は則ち云く「僧侶は俗より出でゝ俗よりも俗なり」と。妄評には非ざる可し。最後の句は、先生が俗僧を罵倒する場合に屢々用ひた警句である。

いま佛教論の一二を左に述べよう、先づ布教觀をとりあげる。

「今の僧侶は布施を得んと思ふ爲めに布教に盡力するものから布教に實効を奏する事なし」といはれた、また眞宗の布教方針が、眞宗の僧侶某が先生を訪問した折、當今は上流社會の人々を中心としてゐるようであるが、この態度は開山見眞大師の布教とは大に相違するのではないかといはれた。今日に眞宗の法義を布かうとするならば、假令ば貴人の家ならば、主人や妻君を目的とせずに、下男下女に教を布くを第一とし、それから主人や妻君が好んで聞法の念を起すように注意したらばどうであらうかと說かれた。

明治廿四、五年頃は佛教が稍新時代の空氣に染まつて、色々の人氣取り的な事業を企てるようになつた。或る僧侶が、福澤先生に「目今の社會に對して宗教家の爲すべき事業は何を適當といたしませうか」と尋ねられた。

先生は之に答へていふには

「宗教家が社會に對して爲すべき事業は、專門の布教傳道より外にはあるまい、近頃佛教者や耶蘇教者が貧民救助とか貧民學校とか或は何と種々雜多の事を企てる者があるといふことであるが、それは善いことは善いが、宗教者は固より資産のある筈もなく他の信施を募る事業であるから元手のない商法をするようなものでとても永續はむづかしい、又布教をするにも海外布教を試みる者があるよしだが是も資本の覺束ない次第で、云はゞ苦し紛れの事業であらうから、是も迚も實効を奏する事は覺束ないことである。それよりも先づ内地の布教に盡力し我日本の隅から隅まで教義の行屆くように奮發ありたいものだ」と。

× × ×

斯樣な先生の進歩的な佛教論は、時弊を痛感してゐた青年僧の胸を強く打つたに違ひない。そしてまた、當時民間教育界の大立物として時勢に拔んじた教育を施してゐた先生の慶應義塾が青年の渇仰の的となつたことは無理はない。明治十年前後に僧侶でもつて慶

二

應義塾に學んだ者は少くない。そして後年名を成した者の歩みをみると、尋常僧の行き方と可成りに違つたものがあることを認めるのである。

眞言宗の管長になつた土宜法龍、鹿兒島別院をつくり、英國に留學などした菅了法、鎌倉圓覺寺派管長となつた釋宗演、駒込眞淨寺住職で寺院の權益を主張することに一隻眼をもつた寺田福壽等、或は東本願寺連枝の大谷瑩誠兄弟などもさうである。

當時の塾は英語を主にして教授をしてゐたから、海外渡航者の準備學校として利用されたこともあつたかと思ふ。

× × ×

初年の佛教界が眞宗側の僧侶によつてリードされてゐたことは明かなことであるが、それは本山が進歩的分子の薦成につとめたからである、初年の海外留學生の大部分が東西兩本願寺から派遣せられてゐることを知れば思ひ半に過ぎよう。慶應義塾に學んだ初期の佛僧の多くは眞宗僧であつた。だが宗演の禪、土宜の眞言畑などもあつた。十四、五年頃約二十名程在學のうち十一名程が眞宗であつたとい

ふ。

　福澤家は代々眞宗であつた。舊慣を尊重する先生は、平民などの儀禮だけは僧を招いて丁寧にやつたものである。そうした際大概在學眞宗僧をもつてあて、ゐた。そして時折り施齋を行じ、法談などもつゝしんで聽いたものである。

　先生は事佛教に關する限りは必要な知識を彼等學生僧から供給をうけた。眞宗の僧で、駒込眞淨寺の寺田福壽との交りは最も厚かつた。福澤が物を訊くときの態度は要領を得てゐてしかも謙虚な態度であつた。

　釋宗演は在學中は始末のわるい亂暴坊主であつたそうだが、福澤先生はよくその大器たることを看破して、慈父の如き指導を怠らなかつた。果して三十四才の時管長となり、管長の身で海外へ渡るといふ例まで拓いたのである。宗演が歐州留學の志を抱き、福澤に相談したところ、錫倫行きを勸められてその言に從つたといふことも著名なことである。

×　×　×

　餘り人を褒めない性の福澤先生も七里恒順と赤松連城には感心してゐた。明治十二年西本願寺改革の當時、七里を本山に入れて腕を振はせたのは先生の推すところであつたといふ。

　先生が佛教から受けた最大の影響は何であろうか、佛教を否定はしないが、自身には無關心であつたにも拘はらず、その終生の成功の何分一かを擔ふところの大きなる影響を佛教特に眞宗から受けてゐたといふのは可笑しいかも知れない。だがそれはこうである。

　先生の教育方針はさきに布教のところで述べたように無智下賤の徒から手をつけなければならないといふ立前であつた。彼等にわからせるには平易通俗な文章でなければならない。先生の文章は誰が讀んでもよくわかつた。これが當時の定評であり、學問の普及に成功せしめ先生の名を高からしめたものである。その平易に書くといふことを先生はその師緒方洪庵と蓮如上人の假名御文章によつて得たといふことを自ら述べてゐるのである。


（上坂倉次）

明治初年の二三の佛教思想團體について

　明治初年に佛教徒が團體的に動いたものとしては明治二年の各宗の高僧知識に依つて結成された諸宗同盟會があるが、これに就ては已に辻博士や其他の歷史家に依つて殆ど紹介し盡されてゐるかの觀があるから、これ以後興つた若干のものに就て寸見を述べたい。

　初年といつても佛教團體の數多の興起は十年代であつてそれ以前に於ては同盟會以後殆ど見受けえないやうである。未だ寡分にして深く知るところではないが、十年代に興つた佛教徒のグループは、今判つてゐるものでは次の如くである。たとへば

（發　生）　（所　載）

和　敬　會…十二年一月…加持丼四卷一號

清　遠　社…十四年三月…開導新聞五八・五九號

佛教講談會…十四年六月廿二日　明教新誌一、一七一號

敲唱會修德同盟…十四年十月？　明教新誌一、二二四號

眞利寶會…十四年十一月十日…開導新聞一六九號

和　合　會…十四年十二月…開導新聞一七〇號

憂　教　會…十五年十一月…明教新誌一、四四九號

日蓮宗晴明會…十五年八月…明教新誌

等であるが、此外に發生年月不明にして其名稱の判明せるものに、同薫會、時習會、淨土宗興信會等がある。而も此等はたとへ宗派的、亦は超宗派的の異れる色合は見受くるも其の宣言或は綱領等を通して見るにいづれも駁耶、破邪といふ邪教排撃の思想的共通性を有してゐることは注目に價ひする。されば、かくの如く十年代に於ては數多の思想團體、特に言論を通して駁耶に努力せるものが興つてゐるが、これ等以前即ち十年代以前に於ては殆ど見出すことが出來ない。

これをもし强ひて求めんとすれば先づ尙和會を擧げねばならぬであらう。明治八年七月廿六日附の明教新誌第一四二號を見るに

「近頃世間にては同志の人を會してお互ひ意見を喞し合ひ學藝を論しあふこと頗る盛んにして、既に明六社、共存同衆、三田演説會、集成社、愛國社等皆其々の諸先生の會同あれども、教法家には先年同盟會といふものありしが早く廢絶して跡かたもなくなり、その後は絕えて然ることもなかりしが、此頃眞宗にては護法有志の人のみ毎月三度つゝ會同して頗る盛んに議論をなし、當節にてはその人員も二十人あまりに及びたり。」

と報告してゐる。こゝに「同盟會」とは其稱呼に若干の異説があるが、意味の上から云へば各宗の僧分が廢佛棄釋に際して起てるものであつて從て、廢佛棄釋の焔が消滅した頃には早くも煙滅したらしい。こゝに揭げた言葉に聊か信賴を置けば、尙和會を除いては他に結成されたものは恐らく無かつたのであらう

而らば尙和會の初年に於ける地位は珍奇重要なるものと見ればなるまい。而も元來佛法護持運動のためには、早くより有數なる僧侶を輩出せしめてゐる眞宗門徒の集合であつて見れば若干の注目を要されればならぬ。

そこで尙和會の意味を知るためには尙和會

四

條例本則十六ヶ條、別規十二ヶ條を揭げることが必要であるが紙數の都合上要項摘出に止める。其の第一條に「護法有志の人を同盟會合して各々意見を交易し、情交を厚ふせんが爲に之を創む」とある如く、主眼とするところは諸宗有志の和合と時勢に對する意見の交換にある。而して其意見の交換法は「演説」に因るのであるから、過言にあらずんば「佛教演説會」の嚆矢ともいへるであらう。概して規約に現れたところは技術的な事務章程に止まり尙和會の指導的精神が何處にあるやは分明でない。寧ろ佛教演説の練磨と社交が其の目的であるかにすら考へられる。而して各會員の演説せる共論題を若干探つて見るに

外教を憂ふるに二樣あり　島地　默雷

僧侶と教導職との異同　大内　靑巒

自ら身心を敎育するの心得　原　惠照

佛教衰微の原因　栂森　觀了

本邦僧侶の有樣　溪口　一藏

世は不幸に成立つ　島地　默雷

時を得るを喜ぶ　藤枝　令道

誠は財に勝る　千河岸貫一

（明敎新誌一四四、一五五、一七九號等）

の如きものにして概して憂教的なものが多い。亦、明治八年九月廿八日附明教新誌一七四號に於ける理論家溪口一藏の「教法精神復活法案倘和會議案」なるものを見るに教法衰滅の憂へが確然と示されてゐる。議案八ケ條にして何れも長文なるも、其若干を擧げて脈々たる憂教革新の論説を伺はんに、其の第三條に於ては「倘和の二字を字眼として舊來の弊害を廢し新に適實なる法方を設けて其運動を試むべし」といひ、單に倘和會が一種の安閑たる社交機關をなることに警告を與へて須らく革新と復活との實踐行動に出づべきを主張し第四條に於ては、其の具體的方法を仔細に陳べてゐる。但し主として眞宗を基準として論じてゐることに注意すべきである。

即ち革正すべき要件として、寺院の世襲制度、猥りに得度を許す、位階の亂許、僧俗の威儀不判然、住職にして教導に從事せず、亦は他業に從事することなどを擧げ更に、僧分は必ず普通の書を學ぶべき事、説教場の猥雑を禁ずべく、亦説教僧の威儀嚴然たるべき事柄など主として論ぜられてゐる。

これらを以て見るに必ずしも世俗一般の團體に比して其思想と其活躍に劣れるものありとするも佛教會に於ては、少くとも眞宗教團にとつては注目すべき存在たりしに相違ない。而も倘和會のメンバーは一宗に於ても有數の人材を網羅してゐたらしいから、單に知識の啓蒙、理論の鬪爭にのみに止まらなかつたら充分に發展の餘地があつたに違ひない。即ち、先に演題と共に列擧せる人々を始め、渥美契縁、正親大宣、那須玄寂、長谷川楚教、石上北天、多田賢住、榊原諦道、菅龍貫、英宜觀等々の如き顔振れであつた。

以上は原稿不揃ひのために、たんに素材を羅列して頁をうめたに過ぎぬが他日綜括的に論述する機會もあらう。

（昭、一〇・七・三一）

（牧野内寛清）

佛教雜誌
創刊號集（一）

こゝに九種佛教雜誌創刊號をあげました。寫眞がねぼけてゐて氣まりが悪いですが次からはもつとはつきりさせます。明治末年から遡及するつもり。解題は不親切のようですがこゝにいたしません。詳しいことは當所編の**明治年間佛教關係新聞雜誌目錄**（定價五十錢 菊判八十頁）を御覧下さい。

五

資料

多田孝泉僧正年譜

三連院贈僧正孝泉

師諱孝泉字有月號雙林子又顧乘房、姓馬島氏武藏國北葛飾郡下高野邑人、文政十一年歳次戊子十月五日生、父名玄益母中村氏、師生而穎異、兒戯好弄書籍、十二歳受四書五經、從儒家幾野某進學餘漢籍、天保十二年十一月廿四日拜前大僧止孝順師於東叡護國院薙髮爲僧名曰孝諶、初就隆教沙彌受四教儀同集註句讀等、弘化嘉永間從慧證和尙修學顯密、嘉永四年二月繼慈泉師之法孫慈純跡、改名孝泉、住持于同山等覺院、安政元年六月代護國院義順爲山家會講師、同二年十月於開山堂入灌頂檀受大阿闍梨職、同四年三月轉住于福聚院、文久元年十一月代東圓院深幸爲天合會講師、元治二年十月登叡岳爲法華會竪者、慶應三年三月補東照宮別當職轉寒住于松院、

明治維新之初本府知事召師命府社東照宮之司官、師告素志而固辭、同二年四月爲山内有志僧侶講觀經疏、妙宗鈔、觀音玄義、彌陀要解於自坊、明治四年春各宗有志僧相議爲破邪顯正會同各自陳述意見對論折衷名曰同盟會、師列其座屢々演高論卓説、衆皆攝服、同五年三月官設教部省並教導職、師拔擢拜命同六月於不忍辨天堂三日間説教、同七月受本省之命登日光山於滿願寺三日三夜説教、是月補中講義、同六年三月補權大講義、同月爲合併大教院講究試驗職、同四月講古事記於芝公園地天台局、七年三月依眞宗僧侶之懇請、講古事記於淺草本願寺、同三月補大講義、同月講十不二門指要鈔觀經妙宗鈔四教集註三部假名抄等於淺草公園淺草寺本宗大教院、同九年二月依府下本宗檀徒之請於各寺執行説教連月五六次一無欠席　同十一年六月依願辭院願寺主教導于時師年五十一、寓小日向妙足院「十二年四月講起信論於湯島臨濟宗大教院」十二年六月依神道大成派管長平山省齊氏請於于派教會所講小止觀、四教儀

同十三年應東台閣山衆侶懇請春秋二季開講筵於本山講堂更講妙宗集註起信等數部、同十四年三月本宗管長賞師之鞠躬盡力許著松葉衣同十五年二月本山命大學林支校教師依講法華玄義、四教、西谷名目並國典　於東台學林十五年八月受佐田介石老懇囑爲抒海學林教授講四教集註西谷名目及古事記、同年十二月以太政官特旨拜大阪府四天王寺住職之命、是月爲大學林支校長監督該機、同十六年一月補少教正同月本山特許紫衣著用、同四月以老來多病不堪任務裁書辯寺職、是月官可之。

六

師爲人其性清雅　倍澄和尙之講筵孜々勵精大得蘊奥、和尙亦感其志循々乎能誘師、平素洒々洛々好愛古器珍玩志壺然及其講義雄辨驚人、百端之譬喩適時之巧、甞深研究國典發其精妙、大導黎民、兼善和歌、受敎者亦不尠、然師居常慨宗風之不振起、又患外教之日蔓莚、深爲國家前途且爲教門將來、潐心苦慮東馳西走、從事布教鞅掌傳道數年間、于斯爲之大勞心神一朝發病臥床數旬治療盡手終不奏効淹然皈于圓寂、嗚呼痛哉、享年五十七法臈四十四、實是明治十七年九月五日午前五時也　翌六日於東台護國院釋迦堂行葬送之式、輪王寺天納暢海僧止爲之導師山衆惣出勤修光明供、此日特從北白川宮親王殿下以專使賜香奩、師在世之偉功可推知也、會者數百、本山宗廳役員學林寮長幹事並生徒及信者知巳、或神道職員等、

充堂內外、交友亦多、淨土宗福田行誡師、日蓮宗新井日薩師大僧正六位淺田宗伯老等皆送代香、其餘遠邇之地率溪考恭、石室孝暢、村田寂順、石泉信如、松山邦仙、玉樹遊樂、加藤慈晃、等諸師亦送弔辭以供牌前、乃付茶毘葬骨於東台護國院之墓地　當三回忌辰改葬谷中凉泉院歷代之傍

著書

憲法奥書　一卷五十紙木版　（聖德太子）

御鎭座の記（東照宮）木版

東照大權現緣起　同　（二十一紙）

法弟八講起　同

御神託集　同

慈限大師御物語（訂校木版）

和漢陀羅尼雜記（和歌漢詩等雜錄）　稿十六卷

瀧尾靈託記附言（木版六十紙）

三條演義　一卷

東叡山御建立旨趣並輪王寺御門室由來一卷

（近世佛敎集説ニ所錄）

略解古事記　十四卷（第九卷以下未開校）

【其他未調】

尙刊行物序跋ノ類モ澤山アリマス

拜啓

先般御照會被下候明治佛敎百傑中、天台宗として氣付候人は多田孝泉師に御座候別紙略歷及著述目錄等御一覽に供し、詳細は御一報次第御知らせ申してもよろしく候明治維新の神佛分離問題に關聯して當然、神佛一致の立場のある天台宗中にては多田師の如き人傑を産み出す處と存じ不取敢右迄

昭和十年六月廿八日

鹽入亮忠　拜

受贈雜誌謝告

○眞實道　第十一卷七月號　其社
○佛陀　七月號　其社
○五朋　第八卷第七號　其社
○評論　第十五號七月號　山海堂
○和光　第二百二拾九號　其社
○比叡山　第一三一號　其社
○人華　第十三卷第七號　顯眞社
○白毫　七月號　其社
○傳道　第四四八號　鴻明社
○敬愛　第三卷第八號　法喜社
○達明　第十卷第七號　達明會
○明治文化　第八卷第七號　明治文化研究會
○新佛教徒　第三卷第七號　新佛教徒社
○奉仕　第十四卷第七號　佛教奉仕會
○莊嚴　七月號　莊嚴社
○如是　第七拾壹號　千里山佛教會館
○正法輪　第八一九號　其社

明治の僧俗事歷を御知らせ下さい

左の要目について御報告下されば結構です、一部分だけでも差問ありません。

一、氏名法諱並に宗號
二、（イ）出生地、（ロ）生年月日、（ハ）死歿年月、（ニ）示寂地、（ホ）享壽
三、出家得度の因緣と年齡並びに宗派
四、得度　五、住持寺院名並に開創再興寺院名
六、閱歷、僧階歷次、重な行業事蹟
七、著作、編述、意見書等
八、授業、附法の弟子
九、逸話、傳譚　十、其他

期限を附して丁重に扱ひ、用濟みの上は速かにお返し致します。佛法宣揚のため切に十方諸賢の御支援を懇願致す次第です。

暑中御伺

昭和拾年盛夏

明治佛教史編纂所

名譽所長 文學博士 井上哲次郎

所長 文學博士 常盤大定

代表理事 友松圓諦

編輯後記

◇南と西に一杯に強烈な日差しを受ける編纂所は釜中のようである。机に向つてカビ臭い古新聞雑誌をめくつてゐると、全身汗ジク／＼になる。まだ修養も積まないわれ／＼には心頭滅却すれば火もまた涼し、の境地にはなりきれない。ぐた／＼になつて意識不明の境に近づいたときの感覺がそれに近いように思ふ。たゞ頑張ることよ。

◇人物傳の材料をあさつてゐる。約四萬に近い資料のページを繰つてゆくだけでも並大低ではない。一部数十頁のものをフルスピードで目を通すだけの仕事でも二千頁を一日にこなすのは容易でない。所員二人と、筆耕二人だけではどうしてもはがゆい。

◇上調子な宗教復興の波がひいて、跡に殘るものは何んであるか　波の起伏に超然としてゐた殷賑のみが殘る。波の惡戯にくすぐられもしたが、われ／＼は堅固に仕事を守り育てよう。

第二卷第八號

昭和十年七月廿八日印刷
昭和十年八月一日發行

編輯兼發行人 上坂倉次
東京市深川區冬木町一〇

印刷人 吉本菊松
東京市京橋區銀座西五ノ五

發行所 明治佛教史編纂所
電話銀座 五三八九番
振替東京七四二一八番

發賣所 山喜房佛書林
東京市本郷區六丁目赤門前

定價 一册 金五錢 一年分 金五拾錢

明治佛教

昭和九年十月一日第三種郵便物認可
昭和十年七月廿八日印刷
昭和十年八月一日發行

第貳卷八號
通卷第十三號

（毎月一回一日發行）

（明治佛教史編纂所）

昭和九年十月一日第三種郵便物認可
昭和十年八月廿八日印刷　昭和十年九月一日發行
第二卷第九號（每月一回一日發行）通卷第十四號

明治佛教

第二卷
第九號

目次

明治維新と學天大僧正（上）

村上博了

明治維新の革新は、諸般の制度文物にまで及んだ、就中、廢佛毀釋の惡風は、幕政に對する憤滿爆發の爲め計りでなく、德川中期已來儒敎殊に朱子學派の執拗な廢佛思想に起因したし、然も幕末排佛實行主義を以て天下に鳴つた、水戸、鹿兒島兩藩の內、鹿兒島派が主として維新に參與したのであつたから勢の赴くところ、王政復古の趣意誤解と相俟つて、全國到處に毀釋の暴行は行はれ、時としては鮮血をさへ見た程の狂的苛酷さであつた。雜誌佛敎史學や神佛分離史料の傳ふるところを以てしても、佛寺の堂宇地を拂ふかの感があつた。

にかゝわらず今日寺院が到處に散在、淨域を吾人の安息所とし、其の敎義は社會生活の指針たり得る事は、幾多護法の先覺者があつたことを傳ふるものである。

廢佛毀釋の暴動中にあつて、其の護法顯著な者は、實に枚擧に遑ない程ではあるけれども、淨土宗を論ずる程の者は先づ養鸕徹定師、福田行誡師に指を屈するに異論はあるまい、其の敎會上の努力、宣敎上の地位は、啻に淨土宗のみにあらず、明治佛敎界の二大柱石であつた。

この兩者を初めとし、護法各宗同盟の實効を擧げ得たるは、この先きに一大棟梁の存するによりて、之に根底を與へ典型を示したればこそである、其の先覺者こそ誰あらう、時の知恩院大僧正名譽學天其人であつた。

大僧正は、文化元年紀州那賀郡粉河村藥種業岩崎吉兵衛家に生れたのである。幼名は逸して傳はらぬ、七歲にして同郡小倉村光恩寺冠譽について出家得度し、學天と名付けられた、文化十二年冠譽示寂、尋で法兄和州佐野上善寺清譽に仕ひ修學、十五歲の文政元年三緣山に留錫、聞譽實巖に師事、天保七年新田大光院方譽順良の門下に列した。

この間、増上寺空譽舜從に五重をうけ宗乘を修學、文政八年十一月增上寺大僧正實譽顯了より宗脈、圓頓戒を稟けるや直に祖山に參拜而三井園城寺の法明律院に入り、圓戒、止觀、遮那、悉曇を傳承のかたはら、京都智積院にて海應師、隆瑜師より倶舍を學びて天保五年二月增上寺に歸山、扇之間席、一文字席、月行事を經て、天保十四年十一月增上寺梵譽密賢に璽書をうけ學頭職に任ぜられ、弘化三年四月臺命にて小金井東漸寺に住す時に四十四歳、安政二年三月瓜連常福寺に住し、文久元年鎌倉光明寺に住し、同年七月知恩院住職に任ぜられ、十一月二十七日入院し、明治三年十一月二十六日示寂世壽六十七であつた。

明治初期僅か三十五ヶ月間の生存ではあつたが、幕府瓦解王政復古の過渡期であつたし、幕府の歸依宗として保護を受けてゐた我が宗は、名實共に重大時局の秋であつた、從つて、其の功績持に燦然たるものがある、然らば如何な功績ぞや。

討幕軍が錦旗を旭日に輝かし江戸へ陸奥へと進軍したのであるが、軍資金を準備しての軍事行動でなかつたが爲に、皇軍の勝戰する每に進軍する程に、軍資の欠乏は甚だしくなつて行つた、況んや、明治天皇御東幸費等にいたつては、重臣岩倉具視卿等の軍資金調達苦心は、蓋し想像以上のものであつた、限られた京坂地區で限定された人々の間に於て、向後どれ程入用か不明の軍資金調達は度重なる程に困難そのものであつた、從つて、寺院をして資金を調達せしむることゝなつた。

淨土宗には一宗總裁華頂宮へ、天皇御東幸費金五萬兩勤王の趣意を以て、九月五日より十五日までの間に調達を命ぜられた、時や、幕府瓦解の餘波おさまらず、風雲山野に充ち人心恟々として寧日なく、山費徒らに嵩み、收入の途なき状態であつた、僅か十一日間の短日ではあり、世態の推移はどうなることか不明にして、流言蜚語は人心を混亂不安の中にお

二

ゐやつてゐたので、華頂宮の意をうけた學天大僧正の苦心は一方ならぬものであつた。

併も朝廷の資金欠乏しては、王政復古にもかゝわるによつて、大僧正は直に持使を、攝津、河內、和泉、播磨、大和、の五國と、山城、近江、丹波、丹後、但馬、の五國に派して、極力募金せしめた、前五國より三萬三千六十四兩、後の五國よりは二萬八千六百七十四兩を集め得て朝廷に納めたのである。

持使は上記各國知恩院末寺に、大僧正よりの勤王報國の意趣を傳達した、末寺數は淨土教報一〇六號によると前記攝津國二百五十八ヶ寺、河內國三十九ヶ寺、和泉國百二十七ヶ寺、播磨國四十五ヶ寺、大和國二百七十二ヶ寺、都合七百四十一ヶ寺。後記山城國三百二十三ヶ寺、近江國四百五ヶ寺丹波國五十ヶ寺、丹後國二十五ヶ寺、但馬國三十六ヶ寺、都合八百三十九ヶ寺であつた、勿論、貧寺、無住寺もあることなれば、一ヶ寺殘らず献金と言ふ譯では無からう、けれども前者一

ヶ寺宛平均四十五兩弱、後者平均一ヶ寺宛三十四兩强を支出してゐる。

こと急遽の場合であり、混亂の社會にあつての一ヶ寺平均、三十四兩又は四十五兩の金額は、決して僅少なりとは言へぬ、況んや、當時の一兩は現今のそれに比して幾倍かの價値あるに於てをや、然るに門末寺一同何れもよく勤王の大義を解し、東奔西走什金を叩き、檀信徒を説き正金を以て朝廷の御趣意に副ふたのである。勿論陛下大稜威の然らしむるところではあるが、學天大僧正の信望もあづかつて力ある事は論を俟たぬ。

こゝに注意すべきは、この短日月の間に數人の特使としても、上記十ヶ國中を走り廻れはしなかつたらうことである、けれども實果の擧げ得たるは、其の趣意のよくゆき互りたる結果に外ならない、從つて、寺院相互の融和が充分であり連絡組織も亦美事であつたことがわかるし、平常勤王報國の志があつたことをも立證するものである。

かくの如き淨土宗寺院の勤王心は、單にこの時この地方にのみ限られたものでない。

神原精二居士のこと

——きゝ書帳から——

昨年五月、谷中天王寺で居士の五十回忌が營まれた際に、中山理賢師、松濤賢定師等から居士の追憶談を拜聴したのが機縁で、其後若干あちこちと材料漁りをして見たが、關係資料は仲々豊富である。先づ傳記では極く近來のもので、雜誌「大日」所載の松濤老師のもの（五十回忌法要席上に於ける歎德文）があり、古いものでは明治十八年の明教新誌に今釋迦尊者と稱せられた加藤惠證の詳しい居士傳がものされてゐるし、其他居士を知るための資料は同誌を始め、教學論集、奇日新報、佛教演説筆記等十年代の佛教新聞雜誌所載のものが尠くない。これらの素材を巧みに扱へば恐らく立派な神原居士傳が構成されるだらうと思ふが、いまのところ、居士のことを知らんとすれば先づ惠證師によるに如くはない。惠證は居士の弟子の如く活躍し佛教演説のために身を賭して盡した人で佛教演説指南の快著があり、九州和敬會の組織に奔走してゐる。其駄作に「我好きは芝居演説山椒の薬アイスクリーム朝寢新聞」「演説で嫌ひなものは夜の席ありがた連と芝居小屋なり」等があり、青巒、五岳上人等と親しかつた。

その彼がものせる居士傳は居士の追悼會上に於ける演説文であるが側近の人であるだけに微細を盡してゐる。いまこれによつて見るに居士は備後の沼隈郡藤江村の産で十七才の折に武者修業のために九州に赴き、後に江戸へ出て淨土宗の僧となり、萬延の頃には、淨土の三哲の一人に數へられ其名も聞海上人と謳はれた。三哲とは當時の俗に道心行誠、儒者徹定、

三

それに、天台圓海であるが、天台と圓海が呼ばれたのは別意のあるに非ず、常に諦觀錄を講じ、台學に通曉せるためであつたらうと思はれる。諦觀錄の講筵に出席した人に松濤老僧があるが、師の話によると實に流暢な講義で、亦文章軌範をよく講じ、精勵格勤を以て聞えてゐたとのことである。

居士は亦大の佐幕派で東叡山赤松光映僧正と共に慶喜公を上野の山に立籠らしめ、官軍に拮抗せんことを計つたが、遂にこれが禍ひして長州勢の囚へるところとなり、投獄の憂目を見るに至つた、が獄中生活は一ケ年位(嗣子伊三郎氏談)で、出獄後は還俗して教部省の設置と伴に召されて役人としての大碌を食むに至り、教部省廢止後は退官して私塾共慣義塾を淺からぬ因緣のある南部侯の後援で本郷丸山に營み傍ら淨土宗東部教校や日蓮宗教校等へ出講してゐた。この頃佛教界頓みに衰退して困憊の體落たりしため、請はれて佛教復興運動に盡すことになり、各宗の高僧と伴に和教會を中心に八方筆舌を以て活躍せし事は周知のこと柄である。この外居士に關する業蹟は多々あるが、今は私の聞書帳から一、二の居士に關する逸話を述ぶるのが主意だから暫く略させて貰ふ。

×　×　×

居士にまつはる逸話は中山、松濤の諸老僧や、神原伊三郎翁等から拜聽したもので、何れも居士の性格を窺ふに足る興味深きものがあるが、こゝでは、伊三郎翁からのものを綴つて見ようと思ふ。

伊三郎翁は今年七十九才だがそのかみ增上寺へ屬々遊びに行く幼少の頃、世嗣をもたない居士に見込まれて養子となり工部大學へ學んで工學士となり、後に洋行した人で佛教へ殆ど關心をもたれぬ仁であるから居士の教界での貢獻に就ては殆ど知らぬらしく、僕の訪ねた際には居士の一徹な風格の一面と臨終に就て語つて下さつたのである。その風格の一面と云ふのは伊三郎氏が或時築地精養軒へ居士を案内した折に、ハイカラ嫌ひの居士は怒り顏でテーブルへ座したところ、八

四

月の暑い盛りであつたので不遠慮に邊りかまはず肌ぬぎとなり、ゴシ／＼汗を拭き出した。これを見て並居る多數の洋人の客達は苦い顏をしたり、笑ふたりで、居士の平然たるに拘はらず伊三郎氏は全く閉口したと云ふことである。ところが、これ程元氣な居士も病には勝てず、明治十七年の夏頃に地方巡迴講演の中途から止不得歸宅するに至つたので、直に慈惠病院長の高木顯監氏に診斷を乞ふたところが、其頃の病名で、「カクの病」――胃癌の事――だと斷定された。ところが居士は卒然立つて、「カク腸滿醫者イラヌ」と言ひ放ち驚く院長を尻目に歸宅して、爾來醫師の世話にはならなかつたと云ふことだ。だがこれ以後ずつと床に臥して起つ能はず面會を謝絶して專ら靜養に努めたが、明けて十八年の元旦になると。

「これから先はもうないから、私を訪ねる者があつたら誰れでも床へ通してくれ」

と、宣言し。

「俺か死ぬ時は瀧の川の星野重成から曼陀羅を借りて來て、燈明を上げて何も云はずに念佛を唱へて呉れ、決して醫者をよぶな、全然からだに手をつけるな、たゞ西を向けて寢かしてくれ」

等と云ひ、六日の日には西を向けて起せ、と云ふので、言葉の儘にすると、居士は頻りに念佛してゐたが、起すと直ぐに聲は絶えたので不思議に思ひつゝ、再びさはつて見ればモウ冷くなつてゐたと言ふことだ。

行年六十有八才佛教興隆のために身を献げた人に應はしい最後である。中山理賢翁の談によると、居士は諧虐交りの講演が得意で聲は至つて細く、ために聽衆は恒に水の如き靜さで傾聽したと云ふ。而も伊三郎氏によると居士は六尺豊かの巨軀であつたといふから、其の魁偉なる容貌と共に堂々人を壓するものがあつたに違ひ無い。加藤惠證の傳には「身の丈七尺三寸の武士上り」とあるが恐く一見其の位に感ぜられての言であらうと思はれる。

尚、他にふれるべき點も多々あるが、次に若干の居士の辭世を記して冗筆を止める。

× × ×

やまひの床にて

くるしみも冥途のたびの一里塚ちかくなりゆく極樂の道

○

日々につくりし罪は塵埃なむあみだ佛ははふきなりけり

（昭和一〇・八・二九）

牧野内寛清

新史料受贈感謝錄

四月以來積極的な蒐集をせぬためか絶えて新入庫史料を見かなつたが、てんで期待してゐなかつた夏枯れの八月になつて若干の寄贈に惠まれた。これこそ全く沙漠で水を發見した様なものである。その第一齊は八月十四日に

濱松市成子　大嚴寺　木全大孝師から

○法話筆受　一―六號（北畠道龍述）六部

○佛法必用論（川合清丸著）一部

○萬國宗教大會演說集　大原嘉吉纂譯一部

合計三種八册を、續いて十六日には

立正大學々長　清水龍山師から

○佐久間象山先生と佛教殊に日蓮宗

松濤氏稿　一部

を贈られた右は「立正安國」なる雜誌の拔刷だが、五十一頁の堂々たる論文、象山が如何に佛教を觀たかに就て、數人の交友たりし僧侶の思想性格等を擧げて嚴密に考證をせるもの、就中、日現聖人との交渉に就ては最も仔細に述べてある。明治史研究一般の上から見て、好古の史料たるを失はぬものである。かうした新研究は大方の御好意によつて頻繁に御寄贈あらんことを切に希つて止まない。亦、二十二日には、

長野市元善町　白蓮坊　若麻績師から

○獨立評論　二―一〇號　欠五・八號）二卷

一、四、六號

十册を受贈した。同誌は大正二年發刊のものだが、人物評論を中心とした雜誌で、嚴正中立の立場から政界、敎界の各方面に亘つて細大漏らさず批判のメスを入れてゐて仲々愉快なものである。殊に我々にとつては敎界の人物論が此上もなく難有いものだ。瞥見したゞけでも淨土、日蓮等の大物小物を片端から狙上にのせてゐるところは昭和の寸評子どもの到底及びもつかぬものである。たゞ惜しいことには、全部揃つてをらぬことである。希くはこの欠本補充の御厚志にあづからんことを。（と書係X生）

明治佛教
昭和九年十月一日第三種郵便物認可
昭和十年八月廿八日印刷
昭和十年九月一日發行
第貳卷九號
通卷第十四號
（毎月一回一日發行）
（明治佛教史編纂所）

編纂所の塵の中から

◇暴風雨の慘禍がまきちらかされてゐる一九三五年は、別の意味でわが日本にとつて危機の恐怖を與へてゐる。大自然の暴威の前に統制なくあわてふためく人間共の哀れな姿。

◇ひとのみちや生長の家が素晴しい勢でのしてゆく。彼等は資本主義機構の中で、のびてゆくべき宗教形態をはつきり握つてゐる。それ故にこそ、兎角の非難を浴びつゝものびてゆく。まだ伸びる可能性はあろう。

◇資本主義機構の網目にヒツカヽタ小島のような存在が、生き苦しみから逃れるためのもがきを救ふものは、舊佛教で足らず、理論でも片づかず、結局新し味ある語調とそして經濟性を考へた救濟形態以外にはない。

◇それは永い時の流れの上からは矢張り泡沫《うたかた》にすぎまい。固熟した年代になつてゐない明治期の宗教運動の變遷のあとを辿つて氣のつくことは、今日の世相と相似た歷史環境の繰返されてゐることだ。勿論微細な點や當事者の心理の動きには大に異ひがあることだが、こうした材料によつて、今日の諸々の宗教乃至は宗教類似運動をみると大に教へられるものがある。

◇先日の中外日報で高島米峰氏が明治佛教についての當今の人々の觀察が完的してゐないことを痛嘆せられてゐた。まことに御尤なことである。其の時代に生きてゐなかつた者が一つの時代について知らうとすることは生やさしい骨折りではない。一つの材料でも敵、味方両方から都合よく利用し得ることなど珍らしいことではない。あらゆる材料を完全に集めたと信ずる場合の判斷にすら尚ほ一點の核心に觸れ得ないことがある。史學の人間的訓練が優れた知脳やすばらしい想像力などと完全に融和し切つてゐないときには屢々さうである。

◇その時代に生きた經驗者が過去を省みて、其の事象を物語るときの眞實性をば今日史學は餘り重視しなくなつてゐる。われ〳〵が幼年時代の最好の記憶が年と共に精細になつて行くといふことを反省するなら、それは後の知識によつて追加補正せられたものであつて最始の記憶が決して永久に原初の形のものであり得ないことを知るのである。老年者の回顧、經驗が常に、添加物によつて美事に、纏められてゐるものだと云はないまでも、當人の意識すると無意識であるとに拘はらず、われ〳〵がそれを史料として扱ふときには充分の警戒と批判が必要である。

◇カーライルの「クロムウエル」に關する註釋やサント・ブウヴの「ポオル・ロワイヤル」のような巧みな正しく的確な指述にも、われ〳〵は人間理解力の到達し得べき限界をはつきりと認める。

◇明治佛教史の優れた勞作が未だないことは時間的にみて無理もないことであるが、一面史實の固熟が完成してゐないことと、膨大な資料の股服が並々ならぬ障げとなつてゐるからであろう。

◇われ〳〵は德川初中期に生をうけてゐなかつたが、それでもその時代について知らうとつとめることは差支ない。それと同様に、明治期について知らうとすること、もとより困難は別問題として、他から障げられることはない。むしろ都合のよいことには、明治を通過してきた生存者によつて、われ〳〵のみ方、考へ方、理解の度合について色々教へられる機會をもつことである。現代史の研究が老練な觀察眼をもつた人々のアドヴイスと協力によつてなされるとすればよき成果を得ることと思ふ。

◇佛教界の裏面相は、寺院僧侶といふ封建的殼棺を比較的最近まで持越した階層の行動と一般文化の衝突による矛盾現象集積が多いから特異な環境現象の理解については、特に多くの人々の協力と宗教を必要とするところがあらう。

第二巻第九號

昭和十年八月廿八日印刷
昭和十年九月一日發行

編輯兼發行人　上坂倉次
東京市深川區冬木町一〇

印刷人　吉本菊松

發行所　明治佛教史編纂所
東京市京橋區銀座西五ノ五
電話銀座五三八九番
振替東京七四二一八番

發賣所　山喜房佛書林
東京市本郷區六丁目赤門前

定價　一册　金五錢　一年分　金五拾錢

昭和九年十月一日第三種郵便物認可
昭和十年九月廿八日印刷 昭和十年十月一日發行

明治佛教

第二巻第十號（毎月一回一日發行）通巻第十五號

第二巻
第十號

目次

佛教と批判精神

——大西祝博士の佛教評論——

三田村乾

文學博士・大西祝は、元治元年八月七日、岡山城下に藩士木全正脩の三男として生れ、十五才の時叔父大西定道の家を嗣ぎ、大西の姓をおそつた。氏は、そのすぐれた學才を惜まれつゝ、三六才の若さを以て逝ひた。

氏の評論は、宗教、哲學、倫理、美術、心理學、文學、詩歌、社會問題等々頗る多方面に亙つて居つて、多く當時の諸雜誌に發表したものである。特に明治二八年以降同卅年十一月迄自ら編輯を擔當した「六合雜誌」の「時論」に於ては、幾んど毎號その筆を休めなかつた。氏の佛教評論は、殆どこの時代に盡されたかの感がある。

「大西博士全集」では第六巻「思潮評論」の中に收錄せられてゐる。

× × ×

氏の見界に依れば、當時の宗教事情の一つの特徴は「唯熱誠なる宗教的信仰の必要のみ說ひて而して實は其の信仰の勢力を失へゐる」と云ふ點にあつた。その原因は自由討究を伴ふ科學的批判精神の隆興にあると氏は觀てゐる。

時代の傾向から云つても、當時は資本主義日本としての上昇期であつて、外部へ外部へ、客觀的、具體的な對象への働きかけこそが重要な關心事であつて、內面的なるものへの沈潛は、未だその勢力を獲得して居らなかつたのである。

元來この批判的なる自由討究の精神と、宗教とは、對蹠的な關係に置かれてあり、相互に相覆ふべきものではなかつた。これは畢竟「學術と宗教との關係」としてあらはれ、科學と宗教との鬪爭となつた。その最も特徴的なあらはれは、加藤弘之等の代表する進化論學派、の宗教批判であつた。

併し、この批判的研究は、佛教內部の問題になつた。且つてヨーロッパに於てなされた聖書の高等批判の如き運命を、佛教自らが體驗せねばならなくなつた。その最も重要な結果の一つは大乘非佛說の問題であつた。

大西博士は、佛教內に於ける批判的自由討究の學徒を「進歩的佛教徒」と稱した。

この「進歩的佛教徒」は當時の思想界の一般的情勢の中から發生したもので、歴史に對する「學理的考究的批評的研究」を目標とし、佛教をも亦歴史の流れに於て理解せんとした。これは、當時の「臆病なる學者」への反動であつた。彼の學者等は「相誡めて云ふ、苟にも革命を語る勿れ、破壞を云ふ勿れ之を云はゞ我位地を失はん」とする「おとなしき」群れであつた。

島地大等氏は「明治二十二三年の頃より、徐々として、佛教の史的研究が始められた」とされてゐる。當時の東京文科大學に、井上博士の釋迦牟尼傳の講義があり、藤井宣正氏の佛教小史（二七年）、村上博士を中心とせる佛教史林（二七年四月）等があつたが、次第に、歴史的研究は進展し、語學中心の佛教研究、考古學的研究等に迄進展した。扨て、大西博士に於て、「進歩派」とはいかなる進歩的規準を以て考へられてゐたのであらうか？ その規準の上に立つて「進歩的佛教徒」は批判せられたのである。

即ち、それは、第一に、「獨斷的制定を置かず豫め一定の宗教を絕對の眞理とし而して後に研究を運ばすことをせざるなり」といふにあつた。かゝる研究の結果は、(二)「宗教的眞理は一宗教一經典の專有する所にあらず、各々多少の特殊の實はありながら又あるが故に指要するに人類の宗教的現象の一部分一段階に外ならず若し神が此世に化現することありと

二

せば、そは歴史上の一人物にのみ限れるにあらず此世の救濟は、實際一人物にのみ出し一人物にのみよりて成就さるゝにあらず古今東西幾多の聖賢君子の共同の働きなり」といふ合理的世界になくてはならぬ。だが、信仰上個人の問題としては、何れの宗教に最も私淑すべきかと云ふ悟得に到れば、自ら差別を生じ、基督教進歩派もあれば、佛教進歩派もある可きであつて、これは差別的側面であるが、他面又「其各進歩派たる以上は其繼承する宗旨を以て人類の宗教的現象の一部分一段階と見るに躊躇」せぬ平等自由性がなくてはならぬ。此の意味で「今日我國の進歩派の合同は」成就可能であると論じてゐるのである。

「現今我國の宗教界の進歩派は概ね上來陳べし方向を取りつゝあるが如し」と氏は述べてゐるが又上の規準に照らして、似而非進歩派の存在を、佛教徒の中に指摘してゐる。

批評的精神は、近世思想の趨勢であつて、「眞正の史學的精神」と、「批評的討

究」とは分離さるべきではないが、その眞正の史學的精神、批評的討究には、獨斷的假定を排除せねばならぬ事は、勿論であるが、佛教徒の中には「佛教の歴史的研究を主張するに當り奇跡靈驗と雖も佛典に云ふ所は抹殺すべきにあらずと假定して而してその如き假定の上に建てたる研究を史學的批評」と云ふが如き者がある事を特筆してゐる。これは權威傳説に默從し、自ら獨立の思考を爲すに到らぬものであつて「皮相の批評に安じて小建設を急ぐにあり因循姑息只管に事なかれしと願ふに」あるのであつて所謂「偸安主義、都合主義、辯護主義」である。

眞正の史學研究批判討究を以てすれば、「一教會の信仰を打破すると否とを問ふ勿れ破壊に至ると否とを云ふ勿れ只だ批評法の其正當の規律に協へるか否かを問ふべきのみ」であつて「眞個の批評家は破壞をも敢てするの膽力なかる可らず」と氏はしてゐるのである。これを以て明治時代の佛教の史學的研究を回顧すれば、果して批判精神の進步的發展であつたか否か、資本主義的批評精神は亦いかに佛教の批判的研究者を保育したか……幾多の諸問題が新生命を以て更生するであらう。

一九三五・九・八

前身佛教雑誌の中央公論

――中央公論五十年史の一齣――

古本屋廻りをしてゐる時など、「中央公論」の第一號が欲しいが、あつたら心懸け置いて下さい。金は何程でも出すからと。何しろ五十年近く前のことだから少ないと思ふのか、本屋の主人は、それでも時折り眞劍に、どうしても出來ませんね。と氣の毒さうに辭りをいふのであつた。だが中央公論の第一號は正確にはないのだ。あればお目にかゝり度い、と冗談話しにするのであるが、それならどうして五十年といふ歳月を閲したのか？

わたくしは、今年が中央公論の誌歴五十年が今年に該當するので去る六月に「ヤング・イーストと中央公論前史」訓題して歐文反省雜誌についてと「海外佛教事情」に發達の概略を載せておいたが、此の中央公論の十月號が五十年紀念號と銘打つてあるにちなんで、その發端について再び語つてみよう。當時の關係者で在世の人は高楠順次郎、杉村廣太郎二氏を擧け得る外、筆者は存じない。先づ發生當時についてやゝ詳述しよう。

そも〳〵の淵源ともいふべきは、數靑年の禁酒に關するの自肅運動に端を發する。明治十九年のはじめ、京都の眞宗本願寺の普通教校の生徒澤井洵（今の高楠順次郎博士）、常光得然の二人が主唱者となつて反省有志會を結んだ。まづ飲酒を禁じ專ら品行を端正ならしめようといふのが目的で、その注意要項十項を定めて漸次有志者を募り團結をかためて行つた。四月頃にはほゞ禁酒會が成立した。左のものが注意要項假則で、當初どんな

三

意氣込みをもつて結成されたかゞわかるであらう。

注意要項假定

第一　凡て宗教學生不應爲の所行は決して爲さゞること。

第二　何れの場合といへども一切禁酒の事。

第三　風俗を亂り名譽を損するの嫌ある場所へ決して立寄間敷事。

第四　信義を重んじ禮誠を貴び相愛相助くるの道を全くすべきこと。

第五　本會々員を分ちて二とす、名譽會員、常會員。

第六　常會員には左の證票を交附すべし。

(同樣略)

第七　會監二名を置くこと。

第八　會監任期は七ヶ月とす。(但し再選重任するを得ず)

第九　本會約束に違背する者は會員一同集會の上之を面責退會せしむる事。

第十　會員の入會退會は時々奇日新報を以て廣告すべし。(明教新誌二〇一二―六)

反省會は當時各處に興起した禁酒主義運動團體に伍して漸次京都を中心とした禁酒團體として活潑な活動をつゞけ、機關雜誌として「反省會雜誌」を刊行した。反省會は經濟上、衛生上、及び道義上から禁酒主義を唱導するものである。しかも特に道德に關する勸誡に重きをおき、佛德の感化力によつて、非禁酒の惡弊を矯め、社會の秩序を保ち、罪戾を滅し、もつて佛教徒をして平和の淸境に住せしめ、財政、人權、文明、教育の內護を企圖するにあつた。彼等の禁酒主義は、當時行はれてゐた多くのキリスト教主義の運動に對して、佛教主義の禁酒を標榜するものであつた。禁酒に贊する者を會員となし、その資格を三等した。終身禁酒會員、佛事禁酒會員、又は限年禁酒、或は節酒同盟員とより成つてゐた。運動機關誌は、左の如く題名を變へてゐるが、**反省會雜誌**(創刊二〇年八月)―**反省會**―**反省雜誌**―**中央公論**(三十二年一月改題)運動主體には變更なく、創立滿十年の二十九年八月に至つて、會員同盟員と稱する者約一萬九千三百餘名を擁するの盛大さであつた。しかるに運動の方向が、禁酒一展張りから次第に各方面の道德的惡弊の矯正に迄及ぶに至り、運動戰線は擴大して行つたのである。

創立後十二年の反省會々報の報ずるところによれば、運動の擴大强化への意氣は一層切なものがあることが看取される。「反省會の事業は過去に非ず、現在に非ず、實に未來に在るべき也」とし、會誌「反省雜誌」の使命は單に會報としてではなく、「社會雜誌」としての機能を發揮せしめることゝしたのである。即ち反省會は會員二萬人を擁し繁榮の絕嶺に上れりとの世評にも拘はらず、その使命の將來を大觀するときは二萬の數は全佛教徒の總數に比し、更にこれを國民五千餘萬に擬し、吾黨の努力を省るとき甚だ微弱なりとの感なきを得ないのであるとしてゐる。さう考へて來るとき、「外に雜誌を社會雜誌としての勢力を張ると共に、內に向きて大に矯正の任を盡さゞるべからず」と宣言して反省雜誌を對外機關として、別に會員の連絡通報の目的に附錄として反省會々報を發刊するに至つた。

(反省雜誌十二年拾號附錄一頁)

三十年二月に至り第十二年一號の卷號をもつて別に歐文反省雜誌が發行され滿二年續いた。反省雜誌は此頃櫻井義肇の統べるところであつた。前述のやうに、邦文反省雜誌は一般社會評論思想雜誌としての內容を多く含むやうになり、遂に三十二年に至つて「中央公論」と改題した。卷數第十四卷をそのまゝ襲ひ、政治、文學、敎育、宗敎、經濟を中心とするものとして、爾來今日迄續いてきたのである。

中央公論が半世紀にわたつて、わが國文化に寄與したところ蓋し鮮少でない。改めてその功罪を錄する日もあらう。

上坂倉次

縮刷大藏經の再刻

明治初年の佛敎の最衰勢時に、しかも西南戰爭後の不換紙幣インフレの不景氣の最中に、明治出版界の偉觀である縮刷大藏經の出版が明治十四年から開始され、同拾八年に完成をみたことは、むしろ奇蹟に近いものがあることを思ふ。完成以來半世紀を閲したが、久しく拂抵を告げ、しかも、需要依然と多いため市價騰勢をみてゐたのと、今年が五十年に該當するので、紀念の再刻が發表された。

われ〳〵は半世記前の此の難行を完了せしめた當時の關係者の不撓不掘の信念と熱意を憶ふとき敬虔の念を催さゞるを得ない。縮藏開版を發願したのは、島田蕃根《みつね》居士その人である。實務は行誡上人をはじめ多くの各宗各派總動員で行はれたが、これが當時の頽勢裡にある佛敎護法、敎勢回復に演じた役割りを思ふとき、われ〳〵は此機會にその事業の文化史的價値の再檢討を必要とすると考へる。

高橋五郎氏と明治佛敎

九月冷雨そぼふる十日、高橋五郎氏の死が報ぜられた。享年八十。明治初年の海外文化の紹介者として、英學者高橋先生の名は親しみ深いものがあつた。英學、漢學に精しく、佛敎の素養もあつたので、此の方面に於ける氏の活躍は三十年頃迄は瞠目に能する程華々しかつた。就中佛耶關係の論境では、第一人者ではない迄も、指折りに數へられる鬪將であつた。

明治廿六年に井上哲次郎博士が種をまいたあの「宗敎と敎育の衝突」の論爭時に於ける高橋先生の追擊振りは物凄いばかりであつた。民間學者と官學の大御所との討論こそは世人の注視の的であり、形勢は羣書に精しい高橋先生に優利であつた。その他主として飜譯方面に掌を振はれた功績を數へてみるならば、限りないことであらう。こゝに明治佛敎史上に特異の存在としてながく記憶さるべき氏の逝去を悼むものである。

受贈雜誌謝告

人華	第十三卷第九號	顯眞社
明治文化	第八卷 第九號	其社
法施	第三百五十一號	國母社
傳道	第四百五十號	鴻盟社
正法輪	第八百二十四號	妙心寺
白毫	第二卷 第九號	其社
新佛敎徒	第二十九號	其社
達明	第百十六號	其社
奉仕	第百六十五號	佛敎奉仕會
吉祥	第三百四十一號	佛敎社
五朋	第八卷 第九號	其社
如是	第七十三號	其社
眞道	第百十八號	其社
和光	第二百二十七號	其社
明治文學研究	第二卷 第九號	明治文學談話會
眞生	第十四卷九月號	其社

正誤

本誌七月號愚稿「硯海一滴」の中に、華頂宮嫥秀法親王殿下御復飾後の嫥名を、北白川宮殿下と記したてまつりしは、華頂宮博經王殿下の誤謬に付謹みて正誤申上候。

昭和十年九月

松濤賢定

五

史料調査室ニュース

天空肥馬、燈下親しむべきの讀書シーズン。我等が待望の秋晴の日は訪れた。實に實に待ちに待つた秋の日が。傳記資料を蒐集するために、如何にか我等は酷暑と戰ひ、不順なる季節の變化と、そして亦、時折犯される病魔と鬪ひつゞけて來たことか。

だが、その甲斐あつて漸くにして近く在庫の古雜誌を全く閲了し畢はらんとしてゐる。

明教新誌、奇日新報、開導新聞、佛教、等々の主なる大部の雜誌新聞を始め、各宗の機關誌、例へば、日宗新報、加持世界、智嶺新報等々の如き明治佛教文化史の中核を爲すものは云はずもがな、地方から發見され單なる傳導布教誌の如き些細なるものに至るまで、必死の力を盡して眼を通した。

その數大凡、**三百三十八種類**、六十數萬ページに及んでゐる。

然しこれでも尙、我等は足れりとしない。更に力を傾けて材料の蒐集を行ふつもりである。切に大方の絕大なる御援助を望んで止まない次第である。(寬)

編纂所の窓から

◇前號の後記に一言した大自然の危機が、更に一つ加つて、關東一圓の洪水禍は報ぜられました。文化線上におどる人間共の思ひ上つた增上慢を打ちのめす試練だといふには餘りに痛ましい犧牲の數々。恐しいことです。

◇被害地方の當所關係の方々に餘り打擊の强くなかつたことは嬉ばしいことですが、それ故にこそ寺院關係者は一層活躍をなして頂きたいと思ひます。斯うした時にこそ佛法は擴まるであろうからです。

◇ニュースの通り雨天の日の塵埃埋裡の作務はまことに非健康的です。咽喉をいためて閉口してゐます、どうやら晴天を迎へて蘇生の面持ちです。

◇學天僧正は今回休載させていたゞきました。

明治の僧俗事歴を御知らせ下さい

左の要目について御報告下されば結構です、一部分だけでも差閊ありません。

一、氏名法諱並に宗號
二、(イ)出生地、(ロ)生年月日、(ハ)死歿年月、(ニ)示寂地、ホ(享壽)
三、出家得度の因緣と年齢並びに宗派
四、得度　五、住持寺院名並に開創再興寺院名
六、閲歷、僧階歷次、重な行業事蹟
七、著作、編述、意見書等
八、授業、附法の弟子
九、逸話、傳譚　十、其他

期限を附して丁重に扱ひ、用濟みの上は速かにお返し致します。佛法宣揚のため切に十方諸賢の御支援を懇願致す次第です。

第二巻第十號

昭和十年九月廿八日印刷
昭和十年十月一日發行

編輯兼發行人　上坂倉次
東京市深川區冬木町一〇

印刷人　吉本菊松
東京市京橋區銀座西五ノ五

發行所　明治佛教史編纂所
電話銀座　五三八九番
振替東京七四二一八番

東京市本郷區六丁目赤門前
發賣所　山喜房佛書林

定價　一册 金五錢　一年分 金五拾錢

明治佛教
昭和九年十月一日第三種郵便物認可
昭和十年九月廿八日印刷
昭和十年十月一日發行
第貳巻十號
通卷第十五號
(毎月一回一日發行)
(明治佛教史編纂所)

昭和九年十月一日第三種郵便物認可
昭和十年十月廿八日印刷　昭和十年十一月一日發行 ◆ 第二卷第十一號（每月一回一日發行） 通卷第十六號

明治佛教

第二卷
第十一號

目次

明治維新と學天大僧正（下）

村上博了

從來幕末勤王運動が、増上寺山内を中心として、密々唱導されつゝあつた事實は、隱蔽されて巷間に傳へられぬけれども、増上寺學侶には夙に尊王思想が胚胎してゐたのである。其の遠因は常憲院殿綱吉將軍の漢學自慢による禮節尊重より轉じて、大義名文を明かにし皇室尊王となり（常憲院殿御實紀參照）、時々増上寺に論語周易等を講釋（縁山志七參照）するに及んでは、自然僧侶を自覺せしめるところがあつた。然るに綱吉の皇室尊王思想は、京都生れの生母桂昌院を經て、増上寺に一時期を劃したのであつた。將又、門主法親王の留學あるにつれ、皇室の地位を次第に明了に學侶の注目するところとなつて行つた。

勿論、一面僧侶の常に世界觀に立脚せる思想や其の任官は、皇室の我が國に於ける地位を容易に連想せしめ、幕政の變態的たるを覺知せしむるに充分なる地位にあつたからでもある。然るにかの梵暦運動は、山内桂昌院（桂昌院の發願であり菩提を弔ふための念佛律院）後の惠昌院現在の光照院に住した普門律師の主唱するところで、其の主張は勤王運動であつた。ために、幕府の大彈壓をうけ、常に刺客の襲ふところとなつて、山内に安住し得ず、數人の門下を伴ひ跡を晦まし、居を轉々として替へ、燃ゆるが如き報國の大理想を津々浦々にまで扶殖したのである。幕末梵暦運動の研究者工藤康海氏は、その鬱然たる結社組織同志相互の連絡は、後の佐田介石に勝ること數等と稱してゐることによつて、其の狀勢を知ることが出來よう。從つて、増上寺學寮に修學侶の地方寺院に住する者、其の修學時代勤王心の薫風に浴せる香りを地方に香らせざるとしても、其の心中の清風たるは論を俟たぬ。從つて、學天大僧正の勤王は、維新に際會して急に生起した樣な薄弱なものでなかつた。

天保十五年六月鎌倉光明寺莊譽智典上人台命にて、増上寺に住し六十五世となり、大僧正に任官するやその使僧として學天上洛參內した時に、至尊の御地位を明確に認識し、德川家は武將の棟梁として諸大名を統制してゐるとは言へ、其の威令は至尊を拜してこそ、はじめて爲し得るものである。然るにその至

一

尊に於ては單なる空位のみにあらせられ、政權を有されず、頗る御不遇の狀態を見聞したる上に、任官の恩命を謝したのであつたから、尊王思想は愈深く厚く心中に脉うつたと信づる。況んや、歸山後學頭に任ぜられ、門主尊超法親王と接し信任せらるゝの機會多き程、勤王心は强化した。後、瓜連常福寺に住するや、了譽聖冏の日本書紀私鈔を閱讀、欲定をして修治せしめてゐる。私鈔奧書は、南朝の長慶天皇御承繼の史料たるに於ては報國の念愈强固になり、皇室の何物かを諒解鼓吹したればこそ維新の際は知恩院住持として皇命に報ひ得たのであるし、亂るゝ門末寺をよく取締り、無住寺を整理しては、今日知恩院の基礎を築かれたのである。

明治二、三年には、學天は攝河泉播紀の五國末山を巡敎した、蓋し廢佛毀釋の時であつたし、大僧の巡敎は從來稀有の事であつたから、其の信仰上の功顯は偉大なものであつた。

學天大僧正は、王政復興後は、世態の變遷と相俟つて敎界の變遷にも留意し、能く機宜の處置を過たず、大所高見より道俗を指導せられた。

學天大僧正の明治年中の生存は實に短日月ではあつたが、殘された功績は不朽の光を投げてゐる、蓋し明治佛敎中の大光明であつた。

其の宗政上の地位功績は他日に讓る。

二 詳例は岩崎彼次郎氏の學天大僧正遺蹟、知恩院記錄を參照せられたい。

今川貞山和尚事歷

一、今川貞山諱ハ宗恒、空華室、又水月庵ト號ス。

二、愛知縣 東春日井郡 勝川町 大字 春日井出身。

文政九丙戌年四月八日誕生。

明治三十八年七月二十日靜岡市大岩町臨濟寺ニテ示寂ス。

享壽八十歲。

三、十歲ニシテ父ヲ喪シ尾州臨濟宗妙心寺派瑞應寺ニ入リ出家。

四、天保六年、瑞應寺春齡和尙ニ就テ得度。

五、初メ愛知縣西春日井郡如意村瑞應寺ニ住職、後靜岡市大岩臨濟寺ニ轉住ス。明治十六年淸水市不二見鐵舟寺ヲ開創、同廿三年京都花園妙心寺中ニ大龍院ヲ再建ス。

六、明治七年、大本山妙心寺ヨリ多年敎務鞅掌ノ賞トシテ紫衣ヲ下附サル。

仝九年權少敎正、十一年少敎正、十三年權中敎正ニ昇リ、次デ十七年妙心寺派管長ニ當選シ中敎正ニ補セラル。

仝十九年ニハ妙心寺派普通大敎校總理ニ就任ス。之ヨリ先、明治十二年淨土宗福田行誡師ヲ始メ各宗ノ高僧、及ビ澁澤榮一氏其他朝野貴顯ノ贊助ヲ得テ、東京福田會育兒院ヲ發起シ無告ノ煢獨ヲ敎育ス。今尙現存、師ノ事業中最モ著大ノ事蹟ナリ。

七、語錄トシテ空華全藁三册アリ。

八、附法ノ弟子ニ菊地淸隱アリ。

九、逸話傳譚ハ之ヲ略ス。

◎今川貞山和尙は明治佛敎史上異色ある人物の一人です。右は**靜岡市大岩臨濟寺現任職松田一道**氏が當所の「**僧俗事歷**」問合せによつて回示せられたものです。先師先德の德香を徒に地に埋もれさせることなく、貴重な資料の提供と御指敎を垂れんことを望みます。やゝもすれば忘れ去られんとする、明治佛敎界諸大德の苦心經營のあとを、後世に遺し、今日に回顧するのは、われ〳〵佛恩を受くる者の義務ではないでせうか。已に資料提供下さいました諸氏に厚く御禮申すと共に、今後とも新發見逸聞を報ぜられんことをお願ひいたします。

史料調査室

最近入庫資料

十月十九日、秋田縣仙北郡六郷町の**高柳義本師**から左の多数の材料を送られた。こゝに同師の御厚志を記して感謝に代へます。

◇東北之光　◇貫練叢誌　◇精　美
◇是眞宗　◇貫　練　◇婦女雜誌
◇爲　法　◇光　◇救　濟
◇法　藏　◇法の寶　◇敎界時事
◇家庭講話　◇傳　道　◇法の都
◇人道講話　◇法の園　◇佛敎志林
◇法の光　◇同　朋　◇慈悲の國
◇法　話　◇日曜學校　◇眞宗の世界
◇新講話　◇佛　敎　◇活佛敎
◇美のり乃家　外、國の光（說敎施本）

合計、二十八種二百七十一册

右は、國の光と云ふ八頁程のパンフレットを除いては、全部雜誌である。

當所の文庫は、近來相當充實してきたが、まだまだ不足なものも多分にあるので、より一層の御支援を願ひたいと思ひます。

（資　料　部）

お　願　ひ

左に揭げた諸師について出來るだけ詳細に知りたいと思ひます。御存知の方は「僧俗事歷」問合せの要領によつて御示敎願ひ度いと存じます。その斷片隻語でも結構であります。（順序不同敬稱を略しました）。

○藐枯射德令　○雷　雨　○梅園院德含
○吉谷覺壽　○東　瀛　○無量院大靈
○明敎寺亮惠　○萬福寺如隆　○日光院守脫
○大隆寺道廊　○淨土院慈隆　○春德院祖門
○興雲寺善讓　○圓照寺超然　○圓照寺宏遠
○松本白華

受贈雜誌謝告

莊嚴	第七十六輯	莊嚴社
正法輪	第八百二十五號 第八百二十六號	妙心寺
新佛敎徒	第三十號	新佛敎徒社
奉仕	第百六十六號	佛敎奉仕會
レッエンゾ	第五卷第十號	紀伊國屋
五朋	第八卷第十號	五朋社
海外佛敎事情	第二卷第十號	國際佛敎協會
ピタカ	第三年第十號	大藏出版株式會社
白毫	第二卷第十號	白毫社
人華	第十三卷第十號	顯眞社
傳道	第四百五十一號	鴻盟社
吉祥	第三百四十二號	佛敎社
眞生	第十四卷十月號	眞生同盟
和光	第二百二十八號	和光社
眞實道	第十一卷十月號	眞實道社
求眞	第三卷第八・九・十號	靜岡求眞聯盟
靈潮	第十六號	靈潮社
佛陀	第三卷第十號	佛陀社
明治文學研究	第二卷第十號	明治文學談話會

明治の僧俗事歷を御知らせ下さい

左の要目について御報告下されば結構です、一部分だけでも差閊ありません。

一、氏名法諱並に宗號
二、（イ）出生地、（ロ）生年月日、（ハ）死歿年月、（ニ）示寂地、（ホ）享壽
三、出家得度の因緣と年齡並びに宗派
四、得度　五、住持寺院名並に開創再興寺院名
六、閱歷、僧階歷次、重な行業事蹟
七、著作、編述、意見書等
八、授業、附法の弟子
九、逸和、傳譚　十、其他

期限を附して丁重に扱ひ、用濟みの上は速かにお返し致します。佛法宣揚のため切に十方諸賢の御支援を懇願致す次第です。

三

編纂所報告（九—十月）

秋冷と共に時間を延長しての執務ではあるけれど、人手の足りないことは、何としても業績を豫定通り充分に擧げ得ない。九月末に完了の筈の在庫資料の古新聞雜誌の通閲は可成り身體をいためさせた。代る代る咽喉を痛め發熱して執務能率が低下した。それで、完了は十月上旬に繰越された。

人物篇にそなへるカード約五千を超えるものを作り了へた。それをさきに發表した佛教界百傑に該當するものを中心に分類整理し終へ、若干の貴重なものは、淨寫の行程に運び入れてゐる。しかし、或る人物は實に夥しい迄の豊富な資料を見出すのに對して、極はめて著名な人物であつて殆んどまとまつたもののないのがあることを知つた。百傑中の約八十パーセントの資料は握り得たが、殊に明治初年に活躍された知名の士のものは殆んど、雲霧散消とでもいふか、一向に、手懸りを得ない。これは、當所藏の新聞雜誌にあらはれたものを主としたためもあらうが、主として、机上に於て求めることの外、現在としては餘裕のない當所の狀態として蓋し止むを得ないことである。この上は、大方の援助、特に各宗當局者、關係寺院、並びにその子孫、或は學者識者の教にまたなければならぬものが、多いと考へるのである。

此の仕事に從事して感じた困難を述べて、正確な人物傳編纂が今後の急務であることを提唱したい。

一、僅々四、五十年乃至二、三十年前に死去された人物の死亡月日などが既に錯雜し誤まられてゐること。

二、性名などの書き方についても、今日では平氣で誤りが犯されてゐること。

三、同性異人、異讀同人の區別さへ漸く難しくなつてゐること。

四、また、明治佛教史の初歩の概念をつかむ場合に於てすら、史上に活躍する人物の全貌を簡單に知り得る手頃のものなきこと、鷲尾順敬氏の「佛教人名辭典」はあるが、三十年以降に缺げてゐること、したがつて、明治に中堅となつて活躍された人物の傳記は、之を見出し得ない。

五、資料の保藏數量は年々乏しくなること、例へば先般古河方面に關係者を介して、資料の蒐集を依囑したが、その提供の約を受けたもの、既に集めて、發送の用意にかゝつてゐたとき、あの關東の大水害によつて、それ等が全部流失して、われ〳〵を落嘆せしめたことがあつた。こうした天災や人災によつて、資料の散逸は年々に著しくなるばかりであらう。辟を大にして、手を盡して、明治文獻の散逸亡失の機會を少くしたいと切に考へる。今はその時である。

以上、五難を數へあげましたが、われ〳〵の前途には、相當困難が橫はることであらう。財難あり、無理解の難があり、力不足の難がある等々、しかし、豫定の進路を邁進いたしたい、以上の諸難は、豫定の進行を幾分遲らせることとなりませうが、正確なものをつくりたいといふ意向と、諸條件の不惠を考へて頂いて、諸氏の御支援を乞ふ次第であります。

四

第二卷第十一號

昭和十年十月廿八日印刷
昭和十年十一月一日發行

編輯兼發行人 上坂倉次
東京市深川區冬木町一〇

印刷人 吉本菊松

發行所 明治佛教史編纂所
東京市京橋區銀座西五ノ五
電話銀座 五三八九番
振替東京七四二一八番

發賣所 山喜房佛書林
東京市本郷區六丁目赤門前

定價 一册 金五錢 一年分 金五拾錢

明治佛教
昭和九年十月一日第三種郵便物認可
昭和十年十月廿八日印刷
昭和十年十一月一日發行
第貳卷十一號
通卷第十六號
（毎月一回一日發行）
（明治佛教史編纂所）

昭和十年十二月廿八日印刷　昭和十一年一月一日發行
第三卷第一號（毎月一回一日發行）通卷第十七號

明治佛教

第三卷
第一號

目次

明治初年の宗教一揆の性質

北山正

(1)

従來一向一揆基督教一揆等の宗教一揆に就いては、宗教史的乃至社會史的見地から種々問題とされて來たのであるが、明治初年の宗教一揆については、黑正巖博士が宗教的百姓一揆(1)の名に於て、又細川龜市氏が一向一揆(2)の名に於て小論されてゐるが充分なる解釋は未だ與へられてゐないやうである。

此の事は一は、一揆發生の件數が少いこと丶往年の宗教一揆の如き政治勢力を背景としないこと丶の爲、教團對支配者の鬪爭關係に花々しい、活動をみせて居らないからであり、從て歷史上の重大問題とされて居ない爲でもあらう。

併し明治維新といふ社會變革期に起る民心の動揺混亂が何處に由來するかを考慮するときに、明治初年の農民一揆が重要な政治的意味を有して來るが如く、此の宗教一揆にも亦何らか特殊な意味があるのではなからうかと考へられる。

(2)

德川封建體制の崩壊は維新の中央集權的國家體制の成立に二つの問題を與へた。即ち近代的國家制度を樹立し、それを支持すべき國家意識を確立せしむることである。そのために先づ德川幕府と維新政府とが支配的地位を轉換し、役割を交代すると共に、所謂朝令暮改の諸法令が連續的に、國民生活を混亂せしめて行つた。これは文明開化と舊習一洗に向ふ努力ではあつたが、封建社會と近代國家との間に逡巡彷徨する當時の國民の生活には、特に保守的傳統的傾向の強い農民生活には、日常生活樣式と德川三百年間を通じてその行動形式を支配した傳統的

然るに佛教に對する、維新政府の態度は、地方官吏の手を經るに及んで、彼の歴史的廢佛毀釋の斷行となつた。此の事が當時の佛教々團を動搖させたことは云ふまでもない。德川幕府の庇護の下に封建的惰眠を貪つてゐた寺院僧侶にとつては實に彼等の生存權に關する問題であり、不安動搖は特に甚しかつた。直接排佛反對の嘆願を地方官に上書するものあり或は本山を經て中央政府に愁訴上申するもの殊に東西本願寺を中心とする教團擁護の運動には著しいものがあつた。

一方又廢佛毀釋の傾向、その事實が佛教信仰を傳統的な生活內容とする農民信徒を刺戟し支配者階級に對する反感は、前述の社會制度の變革が齎らした民心の混亂に相加相乘して、遂に宗教一揆が發生した。この意味に於て廢佛毀釋は一揆發生の動因であると云へる。

(4)

私は以上二つの立場即ち、社會變革に際しての近代國家制度の樹立及復古神道に基く國家觀念の確立のために、維新政府

近代國家制度を樹立すると共に、王政復古の國家意識の確立は、維新政府の重要必須の任務であつた。佛教が德川封建體制存續のための庶民階級の思想內容となり、佛教々團は幕府の支配的地位を維持する溫床となつたことは、やがて幕府の倒壞と共に佛教の役割も、變更されねばならなかつた。復古神道を國教化し、王政復古の國家觀念を國民に强制し、維神の大道を標傍する維新當初の支配者階級には、佛教々團の勢力と、基督教の浸潤とに一方ならず苦慮する所があつた。併し儒學的國家的思想の洗禮をうけた封建武士階級即ち、維新當初の支配者階級と神道國教主義の前には佛教と基督教は當然排斥されねばならなかつた。

基督教に對しては依然排邪思想をもつて處理せんとする態度は神祇官の建言、集議院日誌等に明かなことであるが、明治二年の浦上事件をもつて大量的處分を決行した併しその外に同六年基督教解禁に至る間著しい彈壓もなくそれに對する反抗も起らなかつた。

精神とが破壞變革されて、何等農民の生活要求も容れられず、生活內容の顧慮もなき新制度の樹立が、遂に初年を通じて反新政的政治的一揆を頻發せしめたのである。農民の新政に對する誤解或は無智とのみ解せんよりは寧ろ、支配者階級の農民に對する無理解ではなかつたらうか

斯如き農民の不滿は、此の農民に依て構成された、教團の不滿となりやがて教團の反抗を生ずる素因となつたものである。

茲に斷つて置かねばならぬことは明治初年の宗教一揆と稱しても殆ど、佛教教團を背景とするもので、その教團を通じて、農民信徒が彼等の生活要求生存權を主張しようとしたのである。教團相互間の鬪爭關係より發生した一揆は私の知る範圍では僅に一件しかない(3)。

此の佛教々團を地盤として一揆の發生してゐることは、同時に維新政府の排佛的傾向と廢佛毀釋の事實とに關係を有するであらうと推測される。

(3)

府の社會統制が被支配者階級、此の場合特に農民階級と、その農民信徒が構成する佛教々團に對して行はれた時、教團に屬する寺院僧侶の生存權を脅かし、農民信徒の生活內容を無視し、その生活要求と相反するものとして、更にその生存權を主張せんとする教團の反抗が起つたものであると考へる。

即ち明治維新の宗教一揆も亦「宗教の衣をまとへる階級鬪爭」と稱しうる所以がある。そこに本質的意味が存するものであらう。

斯如く明治初年の宗教一揆を觀察した場合前記二氏の示される事例の中には、果して宗教一揆の範疇に入るべきやを思はしむるものもあるが私の擧げる範圍內では僅に左の如き件數である。

一、明治三年九月　越後栃尾鄉騷動
一、同　四年二月　松本藩下騷擾
一、同　三月　三河大濱騷動
一、同　三月　富山藩下騷擾
一、同　十月　濱田縣下騷擾計劃
一、同　五年四月　信越地方土寇蜂起
一、同　六年三月　福井縣大野外二郡下擾騷擾
一、同　六年九月　鹿兒島縣大口村騷擾

以上の中特に三河大濱騷動、一名菊間藩事件に關する史料と、福井縣大野郡地方の一揆及信越土寇蜂起に關する史料とが比較的知られてゐるに過ぎない。

我々の欲する所は單なる歷史的に事件の經過を記述したるものではなく、事件に關する直接の文書、記錄、日記等である。幸に大方諸先輩の御垂教と御便宜を賜らば此れに過ぎたる喜びはない。

參考までに三河大濱騷動の史料を列擧すれば次の如くである。

一、菊間藩事件僧俗口供書
一、菊間藩公文書綴
一、民部、司法省記錄、彈正台記錄
此レハ、最近淺野研眞氏ヨリ特ニ便宜ヲ與ヘラレテ、司法省硏究室ニ當時ノ記錄ヲ探査シテ得タルモノデアル。
一、威力院三州動搖實記
一、專修坊文書。
專修坊法澤ニ關スル書類
一、蓮成寺文書
蓮成寺一順ニ關スル書類
一、蓮泉寺文書
台嶺ノ書信、及遺稿
一、本證寺、善證寺文書
三河各藩ノ公文書
一、光輪寺賢立日記
一、榊原喜代七關係書
一、菊間事件顚末書
廻瀾始末原本

註
(1) 本庄榮二郎編「明治維新社會經濟史研究」ヲ七二九頁
(2) 細川氏著小册子
(3) 三重縣阿拜郡ニ維新講ト御獄講ノ爭ガ一揆トナツテヰル。

高橋五郎と佛教

牧野内寛清

高橋翁は五郎亦は五良と稱し明治初期から中期へかけては隨分と論難攻撃の火蓋を擧げて世に知られた人であるが、その死は僅かに東日及讀賣紙上に報ぜられたに過ぎず、而も其いづれもが過小なるに心あるものをして暗然たらしめた。翁に就ては已に其の死の直後、東日紙上で木村毅氏が感想を述べられ、亦雜誌「明治文化」でも略歴を載せたが、翁は昨年九月七日午前十時、腦溢血のために亨年八十の長壽を絶たれたが、往年の盛名に比して餘りにも世人から忘れられた晩年の彼を想ふと特に淋しいものがある。

晩年の彼は澁谷區羽澤町に住んで曹洞宗立駒澤大學に英文學を教授して専らイスラム教の研究に耽つてゐたさうであるが、明治時代にあれほど佛教に立衝いた翁が佛飯を食んで餘生を過したと云ふことは聊か奇異を感ぜざるをえない。

翁はカアライルの佛蘭西革命史やプルタークの英雄傳を完譯して英學者の間に可成の好評を博してゐるが、「英文フワウスト」註疏、リー博士原著「人生哲學」の譯、等の飜譯を始め、彼の哲學、宗教、文學、道徳の各方面に亘れる著譯は少からぬ數に上つてゐる。

その中飜譯で最も名聲を爲してゐるものは明治初年の聖書の譯である。ヘボン英和字書の助力者としての彼には相應しい名譯として英學界に知られたものである。

彼は安政三年に越後刈羽郡北鯖石村大字長濱、高橋三右衛門の三男に生れたが、明治三年、十五歳にして郷關を出で、苦

四

學力行の數年を過して後に渡米し、英文學を修めて明治十三年に歸朝した。學界に於ける彼の活躍はこれ以後素晴らしく發展した。

先づ「印度史」を著し、「佛道新論」「神道新論」を出し、「佛教新解」等を世に贈つて教學界を驚愕せしめた、その後に於ける著述では「人生論」「一元哲學」「世界三聖論」「戰爭哲學」等々があるが、吾等の最も興味を惹くのは何と云つても「佛道新論」である。

同著は十三年五月に出で、十五年迄には第三版を刷つてゐるから如何に反響があつたか推察に難くない。事實この爲に能仁柏巖等は佛教徒の同盟を結成して駁論等まで著してゐるのである。

「佛道新論」では、佛教は全く富永、平田張りに難避をつけられてゐるのであつて例へば、佛教を「戯論妄説ニシテ道理ノ世界ニ永存スヘキ者ニ非ス。亦賢人智者ノ尊信ス可キ者ニ非ス」ト放言シ、「釋迦牟尼ガ説モ亦遠カラズシテ自然ニ消滅ス可シ。總テ是ノ如キノ道ハ人生ニ禍祉ヲ與フル者ニ非ス却

ツテ人間ノ歡樂ヲ害ナフ者ナリ」「佛敎ハ無知ノタメニ大迷シタル者ナレバ無學ノ語至極適セルガ如シ」等と佛敎を耶論批謗してゐる。蓋しこの事は佛敎徒にとつては一方ならぬ驚きであつたに違ひ無い。

殊に當時は基督敎が全盛に赴きつゝある時期であつた爲に佛敎界では各宗合同の和敬會の結成を始めとして敲唱會修德同盟、憂敎社、時習會等々の十指に餘る駁邪團體が續出して猛烈な邪敎排斥を開始してゐた。而してこれ等の中、四國の敲唱會は西有穆山を主盟として能仁柏巖、日置默仙等を中心に佛敎の「危急存亡」を叫んで地方的に烈しい運動を試みてゐたが、就中、能仁柏巖は、高橋の「佛道新論」世に出づるを見て默する能はず、明治十四年十二月、遂に「霧海南針」を著はして

「今此新論初ヨリ終ニ至ルマデ纔カモ慈悲誓願ノ言ナシ。若シ此誓願ナケレバ全ク是聲聞外道ノ翟ニシテ國家無葉ノ邪説ナリ」

と云ひ、新論所說の駁佛說を苛斥した。處が、高橋吾良十六年四月、銀座の十七舍から「佛敎新解(附霧海南針辨安)」を發兌して、

「今彼僧ガ云ヘル所ヲ視ルニ徹頭徹尾誹毀ノ言論ノミニテ更ニ論辯推破ノ體ナシ、彼僧ハ本ヨリ禪法子ナレバ他宗ノ人ニ勝リテ惡口ニ巧ミナルハ自然ナル事ナガラ事理ヲ紙上ニ爭フニマデ其所謂問答風ノ大言ヲ放ツハ餘リトヤ言フベケン」

と激烈なる論調を以て反駁を爲し、柏巖を「無學妄談」の僧と罵り、「能仁ガ論ズル所、取ルニ足ラズ皆是ト兒ノ戯ナリ」と嘲笑してゐる。以て當年の意氣衝天の佛敵ぶりを見るべきである。

柏巖は「禪法子」とある如く洞門の僧である。然も往年高橋翁が洞門の大學に寄食してゐたと云ふことは全く面白い因緣と思はざるをえない。

高橋翁が何事にも堂々と容喙したことは、これのみではなく、明治中期の「宗敎と敎育の衝突」の論爭沸然たる機に鑑みても分ることである。當時井上博士に對して、大西操山博士と共に暴論を吐いて井上博士に挑戰したことは有名な話である。これ等の事柄は翁の風格を忍ぶに足る例として擧げらるものであらう。

然るに翁の晩年の生活が非常に淋しいものだつたといふ事はかうした性格が一面或は禍してゐたのではないかとも考へられる。

とまれ、佛敎徒にとつては佛敵に非ずして寧ろ他山の石となつた人として忘るべからざる存在であると思ふのである。

明治の僧俗事歴を御知らせ下さい

左の要目について御報告下されば結構です、一部分だけでも差閊ありません。

一、氏名法諱並に宗號
二、(イ)出生地、(ロ)生年月日、(ハ)死歿年月、(ニ)示寂地、(ホ)享壽
三、出家得度の因緣と年齡並びに宗派
四、得度　五、住持寺院名並に開創再興寺院名
六、閱歷、僧階歷次、重な行業事蹟
七、著作、編述、意見書等
八、授業、附法の弟子
九、逸和、傳譚　十、其他

期限を附して丁重に扱ひ、用濟みの上は速かにお返し致します。佛法宣揚のため切に十方諸賢の御支援を懇願致す次第です。

資料

明治佛教通史の手引（上）

明治佛教發展段階說

明治佛教通史の詳密な單行本が出てゐない今日、通史的記載をもつたや、纏つた文献をあげてみるのは徒事ではなからう。土屋詮教氏著の改訂日本宗教史の明治以降の分と、それに基いた佛教大學講座中の同氏の執筆たし明治大正・昭和時代佛教史上下、（昭和八年十二月、上卷、菊判九十一頁）が最も新しい。

昭和五年八月に龍谷大學論叢（第二九三號）が「明治佛教研究」の特輯號を出したのは其後に明治佛教に對する一般の關心を高める上に於て大きな役割りを演じた。月輪賢隆氏の「明治佛教學界の大勢」は教學方面を主としたものであるがもとより明治教界の大勢にも及び、杉紫朗氏の「明治時代に於ける眞宗學の大勢もまたみるべく、西光義遵氏は「明治時代の佛教史研究」を發表せられ、明治佛教研究史上初期の勞作として輝くべき一群をなしてゐる。本稿では、のちに月輪氏の明治佛教の發展段階說をとりあげるであらう。

更に昭和八年一月の「宗教研究」（新第十卷一號）は幾分との研究特輯號にあふられたとみるべく、椎尾辯匡氏の「明治以降の佛教」と、德重淺吉氏の「明治佛教研究資料論」を收載して居る。後者は、のち「維新政治宗教史研究」（昭和十年二月刊）の六八六頁以下に收められた。德重氏によれば、島地大等氏の明治宗教史と、前掲、龍谷大學論叢中の前引諸氏の意見によつて影響を受けたこと明かである。

こゝでは椎尾、德重兩氏の區分を採りあげた。これより先、島地大等氏は、解放特輯の「明治文化の研究號」（大正十年十月）中に「明治宗教史」（基督教及佛教）（菊判三十三頁程）を執筆せられた。これは同氏の死後「思想と信仰」（昭和三年二月）中に再錄されてある。

明治佛教界の居士を代表する大内青巒が、門弟知友によつて催された還曆祝賀の折に、明治佛教の回顧談を試みた筆記（謁々華申記）がその當時（明治三十八年）頃までを語つたものとして貴重な見聞となつてゐる。これと同内容のものが、「佛教」をはじめ「新佛教」「通俗佛教新聞」「護法」その他各種の雜誌に轉載引用されてあるが、最近には加藤咄堂氏編の「佛教信仰實話全集在家篇」の卷首に、再錄されてゐる等、廣く利用紹介されてゐる。大内

六

氏の體驗的明治佛教ともいふべきものであらう。初年の事柄には啓發されるところもあるがまゝ思ひ誤りと思はれる點がないではない

それより前に、明治三十年に當時文學士であつた姉崎正治氏が、「大陽」增刊の奠都三十年史中の「宗教篇」を擔當して執筆せられたものは、今日からみてもよくまとめ、よく觀られたものと感嘆すべきものである。惜しいかな、これには三十年以降の分がないこれを補足するものとしては同じく「大陽」第十八卷に「明宗宗教界の回顧」の一文を草されてあるが、これは、前のよりずつと簡單であるその後、英文で發表された。

History of Japanese Religiun, 1930

には簡單に明治全班に及ばれてゐるが、詳述ではない。

二十五年三月に縮刷再版された田島象二の「日本佛法史」は、（十六年初版和三册）明治現代にまで及んだ佛教史の單本として、恐らく最初のものであらう。三十年八月に增補重版して、三十年二月七日の英照皇太后陛下を京都東山後月輪東北陵に奚葬の記事迄收載した。（明治期分、四六判四號活字五十三頁）本書の此期の引用參考書は殆ど「明教新誌」のみであるやう見受ける。（つゞく）

編纂所報告

世界の狀勢は依然渾沌であります。今や非常時第二年の三六年、わが編纂所も宗教界多事の中にもまれて、沈潜二年餘の成果を世に送るべき時機に至りました。

編纂所の十一月は所員の故障で、事務は幾分停頓の氣味がありました。豫定表を進ませるために十二月の「明治佛教」を休まねばなりませんでした。月々の狀況は既報の通りですから、こゝに昨昭和十年度について概述いたします。とともに今後について、御諒解を得て置きたいと思ひます。

目下專務所員二人、筆耕一人といふ構成で、仕事を進めてゐます。當初の計畫では拾年度末には第一回原稿が堆積せられる豫定でありました。しかし、人員も昭和九年度末には、所員四名、給仕二名の專務をもつてあたつて居たものが、半減の人員では、豫定を日限通りに果すことは何としても困難な事情です。人員の直ちに補充を困難とした原因は、徴兵者と病氣休暇者とであつたのと、その一人は。財務方面の擔當者であつたためです。財務關係から積極的な活動を制限されてきました。

尙ほわれ〳〵の地味な仕事の前に好ましからぬ外部の事情がありました。宗教復興とかで浮き立つた世相は、スピーデーでない堅實な仕事に對して、邪魔者扱ひし勝ちでした。若しわれ〳〵が積極的に出るならば、教界を喰ひ者にする一時的計畫同樣に視られることを避け得ない時期に際しました。われ〳〵は、靜かに、限られた人と限られた財力の下に少し宛歩みつゞけてゐました。どうやら、浮薄な世相も落つきかけてきました。約半減した條件の下での活動は幾分の遲延を免れ得ないこと、皆樣に御許し願はなければなりません。たゞ基礎的な準備は整つて居ります。願はくば篤志者の援助を得て、所員を增加することが出來れば、舜く間に功を成すことを告げたいのです。

人物篇の編成は前後二卷で先づ前篇の原稿は、大方成稿に近づいてゐます。たゞ重要な人物で、愼重を期し度いものがありますので近く關係の方々、各宗當局方面へお願ひする手筈になつて居ります

最近の編纂所はいろ〳〵手不足であつて、折角來訪せられる方々にも、不自由をおかけすることが多い。お詫びする次第です。今年も諸氏の御好意を祈ります。

境野博士の三周忌

舊臘十五日本鄕駒込眞淨寺に於て前當所々長境野博士の第三周忌追悼會が、築地本願寺沼波輪番の導師によつて營まれた。

博士の靈前には知己先輩の力で出版された「遺稿支那佛教精史」の大著が具へられ、井上老博士の遺稿出版報告の辭を始め、安藤正純加藤咄堂、常盤大定、宇井伯壽、梅原薫山氏等によつて種々故人の追憶談が語られ、故人の遺德を充分に忍ぶことが出來た。

當日の出席者は境野博士の遺族の外に田中善立、清水龍山、山田一英、丹靈源氏等を始め百名近くの參詣者であつた。

受贈雜誌謝告

如是	第七十五 七十六號	千里山佛教會館
法施	三五二號	國母社
比叡山	一三四、一三五號	延曆寺
正法輪	自第八百二十七號 至第八百三十號	妙心寺
新佛教徒	第三卷第十一十二號	新佛徒社
莊嚴	七十七、七十八輯	莊嚴社
レツエンゾ	十一月號	紀井國屋書店
白毫	十一、號十二號	白毫社
五朋	十號、十一號	五朋社
明治文化	十一・十二號	明治文化研究會
人華	十一・十二號	人華會
傳道	四五三・四五四號	鴻盟社
奉仕	十一・十二號	佛教奉仕會
佛陀	十一・十二號	佛陀社
靈潮	十七號	靈潮社
和光	二二九・二三〇號	和光社
眞生	第十四卷十一月號	眞生社
眞實道	十一・十二月號	眞實道社
求眞	十・十二號	求眞聯盟
吉祥	三四三・三四四號	佛教社

謹賀新年

昭和十一年元旦

明治佛教史編纂所

名譽所長 文學博士 井上哲次郎
所長 文學博士 常盤大定
京都代表 禿氏祐祥
大阪代表 中井玄道
代表理事 友松圓諦

八

編輯後記

お目出度う

明治も六十九年を迎へたことになります。

本誌も小型ながら、何等かのお役に立つてきたであらうかを反省してみます。某宗教新聞の寸評氏は、本紙を純機關誌として以外に存在すべきものでないといふやうな言を吐いて居られた。にも拘はらず氏自身の著書には本誌の書き卸し論文を盛んに引用してゐる。充分に利用されてゐての言葉にしては少し變であるが、そうした本誌への忠告はまあそうですかれといふところ。本年も相變らず眞驗な研究と新資料の紹介等に力を入れてゆく。新人の研究心をそゝる一方その業續の一端を發表してゆきたいと思ふ。本誌は宗教復興の退潮とともに、グン〳〵使命のあるところを展開してゆく。

年額五十錢の誌代をもつて本誌のよき發展を援けられんことを希望します。

第三卷第一號

昭和十年十二月廿八日印刷
昭和十一年一月一日發行

編輯兼發行人 上坂倉次
東京市深川區冬木町一〇

印刷人 吉本菊松

發行所 明治佛教史編纂所
東京市京橋區銀座西五ノ五
電話銀座五三八九番
振替東京七四二一八番

發賣所 山喜房佛書林
東京市本郷區六丁目赤門前

定價 一册 金五錢 一年分 金五拾錢

昭和九年十一月一日第三種郵便物認可
昭和十一年一月廿八日印刷　昭和十一年二月一日發行
等三卷第二號（毎月一回一日發行）通卷第十八號

明治佛教

第三卷
第二號

目次

二三の佛教大學の設立計畫

上坂倉次

明治初期の佛教界は廢佛毀釋の大厄難にはじまり不安動搖に終始した。教界の前途について確たる見透しをつけ得たものは極少數の先覺者に過ぎない。德川期から排佛思想の擡頭を醸成せしめた僧侶の反社會性は、明治になつて遺憾なく暴露された。力のない佛僧が維新の動亂に際して爲すべきことを忘じ果て、また實際爲し得なかつたため、佛教界が新時代へのスタートに立ち遲れた損害は、今日に至るも容易に取戻し得ない程甚大なものであつた。それがため輝しき佛教文化の產物を何程永遠に失つたか、考へるだに惜しみても餘りあることである。巧遲拙速主義によつて築かれてゆく初期の日本文化の本質とみとめた、少數の佛僧達の熱情も努力も、廢佛毀釋運動によつて完全に去勢された多數の僧侶には受け入れられぬことが多かつた。

教界の革新進歩のために氣勢を擧げた外國文化の影響を強く受けた進歩的佛僧の諸種の計畫や運動が、教界人士の無自覺のために挫折したのは尠くない。

佛教界に人材が乏しく、僧侶の無智淺識が、その社會的機能を著しく低下せしめるものである。從つて新時代に遲れぬ教育を僧侶に施すことが緊急事であることは既に十年前後から氣附かれてゐた。組織的な僧侶教育論は十年代末に特に盛んになつた。その實踐形態として各種の教校、學校は、大教院分離運動成功後徐々にあらはれてき、普通中等教育制度は漸次とゝのつて行つた。

佛教界の高等大學教育制度は、はるかに遲れて樹立された。今日ある十指を超る各種佛教主義の專問、大學校は中には舊來の學寮組織からして近代的教育制度に織り込まれたのもあるが、何れも二十年後の設立にかゝるのである。そして當時の二三の佛教大學設立計畫に刺激されて成つたと思はれる。平井龍華の京都に於ける佛教大學や、東京に於て北畠道龍の計畫など、何れも成功には至らなかつたが、時代の先驅として、忘れてはならない。大内青巒の廨布に於ける高等普通學校も有終の美をみなかつた、何れも時代の産物である。

　北畠道龍の計畫したものは時代的意義を充分にふくんでゐるので少しく述べやう。彼の略傳は本誌二巻六號で述べたからそれを參照せられたい。

　北畠道龍の、大學建設の計畫は、彼が歐洲留學中、スタインによつて歐洲宗教、政治の實狀を話されたことに暗示を受けてゐるとみられる、其の要旨を述べよう。

　スタイン博士は云ふ、宗教と政治といふものは決して切り離して措く可きものでないとする以上は、兩者の間は權衡を保たしめ、不權衡にならぬやう注意すべきである。是をもつて政府は妄りに宗旨を陵厭する如きことなく、宗旨者もまた妄りに政治に抗對して獨り己が意を偏張すべきでない。能く兩者相和すべきである。然るに今、日本の場合につき之れを考ふるに、他日若し政府が、寺のために、次の三條（寺法、寺院財産、信仰）へ手をつけて、干渉するときは、寺院僧侶は單に唯々として沈黙してゐてはならぬ。若し苟も沈黙して政府の措置にのみ委して置くならば、其ときは即ち宗旨が頽壞してしまふ。宗旨が頽壞すれば、人心は忽ち狡悍の意を現はして人世は遂に暗昧の世となるであらう。日本に於ても、近く歐洲風の憲法政治を建ると聞いてゐるが、又歐風に宗教上の規定を設くるかも知れないから、宗旨者たる者は豫め此の宗制寺法のことは能々これを詳明にしておかなければ患禍を殘すことになろうも知れない。

　此の如き不幸をさける手段としては、日本の宗教家たる者は先づ第一に非常の大改革を行ひ、宗教をして時機に契當さ

二

せるにある。又た第二に時世開進の大學校を建起して僧家の知識として世の中の識者の上にたゝしむるに在る。嗟呼日本の僧家此の二つの者を行ひ得ないときは全國の宗教は遂に腐敗に歸し、しかも有力な他國の宗旨のために蹂躪されて、日本の人心は日々に日本から放れて四散して了ふであろうと。（天竺行路所見二巻三一丁）

　北畠はこれを「天竺行」（十九年七月刊）の中で說述して、この事たる即ち凡僧蒭僧の行ひ得るところに非ずと評してゐるのであるが、明治二十二年には北畠大學建設を畫して資金の募集をなし、着々實現につとめたのである。

　彼の此の計畫に對して世人は〝大山師と稱する者もあつた。當時としては佛教大學の提案は多少早過ぎた感がある。これから四五年後には佛教大學の設立案は珍らしくなくなつてゐるのだが、彼の試みが、たまたま成功しなかつた事と共に此の企畫を山師的なものの感を與へたことは氣の毒なと思はれる。

大學建設地を小石川區表町八十四番地に定め敷地に「北畠大學院建設地」と大榜示をなして行人を瞠目せしめた。最初に事務所を設け、次いで豫備學院を開き、進んで資金を得るに從つて大學院を創立する豫定であつた。

その資金募集書に曰ふ。

龍、從來述る所ろの主義略ぼ其順序を得たるを以て、時勢要瞬の今日豫て草案せし一大學院を先づ此の東京に樹立し、我が順序の大形を指示し、之を以て我が帝國人民の精神に基き其本分の眞理を顯彰し百政の本原たる國體國力を大助せんと欲す、我が四千萬の諸君適意の義捐を擲與して我が此擧を佐け玉はんことを敬望する者也

明治廿二年十一月

北畠大學院創設主

北畠道龍謹白

その概則をみると、大學院は精神學を土臺として之れに踵くに歷史學を以てし、其他專門普通の諸學を授く、其教科の立方、教授の方法等全く墺獨兩國の大學通りに組立て、我帝國の教育を大助するを目的とするにあつて、教科書には道龍御得意の獨乙書をもつて之にあてる筈であつたらしい。

明治廿三年十一月には事務所の建築だけはどうやら出來たが、何分義捐金が集まらないので、大學の建物は何時出來るとも見當がつかない狀態であつた。

この大學設立の不成功は、京都に於ける彼の信用を失墜せしめるに近かつた。爾來彼は各地に轉じて法話をもつて巡り、のち大阪を根城として再起を企てた。二十七年頃の北畠の世評は、「明教新誌」上に北畠道龍氏に柬すの一文に殆んどつきてゐる。

「その改革議論の大々的なるに似もやらず、案外にも進行の度は遲緩にして、日吉町の法話所も閉館せられ、足下が、全國行脚を中止せられ、法界獨斷なる小冊子は、一たび世に公にせらるゝや、二三の青年僧侶に駁撃せられて、亦人の黜くなく、小石川の大學校建築は、榜示杭既に腐りて、亦一字の建築せられたるを見ず、都下亦一の北畠を說く者なきに至れり、(中略)近日聞く所に由れば、大阪市に復活し來り、例の憲法宗教後棒先棒の法螺を吹きスタインの請賣をなし市內の豪商を瞞着して再び大學創立の山をなすと」

しかるに、道龍の與へた宗門大學熱は二十五年頃には相當の關心を諸方面に與へた。就中明教新誌は、同年三月十二日より三回にわたつて、「佛教大學設立」の社說を載せて大にあふるところがあつた。「教門早く學殖深厚なる人物を養成する所以の道を開かざるべからず、其道他なし一の大學を設立して秀俊の徒弟を教養するに在りと」。道龍が龍華等の計畫提案は、徐々に芽生えつゝあつたことをみとめる。

資料

住職證文

釋松溪

現今では住職の任免權は總て管長が掌握する事になつてゐるが明治の初期までは本寺や本山に任免權があつたので住職手續も相當に面倒であつたらしい。其一例として左に住職證文をお目にかける。尤もこれは今の新義眞言宗豊山派に屬する末寺の例だが各宗とも大體同樣なものであつたらうと思ふ。

○

乍恐以書付奉願上候

一御末寺久保村光明寺無住ニ付寺役擅用ニ差支難義至極仕候處今般正福寺法類心亮法印檀家一同皈依僧ニ付光明寺後住ニ仕度村役人檀中隣寺一同相談之上奉願上候何卒願之通御聞濟被成下候ハヽ一同難有仕合ニ奉存候以上

明治三庚午年二月

檀中惣代
與七㊞

村役人惣代
太左衛門㊞

隣寺
大光院㊞

寶福寺樣
御役僧中

○

差上申一札之事

一拙寺法類心亮儀今般久保村光明寺住職ニ奉願上候處願之通 御聞濟被成下難有仕合奉存候然ル上は此僧身分ニ付如何樣之義出來仕候共拙寺引請
御本寺樣江少茂御苦勞相懸ヶ申間敷爲後日差上申一札仍而如件

明治三庚午年二月

山川村
正福寺㊞

寶福寺樣
御役僧中

四 明治の歌僧

明治の代表的歌僧といへば、福田行誡上人、大熊辨玉上人、天田愚庵和尚、禮嚴法師の四人であらう。まづ戶籍調べをいたそう。行誡上人は淨土宗の高德で文化三年武州豊島に生れ、明治二十一年四月二十五日に八十三歲で京都で寂した、辨玉上人は神奈川三寶寺、今は神奈川臺町となつてゐる淨土宗の住持で、明治十三年四月二十五日に六十五才で寂してゐる。長歌をもつて聞えてゐる。

愚庵和尚は三十七年一月十七日五十一才で示寂、中年出家し、由利滴水について鉗鎚を受けた禪僧で、數奇な生涯を送つた。今年が三十三回忌にあたり先般京都で、立命館大學總長中川小十郎氏により歌碑の建立が行はれた。

禮嚴法師は與謝野鐵幹の父で尙綱と稱し、西本願寺の僧で、二十一年八月十七日、七十六歲で歿した。

行誡上人と辨玉上人が、共に淨土宗で同月同日に寂したことは一奇である、前者ははじめ歌道は餘技であるとしてゐたのが、次第に進んでゆくにつれて、それが佛道に通ずるものがあることを覺り、歌道の上に上人の深い佛教的體驗を一如としたことに歌僧行誡の名が永く止められるであらう、系統は香川景樹の門人一蓮居士の指導を仰いだが、上人にとつては歌學を知るよりも「唯おのれが志を正

○人體起立書

一出　生　武州金澤赤井郷鎌ヶ谷村百
　　　　姓又右衛門次男
一得　度　東京愛宕於圓福寺拾才之時
　　　　受戒仕候
一加　行　芝三田大聖院ニ而相勤申候
一新　加　愛宕前於眞福寺相勤申候
一灌　頂　東京谷中於加納院道場相勤
　　　申候
一豊山留學　六箇年
一初法談　武州豊島郡上石神井村三寶
　　　　寺ニ而相勤申候
一世　壽　四十六歳
一法　臈　三十六年
一假　名　心亮　實名　禪惠
右之通相違無御座候以上
　明治三庚午年二月
　　正福寺法類
　　　　　禪　　惠
　　　　　　判書
　寶福寺様
　　御役僧中

○

差上申住職證文之事

一今般拙僧義久保村光明寺住職被仰付難
有仕合奉存候然ル上は　御公儀様
御法度之義は不及申上　御本寺様之御
作法堅相守り寺役檀用等隨分如法ニ相
勤可申候事
一佛殿厨裡屋等隨分加修履爲破壞申間鋪
候事
一山林竹木私ニ伐取申間敷候若無據普請
入用之節は隣寺檀中相談之上御願申上
可任御差圖候事
一住職之內隣寺檀中江對シ萬事柔和ニ仕
爭論ヶ間敷儀仕間敷若無據義御座候ハ
ヽ　御伺之上可任御差圖候事
一御法流相續被　仰付候節は無相違相勤
可申候事
一住職之內如何樣之義出來仕候共加印之
者共引請
一御本寺様江少茂御苦勞相懸ヶ申間敷候
爲後證之奉差上候一札仍而如件
　明治三庚午年二月
　　久保村光明寺住
　　　　禪　　惠㊞
　　檀中惣代
　　　　與　　七㊞
　　村役人惣代
　　　　太左衛門㊞
　　隣　寺
　　　　大光院㊞
　寶福寺様
　　御役僧中

しくすべき爲によむが第一」であつた。

辨玉上人は橘守部に長歌を、岡部東平に短歌を學んだが、その得意とするところは、長歌で、明治初年の文明開化の諸相を、東京、横濱を中心に取材して、風物詩風に詠つたところに特色をもつてゐる、此點からその內容は文化史上貴重な材料として喜ばれる。蒸氣車、寫眞鏡、瓦斯燈、石鹸玉、洋妾など尖端的なところをふんだんに取り入れてゐる。宇集「瑲々室集」(由良牟呂集ともいふ)のは殆んど長歌であり、萬葉時代の五七調をとつてゐる。江戸淺草の生れである。

愚庵は禮嚴と共に明治和歌史上に革新的息吹きを與へた功績者として忘れることが出來ない。前者はそのわかれた父母の探索に流浪の半生を送つた數奇な境涯から生み出された深刻な體驗を、萬葉調の歌に托して自ら慰め自ら歌僧の生活を歩むに至つたが、その陸羯南や、禮嚴等の交友から正岡子規と識り、子規の和歌革新運動に大きな影響を與へたのであつたが、愚庵は却つて子規によつて一層その名を知られるに至つた。彼の子規を評した歌に、

「歌詠まば正うたをよめ正岡のまさなき歌はよますもあらなむ」がある。

禮嚴はむしろ新派和歌運動を起して明治文化に巨跡を殘した、その子鐵幹夫妻あることによつて更に名を知られてゐる、多量の作歌を遺してゐる。

五

明治佛教通史の手引（中）

明治佛教發展段階說

村上専精氏は明治二十四年一月廿五日本願寺別院で、東京佛教講演會の第十一會の席上「明治聖代の佛教沿革史」を演述した。これに於ても題名の樣に、時代區劃を試みて居る。

村上氏が佛教史に關心を持つて、佛教史研究熱をあふつたことはよく知られてゐる通りであるが、三十年には「大日本佛教史」第一卷を出してゐる。

田島象二氏の著の出た前年に、生田得能氏（のちに織田）が島地默雷氏と合著の名で出した「三國佛教略史」三册のうち、明治期の叙述は下卷四十三丁、四十四丁に於て十七年八月教導職廢止政教判別に終る、ほんの短い編年體のものである。

以上通史的著書、編述の若干を思ひ出すまゝにあげてきた。

高楠順次郎氏は、「明治佛教の大勢」と題して、現代佛教百五號（昭和八年七月）に高處的叙述をなしてゐる。この現代佛教の「明治佛教研究と回顧」の特輯は、このまゝでまづ分量的な明治佛教通史ともみられる。

櫻井匡氏は「明治宗教運動史」（昭和七年十一月）を著はして、此期の宗教運動についてのまとまつたものをみせてゐる、基督教方面の材料を主としたものであつて、しかも佛基の交渉、佛教運動にも及んでゐる手頃なものである。

その他雜誌新聞等に發表されたもので、明治佛教通史的論述をみないわけではないが、しかも若干の見落しもあらうがその多くは回顧的斷片的なものであるから、省略した。例へば、「明治佛教再興の先驅」として北野元峰禪師（佛教思想第二卷一號）の回顧談の如きものをはじめ相當にあるのである。

明治佛教興亡論　小林雨峰　加持世界　七卷十一號
明治佛教史について　泉迺舍主　同　四卷一號
餘の明治佛教史　降魔道人　佛　教　一〇三號
明治佛教史の研究　鷲尾順敬　佛教史學　六編一號
明治佛教史話　大内青巒　新佛教　五卷一－一八號
佛教五十年史　望月信享　中央佛教　三卷五號

以下各氏の明治佛教發展段階の所見を表出するが、その理由細說は省略に從つた。

高楠順次郎博士の區分

第一期　佛教迫害時代
　第一（明治一－五年）佛教形式破壞
　第二（六－十年）大教院時代
第二期　佛教の陣容整備時代
　（十一年－三十年）

六

第三期　佛教の教學完備時代
　（三十一年－四十五年）
　（明治佛教の大勢）

月輪賢隆氏の區分

第一期　啓蒙期（廢佛毀釋攻防運動外教破斥）初年－十五、六年
第二期　啓蒙期（既往日本佛教の總括時代）
　（十六、七年－二十七、八年）
　新佛教革新更生運動期、通佛教擡頭
第三期　佛教史學研究時代
　（二十七年－四十二年）
第四期　集成準備時代
　（四十二年－四十五年）
　（明治佛教學界の大勢による）

櫻井匡氏の區分

第一期　明治維新と宗教
第二期　神佛分離
第三期　護法扶宗の運動
第四期　基督教の活動
第五期　宗派神道の獨立
第六期　佛教の復興
第七期　教育と宗教の衝突
第八期　各宗教の融和提携

右は、同氏の明治宗教運動史の章を期にあて、採りあげた。

氏は年代を明確に指示せられないが、他の諸氏の段階と比較して、章のわけ方が、自から發展的に配列されてゐることに氣付かれるであらう。

徳重淺吉氏の區分

第一期（初年より七、八年まで）
第二期（七、八年より十七、八年まで）
第三期（十七、八年より三十五、六年まで）
第四期（三十七、八年より大正五、六年迄）

氏は明治佛教の個性を語り、これを資料方面より、右の發展段階に分析した。基礎的研究の上から、この分類は、注目されてよいものと思ふ。

椎尾辨匡氏の區分

第一期　明治の廢教
第二期　廢佛毀釋の清算
第三期　復興施設
第四期　管長統治、新天地の展開
第五期　日露戰後、學風の變化
第六期　明治時代の清算

「明治以降の佛教」に於て氏は右のやうな叙述の順序をもつてゐる。これはほゞその史眼の止點を指示するもののやうにみえる。

土屋詮教氏の區分

氏のものは、昭和に至るまであるので、その全部を掲げる。「その變遷に依り次のやうに時期を劃し、神佛判然、廢佛毀釋の時期を特に精叙し（九十頁の半を費す）、各期とも成るべく概要を把握し得るやうに」講述された佛教大學講座本（八頁）による。

參照　改訂增補「日本宗教史」近世以降。

明治時代

第一期　神佛判然、廢佛毀釋の時期
（明治元年より同十年に至る約十年間）
第二期　神佛分離各宗復興の時期
（明治十一年より同廿二年に至る十二年間）
第三期　信教自由破邪顯正の時期
（明治廿三年より同廿八年に至る六年間）
第四期　研究旺盛各宗協同の時期
（明治廿九年より同卅八年に至る十年間）
第五期　佛教大會海外傳道の時期
明治卅九年より同四十五年に至る七年間）

大正時代

第一期　參政權主張教化運動の時期
（大正元年より同十年に至る十年間）
第二期　社會事業佛教文學全盛の時期
（大正十一年より同十五年に至る五年間）

昭和時代

第一期　思想善導國際進出の時期
（昭和元年より同七年に至る七年間）

（つゞく）

北越十傑
—明治十七年に於ける—

豪農	市島徳次郎
法律家	西潟訥
醫師	池田謙齋
宗教學	瀧谷琢宗
洋學者	小林雄七郎
商法家	大倉喜八郎
政治家	前島密
漢學者	島田重雄
起業家	白峰駿馬
新聞記者	波多野傳三郎

受贈雜誌謝告

五朋	第九巻第一號	五朋社
眞生	第十五巻一月號	眞生同盟
奉仕	第十五巻第一號	佛教奉仕會
傳道	第四百五十六號	鴻明社
和光	第二百三十一號	和光社
莊嚴	第七十九號	莊嚴社
佛陀	第四巻第一號	佛陀社
吉祥	第三百四十六號	佛教社
佛徒	第三十三號	新佛教徒社
安養	第百三十號 第百三十一號	安養新聞社
白毫	第三巻第一號	白毫社
靈潮	第十八號	靈潮社
人華	第十四巻第一號	顯眞社
求眞	第四巻第一號	靜岡求眞聯盟
正法輪	第八百三十一號 第八百三十二號	妙心寺
眞實道	第十二巻一月號	眞實道社

編纂所報告

一月號本誌をもつて關係各位への賀狀に代へました。叮嚀に賀春の詞を頂きました向きに御禮を申しあげます。

本年は四日から執務開始、「人物篇」編成の行程を進めて參りました。但し、友松理事はじめ、所員の健康狀態よろしきを得なかつたため、進度は稍遲れました。

資料　は新刊書若干購入の外、入庫ありません。資料所在を明かにし得たもの書信をもつて交渉中のもの二三、何れも吉報を期待してゐます。

研究來訪者　十五名、通信によるもの二件。

明治佛教　申込者五名、目下積極的働きかけは致しませんが、關係者のすゝめによる由感謝いたします。

編述行程　人物傳執筆の繼續前月に引つゞいて進行中、並びに原稿整備を急いでゐます。社會事業、社會運動に關する在庫文献による資料の蒐集を月末から開始しました。

經營　現在は借入によつて經營を賄つて居る狀態で、第一回刊行まで能ふ限り消極的に進んで行く方針でありますが、然し乍ら、有緣の士の積極的な一齊援助なくしては教育學界への寄與を完することは困難でありませう、現狀は全く一時の變態でありますことを關係者諸賢の御諒承を乞ひ度く存じます。萬難を排しても所期の計畫を遂行することは少しも變りないところです。

かねてから、わが編纂所に絶大の好意を持たれ、各種の好誼を賜はつた豊山派の村瀨堯運師は、病中のところ一月十二日逝去されました。當所から所員を派して謹んで吊意を表しました。

明治佛教研究例會

時　二月二十一日（金）午後二時

所　京橋銀座西五ノ五　菊地ビル當所にて

題　一、明治初期佛教と自由主義との交渉に就て　牧野内寛清

一、教導職について　上坂倉次

あとがき

寒波の魔手はわが編纂所まで襲ひました。所員は代る代る感冒に犯されて發熱續きです。こんな時は手薄が一番慘めです。無理を押して、辛うじて間を缺かぬやう努めてゐます。友松理事も年始から感冒で、一頃は注意すべき容態でした、昨今よろしい樣子ですが尚ほ當分靜養を要すとの事です。健康第一を痛感します。

所員牧野内氏のお目出度がありました。所内は一層活氣を呈しませう。

入營休所中の村瀨博道君は近く退營の由です。嚴父を喪はれ身邊多忙となり、果して歸所して頂けるかどうか未定ですが、手がけた研究の大成を期待して止みません。

しばらく休んでゐた研究例會を今度は開きます。内輪の顔觸れだけですが、御出掛け下さい。

第三巻第二號

昭和十一年一月廿八日印刷
昭和十一年二月一日發行

編輯兼發行人　上坂倉次
東京市深川區冬木町一〇

印刷人　吉本菊松

發行所　明治佛教史編纂所
東京市京橋區銀座西五ノ五
電話銀座　五三八九番
振替東京七四二一八番

發賣所　山喜房佛書林
東京市本郷區六丁目赤門前

定價　一冊　金五錢　一年分　金五拾錢

昭和九年十月一日第三種郵便物認可
昭和十一年二月廿八日印刷　昭和十一年三月一日發行

明治佛教

第三巻第三號（毎月一回一日發行）通巻第十九號

第三巻
第三號

目次

近世淨土諸哲傳

秦　義應　師諱は義應、感蓮社交譽道阿眞如海と號し、亦た別に蘇山と號す。姓は秦氏、天保五年五月十六日を以て尾州藩士伊藤右門の二男に生れ、同十四年九月年甫めて十歳、名古屋高嶽院榮倫師の室に投じ剃髪名を呑應と稱す。然るに後、義嶺師に私淑し義應と改む。義應賦性聰敏にして儕輩を凌駕す。年稍長ずるに及んで明倫校督學牧山佐藤翁の門に入り、嶄然頭角を顯す。嘉永元年芝三緣山增上寺に掛錫、同山内成順寮に寓し、同三年五重を章譽大僧正に稟け、翌四年宗脈を冠譽大僧正に承く。爾來東西二京の間を寄迹し天台を慧澄律師に學び宗乘を入信院義嶺師に承け、又性相の學を義嶺及び智積院龍謙法印に就て學び、或は詩賦を江馬天江、大沼枕山兩詞宗に問ふて矻々倦まず頗る令聞あり。のち明治に至り王政復古し、群議喧囂を極め廢佛に左袒する者甚鮮からず。師乃ち之を憂へ東奔西走頗る畫策するところあり。偶檀林淨國寺徹定、無量覺院大雲兩老、緣山貫首等譽大僧正の命を啣へ勸學講院を設けて後進を誘掖するの擧あり。時に義應、龍成師と共に之が教導の任に膺る。

是歳（元年）布薩戒を華頂山名譽大僧正より承け、同三年四月華頂宮尊琇法親王より院號を恩賜せられ眞如海と曰ふ。是即ち師曾て大雲老入信院師に代て殿下に咫尺せしに由てなり。

此間越前西福寺を董し、同六年三月教導職試補となる。また同八年四月少講義に補せられ同年十月大講義に累遷す。先是明治五年三月朝廷神祇省を廢し教部省を置く。乃ち事務局を設け神佛兩道の士をして三條之教則を皷吹せしむ。所謂神佛合併大教院是なり。

時に師、官令を奉じて大教院に出仕し講究課長に任ぜらる。同九年三月權少教正に昇叙し、尋で六月華頂山徹定大教正の推挽に依り東京芝西久保天德寺に住職す。同十一年十二月に及び權中教正に補せらる。是歳三月東西分割の制成り一宗二管長を置く。同十三年春、行誡大教正輿望を負荷して增上寺を董す。然るに當時大殿未た成らず、爲に師は拔かれて執事に擧げられ山務を總管す。

師乃ち建築課長戸田慧隆、會計課長松濤在舜の諸師と與に頗る心を經營に傾注せり。後

一

來大殿の竣功せるは師等の努力に俟つところ多し。

又兩毛奥羽地方を巡敎すること凡そ半歳にして歸山、十八年八月に及ぶや中敎正に補せられ、同年東西の畛域を撤し、五本山遞番管長制を定む。翌十九年九月に至り亦た東北地方に飛錫すること八十餘日、此時に當り氣運一轉闔宗の志士東京に會し先の遞番管長制を解かんと謀議し衆論鼎沸底止する所なし。

二十年三月二十九日に至り主務大臣丁番管長に諭旨して其職を解き、師と檀林光明寺主玄信老師とを特選して淨土宗事務取扱ひに任命す。乃ち師と玄信老師與に恐懼して命を拜し夙夜黽勉、志士を督勵して宗憲を創定し、積瀾を旣倒に廻らす。蓋し空前の偉勳と謂つべし。同年五月十八日主務大臣禮を厚くして其職を解き、特に紅白縮緬三匹を贈て其功を旌表せり。同日師は執綱に任ぜられ、また七月十五日敎師を拜命、次で翌二十一年八月一日東京大敎會長に任じ、同月二十二日に及び大本山増上寺を董す。然るに二十三年一月疾を得、藥石無驗、五月十七日を以て溘焉として易簀す。時に世壽五十有七。

師夙に學德超邁を以て聞え、內外の推服するところ、交友甚多し。旣述の諸氏を除かば緇流に則ち大谷良胤、日野靈瑞、山下現有、青蔭雪鴻、今北洪川、島地默雷等の耆宿、白衣の士に則ち松平春嶽、青木周藏子、淸國欽差大臣何如璋、大內青巒、石鴻齊、亀谷省軒等の名流、亦た著す所、

蘇山吟稿、東北紀行、北陸紀行、藕耕集等々の書あり。

深見志運 志運諱は慧通姓は深見氏、三河國碧海郡新堀、深見喜兵衛の四男にして天保六年乙未八月十日を以て誕生す。資性恭謙にして淸素、夙に出塵の志ありて自ら淨土經疏を讀習す。其生家は世々眞宗大谷派なれども淨土宗を慕ひ、嘉永七年八月一日同國額田郡鴨田九品院求道上人に就て得度、時に年二十。のち西京に遊學し、泉谷山西壽寺湛忍律師に隨て螢雪の功を積む。文久元年一月志を立て入律、同國額田郡伊賀昌光律寺海印和上を拜して沙彌戒を受け毘尼を研究し、同年八月同國幡豆郡伊藤大樹律庵に住す。蓋し昌光開祖德巖和尙曾て幽棲の地なり。是に於て淨業を精練し禪暇又西尾の筒井秋水の門に遊んで漢籍を學び文墨を樂しみ閑居して志を養ふこと凡そ二十餘年に及ぶ。

西尾の藩主老公和上の德操を仄聞し、自ら草庵を訪ひ且つ殿中に請ふて法要を聽く。ために遠近の士庶歸嚮する者多し。元治元年十一月に至り東都幡隨意院彩譽謙翁上人に從て宗戒兩脉を傳受し、勝蓮社最譽尊阿と號す。

明治十五年秋、昌光律寺に移轉して別行を修し、同年十一月六日進んで具足戒を受け、同十九年九月一日に及んで昌光律寺の住職に任じ第十世を嗣す。乃ち師法燈を紹隆し殿堂を營繕し黃檗板一切經を奉安し且つ又當麻曼陀羅を模寫す。其功以て中興と謂ふべきなり。維新以來佛法多事、師隱遁を志と雖も時勢默止し難く爲めに護法扶律を以て己が任となし、敎學を奉職して能く其の力を盡す。其任命事歷枚擧に遑あらず。又四方の招請に應じて布敎傳道すること殆ど虛日無し。師の所說專ら本願を勸め兼れて因果を領解せしむ。其言華飾なく循々として開誘す。乃ち師の感化に由り飜邪歸正、受戒發信其數を知らずと云ふ。又常に慈善を行ひ救濟を以て事と爲す。嘗て尾張三河之間に於て慈無量講を創立すること五箇所に及び、鰥寡孤獨、廢疾貧者に施米し兼れて放生會を修すること年あり。明治二十四年十月尾張美濃に大震災あり、師時に宿痾未だ癒せず。然るに自ら奮起し之を救助せんと欲す。ために尾三慈無量講信徒靡然として金錢物品を喜捨し、又淨土敎報社の共擧

に賛し多く義捐金を贈るに會ふ。師大に喜び風雪を冒して被害地を巡廻し罹災者を賑救敎化す。其仁慈概ね如此。

曾て江州阿育王塔を禮し發願して八萬四千之塔を建立せんと欲す。因て先づ第一に昌光律寺を建て、爾來師の歿後と雖も尙四衆其志を繼ぎ益々勝緣を加ふ。師平素堅く戒行を持し、好んで陰德を積み、又能く徒弟を慈育し法類を統治す。三河地方律院維持の續、師の扶護與て力あるなり。明治二十六年春、尾張知多郡緒川善導寺に於て戒會を修し了て發病、乃ち舊棲地伊藤大樣律庵に投して療養す。然るに醫藥効なく師自ら起たざるを知て後事を遺囑し、明治二十六年癸巳五月十九日曉に至て遂に奄然として寂す。享年五十有九、師常に衆に示して曰く「生弘二毘尼一死歸二安養一。出家學道能事斯畢」と。是れ靈芝律師の述懷、德巖和上の遺誡なり。言簡にして理を盡す。志運律師一生の行實を念ふに皆此素志を基とす。

北尾大雲 師諱は大雲、興蓮社法譽仁阿義寛と號す。文化十四年京都の人、北尾彦兵衛の二男に生る。資性聰明にして五條西光律寺義聞和上に就て薙染し義寛と名く。法兄義嶺師等と常に和上の側近に侍して研磨年有り遂に秘奥を傳ふ。後三緣山に掛錫して學席に主たり。亦た故あつて大雲と改む。月行事班に累進し第二位に居す。嘉永安政以來天下多事、物情恟々、此頃水戸烈公德川齊昭積弊を痛慨して「明君一班鈔」を著し匡救の意を述ぶ。然るに其中佛法不可信の目あり、師爲に之を慨し「無名鈔」を作つて其蒙を啓く。安政三年、因襲成俗宗義の粹を失ふを恐れ、「靜思請問」一編を著し敎を緣山貫主冠譽大僧正に仰ぐ。當時養鸕徹定和尙亦學席に在て師と交り頗る厚し。然るに和尙、師の議に服する色なく、師亦和尙の説を信ぜず辯難往復恰も甲と越との如し。元治經元初秋、緣山貫主闡譽大僧正の推輓を蒙り法兄義嶺師の後を襲ふ。また華頂宮尊秀法親王の侍讀となり入信院に住し、紫衣を賜はり院家に列して無量覺院と稱す。師頗る博覽强記にして學儒釋に通曉し、又國典、詩文、和歌を善くし最も音義に精し。辨玉、行誡和尙等と交友なり。明治維元王政復古、乃ち東京に還る。此時に當り破佛の聲朝野に盈つ、師ために徹定等と謀り、緣山貫主等譽大僧正に稟議して勸學講院を設けて後進を指導す。師歸東以來始めて芝峰慧照院に寓し、後礫川西岸寺に轉じ、明治九年二月一日壽六十歳を以て寂す。著す所、訓蒙小字彙、啓蒙隨錄、三經字音考、無名鈔、富士日記等。

學天 師諱は學天、號を實蓮社名譽祐阿因順と云ひ、文化元年紀州那賀郡粉河村藥種業岩崎吉兵衛家に生る。師幼にして父母を喪ひ夙に出塵の志厚く、文化七年四月年甫めて七歳、同國小倉村光恩寺冠譽の室に入て剃染し、名を學天と改む。文化十二年に及び冠譽師範の示寂に遭ひ、法兄泉州佐野上善寺清譽和尙に師事し、文政元年に至て緣山聞譽上人の室に入り、累年研學して後遂に京畿に遊び、三井、醍醐、叡峰等を歷訪して名匠の門戸を窺ひ苦學錬行十一年、深く餘乘の奧義を究め最も密典に精進す。師再び緣山に還て聲價頓に揚る。文政三年、緣山定譽大僧正に就て宗戒を稟承し、累進して學頭職に補せらる。弘化三年四月に及び命に依て小金東漸寺に住し、安政二年三月、水戸常福寺に轉じ、また文久元年正月鎌倉光明寺に轉住す。同年七月智恩院に領し尋で八月大僧正に昇命さる。水戸中納言玄同公、葵白甚だ厚く文久元年九月師を市ヶ谷邸に請じて菩薩戒及日課稱名を受く。明治二年に至り攝河泉紀幡の五地方を巡化す、是れ大僧正巡化の嚆矢なり。明治三年二月に及び勸學院を設置して學徒を策勵

三

し、同年十一月廿六日世壽六十有七歳を以て寂を示す。弟子に學倫、學行等あり。師頗る密家の秘法に達す。一日雷あり講筵を震はす、聽徒愕然として色を失ふ。師乃ち印を結んで呪文を誦するに雷鳴乃止、見る者驚歎之を異となす。是れを以て密法の傳承を乞ふ者數百人に達せり。師は平素の奉佛頗る嚴肅にして毎旦必ず沐浴淨依して道場に入る。又別室在りて四座の秘法を修し、夜は則ち阿彌陀經一百卷を讀誦して未だ曾て一日も廢せず、晝は則ち書講論を閲して殆ど虛日無し。又國風を嗜み蓮茵、蓮月、式部等は其交友なり。以て其氣韻清逸を見るべし。明治十一年徹定和尚、師の影像に贊して曰く、「博覽强記、名鳴西東、德光戒珠、譽眼王公、最長梵篆、揮筆極工、晨觀蓮城、夕念月宮、結印持咒、天人感通、近古龍象、特推此翁」と。

受贈雜誌謝告

眞生　第十五卷二月號　眞生同盟
如是　第七十八號　千里山佛教會館
莊嚴　第八十輯　莊嚴社
佛徒　第三十四號　新佛教徒社
奉仕　第十六卷第二號　佛教奉仕會
正法輪　第八百三十三號 第八百三十四號　妙心寺
五朋　第九卷第二號　五朋社
人華　第十四卷第二號　人華會
道元　第三卷第二號　道元禪師鑽仰會
明治文化　第九卷第一・二號　明治文化研究會
傳道　第四百五十八號　鴻盟社
法施　第三百五十五號　國母社
吉祥　第三百四十六號　佛教社
佛陀　第四卷第一號　佛陀社
和光　第二百三十二號　和光社
求眞　第四卷第二號　靜岡求眞聯盟
眞實道　第十二卷二月號　眞實道社
立正大學新聞　第七十三號　立正大學新聞部

あとがき

這般の異變は全くもぐらもちの如き生等を驚かせました。若し市内に明治維新の樣な一大市街戰が起つたら、事變の中心地に近い當所あたりは如何なるであらうかと懸念されたが、いまではその杞憂も全く消えました。そして再び生等は堆積した古書の中で人物篇を纒めつゝあります。友松理事も漸く危機を奪出して元の健康體となりました。然し其の代りでもありますまいが、今度は所員上坂氏が三月三日頃から急性肺炎となり、向一ヶ月の靜養を餘儀なくされるに至りました。かくして兎角障害の多い當所は亦たも沈頽に陷らんとしてゐます。でも、もう彼岸も間近になりました。この冷いビルの中にも軈て一陽來復の機もくるでせう。

去月中旬には大阪の葭間惠文師が來所され、久方ぶりで關西の樣子を伺ふことが出來ました。來四月には友松理事が大阪方面へ出張の豫定です。其時はた亦懐しい懇談も致せること丶思ひます。希くは開花鳴鳥の好き時節を健かに迎へることが出來ますよう念願致す次第です。（和南）

四

第三卷第三號

昭和十一年二月廿八日印刷
昭和十一年三月一日發行

編輯兼發行人　東京市深川區冬木町一〇　上坂倉次
印刷人　吉本菊松
發行所　東京市京橋區銀座西五ノ五　明治佛教史編纂所
電話銀座五三八九番
振替東京七四二一八番
發賣所　東京市本郷區六丁目赤門前　山喜房佛書林

定價　一冊　金五錢　一年分　金五拾錢

昭和九年十月一日第三種郵便物認可
昭和十一年三月廿八日印刷 昭和十一年四月一日發行
等三巻 第四號 (毎月一回一日發行) 通巻第二十號

明治佛教

第三巻 第四號

目次

奥田貫昭略傳

藤原圓眞

號を鐵槃、亦菩提心院と稱す。幼名松彦、又は胤千代と呼ぶ。弘化三年三月十六日、京都上京區室町通中立賣下花立町奥田榮孝の四男に生る。嚴父榮孝屢々勳功あるを以て正五位上左京權亮、丹波守に任ぜらる 母堂は江州彦根藩士澤氏の出なり。師幼にして多病、以て安政五年四月比叡山に登り松林院大僧都貫信に於て薙髪し貫照と稱す。後、天照大神を禪りて照を昭と改む。萬延元年八月一日始めて行を貫信大阿闍梨に就て四度加行二百二十八日を修す。文久の頃伊勢引攝寺法龍と相謀り隷心僧都繪詞傳を版行し傍ら靄山の門に入り繪畫を習ひ、是れを賣りて父母孝養の資となせり。明治七年八月二十二日に至り敎導職試補と爲り同年九月廿日曼珠院門跡石室敎正の命を受けて山城國荒神町護淨院湛海僧正の跡を繼ぐ。翌八年四月に及び一躍少講義に補せられ、次で開拓使管内派出説敎敎導職督責を申付られ北海道へ趣き專ら之が任に當る。翌九年五月廿三日を以て中講義と爲り、翌年九月八日京都府下敎導正取締を任ぜられ傍ら台學を講ず。次で同年十二月五日兵庫縣下敎導取締と爲て出張、十二年二月二十六日權大講義に昇進、同年八月信濃善光寺大觀進に派出して紛議を調停す。爲に一山、信徒師を推して大觀進副住職に擧く。(十三年一月廿一日)師大に山務の發展擴張を計り亦た台學を講じ、傍ら長野監獄に至り囚徒を敎化し長野に貧民養育院を新設せり。而して十三年六月三十日大講義に補任、翌十四年七月十八日を以て權少敎正に補せらる。十六年五月山梨、長野、新潟三果勸進命を崇叡會長二品朝彦親王より依托さる。十八年六月十七日に至り權僧正に補任、尋で翌十九年四月七日を以て延暦寺中松林院住職を申付けらる。同年十二月廿二日僧正に補任、尋で廿四日上水内郡道路修繕費として金三拾圓を寄附せるにより賞狀及木杯を受與さる。明治廿年九月廿六日に至り二等別格淺草寺副住職を拜任、亦た同年十二月廿六日を以て東京府下宗内取締を命ぜらる。翌廿一年九月廿六日に及び大學林支校長に就任、尋で十一月十日附にて教務課長となり、二十二年五月廿八日を以て一等教師に任命さる。而して同年六月十五日第一教區總教長に昇進し、十月十五日に及んで根本中堂營繕東部巡回總督を申付らる。明けて廿三年四月廿二日特に拔かれて淺草寺正住職に就き、六月六日に至り第八教區總教長となる。亦た同年七月卅一日該宗綱要編纂校正員を命ぜられ、十二月十五日附を以て權大教正補任、廿七年二月十日宗政顧問員となる。翌廿八年一月廿一日捕虜撫恤教誨派出を任命、また同年三月一日布教葬祭の爲め淸國派遣を命ぜらる。次で廿九年四月廿九日宗制寺法改正審査委員、八月九日憲章認可請願委員、翌三十年六月十八日憲章發布祖廟奉告式準備委員等を經て、同年六月廿四日大僧正に累進す。同年十一月一等巡教師、布教商議會員、三十一年三月廿四日附にて東部聯合說教練習所長、翌三十二年六月十八日巡教師試驗委員長、同年九月十八日法華大會望擬講等の職を歷任して三十三年七月十六日に及び國師の德號を授けられ、同年十月二日に至り享年五十五歲を以て遷化せり。

明治大帝初東京入府と増上寺

村上博了

大帝と増上寺との關係は、明治元年十月十三日大帝東京入府最初増上寺に御駐蹕あらせられた事に發端する。

この御駐蹕あらせられたことは洵に恐れ多い譯ではあるが、大帝は京都堂上文化を代表せられ増上寺は江戸庶民文化を代表したものと見る時、嘗て見なかつた公武庶民綜合文化は、維新を契機として、精神文化を誇る寺院増上寺に於て新時代に對し力強い協力第一歩を印したものであり、將又寺院佛教の地位を暗示するものとして、特筆大書すべきものがあらう。

況んや當時排佛は廢佛となり毀釋となつたことを見れば、殊更注目に價することは論を俟たぬ、又、増上寺に何故御駐蹕あらせられたかは本紙の拙文明治維新と學天大僧正に記せる知恩院學天大僧正の御東幸資金五萬兩短期間の調達、又は本宗親王門跡であつた事等に其の事理の一端はあらうけれども、之は淨土宗の勤王を語る大問題たるを以て後日の機會に讓り、こゝでは大帝御駐蹕前後増上寺の狀況に就き、その概要を記そう。

二

知恩院名譽學天大僧正を援け院家兼宗務總裁として末寺行政に盡力せる小金東漸寺（淨土宗關東十八檀林の一）豊舟が大帝御東幸入府の時増上寺に御駐蹕あらせられる內命を九月初旬奉ずるや、直に特使を以て増上寺役者に通達す、増上寺に於ては、

裝束所の總疊替、障子惣張替、內侍所三間四方壹棟並びに御用場一棟新築而別に廣間表書院疊拔替、障子張替、屋上、板塀、煉瓦塀、等々、

物修復に着手傍ら境內道路、砂利敷直等日夜をついで準備されたのであつた。

二十二日裝束所以下小休所檢見使五辻彈正大弼、戸田大和守等品川に着せしより増上寺代表山內學寮金芝亭阿川念達品川まで出迎ひ旅中を見舞ひ、翌二十三日一行念達の先導にて増上寺裝束所等を檢見後大僧正等嚮明賢

（近衛家猶子、明治六年春近衛を姓とす）に謁し、大帝小休あらせらるる趣を傳達した。十月八日烏丸殿中井幸藏判事外一人御道筋檢分の爲め增上寺を訪ひ、大僧正に謁し準備整ひたるを賞し喜び下山したのである。

玉座の模樣は、裝束所上殿に二疊台を敷き、御しとねは華頂宮より差廻しの品を置き、正面並下段元翠簾を掛け、御三の間に岩倉具視卿義定卿等の席、上溜には二三堂上方控所とし、大方丈臺の間は供奉の堂上衆、奧書院一の間は大臣並宮方席、白木書院一の間二の間は東京府役人席等の配置であつた。

當日である十三日早曉高坂采女增上寺に來り御駐輦場を請取りて間もなく松室丹波、藤島常陸、世續甲斐守、速水內藏助等來りて御座所向を裝飾し、而四つ頃着輦あらせられた。と日鑑は報じてゐる。

御還幸後直ちに增上寺大僧正等譽明賢、代理天陽院を以て、岩倉視視卿以下千種（後淨土宗殊に增上寺に歸依し三年十月十六日同寺に於て法要す）五辻戶田卿等の重臣に恙がなく御小休相濟みの挨拶をなさしめ共に祝福したのであつた、翌十一月二日大僧正明賢天機奉伺に參內、勅願所綸旨を拜受したのである、この事は明治時代唯一の持典にして又實に佛教一般寺院の誇りであらう、八日大僧正明賢玉體安全、寶祚無窮の巻數獻上聖壽萬歲を壽ぎ十二月七日再び參內拜謁皇恩に報ぜんとするところあつたのである。

中村啓宇遊池上日昇呈詩

晨炊夜半婢扣㆑火。黎明汽車疾㆓於馬㆒。
大森西去池上村。有㆑寺朱樓映㆓碧瓦㆒。
近日暴風幸不㆑壞。只見巨木倒磊砢。
蓮師墳墓眞莊大。顧㆓視王侯㆒笑㆓瑣々㆒。
昇公欣然喜㆓我至㆒。山殺溪藪陳㆓洒單㆒。
聞說蓮師筆翰妙。甚㆑欲㆔一見欽㆓高雅㆒。
盛夏曝㆑之只一次。祇今不㆑許觀且把。
喬松老栢如㆓帷幄㆒。傑閣廻廊相右左。
半日耽㆑幽慾㆑忘㆑歸。共約明年來消㆑夏。
下㆑山旋向㆓城南路㆒。世事不㆑免復相惹。

受贈雜誌謝告

如是	第七十九號	千里山佛教會館
奉仕	第十五卷第三號	佛教奉仕會
莊嚴	第八十一輯	莊嚴社
佛徒	第三十五號	新佛教徒社
靈潮	第十九號	靈潮社
五朋	第九卷第三號	五朋社
正法輪	第八百三十五號 第八百三十六號	妙心寺
眞實道	第十二卷三號	眞實道社
傳道	第四百五十九號	鴻盟社
吉祥	第三百四十七號	佛教社
和光	第二百三十三號	和光社
佛陀	第四卷第三號	佛陀社
求眞	第四卷第三號	靜岡求眞聯盟
華	第十四卷第三號	人華會
法施	第三百五十六號	國母社
明治文化	第九卷第三號	明治文化研究會
立正大學新聞	第七十四號	立正大學新聞部
ピタカ	第四卷第三號	大藏經出版會社
海外佛教事情	第三卷第三號	國際佛教協會
佛教	第二卷第四號	全日本眞理運動本部
眞理	第二年第四號	全日本眞理運動本部
歷史學派	創刊號	佛教史學研究會

明治の僧俗事歷を募る

わが明治佛教史編纂所では「人物篇」編纂のため、明治佛教史上に活躍した幾多僧俗の人物名約三千を、すでに蒐集しました。それでも、世に顯はれた高僧大德から村里に隱れた香氣高い聖僧の傳記逸話の漏れたものも鮮少でないと思はれます。此際、完璧を期するため江湖諸賢の御協力を得たいと存じます。そこで、此の人物こそは、明治佛教史上に逸することが出來ないであらうとお考への方がありましたら、當所まで御報らせ願いたいものです。
左の要目に就て御報告下されば結構ですが、一部分だけでも差閊ありません。

明治佛教關係僧俗事歷報告要目

一、氏名法諱並に字號
二、イ、出生地、ロ、生年月日、ハ、死歿年月日、ニ、示寂地
ホ、享壽
三、出家得度の因緣と年齡並びに宗派
四、得度受學の師僧
五、住持寺院名、並に開創再興寺院名
六、閱歷、僧階歷次、重な行業事蹟
七、著作、編述、意見書等
八、授業、附法の弟子
九、逸話、傳譚
十、其他

尚ほ參考に供するに足る書畫、肖像寫眞、書簡等があれば、御提供を希望します。期限を附して丁重に扱ひ、用濟みの上は速かにお返し致します。佛法宣揚のため切に十方諸賢の御支援を懇願致す次第です。

昭和十一年四月

明治佛教史編纂所

編輯餘滴

最近の我が「明治佛教」誌は一頁めくると紙一枚となる。なんと淸素な感じのすることよだ。でも此の雜誌が紙一枚の姿で現れる時は必らずどこか所内に澎らみのあるときだから御安心願ひたい。當所本來の目的は決して雜誌の發行にあるのではないから、徒らに頁の多きを以て誇としない。

さて本當に春らしくなつた。晝下りの日比谷公園は麗らかで仲々よろしい。當所關係の諸高德は勿論、有知無知をきらはず散歩がてらに遊びにきなさい。和南。

第三卷第四號

昭和十一年三月廿八日印刷
昭和十一年四月一日發行

編輯兼發行人 上坂倉次
東京市深川區冬木町一〇
印刷人 吉本菊松
東京市京橋區銀座西五ノ五
發行所 明治佛教史編纂所
電話銀座 五三八九番
振替東京七四二一八番
東京市本郷區六丁目赤門前
發賣所 山喜房佛書林

定價 一冊 金五錢 一年分 金五拾錢

昭和九年十月一日第三種郵便物認可 第三卷第四號

（明治佛教史編纂所）

昭和九年十月一日第三種郵便物認可
昭和十一年四月廿八日印刷 昭和十一年五月一日發行

明治佛教

第三卷 第五號（毎月一回一日發行） 通卷第二十一號

第三卷
第五號

目次

篤胤の「古今妖魅考」寸見

牧野内寛清

平田篤胤が眞淵、宣長等にもまして激烈な排佛思想家であることは今更喋々を俟たない。其の著、出定笑話、悟道辯、古今妖魅考、印度藏志、神敵二宗論等は中井竹山の草茅危言、正司考祺の天明錄等と共に最も護法の賢聖をして奮起慷慨せしめたものである。眞淵は國意考の中で「佛の道そふことの渡りてより、人をわろくせしことの甚しきはいふにもたらず」とさして排難もせず、宣長もまたさしたる激越な破佛説を唱へてはゐないが、篤胤の破佛論は全く反佛敎の感情に墮して其の長所の一點も認めてゐない。彼は其の排佛敎思想を單に著書を通じて鼓吹せるのみでなく、學塾「氣吹舍」を設けて其の思想の流布に努めたことは維新政府の宗敎政策樹立に少からぬ影響を與へてゐる。氣吹舍に入門せる學徒が總數千四百名を超過し、而も同舍門人の中には政府の要人となつたものが少くないと傳へられてゐるに照應しても維新當初の各地に於ける毀釋の事實が篤胤の思想と密接な關係にあることを除外しては考へられぬ事が肯ける。

さて、前述の如く篤胤には多くの排佛書があるが、特に今は古今妖魅考について管見し以てこの小さき紙面の一偶を埋めたいと思ふ同書は一之卷から七之卷までの七卷より成り杜譽正なる仁の序文に「時波天保二年止云年春」とあるから天保初年の發兌にかゝはるものと見られる。鷲尾博士編輯の日本思想闘諍史料第九卷に收錄せられ、同卷中、四百頁を占めてゐる大著である。

彼の世嗣鐵胤は妖魅考出版の意義を「此書の成れるゆえよし」の中に於て「我父の世に化物と云ふものある、其本緣を考覈められたる書なり」と述べてゐるごとく、天狗、地狗、惡魔、鬼神、魑魅魍魎等を總ゆる古今の籍書に徴して解説し、遂に之等を僧侶の變化なりと爲し、而も僧侶の妖怪化を史實に據て述べてゐるのである。妖怪の正體究明は畢竟破佛

一

の意見を述ぶるにある。

例へば、山間の佛寺に住める僧を評して、「法師たちの化れる鬼《もの》を舊く天狗と云ひつれど、其身に翼生じて多く山に住むは魑魅の類に入れるにて釋魔と云ふべき物にぞ有りける」と云ひ、元亨釋書、古事談、今昔物語、古今著聞集等の史書、文學、風俗書等の凡そ桑門罪惡史作成に關するものは悉くこれを資料にとり入れて、僧侶の破戒行爲を歴史的に實證し暴露してゐる。從て、同書の特色は、他の諸著と異り、篤胤の主張は左程語られてゐないが、いはゞ暴露資料の輯錄であるから、資料其れ自體にものをいはしめてゐるのである。つまり破佛經典の羅列編纂とも云へる。從てそれだけ神道、國學者間には貴重な佛敎攻擊排難の武器となつたであらうことは想像に難くない。

（四月廿八日）

香山院龍温小傳

藤原圓了

龍温字は雲解、後に香山院と號し常に護法を以てそれの本分と爲す。寛政十二年庚申四月東奥會津城に生る。嚴父は義敎師篤行の聞え高く、母は兒島氏頗る賢德の譽あり。龍温幼にして讀書を好み亦た筆硯を弄ぶ。年甫めて十二の時、六經、論語、孟子を讀み、讀むに隨て其義を問ふ、授者乃ち驚嘆して曰く、温の義解は天稟の風ありと。文化十年十四歲に及び儒校に入る。時に頻に排佛を唱ふる者あるも龍温確乎として屈せず專ら研究に精進す。年十九才、嚴父の令に從ひ香樹講師の門に入り、孜々として勉め、二十四才に達するや始めて他山の講肆に遊び、倶舍、唯識、華嚴、天台、眞言等を研讃し、復た大小乘律藏を討究す。而も各々其の蘊奥を探り、又因明、悉曇、八囀、六釋及び國書に至るまで涉獵せざるはなし。壯年三十九歲に及ぶや洛陽御幸町圓光寺に住し、嘉永二年巳酉六月二日を以て擬講となる。時に年五十歲。此頃香樹講師安居講說の命を受け果さずして逝けり。故

二

に龍温代て之を講說す。文久元年辛酉十二月廿日嗣講に進み、尋で元治二年乙丑正月廿一日を以て大派第十五世講師となり、香山院と號せり。

明治五年に至り素絹出仕を免許せられ、翌六年一等學師に任ぜられ、明治十八年七月十二日世壽八十六才を以て示寂せり。師の生前大派講者の生活二十年の間、講ぜる書目及び著述を擧ぐるに次の如きものあり。

天保十四年癸秋（寮司）　講十王經
弘化三年丙午夏　講成唯識論
嘉永三年庚戌夏（擬講）　講倶舍世間品
安政二年乙卯春　講譯土眞要抄
安政四年丁巳秋講般舟讃
五年戊午夏代嗣講。講阿彌陀經
秋講執持鈔
文久三年　急文策一卷、コハイコト知ラズ一卷、闢邪護法策三卷、禦謗慨譚一卷
元治元年甲子夏（嗣講香山院）　講觀經
慶應元年　總斥排佛辯一卷著作
慶應二年丙寅夏（講師）　講大經
四年戊辰夏續講大經
明治三年庚午夏講往生要集
四年辛未夏講往生禮讃

六年癸酉夏講選擇集
七年甲戌夏（一等學師）　講愚禿鈔
八年乙亥夏講正信念佛偈
九年丙子夏講易行品
十年丁丑夏講淨土論
十一年戊寅夏講文類聚鈔
十三年庚辰夏講觀經
十五年壬午夏講往生論註
十七年甲申夏（講師）講阿彌陀經
尚、著述に關邪護法策二卷あり。

阿闍梨眞慧碑

岩手縣　司東眞雄氏投

阿闍梨眞慧幼名右守仙臺藩士岡村左門之第十一子母金須氏慧師双生曰左守伯兄友治出冒赤井氏餘外祖父也慧師幼厚于友愛屹如成人年甫十三發意懇請父母入仙臺國分寺祝髮從學頭阿闍梨周岳受密乘孜々肆業者數年稍有所悟乃欲益窺其奧秘弘化元年西入京師掛錫智積二年二月爲法印權大僧都其在京師也刻苦淬厲手不釋卷者七年學益進於是飛錫四方偏歷諸州苦行多年竟皈仙臺又就權少僧正慶義探報恩之秘賾終究一派之源流慶應二年始開法談之莚於千手院明治二年住持陸中東熊井郡德田村西光寺一時儕輩推以爲長德五年僧侶肉食妻帶令下慧師慨然嘆曰我教徒持戒請行者將自是而少矣六年二月爲教職累遷爲準教師少教正吉堀慈恭來見曰此地悟密乘之理明祈禱之法者無眞慧始乃使慧師掌其事後興千厩驛之廢寺號吉川寺以老迎左守俱住常結伽趺坐誦經事佛淸行益固嘗謂餘曰我法者要在足踐蓮華口誦眞言心位三摩之地一日將往某修佛事時容色異常人皆固止之曰宜待病癒而後往也慧師不聽曰然諾者人所當重況此行係我職事豈可以微恙踏跙哉以死固我志也遂往歸途宿某寺病暴起舁還吉川寺自知不起召徒弟眞養遺言起着法衣端坐西向合掌再拜而寂世壽六十三僧臘五十一明治十六年七月廿一日也以其月廿七日葬于德田村西光寺慧師之寢病也左守親視湯藥未嘗離左右見其不可起悲哀慟哭殆廢寢食云慧師性沈毅慈愛其與人接溫厚和易鄕閭皆感染其德寂之日老幼來弔者數百人如喪骨肉慧師夙憂宗教之衰微以興復爲己任關宗教者雖艱難困厄勇爲不顧而自見澹如也嘗養徒弟數人諄々教誨不少倦使其優柔饜沃後皆爲達者分住諸寺共意蓋欲興廢寺弘宗教也然晩年多病不成志而寂聞者無不睠惜其鄕人星惠治郎時建碑表其功德遠來請銘餘與慧師有姻又嘗受其恩者義不可辭乃作銘曰

萬象無常　大道寥虛　萬殊一本
無物無吾　生也曷喜　姑寄形軀
死也曷悲　爰歸眞如

右明治時代岩手縣ニ於ケル眞言ノ傑僧貝村眞慧ノ碑文ナリ東熊井郡八澤村字德田ノ西光寺ニ墓アリ、上野英峻ト共ニ岩手眞言僧トシテ記サルベキ人。

受贈雜誌謝告

求眞	第四卷第四號	靜岡求眞聯盟
傳道	第四百六十號	鴻盟社
眞實道	第十二卷四月號	眞實道社
吉祥	第三百四十八號	佛教社
正法輪	第八百三十七號 第八百三十八號	妙心寺
佛陀	第四卷第四號	佛陀社
和光	第二百三十四號	和光社
人華	第十四卷第四號	人華會
法施	第三百五十七號	國母社
五朋	第九卷第四號	五朋社
明治文化	第九卷第四號	明治文化研究會
奉仕	第十五卷第四號	佛教奉仕會
佛徒	第三十六號	新佛教徒社
如是	第八十號	千里山佛教會館
道元	第三卷第四號	道元禪師鑽仰會
眞生	第十五卷四月號	眞生社
莊嚴	第八十二輯	莊嚴社
濱松朝日新聞	第七百四十六號	濱松朝日新聞社
立正大學新聞	第七十五號	立正大學新聞部

明治の僧俗事歴を募る

わが明治佛教史編纂所では「人物篇」編纂のため、明治佛教史上に活躍した幾多僧俗の人物名約三千を、すでに蒐集しました。それでも、世に顯はれた高僧大德から村里に隱れた香氣高い聖僧の傳記逸話の漏れたものも鮮少でないと思はれます。此際、完璧を期するため江湖諸賢の御協力を得たいと存じます。そこで、此の人物こそは、明治佛教史上に逸することが出來ないであらうとお考への方がありましたら、當所まで御報らせ願いたいものです。

左の要目に就て御報告下されば結構ですが、一部分だけでも差閊ありません。

明治佛教關係僧俗事歴報告要目

一、氏名法諱並に字號
二、イ、出生地、ロ、生年月日、ハ、死歿年月日、ニ、示寂地
ホ、享壽
三、出家得度の因緣と年齡並びに宗派
四、得度受學の師僧
五、住持寺院名、並に開創再興寺院名
六、閲歷、僧階歷次、重な行業事蹟
七、著作、編述、意見書等
八、授業、附法の弟子
九、逸話、傳譚
十、其他

尚ほ參考に供するに足る書畫、肖像寫眞、書簡等があれば、御提供を希望します。期限を附して丁重に扱ひ、用濟みの上は速かにお返し致します。佛法宣揚のため切に十方諸賢の御支援を懇願致す次第です。

昭和十一年五月

明治佛教史編纂所

編輯餘滴

皆様お變りはありませんか。窓外の青葉若葉の香ぐはしい綠光は、もはや初夏の訪れであることを知らせてゐます。若葉の芽が吹出るやうに當所もだんだんとフレッシュな目が出てきさうです。佛天の加被力をもちまして、約二ヶ月に亘て病床にあつた上坂氏も今や全く回復しました。それで同時に増谷文雄氏と交代に主事として活躍することになりました。實務に携はる上坂氏が主事となることは當所の發展の上から見て頗る期待すべきものと思ひます。後記にかへてこゝに同氏就任の御紹介をいたします。

第三巻第五號

昭和十一年四月廿八日印刷
昭和十一年五月　一日發行

編輯兼發行人　上坂倉次　東京市深川區冬木町一〇
印刷人　吉本菊松
發行所　東京市京橋區銀座西五ノ五　明治佛教史編纂所　電話銀座　五三八九番　振替東京七四二一八番
發賣所　東京市本郷區六丁目赤門前　山喜房佛書林

定價　一册　金五錢　一年分　金五拾錢

昭和九年十月一日第三種郵便物認可
昭和十一年五月廿八日印刷　昭和十一年六月一日發行

明治佛教

第三卷　第六號　（毎月一回一日發行）　通卷第二十二號

第三卷
第六號

目次

美濃田覺念の破邪演説

耶蘇教退治の運動は、衰頽の底に沈倫した佛教界が、その所信をもつて耶蘇教に堂々と大刀持ち出來ないことを自覺した佛教徒の所謂止むを得ざるに出でた行動であつた。十年代末歐風崇拜の反動の嵐が吹きはじめた頃、時を得たりと擡頭した佛教徒の初期耶蘇教退治運動が一段落ついたかと思ふと、國粹主義の勝利に屈して佛教界がや丶活氣の曙光をみせるとともに再び退治運動が二十年代初頭に起つた。

覺念居士は兩期にまたがる耶蘇教退治演説者の花形であつた。今二十二年晩秋の東京に於ける彼の運動ぶりをみやう。

彼の耶蘇教退治の手段は、各地の耶蘇教の牧師に教義上の質疑を發し、之が回答を求めて、それを公開演説會で報告しつ丶佛教の立場から論駁するのであつた。その席上牧師の立會演説を歡迎した。彼自身屢々耶蘇教教會所や講義所に出掛けて、堂々彼の教義を論難し、説教妨害をしたものであつた。

二十二年十一月十七日愛宕下の眞福寺では「外道撲滅佛教大演説會」を開き、ついで、駿河臺の天主公教會の牧師と會見の顚末をば、「討論顚末臨時佛教大演説會」として十九日に京橋木挽町の厚生館で催した。更に二十三、四日の兩日同所で、「佛教大勝利、耶蘇教大敗北凱旋大演説會」と進撃をつゞけた。

當日の聽衆は約千名と稱し、外教徒と學生が大部分を占め、佛僧は五分一程であつた。從來の佛教演説會には八分通りが佛僧の慣であつた。覺念が登壇すると滿場われんばかりの拍手。彼は外教徒のために毆打されたことを述べて劈頭聽衆をアヂリ、ついで討論牧師との會見の次第を述べてから本論に這入る。その論題は「佛と神との理解」、「國害の宗教、國賊の信徒」の二題であつた。

耶蘇教がわが國に如何に害毒を流しつ丶あるか、わが國體を害するかを當時各地に惹起された不敬事件を例とし、嶄新の譬へや滑稽を交へて說き立て、最後に「天帝は人造物である故に人智の開發と共と消滅すべきものである」と述べ佛教が耶蘇教に勝る所以の論證をなしたのである。聽衆は耶蘇教を罵詈する毎にわけもなく喜んだ。

其頃、日賀田榮も東京で護法演説を張つて

ゐたが、覺念の破邪駁耶演說の方がずつと評判がよかつた。

同年の十二月に深川の有志靑年會が彼を招いて「外道撲滅」の演說會を開いたごとき、各地に破邪の興奮が彼によつて捲き起された。

辨玉上人の短冊

大熊辨玉上人はさきにその略歴を本誌十八號で紹介したが、有名な明治初年の僧侶歌人であつた。その長歌をもつて一般歌學界にも注目されてゐる。その遺墨は一部人士の間に愛好されてゐる。今回その珍重すべき軸物や歌短册が多數發見された。筆者が橫濱に資料獵りに出掛けた折、某《さる》書肆の店頭にあつた軸物を發見したことから、かれて辨玉上人崇拜の橫濱市在住の某氏が止むを得ず大量處分をなすといふことを知り、辨玉上人の住職せられ永眠の處であつた神奈川區臺町のゆかりの三寶寺に斡旋して、分散をみず無事に二百餘枚の短册と、其他數點が納つた。同寺ではこれを寺寶として保存する意向である。理解ある保存が講ぜられることゝて仲介の筆者は喜びに堪へない。尙ほ、仔細に點檢整理の上報告いたしたい。（五月卅日、K生）

明治佛教研究會の實動

本誌第一號で明治佛教研究會を設けて、專ら一般の明治佛教研究の關心を高めたいと努力した。長老、專門家等の講演や研究、座談等を中心に活動し、更に月刊「明治佛教」を出してきた。さゝやかではあるが、久しく等閑されてゐた明治佛教研究熱をあふることに幾分の効があつたと信ずる。其後、研究會は明治佛教史編纂所の事業に吸集された形で、本會の活動は、本誌だけになつた。

今や時代は、宗教復興期を經過して過剩氾濫の新宗教、新教團運動の精算期に到面した。われ〳〵はそれらの運動が、かゝる時に臨んで如何に處置され、運命づけられてきたかの知識を必要とすること切である。手近かな明治時代の宗教沒落の諸條件をみて教へられること少くない。われ〳〵は此際、一段と明治佛教の研究を盛んにしたいと思ふ。

明治佛教研究會を實動させてその目的を達したい。これをより强固な組織體として發展を考へ、他方明治佛教史編纂所の事業に拍車をかけたいものである。

今回假りに左の樣な規約に基いて、多數の明治佛教に關心を持たれる方々の團結をもち、活潑な活動を開始いたしたい。

二

假規約

一、明治佛教研究會は明治佛教一般の研究を目的とし、會員をもつて組織す。

二、本會の目的を達するため各種の事業をなす。

研究會、講演會の開催、資料の蒐集。
月刊機關誌明治（佛教をもこれにあつ）
明治佛教關係の貴重珍書の飜刻、出版等。

三、本會は明治佛教史編纂所內に置く。

四、明治佛教史編纂所は本會のため所藏の資料の開放をなし、本會は同所の事業を助成するため、資料の提供ばじめ各種の援助をなす。

五、本會には役員若干名を置き、事務の運行をはかり、定時に協議會を開く。（後に定む）

六、會員は維持費として會費若干を負擔すること。

七、會員は出版物を無代配布を受け研究會に自由出席の外、調査其他の便宜を有す。

其他略す。

右は假草案につき、詳細は追て申しあげる。其際よろしく御加入をお願ひ致す次第。

明治佛教 珍貴文献の飜刻

明治時代は時代としては決して古くはない。歴史研究の對象としてはその豊富な資料、見聞者、體驗者の存在等で、比較的容易にみえるが、しかし一度手をつけた者は却つて餘りにも多き資料の故に何れを捨つべきかに迷はされる。老人の記憶、追想等がどれだけ事實を反映するか、その信頼價値如何が問題にされ、今日では絶對的な信をこれに置かないことが、史家の常識となつてゐる。勿論利用の爲方で、生ずべき錯誤を或程度迄、削し、増補して生かすことが出來る。今資料の膨大なる堆積について一言した。しかしそれ等の貴重なものは一瞬一刻毎に亡失毀損散亂の危險を増してゆく。天災の前に人間の努力の如何に空しいものであるかを屢々經驗する。あらゆる價値ある資料は機會ある毎に、完全なる保存整理の手を加へなければ、天然自然の禍害に抵抗してゆくことが出來なくなる。この意味で、われ／＼は下積み的な仕事であるが、明治年間に生じた佛教文化の總記錄の集成を續けて來たつた。佛教これ等の膨大なる資料の幾パーセントかはわれ／＼の周知するところにその姿を横へてゐる。蒐集はそれだけでは體系的學問並びに人間社會には寄與しない。これを利用する人あつてはじめて尊きを得やう。

この意味に於て、われ／＼は、さゝやかな努力であるが、明治佛教文化の片影ではあるが、成べく卓越したものを、廣く江湖の清覽に供したいと發願した。

これによつて佛教にとつて受難時代であつた明治時代のわが佛教文化の回想のよすが、また研究の一材料として利用して頂きたいといふ意味で、諸氏の希望に基いて、價値ある文献の飜刻につとめたいと思ふ。

幸にして此の擧に參ぜられる方の一人も多いことを望む次第である。別記御覽を乞ふ。

新入庫書籍

雜誌之部

三寶 三ノ八ー三ノ十二（欠三ノ十） 四ノ一ー四ノ十（欠四ノ九） 十三冊

みのり 一號ー十號（欠八號） 九冊

教誨叢書 六冊

計三種二十八冊

單行本之部

宗教科學鬪爭史 ドゥレーパー著 荒畑勝三譯 昭和十一年五月 四六

圓了隨筆 井上圓了著 大正五年三月

金閣小史 伊藤敬宗編輯 大正十二年二月

宗教法令 高松泰介編輯 明治三五年八月

物庵禪話 近重眞澄著 明治四四年十二月

雨田古稀壽言集 島地默雷上人古稀祝賀會編輯 明治四三年十二月

密門大僧正遺文片影 金剛峰寺事務所編輯 大正九年二月

東寺略史 紀念法會臨時事務局編輯 大正十一年四月

成田山通史 私立成田圖書館編纂 明治四四年五月

日蓮宗々規宗則 牧口泰存 増田海圓編輯 明治三九年八月

小本之部

授戒の心得・妻鏡・耶蘇教國害論・信徒問答・行誡老和上遺稿・地藏流しの由來・臨終要訣・佛教要義・緣山故事談・內地雜居に對する佛教信徒の心得・放生手引草・說教の材料・佛教道德の要領・法のつと・日本魂の話・四恩海一滴・十夜の由來・淨土宗教學會規則、他に雜誌附錄パンフレット十五部

受贈雜誌謝告

如是	第八十一號	千里山佛教會館
道元	第三卷第六號	道元禪師鑽仰會
奉仕	第十五卷第五號	佛教奉仕會
莊嚴	第八十三輯	莊嚴社
吉祥	第三百四十九號	佛教社
人華	第十四卷第五號	顯眞社
明治文化	第九卷第五號	明治文化研究會
正法輪	第八百三十九號 第八百四十號	妙心寺
佛徒	第三十七號	新佛教徒社
求眞	第四卷第五號	靜岡求眞聯盟
靈潮	第二十號	靈潮社
比叡山	第百三十九號 第百四十號	比叡山發行所
和光	第二百三十六號	和光社
佛陀	第四卷第五號	佛陀社
眞生	第十五卷五月號	眞生社
五朋	第九卷第五號	五朋社
眞實道	第十二號五月號	眞實道社

三

明治の僧俗事歴を募る

わが明治佛教史編纂所では「人物篇」編纂のため、明治佛教史上に活躍した幾多僧俗の人物名約三千を、すでに蒐集しました。それでも、世に顯はれた高僧大徳から村里に隱れた香氣高い聖僧の傳記逸話の漏れたものも鮮少でないと思はれます。此際、完壁を期するため江湖諸賢の御協力を得たいと存じます。そこで、此の人物こそは、明治佛教史上に逸することが出來ないであらうとお考への方がありましたら、當所まで御報らせ願いたいものです。

左の要目に就て御報告下されば結構ですが、一部分だけでも差閊ありません。

明治佛教關係僧俗事歴報告要目

一、氏名法諱並に字號
二、イ、出生地、ロ、生年月日、ハ、死歿年月日、ニ、示寂地
　ホ、享壽
三、出家得度の因縁と年齢並びに宗派
四、得度受學の師僧
五、住持寺院名、並に開創再興寺院名
六、閲歴、僧階歴次、重な行業事蹟
七、著作、編述、意見書等
八、授業、附法の弟子
九、逸話、傳譚
十、其他

尚ほ參考に供するに足る書畫、肖像寫眞、書簡等があれば、御提供を希望します。期限を附して丁重に扱ひ、用濟みの上は速かにお返し致します。佛法宣揚のため切に十方諸賢の御支援を懇願致す次第です。

昭和十一年五月

明治佛教史編纂所

あとがき

二ヶ月の病床生活から解放されて、五月の青空を仰ぎ得たとき、早く仕事を始めたい、力一杯に活動したいといふ欲望をどうにも出來ませんでした。少し調子に乗り過ぎて、五月中旬、一週間程蟄居を餘儀なくされました。もう大丈夫です。永い間皆様の御好意を頂いたことを厚く御禮申しあげます。

牧野内君がよく孤壘を守り安泰に置かれたこと難有い極みです。

本所も本格的な仕事を開始するには、人員の不足を痛切に感じます　本所の經濟機構は、各宗務所、篤志者、更に最近は、常任理事の責任に於て支辨されてきましたが、もとよりそれのみに賴るべきものでなく、たゞ最少の繼續費のみでは、積極的活動を拘束されます。

今回別に維持會員制をもつて活躍の一動力と致し度く、もつてより廣く明治佛教研究の關心と援助とを得たい次第です。別項假規定を御覽下さい。

第三卷第六號

昭和十一年五月廿八日印刷
昭和十一年六月一日發行

編輯兼發行人　上坂倉次
東京市深川區冬木町一〇

印刷人　吉本菊松
東京市京橋區銀座西五ノ五

發行所　明治佛教史編纂所
電話銀座　五三八九番
振替東京七四二一八番

發賣所　山喜房佛書林
東京市本鄕區六丁目赤門前

定價　一册　金五錢　一年分　金五拾錢

明治佛教　昭和九年十月一日第三種郵便物認可　昭和十一年五月廿八日印刷　第三卷第六號　（毎月一回一日發行）　（明治佛教史編纂所）

昭和九年十月一日第三種郵便物認可
昭和十一年六月廿八日印刷　昭和十一年七月一日發行

明治佛教

第三巻　第七號（毎月一回一日發行）通巻第二十三號

第三巻
第七號

目次

維新當時の大道長安

今年は大道長安仁者が救世教を開いてから五十年、仁者逝いて二十八年に當る。生年は天保十四年四月一日、北越中蒲原郡新發田町を誕生の地とし、父を本田文八といひ、その次男に生れた。明治元年は彼の二十六歳のときである。その九月美作國久米北條郡奥山手村圓通寺住職として晉山式をあげた。世は維新の變革にあはたゞしく暮れて行つた。彼の心底に當時の世相が如何に映り、又如何に感ぜられたか。彼は斯ゝる變革時の諸相に無關心であつたと思はれる、日本の將來については多く考ふるところなかつたようである。たゞ次の詩文が僅かにその頃の心境を窺ふに足るものである。

僧徒何必住二雲霞一　與世推移弄二物華一
賀客相逢皆衣錦　吟肩獨掛破袈裟

しかもその無關心なのは、彼の無智、無識によるためではなく、むしろ時流に溺るゝ僧侶輩が、維新の變革に際して周章狼狽する樣を冷かにみ下して高處達觀してゐたかと思はれる態度である。されば明治五年の蓄髮肉食妻帶御免の布令によつて度を失つた僧侶の愚昧な態度を嘲笑して一詩を賦してゐるのである。

溪水無聲山色澄　梵𡨚高在二白雲層一
客稀不聽蒼桑變　村遠誰携葷酒登
鬼神戒心堅レ似レ鐵　德公禪骨淨レ於レ冰
淸觀此畫古人手　不寫蓄妻啖肉僧

翌六年彼の師大樹が病歿した。彼が救世教を開教した根本動因は、全く此の大樹の人格に影響せられたといふも過言ではない。彼が十一歳の正月、大樹は佛前に於て、彼のために、手燈を點じて七日間の修行を積んだといふ、このことに彼は發奮して研學求道の精進がはじまつた。大樹の手燈の精神こそが、彼を精神的な歩みゆく方に常に大光明を與へたものであらう。この師を喪つて彼は痛哭を禁じ得なかつた。其の年六月をもつて師の跡を襲ひ、津山町大道山長安寺の住職となつた、時に三十一歳。此時をもつて彼は舊名禪透を改めて、大道長安とした。けだし山號寺名をとつたのだ。その然る所以は明瞭でないが、嘗つて二十四歳の時「大道透二長安一」と題して賦したものをみるに

鳳城高出五雲端　仰レ面總忘二行路難一

若有三半途迷二小徑一何能進歩到二長亦安一

とあり、早くから大道長安の四文字が人格發展の指針として好箇のものであると考へてゐたらしい。此名は既に早くから用ひられてゐたともいふが確證はない。公に使用されたのは此年からである。此頃曹洞派敎導十一級試補を拜命した。

長安寺住職時代の彼は專ら宗内の敎導職管事として盡し、皇國々體說、愛國說、租說賦役說等の三條敎則の主旨を奉じて敎導に當つてゐた。前師泉明老師が易簀するや、その遺令によつて、彼は越後の長興寺の住職として美作の地を去るに至つた。これは彼の三十三歲の八月二十日であつた。これから彼の活動期が展開される。彼が作州津山を發するに臨んで自ら次のように誓つたといはれてゐる。

「余は永世救世淨聖の愛子となるべし、其愛子となると同時に、時弊を救濟するに足る一個の新宗敎を開創せざるべからず」

と。明治八年八月十八日のことと傳ふ。しかし眞疑の程は定かでない。その開宗宣言の尙ほ數年遲れた事と、その思想開展行履によつて考へるのみ恐らく後人の附話ではあるまいか、此點高敎に俟つ。

櫻所千河岸貫一著述書目録 (一)

(略傳は本誌昭和九年八月)

標題	冊數	紙數	出版年	出版書肆
兩約全書自語相違	二		八	
問對略記	全		十	
修身訓蒙	二		十二	大阪 吉岡平助
敍事論理今體文章機要	正、外、續十二		十二、十四	同
日本立志編	九		十二―至十四年	同
女子善行錄	二		十三	同
女子修身訓蒙	二		同	同
祝文作例	二		十五	東京 島村利助

資料

二

松本白華の退住届

松本白華は眞宗大谷派の學僧として著名其の小傳は昨秋本誌に寸截した。今師の「備忘漫誌」に敎部省出仕の理由を以て隱居をなせる届書があつたので抄錄する。

白華儀今般隱居仕り長男嚴物へ後住相續度奉存候、右趣意は白華義先達而敎部省御用有之上京致し候處、被補十一等出仕奉職仕候就ては寺役法用難相勤寺務僉候間、長男嚴物御檢査の上縣廳へ御添書被成下後住被仰渡樣御取成奉願候、右檀家故障無之候に付惣代印章仕候也

明治六年十一月十九日

石川縣管下加賀國石川郡松任
眞宗本誓寺住職當時東京

松本白華

月輪法靈殿

白川覺神の革新論

白川黨領袖としての今川覺神の大谷派革新に對するその主張の一節を紹介する。

「抑も余輩の所謂根本的革新なるものは、豈唯制度組織の改良なのみこれ云はんや、否制度組織の改良は寧ろその枝末のみ、其稱して根本的革新といふもの實に精神的革新に在り、即一派從來の非敎學的精神を轉じて敎學

大道長安開教五十年記念講演

六月十五日午後一時より淺草寺傳法院に於て淺草寺貫首大森亮順師導師の下に會長一同觀音經を讀誦し、梅原薫山、加藤咄堂、古川碓悟、塩入亮忠、光山等の諸氏の救世教を中心とした明治佛教の回顧、現代世相への批判講演があつた。救世教徒並に有志の參會者三百五十名に及んだ。

なほ、同日夕刻より長安仁者追憶の晩餐會があり、盛會裡に九時散會した。

今川覺神師の訃

明治廿九年大谷派本願寺大改革運動に當り、清澤滿之、月見覺了などと共に白川黨の一員として熱烈な運動に從事した今川覺神大僧都は、六月九日午前一時福岡縣赤坂炭鑛社宅で入寂された。享年七十七。師は東大理學部出身で四高、三高、關大を經て最近まで明治專門學校教授を歷任した。

新居日薩の遺稿事蹟編纂

新居日薩師は明治廿一年八月五十九歲にして示寂した。其の生涯は決して長くは無いが日蓮宗をして今日あらしめた功績は到底小筆にては盡し難きものがある。

昭和十二年は其の日薩和尙の五十回忌に相當するので今から日蓮宗では擧げて紀念事業の準備に急いでゐる。就中、遺稿の編纂は和尙の面目を後世に傳へるものとして立正大學長淸水龍山及び教授守屋貫教、林竹次郎師等に依て着々進められてゐる。

薩師ほどの人物の遺稿が今頃而も始めて編纂されると云ふことは寧ろ遲きに失した憾みがある。加之纒つた傳記一册無いと云ふに至つては事蹟の編纂是亦誠に望ましい企てと云はればなるまい。ゆへに我等は大に其の成果を期待し、明治教佛研究の上に新しい資料の齎らされんことを希つて止まぬ者である。

わが明治佛教研究會でも旣に昨十年一、二の兩月に亘り薩師の小傳を發表してをるので更にこれを晋延しパンフレツトにして頒布する意向である。

的精神となし、多年他の事業に專注したる精神をして一に教學に專注せしむるに在りと。是實に余輩が唱導する根本的革事の本領なるもの。（教界時言）

受贈雜誌謝告

如是	第八十二號	千里山佛教會館
奉仕	第十五卷第六號	佛教奉仕會
法施	第三百五十八號	國母社
傳道	第四百六十二號	鴻盟社
佛徒	第三十八號	新佛教徒社
道元	第三卷第六號	道元禪師讃仰會
比叡山	第百四十一號	比叡山發行所
五朋	第百號	五朋社
明治文化	第九卷第六號	明治文化研究會
人華	第十四卷第六號	人華會
眞生	第十五卷六月號	眞生社
安養	第百三十九號	安養新聞社
眞實道	第十二卷六月號	眞實道社
吉祥	第三百五十號	佛教社
佛陀	第四卷第六號	佛陀社
求眞	第四卷第六號	静岡求眞聯盟
莊嚴	第八十四輯	莊嚴社
正法輪	第八百四十二號 第八百四十三號	妙心寺
濱松朝日新聞	第七百四十七號 第七百四十八號	濱松朝日新聞社

理事進退

當所代表理事友松圓諦氏は先頃、一身上の都合で代表理事を辭退の旨通達がありました。右に對する井上名譽所長、常盤所長の御意見は代表理事辭任の件は、同氏の負ふ編纂所への責任とは切離してその意向を汲むといふにあります。（六月十七日）

明治の僧俗事歴を募る

わが明治佛教史編纂所では「人物篇」編纂のため、明治佛教史上に活躍した幾多僧俗の人物名約三千を、すでに蒐集しました。それでも、世に顯はれた高僧大德から村里に隱れた香氣高い聖僧の傳記逸話の漏れたものも鮮少でないと思はれます。此際、完璧を期するため江湖諸賢の御協力を得たいと存じます。そこで、此の人物こそは、明治佛教史上に逸することが出來ないであらうとお考への方がありましたら、當所まで御報らせ願いたいものです。

左の要目に就て御報告下されば結構ですが、一部分だけでも差問ありません。

明治佛教關係僧俗事歴報告要目

一、氏名法諱並に字號
二、イ、出生地、ロ、生年月日、ハ、死歿年月日、ニ、示寂地
ホ、亨壽
三、出家得度の因緣と年齡並びに宗派
四、得度受學の師僧
五、住持寺院名、並に開創再興寺院名
六、閱歷、僧階歷次、重な行業事蹟
七、著作、編述、意見書等
八、授業、附法の弟子
九、逸話、傳譚
十、其他

尙ほ參考に供するに足る書畫、肖像寫眞、書簡等があれば、御提供を希望します。期限を附して丁重に扱ひ、用濟みの上は速かにお返し致します。佛法宣揚のため切に十方諸賢の御支援を懇願致す次第です。

昭和十一年七月

明治佛教史編纂所

あとがき

編纂所の空氣は梅雨空の中にあつて陰鬱です。それを蹴飛ばして活動をはじめようとつとめてゐたとき、まことに不測の出來事に遭遇しました。われ〳〵は今迄所の事務と編纂開始の曉に供ふべく準備行程をとゝのへて來ました。只管學問的な準備と、若干の仕事を果すことに分相應の力を注いできました。外部からみれば遲々たる速度であつたでせう。しかしいふべからざる魔障事がわれ〳〵の還境を絕えず曇らせてゐたことは働く者にとつては歎はしいことでした。竟見の相異か否あらず、勢力爭ひの小葛籐の及ぼした影響は仲々甚大です。やがて眞夏の青空を望みえませう。十方諸賢の御後援によつて編纂事業の進捗を期待する次第です。

第三巻第七號

昭和十一年六月廿八日印刷
昭和十一年七月一日發行

編輯兼發行人　上坂倉次　東京市深川區冬木町一〇
印刷人　吉本菊松
東京市京橋區銀座西五ノ五
發行所　明治佛教史編纂所　電話銀座五三八九番　振替東京七四二一八番
發賣所　山喜房佛書林　東京市本鄕區六丁目赤門前

定價　一册　金五錢　一年分　金五拾錢

昭和九年十月一日第三種郵便物認可
昭和十一年九月廿八日印刷　昭和十一年十月一日發行

明治佛教

第三卷　第九號　（毎月一回一日發行）　通卷第二十五號

第三卷
第九號

目次

島田蕃根《みつね》の藏書

明治最初の大出版、恐らく明治期を通じてさうであつたらうが、宋藏、元藏、高麗藏及び明藏の四種の大藏經を校合して、四十帙、四百十九冊。千九百四十五部、八千五百六十二卷といふ澎大な大藏經、五號活字の縮刷出版が成功するなどとは、明治初年當時の社會狀勢、西南戰爭後の經濟界の不安定、印刷技術の幼稚、佛教界の沈滯等どれをとつてみても、一つだけで、此の出版を否定するには充分な理由になる有樣であつた時代に、その完成は何人も信ずる者がないと言つても決して不當ではなかつた。しかも當なの碩德學匠を網羅し、各宗派を動員結合してその大成を期し得たのは、全く發起者の熱と、行誡上人の德が之を實現せしめたやうなもので、まことに奇蹟に近いといはねばならぬ。發起人とは誰あらう南村島田蕃根翁である。

翁は文政十年十二月二十八日、周防德山に生れた。家は世々修驗道をもつて職としてゐた。幼名は圓眞と稱し、學を好み和漢百家の書概ね涉獵せねものなく、その博覽强記振りには何人も驚嘆した。長じて益々その好學は增すばかりであつた。好學は翁にあつてはまた愛書であり、それもまた域を越ゑて、淫するに近いとでもいふのであらう。「生きた百科辭書」と呼ばれ、古書珍本の涉獵、博覽强記にまつはる逸話は頗る多い。古書肆の店頭に立てば、彼處の本は何、これは何々と、手にせずしてその目次に至るまで言ふこと掌を指すにも似たといふ。そして金を持てば忽ち本に化し、時に欲しきものあれば高利の借金をしてまで購入する程であつたから常に債鬼に追はれ、貧乏

一

暮しを續けてゐた。一時和漢の書二萬卷乃至三萬を藏するに至つたといふ。

そのエンサイクロペヂツクな頭腦はどちらかといへば、組織的ではなかつた。「隨筆的」と評した者もあつた。往來途上、人に逢へば談柄それからそれへと續き、殆ど盡きることなく、一時間位はまたゝく間であるといふ。その友人、大内青巒などは「もう途中で蕃根に遭ふのは先づ夕立に遇ふ樣なものだ」と言つてゐた。だが性格は、坦懷で、誰に對しても隔てなく語り、小供のやうに無邪氣な人物であつた。彼は終生綿服のみ纏ひ、如何なる時にも決して絹物を着けたことがなかつた。しかし、見苦しく不淨な姿ではなく、萬事小綺麗にして質素潔白であつた。

蕃根は修驗の出身であり乍ら、明治五年三月教部省に出仕して、大錄に累進し、十年教部の廢止せられる迄在官し、更に十二年內務省社寺局に移り、爾後內閣記錄局修史局等に歷仕して、終始その人格の高さと、博識とをうたはれた。

その教部省入りは異例とされたが、それにはこういふ譯がある。德山藩の人、宍戸璣が教部大輔であつて、その友人である島田の學が儒佛、兩道にわたつて優れてゐたゝめに、當時の混亂した教部事務に當るべく特に招きを受けたのである。

その在職中、島地默雷が大教院分離建白書を左院に呈して佛教獨立を主張したに對して松本白華とゝもに政府部內より之を應援して終にその獨立を成功せしめるに盡した。所謂外護の人となつたことは、縮藏の出版と共に佛教界の恩人として永く忘れ能はぬところである。

彼は明治四十年九月二日八十一歲の高齡をもつて逝去した。その晚年の生活は頗る和かであつたが、好學の志は寸時も已む時がなかつた。淸貧潔節のうちに苦心して集めた萬卷の書は死後如何したであらう。駄書はなくて粒選りの珠玉のみであつたと傳へられる。

二

その藏書は好學の書士の唯涎おく能はぬものがあるであらう。彼逝いて今年は三十年。えうとしてこの珍貴な香の推積の行方を知らぬ。惜しくも放逸して跡と止めぬと、われ〳〵は私かに考へてゐた。

圖らずも、わたくしは、それが一書も散亂せずに今日に存することを知つた。これはわたくし獨りの喜びのみに止まるまい。學界は貴重な蒐集に對してその公開を歡喜をもつて迎へるであらう。今日まで利用されることなく一大學の書庫の一隅にしみの跳獵に委せられたまゝ整理せられなかつたがために、甚しい損壞を被りつゝあつたことは歎かはしいが、それが、近く整理保存の途を構ぜられるに至つたことは難有いと思ふ。この歡びをおさへて、次號に於てこの一端を紹介致し度く思ふ。

島田蕃根翁についてピタカ第四年七號に傳記と縮藏について詳述しておいた。參考にもなればと思ふ。　上坂倉次

二十年代の佛教界の動向(一)

上坂倉次

しかし乍ら其の内部に於ける反省運動は、斯かる好期を徒らに過すことなく從來の低く見積られた佛教寺院、僧侶の社會的地位を回復せしめ、再認識せしめる要請を促した。

此春頃までは世間の風潮一も二もなく何事も西洋の眞似をして日本の人ながら日本を忘れたる有樣なりしが、近頃は、凡て之と反對にて國粹保存主義と云ふこと大流行にて政治家も新聞記者も學者仲間も、多くは此方に心を傾け日本舊來の事物にして其蕪雜なるものは之を除くべきも、其純粹なるものは、成るべきだけ之を保存すべしと云ふ議論さかんなり。便はち宗教の如きも謂ゆる國粹保存主義に依れば、佛教の弊ある所は、之を矯めて而して眞實の佛教を發揚せしむべしと云ふに在り。此際に方りて已墜の佛教を宣揚せずんば、更に何れの日をか待たん。

と、然し乍ら之が手段方法として示すところは、「之を實行するの道如何、唯教育と慈善とのみ」といふのである。かくて此時代に於ける彼等新鋭の徒の自覺するところをみることが出來る。「佛教活論序論」によつて論證された佛教の理論的根據づけが、無氣力、無自覺な僧界へ投げた波紋は、其の佛教改革の免るべからざるものであるとの感を起させずにはおかなかつた。彼が其の多くの論述によつて早くも此時代に投げた諸問題は、時期未だ早く其の實踐的關連とは遠かつたとは云へ、豫言者的權威をもつて後代に其の實果を示した。其の廿五年頃彼が日本宗教界の明治以降に展開についての「未來記」によれば佛教の趨勢は次の如くであつた。

第一期　自明治元年―至同十年　佛教破壞的時代
第二期　自十一年―至十年　同
第三期　自十一年―至廿年　佛教消極的建設時代
第四期　自卅一年―至四十年　佛教積極的建設第一期
第五期　自四十一年―至五十年　佛教積極的建設第二期即ち舊佛教建設時代

× ×

當時の佛教に對する僧侶の考察、就中其の將來については一樣に悲觀的であり、否定的であつた。今日の佛教は殿堂樓閣を結構し、木佛畫像を莊嚴し、綾羅錦繡を身に纏ひ、道德然として徒に愚民を籠絡するの手段は愈々盛にして、葬式法會、追善供養に專心し、屍體遺骨を守り讀經誦句に日を送る舊佛教は既に其命脈を絶たるべきに、新佛教は未だ起らない。今や宗教改革の千歳奇遇の機會である。興隆佛法の責任は、青年僧侶にある。しかも明治十三年に原坦山の帝國大學に於ける佛典（大乘起信論を最初に選んだ）の講義の開始や、「佛教活論序論」によつて喚起せられた佛教の哲學的根據づけは佛教の存在價値を明かにしたとは云へ、依然佛教の信仰的方面は等閑視された。

ドレーパーの「科學と宗教との衝突」は、早くも「學教史論」（小栗栖香頂）の名をもつて飜譯せられ、其宗教の一大仇敵たる科學哲學は、佛教に於ては頗る類似共通點多く、其の哲學的價値こそ優に基督教を凌駕すべきものあることをみた佛教徒の間に勃然として起つたものは佛教の哲學的闡明であつた。（現代佛教八ー八〇號加藤咄堂）　（つゞく）

三

資料

初年の築地本願寺と

干河岸櫻所

干河岸櫻所は名を貫一といひ、明治に於ける僧侶出身の操觚者として名をうたはれた人、憲法發布前後一般ジャーナリズムの發達に寄與すること大きかつた。佛教界でも活動の領域は廣い。此の意味でその自傳遺稿「書窓漫題」は興味深い。こゝにその一節を紹介する。

明治五年壬申　二十五歳

維新の初より排佛論朝野に喧しく、さしも千有餘年弘道せられたる佛敎も將に三武一宗の厄運に罹らんかを危ぶむほどなりしが、此年敎部省を置き、敎導職を設けられたり。當時廟筭は佛敎を廢毀して民心の動搖を招かんよりは、僧侶を准官吏たる敎導職に任じて、神道化せしめんとするに在りしが如し。此年の夏本山より權訓導正親大宣氏を福島縣派出布敎師に命じ、縣下末寺に於て說敎せしむ。この時余猶康善寺に在り、本縣官吏は概ね漢學者又は國學者流にして、排佛主義の者多かりしかば、正親訓導の說敎に佛法を交說するは三條の敎則に戻るとの意にて、縣吏中異議を挾むあり、此事情具申の爲、康善寺住職の使として余上京する事となり、同年八月初福島を發し築地別院に到りしに、同院は類燒後矮陋なる假堂を設けしのみ、門前の各寺はみな假小屋のみ、別院虎の間など眞の假屋のみ、余到着の日は雨天なりしかば、此假屋の昇降口は雨に濡れて足を著る所もなし、余は輪番長谷川楚敎師に面會し、又覺法寺鐵然（未だ僧侶氏を稱すべしとの布告あらず）とて敎部大錄奉職中なる大洲師にも面會し、事情を具陳して、宗意交說苦しからざる旨の指揮を得猶、敎部省より福島縣令にも達すべしとの事なりければ、滯京十日ほどにて、歸途鄕里に母を省し、福島に復命せり。

此時には敎部省にては、宗意交說苦しからずといふまでなりしが、幾くも無く地方官よりの伺に對し、宗意交說勿論の義に候事と指令するに至り、前の僧侶を神道化せしむる方針は次第に移動したり。遂に神佛合併大敎院を廢し、敎部省を廢し敎導職を廢し神道は治敎にして宗敎にあらずとするに至りしなり。

余東京に使したる此の形狀は最初の方針が將に移動をはじめんとする時機にあたり、昇雲師（雲野氏土屋詮敎氏の父）の伺は一般敎導

四

職布敎の緊要なる事例なり、模範となるべきものにして、余大洲師に面識ある此事に起因したるも亦一奇なり。

正親訓導も魔事なく福島縣下の布敎を了りて歸京し、余も英語を習ふても敎員の不十分にして、勉强の甲斐なきを知りければ、此年の十一月を以て歸坊したり。

明治六年癸酉　二十六歳

前年の秋より東京神佛合併大敎院に於て、布敎適任の人材養成の爲神佛各宗の秀才を試驗し、入學を許したるものには學資を支給する由を、上京の際に聞たれば、今年二月を以て出京し、此好機を逸すべからずと決心しけれども、家に餘資なければ旅費すら意に任せず。母の藏め置れし一重ねの女小袖あり。是は他日余妻を娶る時の用意に備へしものなれば母に請て此をも賣却し、その他種々取まとめて四十金ばかりの紙幣を懷にし、衣服は一領の着替も持たず、彼大廣益玉篇を書入たる詩韻含英一本を携帶したるのみにて、決然鄕土を辭し去れり。此時八十五の高齡なる祖母（鈴木氏名は石）に暇を乞けるに、從來は別時一滴の涙をも墮したまはざりしに、此時ばかりは、又汝は江戸に往くかと、我も最早汝が顏を見らるまじきぞとて聲を立てゝ泣かれたり。

既に東京に着し築地別院にて尋ぬれば、大教院の學校は既に廢せり、否瓦解したり（經費の不足が大原因なるべし）各宗各派任意に其徒弟を教養することゝなりしといふ。之に依て築地には我本山の一學校を設け、大内靑巒氏を幹事とし、生徒の入學を許す事となりし際なりしかば、取敢ず大内氏に面して志望の趣を語る。氏は曹洞宗にて得度したるも此頃は歸俗して居士となる。其辯論人を動かすに足るを見て、大洲師が招聘して大法主猊下の侍讀としたる人なり、氏は仙臺藩士の家に生れし人なれば、東北人たる余如き一見舊識の如き思あり。兎に角學資に乏しくとも何とか工夫もあるべければ新設の築地教黌に入るべしとの大内氏の指導に由り、稍安堵の思あり。別院構内なる相續講に止宿し、築地教黌に入學す。一月ばかりを經て句讀師となり。學資なくして桂を焚き王を爨くてふ都門に在るの便を得たるは、全く大法主の盛旨に依ると雖も、抑も亦大内氏の厚意を忘るべからず。

東京に來りて一個の銀時計を購ひなどしければ、嚢中僅に十數金を餘すのみとなり。句讀師の報酬なくしては、二三ケ月の滯京も覺束なき狀態なりし。

大内氏は大法主に請て曹洞宗の原坦山師を聘して講師とし、師は先づ起信論を講ぜられき、師は後に曹洞宗大學の校長となり、同宗紛擾の際には管長事務取扱を命ぜられ、又學士院會員に勅選せられし人なるが、此講師たる頃は大講義なりし。余亦大に同師の愛護を蒙り、蚊蟵を用ゆる際、余を香川默識と二人だけは、同師の蟵中に入て臥すことを許されたりき。

宗義の講師は勸學鬼木沃洲師にして、同師は肥後の人なり。啻に宗義に邃きのみならず、余舊作の草稿（詩）一冊を出し添削を乞ひたることありしに、其批評せられしを見るに、通常儒士に劣らざるを知る。されば同師も尋常宗學者と同視すべき人にはあらざりき。寶典は藤井玄珠師が擔當せられ、助教師は小講義佐々木狂介なり。學友には香川默識、服部來淨、梅原讓（後の名）諸氏あり。香川氏とは最も親み善かりし。

干河岸貫一著述目錄（二）

標題	冊數	紙數	出版年	出版書肆
少年教說	全	十九		
教演說教無量藏	二	二九		東京梶寶順
軍人布教	二	三十一		同國母社
近世百傑傳	小本全	三三		同博文館
高野長英	全	三三		同
釋月性	全	三四		同
俗諺辭林	小全	同		大阪青木嵩山堂
續近世百傑傳	同	同		東京博文館
借善財團說立要旨	同	同		京都興教書院
日本女子立志編	一	上二六六 下二四六	三五	東京博文館
武士道勤儉百話	小全	三八〇	三五	大阪青木嵩山堂
女訓評釋	全	四一〇	三五	東京博文館
明治百傑傳	小一	五六二	三五	大阪青木嵩山堂
二十一回猛士吉田松蔭	同		三五	同
日本名家史論	同		三六	大阪青木嵩山堂
南龍公	同		同	同
武田耕雲齋	同	五四三	三八	同
格言字典	同	同	同	東京博文館
修養美譚	同	二五二	同	京都興教書院

支所設置

編輯支所

東京市深川區三好町一

法禪寺内

八月卅日

明治佛教史編纂支所

五

八、九月編纂所雜報

◆清涼の氣澄みわたり、皆樣御清榮と存じます。九月號は雜用と手不足のため休刊致しました。御期待の皆樣に御詫び申上げます。八月は休所の豫定のところ、所員歸郷のため手不足に陷り、小生獨り毎日出所しました。なれぬ雜務から編纂事務まで獨行で暑熱を征服でした。

◆八月號本誌もそんな工合で發送もれのあつた向もある由お詫する次第です。

◆井上、常盤兩所長先生と相談の結果、編纂所は資料の堆積で何かと不自由を感じて居りましたので、八月末別項の通り支所を設置し、編纂資料の一部分を移しました。木造家屋で火災の危險も考へられるので、暫定的であります。事務其他は從前通りです。

◆牧野内君千葉縣へ歸省中、同地方の佛教資料探訪蒐集につくされる豫定

◆資料蒐集狀況はこゝのところ停滯の有樣です。まるで巖盤につき當つた樣です。新しく出直すことを考へてゐます。諸賢の御援助を乞ひます。島出蕃根氏の舊藏の所在がわかつた事は愉快です。

◇九月初旬迄支所の整備で日を費しました。目下は人物篇の再閱、補訂、書き足しに獨往してゐます。やつてゐるうちに益々僧傳の編述は愼重を要することを痛感します。これだけでも、一生を投ずるに足る仕事であることを否み得ません。

◆專門家や高僧名僧の人格に感化されて、物された僧傳の中には、仲々優秀なものがあります。無信仰不識のわれ〳〵が筆を入れるには惜しいものが數々あり、嗟歎時を久しうすることです。それ等は出來るだけ形を崩さずに芳香を保ちたいと考へ、また人物篇だけでも自ら明治佛教史であり得る樣にともつとめてゐます。

◇活動の好機に際し乍ら、身體の不調勝ちなのが殘念です。一騎當千ならずとも、當三ぐらひの仕事を意氣込んでゐます。たゞ公約に追はれつゝも着々仕事を進めてゐることを御承知下さい。

◇此の間、各方面から何時に變らぬ御好意を與へられましたこと感銘の至りです。

◇前號報告の「佛宇海外渡航者年表」は（海外佛教事情九月號發表）未定稿でありまして不完全なものではありましたが、各方面からの御示教により、完きものにより近づき得ることを欣快とします。駒澤大學の大森禪戒學長はじめ各位に本誌面をもつて厚く御禮申しあげます。

受寄贈雜誌謝告　八、九月號

人華、佛陀、五朋、正法輪、明治文化、法施、吉祥、如是、はつせ、道元、奉仕、眞生、佛徒、莊嚴、傳道比叡山、眞實道、濱松朝日新聞。

第三巻第九號

昭和十一年九月廿八日印刷
昭和十一年十月一日發行

編輯兼發行人　東京市芝區濱松町四ノ五　上坂倉次
印刷人　東京市京橋區銀座西五ノ五　中島久
發行所　明治佛教史編纂所　電話銀座五三八九番　振替東京七四二一八番
發賣所　東京市本郷區六丁目赤門前　山喜房佛書林

定價　一册　金五錢　一年分　金五〇錢

明治佛教　昭和九年十月一日第三種郵便物認可　昭和十一年九月廿八日印刷　昭和十一年十月一日發行　第三巻第九號　通巻第二十五號　（毎月一回一日發行）

（明治佛教史編纂所）

昭和九年十月一日第三種郵便物認可
昭和十一年十一月廿八日印刷昭和十一年十二月一日發行
第三巻 第十號（毎月一回一日發行）通巻第二十六號

明治佛教

第三巻
第十號

目次

伊太利に於ける佛教研究の今昔

――トウッチ博士の來朝――

拾九世紀末より着手せられた海外の佛教研究は、日を追ふて盛んに向つた。はやくより英國、佛國、獨逸の諸學者により語學研究の方面より佛教研究は開拓されたが、二十世紀はじめに遂に伊太利に於てもその端緒が開かれた。一九〇六年（明治三十九年）に左の如き自由思想の機關雜誌、あらはれた、Ceanobium Rivista Internazionale di Liberi Studi（萬國自白對究團雜誌）といふ。セノビウムの名は精神の交換團結の機關たる意味で、能ふる限り在來の教會以外に俗人在家の人の團結を組織せんとするにある。その發行者は瑞西のルガーなるジュセッペ、レンシで、此の思想傾向は、一切の傳承を棄てゝキリスト教信仰の科に達せば、其處に東洋思想特に佛教と共通の信仰を求め得べしといふにある如くである。その發行の趣意大意は次の如くであつた。

× × ×

近世の思想は一方にて科學にて明確の結果を得たるに似たるも、他方にて精神信仰の問題題を見れば、暗雲空を蔽ひて一般に動搖の狀態にあることは蔽ふべからず。此に於て形而上論と宗教との復興あり、いはゞ、宗教の革新新解釋は時代の必要となれり、佛教も此に於て西洋に於ける人心を引き、又トルストイの如き、基督教の新解釋も出で、恰もアレキサンドリヤにて曾て東西の宗教並に哲學の接觸融合ありし時代を想起せしむ。

千年來の哲學と一世紀間の科學とは皆相共に思想、信仰の種々の問題、傾向解釋を提出して我等の精神は此等の結果を總括して將に一層高尚にして靈妙の精神界に入らんとす。而してこの進歩のために特に必要なるは實に研究の自由にあり。この自由對究の鏡として思想の鬱勃たる氣運を助けんと欲す。研究にしても、疑問にしても、定說にしても又煩悶にしても玆にこの團結を機關として社會の生活以上更に精神の問題に注目する人の團結を作らんと欲す、即ち是れ精神の生命に基きたる團結なり。

一

× × ×

而してその機關誌第一號は一九〇六年十一月を出し隔月發行の豫定であつた。

第一號掲載内容を示せば次の如くである。ノイマン「長阿含に於ける梵天と佛陀」(伊文。ジラン「信仰の意義と宗教の本體」(佛文)。レンシ「宗教論」(伊文)。ビュケ「近來の道德」(佛文)等、第二號には、ドイセン「吠檀陀の哲學」(伊文)。ラホル「佛教と歐洲近世思想との類似」(佛文)。レンシ「ブリユヌテエと所謂科學の破滅」。チエザル「佛教と無佛教」(伊文)。ジラン「宗教的眞理と自由信仰家」(佛文)等。雜報には、村上專精の東洋女學校生徒の家庭宗教の調査を載せた第三號には、ピオダ「知識の領域と神秘との關係」(伊文)。エフフエルツ「社會主義の信條」(伊文)。レンシ『基督教と吠檀陀哲學とに關するヘーゲル」(伊文)等々。

前述の趣旨ならびに右内容の一班ともつて當時の伊太利にてカトリツク信者の内部に改新の希望と運動を生じて宗教上の動搖を生じて宗教上の動搖を起し、カトリツク以外にては同様の動搖ある氣運の一部が誌面に現はれてゐて、その傾向が窺はれやう。學術的にではないが、廣く宗教思想を紹介するに努めてゐる樣がみえる。佛教關係の論文が比較的多いことに注意せられたい。

同誌の主筆たるレンシは、わが國の姉崎正治教授に書を寄せて、通信連絡を希望せられたといふ、かくて日伊間に日本宗教狀態紹介の機緣が濃厚に結ばれるに至つた。當時のわが佛教者が、とかく偏狹の執見を抱いて基督教思想を究明することなく、かゝる機會を從來屢々逸して、思想の發展に寄與することが尠かつたのは歎はしい。(宗教一三卷十一號參照)

× × ×

顧みて當代に於ける狀況は如何であらう。約三十年の間に同國の佛教研究はどの樣な發展を示したであらうか。

現代の歐米佛教學者に悟して、勝るとも劣らぬ業績を示してゐる第一人者は、今般ムッソリーニの選ぶところとなつて「日伊交換教授」として來朝したジウセッペ、トウツチ氏であらう。同氏は伊太利王立學士院會員として國庫の補助をもつて屢々ネパール西藏の探險踏査をなし、その收獲は立派なものがあるハイデルベルク及びカルカツタの佛教研究所の顧問で、現にローマ大學印度及び東洋哲學の教授で「古代支那哲學史」「支那知識」「一九三三年西部西藏科學探險記錄」「西藏寺院誌」等の諸著がある。

今次のトウツチ博士のわが國滯在中、わが佛教學者が之と彼我文化のよりよき理解を佛教思想を通じて行ふべく勇敢なる努力が拂はれることを希望する。

(鎌倉　保)

二

◇佛教生命保險の提唱者

最近有隣生命保險會社が佛教振興會と提携して、佛教界へ生保戰線擴張に乘り出すとか傳へられてゐる。低金利と競爭の烈しい生保業界の一會社が、新天地開拓を目指してのあがきともみられる。歷史は繰返すのか巡る因果の小車か、約四十年前、同じく有隣生命保險會社が創立當時(二十七年)興隆佛法會なる團體の贊成を得、每期の利益金若干を同會に寄附する約束で、各本山の用達として、寺院僧侶を代理店の如く活動させて、檀信徒の生保契約獲得をはかつたことがあつた。今度も邪教排撃の後につゞくものは既成教團の擁護運動であるべく、その先鋒を承つた佛教振興會がその名も類似して、保險會社の補助を仰ぐところが面白い。

佛教保險は何人の發案であらうか。わたくしは、最初の提案者を慶應義塾に學んで福澤諭吉の知遇を受け、佛教界の活動に一段の活氣を與へるに力あつた大谷派の僧であつた寺田福壽その人であるとする。駒込眞淨寺の住職で比較的早く亡つたが、その着想の嶄新奇拔で實行力のあつた點で、今少し長生したら

邪教發生時代

　現代の所謂類似宗教淫祠邪教横行時代といはれるものをみると、明治前半期を培土として日清戰爭前におびたゞしくあらはれた淫祠邪教妖教の發生還境と頗る相似たるものあることに氣がつくのである。今日は國民に準戰時的心構への要求されるときであり、社會的經濟的不安は次第に蒙らんとしてゐる。思想的混迷は底なしの沼に陷入つた如くに深刻である。

　精神生活の危機は經濟生活の破綻によつて一層その傾向を强めるに至つた。殊に肉體的苦痛の科學的治療の經濟的不可能は、怪しげなる精神治療へと向はせて、果てはその奴隷としてしまつた。即ち科學は不信となり、精神は巫術化したのである。醫療制度の不徹底さは類似宗教簇出の一苗圃である。

　更に既成公認宗教の無力があげられねばならぬこと敢て詳論するまでもないであらう。滿洲事變後の精神作興のかけ聲の殷盛を利用し、宗教復興の機運に乘じて、類似宗教は裏面的活動より表面化し、擴大强化されるに至つた。

　時代色を豊富に反映した多數の類似宗教の中には準戰時期に於ける反國家性を有つものも尠からずあらう。われ〳〵は歴史の上に於て非常時に際して常に宗教が國家への寄與を嚴重に奪はせられる場面をみてきた。

　非公認宗教への監視はより嚴重にならうし公認宗教と雖も能働的寄與を促され、應ぜなければ彈壓下に置かれるに至るであらうことは明かである。今日はたま〳〵斯る時代に差しかゝつたのである。第二の廢佛毀釋の云々される時である。

千河岸貫一著述目録（三）

標題	冊數	紙數	出版年	出版書肆
日本武士氣質	全	二七九	四一	東京 丙午出版社
先哲百家傳	全	三三三	四三	大阪 青木嵩山堂
德川時代の文學	全	一九〇	四二	大阪 青木嵩山堂
修養美譚	全	二六二	四三	東京 鷄聲堂
續先哲百家傳	全	三五七	四三	同
唐宋節義家傳	全	四八九	四四	同
書法集成			四四	同

譯書潤文之部

標題	翻譯者	冊數	出版年	出版書肆
馬哈照傳	林董	二	九	
道理之世	深間内基	八	九	
火教大意	林董	二	一六	東京 島村利助
刑法論綱	林董	九	十二十	同
羅馬史輪	林董	全	三九	東京 博文館

未出版稿本

櫻所詩集　三冊　櫻所隨筆　三冊
靈感公　一冊　漢史美談　一冊
机上の塵　一冊　元明名臣傳　一冊
精神文明の腐末　一冊

ば必ずや佛教界に諡すところがあつたであらうと思ふ。

　彼が明治二十年、當時の寺院僧侶の經濟的苦窮を救ふために一救濟案として東京府各宗協議所へ提案したのが始めてあらう。府下二千餘ケ寺が、株主となつて生命保險會社樣のものを作れば、何人の死にあたつても多少の金圓を傳ることが出來、至極の如法である。西洋などは盛んに行はれてゐるが、日本にも此種のものがないわけではないが、未だ完全ではない、明治生命保險會社と連絡してみては如何、之は固より財利の目的ではなく、唯佛門の基礎を堅める一手段であることを忘れてはならぬ云々、といふのがその大意である。

　この着想は明教社同人に取入れられてのち明教生命火災保險會社の誕生となつた。

　大内青巒、宏佛海、佐久間貞一といふ顔觸れで、その機關誌明教新誌を動員して盛んに佛教保險熱をあふつた。その實現は當時の經濟還境の不利のため遙かに遲れて二十十年以降であつた。佛教保險の經營によつて利益をあげるか、一般保險會社と特約して檀信徒を幹施して利益歩合をうけるといふ工合に、保險と佛教とが結びついた。各宗大概ね保險に關係した。

三

あとがき　十、十一月雜報

△清秋も終り嚴寒を迎へんとしてゐます。十一月號は休刊致しました。手一杯の狀態で思ふ樣にまかせません。

△常盤博士、藤原、藤本の諸氏が一方ならぬ力諡しをみせて下さつたことは有難いことです。淺野氏もまたいろ〳〵注意して下さいました。

△支所を設置した法禪寺主の尊い御好意を受けて居ります。其他各方面からの御後援を頂き編纂所は力強い歩みを辿つてゐます。

△嘗つて編纂所の仕事を手傳つて下さつた畏友松岡巖君が朝鮮總督府修史局勤務のまゝ病氣長逝せられました。哀悼にたへません。

△牧野内君の新居日薩上人傳が完稿しました目下來年の日薩忌に間も合ふ樣出版方交涉中です。近く發刊をみませう。

△九月末から十月初旬へかけ、淺草寺佛教學院に於て數回にわたり「明治佛教通史」の講述依賴をうけ、小生が出講しました。

△近頃程歷史的問題の發生に急しいことは珍しい。わが明治佛教の史的究明が今日程必要とされることも稀だと思はれる程である

△しかし、邪敎發生橫行、宗教改革論の擡頭、戰時と宗敎、佛教企業の試み等何れも明治時代にあらはれ、その對策處理について參考し得べきものが色々あるのですが、どうしたことか、稍閑却されてゐるやうです。

△一時的こと的、こそく的、因循、その場しのぎ、間に合せ、そんな風な處置、對策をしかとり得ないのは結局、合理的、歷史的科學的明哲さを忘れた佛教人の因襲によるものだとしか考へられません。

△明治大正佛教史を明からめよ。これ目下の最大にして、將來光明をもたらす指針であります。手前味噌と申されるか知れませんが、こんな意氣で仕事をつゞけてゐます。向寒の折、諸賢の御自愛を祈る。

島田蕃根藏書後記

前號で豫報申しておきました氏の藏書の行方は、まことに殘念ながら、今は完全な存在を失はれてゐたことを申しあげねばなりません。島田氏が逝去されてから約三十年近く、宗教大學から大正大學へと引續いて保管されてゐたものでありましたが、昨年今頃島田家遺族から返還の申出があり、目錄を殘して、申出のまゝ返却され、島田家ではそれを一誠堂に賣放つたとの事です。目下同書店頭に、幾分殘本がある樣ですが、目ぼしいものは見あたりませぬ。殘念なことでした。

受寄贈雜誌謝告　十、十一月號

傳道、眞實道、五朋、法施、佛徒人華、奉仕、眞理の友、佛教、明治文化、立正大學新聞、正法輪、傳教大師研究、吉祥、業火、求眞、如是、眞理、眞生、莊嚴、はつせ、道元。

明治佛教

昭和九年十月一日第三種郵便物認可　第三卷第十號
昭和十一年十一月廿八日印刷
昭和十一年十二月一日發行　通卷第二十六號

（每月一回一日發行）

（明治佛教史編纂）

第三卷第十號

昭和十一年十一月廿八日印刷
昭和十一年十二月一日發行

編輯兼發行人　東京市芝區濱松町四ノ五　上坂倉次

印刷人　東京市京橋區銀座西五ノ五　中島久

發行所　明治佛教史編纂所
電話銀座　五三八九番
振替東京七四二一八番

發賣所　東京市本鄕區六丁目赤門前　山喜房佛書林

定價　一册 金五錢　一年分 金五〇錢

昭和十一年十二月廿九日印刷　昭和十二年一月一日發行

明治佛教

第四巻　第一號（毎月一回一日發行）通巻第二十七號　一月號

第四巻
第一號

目次

執中學派について

藤田一郎の「執中學」について餘り知る人はないであらう。明治佛教史上必ずしも最重要のものではないにしても、明治二十年前後に擡頭した新宗教、新主義、新運動のうち一つの特色ある存在たるを失はない。のち教育勅語の宣布されてからの新宗教、新運動が、殆んど此の勅語に基き或は關聯を持つに至つたといふ事を考へるとき、勅語宣布前後の宗教思想運動界の相異をはつきり認められる。

西村茂樹の日本弘道會、水谷仁海の新佛教、北畠道龍の新眞宗、藤田一郎の執中學、大道長安の救世教、鳥尾得庵の國教大道、杉浦重剛の理學宗、日本ユニテリアン等々は、前期に屬する。水谷、北畠、大道については本誌で述べたから、今回は、執中學の主義主張について紹介したい。

× × ×

「執中學」は一つの學派をもつてをり、一種の人道學の呼唱にある。本派の主張創設者たる藤田一郎の經歴は詳かでないが、その云ふところは、宇内各國歴史以來の事實を詳かにし、沿革を明かにし、孔子、釋迦、基督の三大聖、孟子、ソクラチース、アリストートル、摩哈麥の四大賢等の教旨を咀嚼して自説と樹てたるものである。

これが理解は容易でないと思はれるからその略解を示すものとして、明治二十年三月に「執中學則略解」なる非賣品の著書を發行した。同書には更に此の學派主義目的について述べた附錄がある。まづ略解七則を示さう。

第一則　天地萬物は自然の物たり
第二則　人類の初は他の動物之初に異ることとなし
第三則　人は天地萬物の主宰たり
第四則　人類中拔群の者即ち神となす
第五則　愛敬は人類固有の性
第六則　文武は人類自然の要器
第七則　教育は人類自然の要道

右について各々註説を加へてゐるが、こゝでは省く。

× × ×

次に主義、目的を五章にわたつて述べてゐる。第一に吾が學派は人道學中興の祖派であるから、今即ち明治二十年をもつて立教の一大初年とし、專ら學派員をわが國に組織し、且つ日本國居留各外人は勿論、當學派の學旨を賛する者は入派を許し、專ら學派の擴張を圖る。今より五ヶ年間を期して大日本執中學館なる大學館を東京府下に建築し、世界人道學研究所本部とする。活動建築等の費用は學派員が義務金を負擔してもつて之に宛てる。その十分の六をもつてわが國の學意擴張費に供し、十分の四をもつて各國の費用に供用する。その主なる費用は、學館建築費、執中館分校建築費、系譜館建築費、學派員頒與書類並雜費、學派員貴譽費等。

學派員は上中下にわかたれて各一年壹圓八十錢、壹圓八錢、三十六錢づゝを分擔する。

× × ×

第二に學館の建設終了と共に、宇內各國の有志者と協議し、各國の學士博士を執中館に合同せしめ、凡そ地球上各國の歴史並に教育書を始めとし凡ろの書籍を網羅蒐集し、人道學の蘊奧を難議討論する、その研究が終ったら科目を各國に頒布し、各國の有志者人民をして熟讀明識せしめんとする。

第三に右の事業が一段落と共にこれを基本として人道書を編纂し、地球上各國の教育の統一をはかる。更に萬國の守るべき一大新公法を編纂し、之を各國の政府人民に頒與して各國の治安を維持し、世間の眞正なる開化を進める一大基本を樹つべきである。

第四に右等の主義目的を如何にして達するかといへば、學派員たる者は深く信じ、堅く守つて、各自非常の精神を振作してこれがためには如何なる心志の苦も、肉體上の勞作にも堪へ、少しも怠ることなく努めるべきである。よく他の龜鑑となり、その義姓芳名の萬世に輝かさん如くつとめよ、といふ。

最後に、右の目的を達了するまでは、各員は現今各國に於て定める所の法律規則を遵守し、學事に屬することは教育令に從ひ、葬祭法の如きも假りに各々宗教の定めるところによるものとした。

× × ×

藤田一郎は、右「執中學主義」について、明治十九年十二月附をもつて、英國ロンドンにある萬國仲裁及平和協會宛に書面をもつて報告したといはれる。

此の學派の主張の大略は右の如くであつたが、當時一時華々しく打つて出たにも拘はらず盛行しなかつた所以は、實践性を缺いてゐた故と思はれる。

その他「派憲」として學派の組織、學派員の規律、脩德、勤務、相續、財產、結婚、親族公議法、勤儉、共濟、交際、共益、賞譽、葬祭等について説いてゐるが、他日述べるときに讓る。

（上坂倉次）

二

資料

二十年代の海外布教熱は素晴しいものがあつた。その團體として最も華々しい存在は海外宣教會であつた。B・P・Sはそのイニシアルで正しくは BUDDHIST PROPAGATION SOCIETY と呼ばれた。左記のはロンドンで撒布された英文趣旨書で、その裏面の譯文を示したもの。

海外宣教會【本部日本京都】

本會は佛教弘布の目的を以て設立せる者なり本會は此目的を達せんが爲め左の事業を爲す。

一、海外諸國に於て布教事業を企つる事。
二、佛教に關する書籍雜誌を發行し及び經論を反譯する事。
三、廣く各國の佛教者と通信し及び其質問に答ふる事。

本會は或る一派の佛教を弘張せんと欲するにあらず、廣く世界に佛教の大旨を宣布せんことを期するものなり。

本會に關する書信は左の宛に發送あるべし

龍動ウェストミンスター・ビクトリア街講義堂
海外宣教會龍動支部設立委員地方幹事
普 思 出 壽

明治佛教研究會規約

一 明治佛教研究會は明治佛教一般の研究を目的とし、會員をもつて組織す

二 本會の目的を達するため各種の事業をなす
研究會、講演會の開催、資料の蒐集
月刊機關誌（明治佛教をこれにあつ）
明治佛教關係の貴重珍書の飜刻出版等

三 本會は當分明治佛教史編纂所内に置く

四 明治佛教史編纂所は本會のため所藏の資料を開放し、本會は同所の事業を助成するため、資料の提供をはじめ各種の援助をなす

五 本會は役員若干名を置き、事務の運行をはかり定時に協議會を開く（細則による）

六 會員は特別會員と維持會員とす
イ 維持會員は一口月額壹圓を負擔す
（一人にて數口を申込むを妨げず）
ロ 特別會員は十口以上を負擔するか、或は貴重な資料の提供者其他にして役員の推薦によるものとす

七 會員は本會の出版物を無代若くは實費配布を受け、研究會に自由出席の外、調査其他の便宜を有す

昭和十一年十二月

追て細則は次號に報告申し上げますが目下會務進行にあたり、會長は常盤大定博士、幹事若干名のうち藤原猶雪氏を暫定し庶務は上坂倉次が之に當つて居ります。各位の御熱心な支持を希望する次第です。

明治佛教研究會
京橋區銀座西五ノ五菊地ビル内

同善小學校五十年祭

淨土宗の久保田量壽によつて、明治十九年十一月十五日下谷區北稲荷町盛雲寺の庫裡内十四坪の校舎をもつて創立した私立同善簡易小學校は今年で創立五十年に達した。去る十一月の創立記念日に現在三輪にある同校の後身三輪商業専修學校同幼稚園で盛大な祝賀式が行はれた。

佛徒による救濟事業、育英事業としてかくも長期間に渡り存續するのは稀有に屬する。十九年といへば、佛徒が基督教に刺激されて各種の事業を興した時代であるが、久保田氏の慈善小學校經營が、一時の模倣に終らなかつたことを欣快とする。久保田氏は大正十二年十月二日六十四歳をもつて歿した、その履歴は次號に掲げる。

（現校長鵜飼俊之師の資料提供を謝します。）

明治の僧俗事歴を御知らせ下さい

左の要目について御報告下されば結構です、一部分だけでも差閊ありません。

一、氏名法諱並に宗號
二、（イ）出生地、（ロ）生年月日、（ハ）死歿年月、（ニ）示寂地、（ホ）享壽
三、出家得度の因縁と年齢並びに宗派
四、得度　五、住持寺院名並に開創再興寺院名
六、閲歴、僧階歴次、重な行業事蹟
七、著作、編述、意見書等
八、授業、附法の弟子
九、逸和、傳譚　十、其他

期限を附して丁重に扱ひ、用濟みの上は速かにお返し致します。佛法宣揚のため切に十方諸賢の御支援を懇願致す次第です。

三

謹賀新年

昭和十二年元旦

明治佛教史編纂所

名譽所長 文學博士 井上哲次郎
所長 文學博士 常盤大定
京都代表 禿氏祐祥
大阪代表 中井玄道
東京代表 藤原猶雪
藤本了泰
友松圓諦

◇わたくし共の仕事は十方諸賢の熱意ある御理解と援護とによつて今日まで續けて參りました。新年にあたり慶んで洪恩を謝する次第であります。

◇昭和十二年の黎明はわが國民上下の一層緊張を要することを告げるでせう。大きく搖れても崩れないためには、より大きい厚い文化の基礎を必要とします。われ〳〵の明治佛教史の闡明は過去のわが國民性を培養してきた佛教といふ壤土の最後的分析であると考へます。

◇今や昭和の廢佛毀釋が云々されるとき、佛教界の今後の見透しを與へる材料を、われ〳〵は充分に用意してゐるでせうか、明日にそなへる慮りがなくて、飛躍發展は期待され得ないと信じます。

◇ともあれ、編纂所は今後に活動の領域を持ちます。所長常盤博士以下各編纂員一同の献身的努力は今後とも續けられます。Slow but tightly これが現在の本所の動向です。こゝに一段と御加讀を期する次第です。

明治佛教史編纂所
事務所 京橋區銀座西五ノ五菊地ビル 電話銀座五三八九
編纂所 深川區三好町三ノ一法禪寺内 電話本所四八七〇

お願ひ

別項明治佛教研究會の活動をより積極的に致しますため、本誌も今迄以上に御支持願ひ度く、研究會員以外の方は本誌々友として年額五十錢の御拂込を希望します。これが追々増員の原動力となることです。よろしく。

第四卷第一號

昭和十一年十二月廿五日印刷
昭和十二年一月一日發行
編輯兼發行人 上坂倉次 東京市深川區冬木町一〇
印刷人 吉本菊松 東京市京橋區銀座西五ノ五
發行所 明治佛教史編纂所 電話銀座五三八九番 振替東京七四二一八番
發賣所 山喜房佛書林 東京市本郷區六丁目赤門前
定價 一冊 金五錢 一年分 金五拾錢

明治佛教 昭和九年十月一日第三種郵便物認可 昭和十一年十二月廿五日印刷 第四卷第一號 （毎月一回一日發行） 明治佛教史編纂所

昭和十二年二月廿七日印刷　昭和十二年三月一日發行

明治佛教

第四巻　第二號（毎月一回一日發行）通巻第二十八號　二・三月號

第四巻
第二號

目

慈愍教育の父

久保田量壽

明治の貧民初等教育史上に大きな足跡を残した久保田師こそは、明治時代に於ける僧侶が何を爲すべきかの疑問にさまよへる時、敢然と一の方向を示したものの一人であつた。

師は萬延元年十二月十二日大分縣に生れた明治五年二月より同八年一月に至るまで、大分縣杵築正則學校にて英漢數を修め、翌九年より十七年に至るまで芝増上寺學寮にあつて宗學を研修した、ついで二十一年十一月より滿一年東京府簡易傳習所でその課程を修了した。

東京市下谷區北稻荷町三十二番地に本籍を移し、盛雲寺に住職した、たまく\基督教徒が、活潑なる運動を展開し、佛徒の爲すなき様を嘲笑するが如き時運にあり、教育制度漸く具はらんとする形勢にあつたにも拘はらず、貧困者の子弟の就學し得ぬもの未だ多數なのを慨し、貧兒教育こそ新時代の佛徒の爲すべき業と決意し、こゝに明治十九年十一月十五日自坊の庫裡内十四坪を校舍にあて敢然と貧兒教育に着手した。

簡易傳習所に入つたのは、之を簡易小學校と爲さんためで、二十二年五月私立同善簡易小學校と名づけ認可を得た。二十四年に至り校舍狹隘となつたので六月二階建二十二坪の校舍を新築した。その趣意書の一節をみると同師の生涯をかけた事業開始の熱意をみるに足りるであらう。

今や到る處官公私立學校を設け、六歳以上の兒童は皆悉く就學する規定となりぬ、然るに聞く處によれば、東京にして六歳以上十四歳以下の者凡そ一萬五千人あり、其内正しく就學する者七八千に過ぎず、皆その餘は徒に遊戯を事とし貴重なる光陰を逍過すと。實に歎息に耐へざるなり。首府の東京にして既に如此なれば、地方は推して知るべし。是我國今日の一大問題なり。この就學せざる兒童の事情は種々ありと雖ども、多くは貧困にして登校せしむるの學資に乏しく、又は其父兄にして學術の緊要たるを思はざるに因れり。予固より淺學凡才なりと云ふも、此等不幸の子弟をして就學せしめんと欲する茲に年あり。近來予小寺に住する事を得、且許可を得て始めて私立同善小學校を設立し、爾來幾多の子弟を教育する事を務め、將來好結果を得ん事を企圖す。然れども自坊元より小寺、其教場の如きも、狹隘にして體育上齟齬するのみならず、多數を容るゝ能はず、諸機械未だ具備せざるを以て、往々學程を進歩せしめ難く、且つ懇切に管理し難きは、實に斯道の爲め深く憂ふる處なり。依て左の圖に準じ粗造の校舍を建築せんと欲す。請ふ四方同感の諸君子、我が微意の在る處を賢察せられ、翼賛補助し給はん事を希望す。

久保田量壽謹白

翌二十五年四月私立同善小學校と改稱し、二十七年四月高等科を併せ、同年七月一日以來下谷區代用小學校となつた。また父兄の資力に應じ月謝を徴收した。同二十九年九月二階建二十六坪の校舍增築したが、當時兒童數三百八十一名を數へた。同三十二年六月下谷區山伏町に平屋建二十六坪五合の校舍を新築し分校を設けた。かくてこの分校は三十四年八月に私立山伏町尋常小學校の認可を得、更に四十三年十月、三輪に移轉せられ同善尋常小學校となつた、即ち校地四百二十坪、二階建五十九坪、平屋建三十坪の新校舍とはなつたが、蓋し佛教各宗共立になる田島小學校舍の寄贈を受けて之に增築をなしたるものである

是より先、三十七年一月山伏町小學校をその經營事業とする財團法人同善會を組織した。しかるに校長たる久保田師は二校を經營するの負擔に堪へざるのみならず、事務に專心する能はず之がため進歩を害することを虞れて、四十五年三月二十日本校たる同善尋常高等小學校を廢止し、山伏町小學校を私立同善尋常小學校と改稱して專らこれに力を注ぐに至つた。

兒童は無月謝で學用品を給與するを原則とし且つ入浴理髮を實施せるもの、校長の宗教的信念は物資缺乏等多大の困難に打ち勝つて永年之を繼續した。その成績顯著を認められ三十五年四月下谷區會の決議により一ヶ年百八十圓宛の補助金の交附を受くるに至つたのを始めとし、四十二年二月には奬勵金百圓を下附せられ、爾來繼續下附され、東京市にても四十四年より補助金の下附があつた。其他官廳團體篤志個人等よりの補助寄附は屢々にして、業績漸次上向し、また屢々褒賞を受けた

大正十二年七月末調査によれば、創立以來入學兒童數一萬八千六百六十六名、卒業兒童數二千二百五十四名、現在兒童四百六十六名を有した。其後幾多の變遷を經たが時運は既に同善會の貧兒教育の使命の完了せしことを告ぐるものの如く、屢々その經營困難を打ち越えつゝも遂に昭和九年三月全兒童卒業完了を期として廢校をなすに至つた。これより先、昭和五年四月より託兒部を、同六年四月より三輪商業專修學校を創設し新時代に適應せしむべく轉換に進出するに至つた。

二

校長久保田量壽師は永年救濟事業、並に教育事業に盡力せし功績をもつて內務省、東京府、東京市下谷區教育會等より表彰されたること數次、晩年には觀櫻、觀菊の御會に招待の光榮に浴した。大正十二年十月二日享年六十四歳をもつて逝去す。（同善小學校長久保田量壽略歷同善小學校略誌）昭和十一年十一月の創立紀念日にあたり、同師の功勞を追慕し盛大な紀念式をげたことは前號に記した如くである。

★明治佛教事物始原

◎佛教新聞の起り

明治七年八月二十日に第一號を出した、眞宗の藤井行權等が發起で宗勢宣揚を目的としたもの、一般社會への新聞として認めしむるために殊更「普通新聞」と題し濃厚な佛教臭を排除して編輯された、他日勢力を得たときこれを佛教の利害を代表せしめる機關たらしめる意があつたと思はれる。毎日發行の豫定で、編輯者は蒲生聚亭、發行所は東京新橋通出雲町開明社で、體裁は當時の東京日々と殆んど同樣であつた。

◎宗教書索引の始め

佛教者の手になる著作で内容索引を附したものの始めは何んであらうか。唯一最初のものと斷言は出來ないが、德永滿之のちの清澤氏の「宗教哲學骸骨」はその早いものではなからうか。あいうゑ順の内容索引で僅か四頁に過ぎないが、四六判本文百頁の小著としては親切である明治二十五年八月の刊行である。蓋し洋書索引の影響ありとみられる。

◎淨土宗朝鮮開教

朝鮮開教は比較的早くから日をつけられて居り、既に眞宗大派、日蓮宗は早く同地進出を企てた方である。淨土宗ははるかに遲れた。山口縣の人、松前才助の斡旋努力により同宗僧侶なる三隅田某を招き釜山に教會所設置の認可を領事から得たのは明治三十九年九月十八日のことであつた。

研究例會

三月廿七日　午後一時
深川區三好町三ノ一法禪寺
「明治の僧風革新」について
座談會

新居日薩上人傳　近刊

本年八月二十九日は日薩上人逝いて五十年に當る、日蓮宗には目下薩師の遺稿集編成の企てがあり六月中にはその五十年忌が催されるといふ。わが明治佛教研究會は編纂所員牧野内寛清君の筆になる日薩傳を公刊に附する。既に昨年上梓豫告をなして置いたがいよいよ三月中出版される。

明治初年佛教の頽勢を挽回するに力あつた薩師の全貌は從來鮮明にされてゐなかつたが、これはその最初の詳細な傳記であらう。特に年譜は筆者の最も力を籠めたもの、またそのまゝ明治初年佛教の概貌を示す。

定價壹円程、四六判二百餘頁のものとす。

右書はじめ今後研究會で出すものについては會員諸君には減價乃至無料で頒布の特典を附します、此際會員の入會をお勧めする次第です。續々貴重な資料や、研究業績をまとめて公刊する筈です。

明治佛教研究會

後記

◇現在は獨自獨往の形で邁進してゐます。昨年の今頃は帝都を襲ふた陰惡な雲行きと共に倒れてゐたことを想ひ出して感慨無量です。一年間は力のないことでした。庶政一新とやらの千萬の懸け聲も瑣事を確實に片付けてゆくことに如かないでせう。編纂所の機構を確固たるものにするため、研究會を擁護團體として活動させたいと思ひます。材料も、或る程度まで堆積されました。これからは人手を殖して片はしから物の形をとゝのへてゆくだけです。大方の加被力を祈つて居ります。

◇二十六號で報じた日伊交換教授トウッチ博士は短い我國滯在中、各地に於て佛教を通じて日伊學界に多大の感銘を殘して歸朝されたことは御承知の通りです。二月十日大正大學に於ける講演の後小生はト博士の名著 Cronaca Della. Missione Scientifica Tucci Nell Tibet Occidentale (1933)(西藏科學探險記錄)の日本飜譯權の許可を乞ふて許されました。河口慧海師と東京外語の吉田彌邦教授の御援助を受けることになつてゐます。(上坂)

四

受寄贈雜誌謝告　一、二月號

業火、莊嚴、はつせ、五朋、佛教、法施、傳道、吉祥、道元、壯年團、佛陀、佛徒、如是、人華、明治文化、奉仕、立正大學新聞、眞生、求眞、正法輪、眞實道、比叡山佛教探玄、眞理

明治佛教史編纂所

事務所　京橋區銀座西五ノ五菊地ビル　電話銀座五三八九

編纂支所　深川區三好町三ノ一法禪寺內　電話本所四八七〇

明治の僧俗事歴を御知らせ下さい

左の要目について御報告下されば結構です、一部分だけでも差閊ありません。

一、氏名法諱並に宗號
二、(イ)出生地、(ロ)生年月日、(ハ)死歿年月、(ニ)示寂地、(ホ)享壽
三、出家得度の因緣と年齡並びに宗派
四、得度　五、住持寺院名並に開創再興寺院名
六、閱歷、僧階歷次、重な行業事蹟
七、著作、編述、意見書等
八、授業、附法の弟子
九、逸和、傳譚　十、其他

資料は期限を附して丁重に扱ひ、用濟みの上は速かにお返し致します。佛法宣揚のため切に十方諸賢の御支援を懇願致す次第です。

第四卷第二號

昭和十二年二月廿七日印刷
昭和十二年三月一日發行

編輯兼發行人　上坂倉次　東京市深川區冬木町一〇
印刷人　吉本菊松
發行所　東京市京橋區銀座西五ノ五　明治佛教史編纂所　電話銀座五三八九番　振替東京七四二一八番
發賣所　山喜房佛書林　東京市本郷區六丁目赤門前

定價　一册　金五錢　一年分　金五拾錢

明治佛教　昭和九年十月一日第三種郵便物認可　昭和十二年二月廿　日印刷　第四卷第二號　通卷第二十八號　(毎月一回一日發行)　明治佛教史編纂所

明治佛教史編纂所編

明治年間
佛教關係新聞雜誌目錄

明治佛教史編纂所刊

献

前所長文學博士

故境野黃洋先生

(上圖) 明治佛教史編纂所の書架の一部。左方は未揃物、右棚の下二段は明教新誌である。

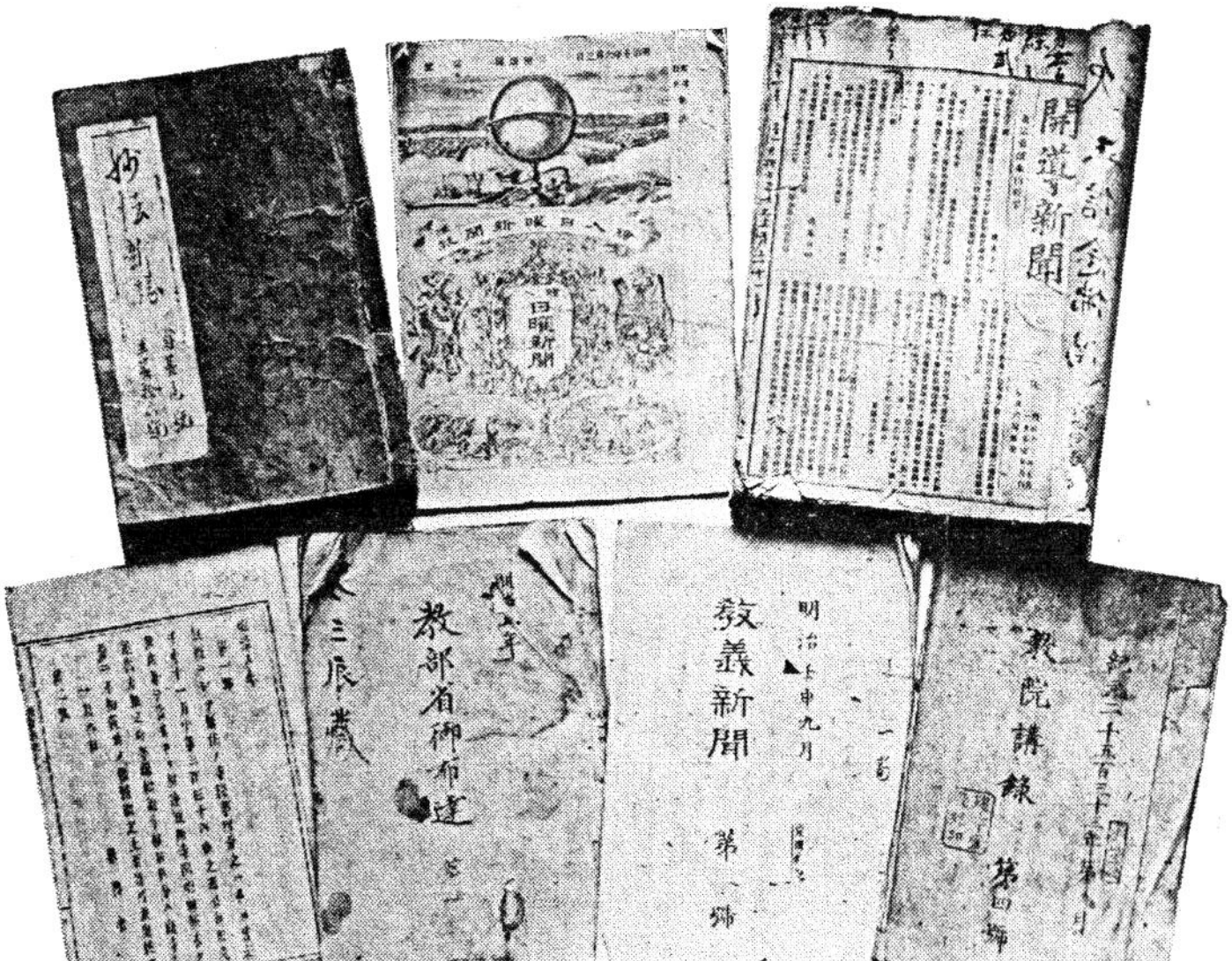

(下圖) 雜誌七册のうち、上右は明治十六年七月一日創刊の開導新聞、中は日本で最初の石版畫を入れた繪入日曜新聞で明治十年六月創刊、下中の教義新聞は明治五年九月創刊、以上は新聞の名を冠した雜誌。下左の二册は教部省御布達で明治五年の一號と六年の二號。妙法新誌は日蓮宗もので明治十三年四月創刊、教院講錄は四號をのせた、何れも當所藏にかゝる。

序

「明治年間、佛教關係新聞雜誌目錄」を刊行するに當つて、甚だ潛越ながら自分から一言申述べたいと思ふ。今日迄、ほゞ二ヶ年朝に夕に私共の念頭を去らなかつた目錄がつひに茲に刊行された事は、私共としては實に感慨の切なるものがある。この仕事は謂はゞ大建築の基礎工事である。それだけ、目には見えないが、編纂所關係者の容易ならざる心血の結晶である。將來大成される「綜合明治佛教史」のために表面には立たないが、その中核の鐵筋的役目をはたすものであらう。こゝに集錄されたるもの七百五十餘、思へばよくも集まつたものである。內外の協力、不屈の努力なくしてなさるべきものではない。素よりこれで完全ではない。然しこれは一つの編纂所としての一里塚である。刊行に際して自分は、外は材料供給の諸士に、内は、献身的努力に終始される所員各位に、満腔の敬意と謝意とを表明するものである。

昭和九年七月

明治佛教史編纂所代表理事

友松圓諦

目次

附錄

佛教關係新聞雜誌目錄編纂に就て

一

近年、明治佛教への關心が頓に高まりつゝある。今日とてその綜合的成果を得る迄に尙ほ若干の年月を要するであらう資料の整理第一期にある。從つて此方面の硏究の手引きとなる文献資料が盛んに獵られてゐる。昭和五年八月に「龍谷大學論叢」が「明治佛教硏究號」を出してから、此要求はより強く動いて來たかと思はれる。昨年春の「宗教硏究」が、「日本文化と佛教」の特輯號中に德重淺吉氏の明治佛教硏究資料論を收めてゐる如きまた此一例である。就中是等の最高潮に立つものとして、昭和七年秋頃から、本年の佛誕二千五百年の記念事業の意をもつて計畫發起された、綜合明治佛教史編纂事業をみることが出來る。又其計畫に刺激され拍車を加へたものとして、昨年七月の「現代佛教」が十周年記念特輯として「明治佛教の硏究・回顧」を出した如き、時代は正に「明治佛教硏究時代」に這入つたかと思はれる。史的硏究の對象として明治時代は餘りに近いとの感じを與へてゐた。資料の豊富饒多を考へて手をつけることを怠つてゐた傾がある。其時代に生きた人々の多かつた時には興味も關心も乏しかつたに違ひない。しかし時の流れは、何時も手近かにそして容易に接し得ると思つたものを遠慮なく、手の屆き難いところ不可能な堺へ押し流し始めてゐた。

先年明治文化の硏究が提唱されて一時盛んになつたのは斯かる機運に促されたからであつた。吉野作造、尾佐竹猛博士等によつて爲された「明治文化全集」二十四卷の刊行は其の成果であつた。しかるに其後一時衰退の兆をみせたが、近年再び一般に時代的關心を得て來た。「明治文化」同人の活潑なる運動と、文學方面に於ける回顧硏究の盛んになつて來たことは著しい。佛教方面に於ても箇別的に爲された有益な硏究業績が世に出でんとの氣配をみせてゐる。一歩出遲れたかの感がある

二

明治佛教研究の着手は實際には篤學者によつて着々行はれてゐた。唯表面化して具體的運動に迄至つてゐなかつただけである。さきに明治佛教史編纂の業が始まるや、全國各地に設けられた「明治佛教談話會」は異常の關心をもつて迎へられその發展途上にあることは、たまたま潜在的關心の喚起されたことを示すものであらう。

單なる好奇、愛著の故でなく、過去の正しき認識のために、未だ惠まれたる時期に於て能ふ限り速かに價値あるものゝ保存と蒐集、整理、解釋につとめたいと思ふ。

三

明治佛教史編纂所に於ては、昭和八年三月一日開所以來、各種の資料蒐集に努めて來た。日本佛教史上、明治期程波瀾の高く變化の多くあつたことは稀であらう。其期の佛教界の表裏變遷の露呈、粉飾、虚實相等を窺ふ資料として新聞雜誌は相當に重きを置かれてよいものである。其等は其の保存の永續性に乏しい故をもつて、編纂所は當初來速かに出來るだけ佛教關係の新聞、雜誌、宗報、會誌等を蒐集せんことに力を入れて來た。

日時を經ると共に其の完璧を期することの如何に困難煩雜なるかを體認せしめられたが、それだけ今日に於て爲さねばならぬ仕事であることを教へられ、努めてゐる次第である。

佛教界の事を明かにするには、佛教界内の資料のみをもつては充分でないことは言ふ迄もない。本目錄は明治年間に發行された新聞雜誌のうち佛教的色彩を有するものをあげるに止めた。蒐集開始後早々の昨年五月に名稱約四百種程を謄寫をもつて五十部配布して、未知、錯誤、脱漏等につき教示を受けんと試みた。此種の仕事の完璧は個々人の力の及ぶ範圍外にあることを思ひ、多人數の協力に俟つて全きものとしたく意圖してゐる。

從つて一年後の本目錄も未だ稿本の程度を出でない。しかも此の間多くの人々の厚志によつて資料としての新聞雜誌、單行本其他の寄贈提供を受け、通告によつて惜しむなく示教を垂れた結果であることは編者不敏よく實果を擧げ得なかつたことを恐れ乍らも、諸賢の直接間接の共同作ともみるべきものとし、一には援助の勞を謝し、他には本目錄が何等かの意味で世に役立ち、又は叱正援助の勞を賜はる機緣ともなればといふのが目錄を刊行する以所である。明治佛敎史編纂所報其他の豫告より約一ヶ月程遲延したが、追加增補で一日一日延ばしたたのでかくては際限がないので五月末をもつて筆を止めた。目錄作成に援助を受けた芳名を後記(明治佛敎史編纂所紀要中)して感謝の意を表したく思ふ。

三

本目錄の作成に役立つた、佛敎關係新聞雜誌の一覽表、年表としては左の如きものがある。

一、明治文化全集第十七卷「新聞篇」
　　第十八卷「雜誌篇」

二、東京帝國大學法學部新聞雜誌文庫所藏目錄「東天紅」瀨木博尙氏編

三、龍谷大學論叢第二九三號中の禿氏祐祥氏編「佛敎雜誌新聞年表」

四、佛典硏究會編「佛敎論文總目錄」中採取新聞雜誌一覽表

五、龍谷大學圖書館編「佛敎學關係雜誌論文分類目錄」中の採錄雜誌一覽表

六、雜誌「日本宗敎」(明治二十八年七月一卷一號)所揭「日本各宗敎新聞雜誌一覽」これには各宗敎にわたり明治廿八年六月現在をもつて百八種を擧げてゐる。

七、前田千賀良氏編、最近全國新聞雜誌目錄(明治四十年一月刊)

八、藤井草宣氏編「日本佛敎關係新聞雜誌總目錄」(現代佛敎昭和三年三月號)、これは昭和三年一月現在をもつて爲された調査で、佛敎一般各宗派別、宗敎一般及び其他關係方面のものを擧げて約三百六十種に達してゐるが其內、明治年間に創刊のもの佛敎の部で二十三種其他の部で十餘種に過ぎない。其當時の現在發行目錄として役に立つ。

九、其他各圖書館の目錄

三

十、大正大學圖書館藏の未整理雜誌、成田圖書館藏未整理のものを書庫につき調査した外に、明治佛教史編纂所々藏のものに據つた。

十一、其他各種の資料は摘宜に利用したが此處には略す。

禿氏氏のものは、(一)の明治文化全集によつたと思はれるものが相當あり、基督教に關するものが混入してゐる。(一)、(二)、何れも明治卅三年頃迄に主力を注いで居り以後のものに乏しい感がある。東大の新聞雜誌文庫所藏のものは手續上未閲であるので「東天紅」と、其後の新入荷を載せてゐる「公私月報」によつて若干補足を試みた。前回の謄寫には物件所在を記して置いたが本目錄には當所に藏するもののみ「編」の略號を付記して置いた。言ふ迄もなく悉く完本である譯ではない、一部以上所藏することを意味するものである。完全な集積は尙ほ諸方の援助に俟つべきものである。

四

次に編輯採錄上の態度について一言する。

(1) 本目錄に言ふ佛教關係とは大體次の分類の第一部に屬するものを指す。

一部　佛教一般、各宗派並びに宗教一般中佛教的色彩濃厚のもの

二部　a. 宗教一般　b. 神祇道　c. 基督教　d. 諸教。

三部　哲學、道德

採錄上の嚴密な判定は一々實物に據らなければ困難である。從つて、中には意外の錯誤を犯してゐるものもあるかと懸念する。「三眼」の如く神儒佛にわたるものなど取入れた。又宗教一般にわたるものや「東洋哲學」など强て取上げたものも若干ある。かすかに佛教的香氣を持つ道德主義のものも若干採つた。從つて範圍は廣きにわたつてゐる。發行者編輯者が僧侶で其の主張を幾分でも含むと考へたものは等しく漏さぬ樣つとめた。佛教學、宗學、宗報、通佛教、信仰、說教布教、講義錄、會報、報告、佛教主義國體運動等迄廣汎にわたり、難易貴賤玉石混淆である。地方の小誌は數多漏れたものもあらうかと思ふ。

(2) 新聞、雜誌の概念は明治年間にあつては、今日程しかく明瞭且つ一定してゐなかつた。新聞紙條例、出版法の屢々發布改變された過度期であつたから嚴密な規準によつて分類するとなると面倒なものが出て來る。名稱は新聞と稱して雜誌體のものが多かつたから名稱によつて手取早く分類は出來ない。紙片體裁、冊子體の區別も完全ではない。刊行回數も絕對的な據り處ではない。法規的區分法と慣習的區分法によつて大體見當をつけるより外仕方がないであらう。

今當編纂所に於て所藏する新聞雜誌は種類約二百七十、冊數にして二萬六千餘に達する。しかも其等も初號よりの揃物のみではなく、一冊のみを藏するに止まるものも少くないので、全部について完全に創刊以來の各々の經歷變化等を辿ることが難しい。一冊でも實物に接した場合はまだよろしいが、未檢物については、廣告、記事等によつて知り得た事項が往々事實でないことなどの危險があるので、本目錄ではつとめて、曖昧な部分は其儘記載を欠いておいたが、尙ほ、若干の錯誤は免れないと思ふ。前記の諸資料によること大であるが、當所藏の新聞雜誌については一通り目を通し、能ふ限り實物檢覽の法によつた。創刊年月日に異種あるものは實物について調べ、見るを得ないものは年次にとゞめ、疑はしいのは殆んど避けた。

こゝに集め得たもの約七百六拾餘で、改題誌をも一種とみての計算である。本編纂所には未だ其の三割五分强を有するに過ぎない。尙ほ連日若干宛の搬入があるので以上の缺けた諸點も追々補正せられると思ふ。本目錄に採取した分によつて判明せる創刊改題の年次別、發行地別の分類を試みて用意したが、精細な發表は他日に委することゝし、玆に簡單に記さう。

發行地については東京が斷然首位にあり、京都之に次ぎ、大阪はずつと落ち、愛知、山梨、北海道、神奈川の順である。

(六百七十九について)

發行、改題年次別で、數の上では明治二拾二年とその翌年が相伯仲して首位を占め、三十四年、四十二年が之に次ぐ。二、三、四年はなく元年と十七年には唯だ一つしかないのを最少とする。(約六百について)增減の傾向考査等に若干の私見もあ

五

るが今は差控へる。

(3) 本目錄に收載しなかつたものに外國語による佛教關係のものがある。米國を發行地とする邦文のものは一一擧げたが尙ほ若干あるものと思はれる。從つて本目錄は正確には、稿本にして「邦語之部」と稱さるべきである。

目錄記載事項につき簡單に述べる。

一、配列の順——は五十音順により一切表音式とした。表音假名遣は文部省臨時國語調査會原案のものによつた。故に大體耳で聞く發音通りに並べた。濁音は淸音の次に置き、讀み方の二通りあるものは其の何れかによつて双方に擧げてない。正確な呼稱のわからないものは、普通讀みによつた。

一、發行所——は發行團體、其の發行機關主體を示すことにした。

一、發行者編輯者——新聞雜誌の編輯責任者を擧げることにつとめ、時には持主、實際の編輯主任を記した、名の下に(編)(へ)とあるのは編輯人を示し、(持)は持主を(主)は主筆又は主幹を示す。無記號のものも殆んど編輯發行人である。成可初號時の名を記すにつとめたが、不明のものは名の下に其號時の編輯人其他を記した。備考欄中に號數を示したものは槪して其時の編輯人を意味する。

一、發行地——は明かなものは府縣別を明かにし、東京は東京を略し區を先にし、成るべく詳細に書くことゝした。國名をもつて記されたものも府縣に書き換へたが市町は當時のまゝを用ひた。

一、刊行回數——(月)とは月一回の發行で、(不)は不定期、回數の下にある號數は其の號以降なることを示す。(週)は週一回を示し曜日にかゝはらない。(日)は日刊である等。

一、創刊、改題年時——これは多くの知り度い點であるが、創刊より改題を經、時には更に改題し、乃至は合併して、遂に廢刊に至る此の諸時點を確かめるのは實際實物についてゞないと安心されない。(創)とは創刊の略、明治年間の出版に限つたので、明治と記さないが、例へば三五・一・一とは三十五年一月一日發行で四二・とは四十二年中を示す。内務省許可月を示したものは備考欄で扱ひ(内)さしておいた。(三)は郵便物三種扱許可の略號である。年時の下の號(廿)數は改題廢止時の號數を示す。年號の上に(大)字のあるのは大正の略字である。廢止調査が行き届いてゐないのが殘念であるが、改題、改號、合併については稍詳細にわたつて示した積りである。紙面が乏しいので備考欄でも充分の補充が出來なかつた。

一、備考——此欄では改題になつた名稱と、其の所屬宗派、目的について利用した。最下の(編)は、明治佛敎史編纂所藏を示す略字である。

本目錄作成にあたり、直接中井玄道氏、櫻部文鏡氏、禿氏祐祥氏、河野豊民氏等より多くの御敎示を受けた。其他種々の意味と機會に於て御援助を與へられた方々に御禮申しあげたい。

〔尙ほ追加補正についでは大方の御支援を得たく、雜誌「明治佛敎」誌上に於て報告いたすことになつてゐる。

昭和九年七月五日

明治佛敎史編纂所内

上坂倉次識

七

五十音索引

明治年間佛教關係新聞雜誌目錄

ア

名稱	發行所	發行者編輯者	發行地	刊行回數	創刊年時改題	備考
愛國	愛國社	盛田若英(編)＃15	岐阜市御園町一三〇番地	月		＃31(二八・八)眞宗
愛國新報						
愛信	其社	水野雷憧	愛知縣名古屋市白川町二	月	創三五・一・一	編
秋の水「道の礎」改題					改二六・一(＃21ヨリ)	
旭			富山縣寒江村	月		
亞細亞教報「興隆」改題	其社	大三輪信哉	京都市松原通大宮西入西寺町	月二	創三五・八	
亞細亞之寶珠	歐米佛教通信會「＃1」海外宣教會	松山窣太郎	京都市油小路通下ル本願寺普通學校內	不	創二一・七・二〇	＃2二二・一(英文)＃2(・十一・二五)

イ、井

名稱	發行所	發行者編輯者	發行地	刊行回數	創刊年時改題	備考
慰安の友	平和協會	松田密信	淺草區永住町一七	月	創四二・	(三)四二・六・一 編
以音會雜誌	其會	荒川法如	三重縣伊勢津萬町	月	創二二・一	(＃1—＃13) 編
一一時報	福田社	古川専太郎(主)	京都府綴喜郡草內村字東平番戸		創四三・五・一 改四三・三・三(＃8)	「明德」 編

(ア、イ、井)　一

（イ、ウ、エ、ヱ、オ、ヲ）　二

誌名	發行所	編輯者	所在地	刊期	創刊	備考	
爲法新誌	爲法館		京都市五條通高倉西南角	月		卄5(二九・七)	

ウ

有聲	修養園		大阪府南河内郡磯長村字太子二一四四	月	創三九・七 合大二・七	「密宗學報」ト合ス	
宇宙の光			清國杭州淋垣日文學堂言志會編譯局	月	創三六・		
臺之友	大雲教會	田原津海	京都市寺町四條下ル大雲院内	月	創二四・二	十四號十五號カ以後「臺之友雑誌」ト改ム	編

エ、ヱ

越中教報				月	創三二・		
緣山	大本山增上寺文書科	吉岡信道	芝區芝公園二號地一	月	創三八・七		編
遠沾眞教	遠沾眞報社		京都市上京區釜屋通御池上ル	月		卄78(三二・九)	
圓明		那須僧園	栃木縣那須雲照寺	月	創三四・		
圓融雜誌	長泉寺	清涼得善	大阪府甲斐田村	三月毎	創一〇・一〇		

オ、ヲ

大阪佛教	共社	松岡良友(編)	大阪府下東成郡喜連村大源雑誌社内	月	創四一・七		編
大崎學報	日蓮宗大學林同窓會	清水龍山(編)	東京府荏原郡大崎村一二三	年二(卄1-)年三(卄3-)	創三七・十二・卅一		編
教草 「少年」改題	令知會	野生司敬眞	京橋區築地三ノ六四	月		三九年ニアリ	

教の技折		藤枝玄道			創九・四	
をしへの露	浪花護法會施善部		大阪市東區平野町三丁目 綜藝種智院内	月	創二五・一	
教の摘草		伊藤專三			創九・十	
教の友	教友會	中島照十	長野縣上高井郡須坂町四五四	月	創二二・ 改三三・六(Vol 2—1)	「第二教の友」トナル
教の友	教の友發行所	兒玉祖虔(編)	靜岡市安西一丁目七十一	月	創三七・一	(三)三六・十二・二八
教の友		菅龍貫	京都市油小路七條上		創三八・一	
黄檗宗教報	共社	進藤端堂	京都府宇治村 黄檗山塔頭天眞院内	月	創二六・七・三	(黄檗宗報)
歐米之佛教	朝陽館	佐野正道	京都市下京區富小路松原北二〇 同　同　鷲尾町廿六	月	創二二・十・十五	#4(二四・六)
近江協會雜誌			京都	月	創二三・三	
公の道	護法協會本部		大阪		創二二・	
溫知會雜誌			新潟縣礪波郡今石動元門前五〇八			#22(三・六・二八)

カ

海外佛教事情	海外宣教會中央部	神代洞通	京都市西八百町 同油小路御前通下ル(#9三三・四・十五)	三月	創二一・十二・二 廢二六・十二	#3(二二・十一・十五)編
開知新聞	弘通社	菊地			創九・十・	#465(十四・四)
開導	仙臺婦人教會		宮城縣仙臺市東二番町 大谷派說教場			
開導新聞 「法の燈」改題	共社	江村秀山(編)	東京銀座二ノ九 同　京橋弓町八(十四・一ヨリ後)	月六 十四・一・九(#73)ヨリ月六 十四・六・(#83)ヨリ月十五	改十四・七・一 廢十六・五	廢止理由、經營困難　編
快鞭 「利と道」改題	共發行所		愛知縣岡崎市字龜井共運寺内	月		#4(二五・一)

(ヲ、オ、カ)　三

會報	郷友會（播摩）		東京		創二七・六	
會報	顯正護國會		北海道札幌			＃1（二八・一？）
會報	米國桑港佛教青年會	竹内密應	米國サンフランシスコ・ポーク街八〇七	月	創三三・一 改三三・十二（Vol1-12）	＃2（三三・二・十五）編「米國佛教」
開明新報「奇日新報」改題	新報社		京都市油小路御前通下ル玉本町 海外宣教會	日	改二二・十一・一	（西本願寺派）
廻瀾滴珠	新義派大學林 眞理學會	齊藤隆現	小石川區大塚坂下町十八	月	創二二・四・十二 廢二三・三	編
可賀美	鏡發行所	土岐勉三（へ）（八）	栃木縣宇都宮塙田町一四〇	月		＃4（二四・五・八）編
かゞやき	一眞會		下谷區上野櫻木町二〇			
各宗教要報	三業說法館		栃木縣那須郡親園村藥王寺		創二七・	
革新	豊山派革新會	佐々木教純	小石川大塚坂下町十七	月	創四〇・七	編
革新會々報（加持世界）附錄	豊山派革新會		小石川區大塚坂下町	月	創三九・四	＃12（四〇・三）加持世界七卷三號附錄編
覺眠新報	共社	中村寶水			合四四・八	「妙智力」ニ合ス
革命佛教	共會		奈良縣奈良町大字三條十八	月	創二七・？	
隔夕報知		目賀田榮	神戸市			（新義派機關）
加持世界	共社	平野市十郎（へ）	小石川大塚坂下町十八	月	創三三・十・ 改大七・三・	「新興」トナル 編
華頂「華頂月報」續キ	華頂文社	白旗辨智（へ）	京都市下京區新橋通大和大路三丁目 林下町七三番戸第十七	月	改三五・六・七（＃3）ヨリ	（淨土宗知恩院事務） 編
華頂月報	華頂圖書部	白旗辨智（へ）	部京都市下京區林下町七三番地 知恩院内		創二五・三・廿五 改二五・五・七（＃2）	（淨土宗知恩院事務所）「華頂」編
華頂新誌					創十五・四	
活元	共社		京都市五條		創四五・	

活宗活活	其社（正信團）	神代智明	下谷區谷中芝區二本榎一ノ十八承教寺内	月	創三七・三	（日蓮宗）	
活世界	長濱佛教青年會	（法藏館發行）	滋賀縣長濱町字神戸町四六	月	創三四・五	Vol3—2（三六・六）	編
活天地	其雜誌社	德山得中（へ）	靜岡縣濱松町田十六玄忠寺	月		#3（二五・二）	編
活波瀾	其社	水野靈中（へ）	芝區白金臺町二ノ六九	月	創二四・三・卅一		編
活眼		目賀田榮太郎	兵庫縣神戸市			#22（二七・九）	
活論		平井龍華	京都市上京區烏丸通御池下ル	月	創二三・四	（妙心寺派機關）#2（二三・五・十九）	
家庭	大日本佛教婦人會		京都府紀伊郡東五條村東九條村烏村	月	創三四・一		
家庭	其發行所	（眞宗大谷派）	東京巣鴨二二五五	月	創三四・改二六・十二	（眞宗大谷派）「佛教婦人」	
家庭講話	尙羊社	無我山房	東京巣鴨二ノ三五	月	創四一・一		編
家庭布教	出雲寺松柏堂	稻村修道（Vol10）	京都市下京區三條通高倉東入	月	創三一・	（三）卅一・十・十一	
鎌倉佛教	佛教社		神奈川縣		創三六・十一		
換展誌			京都		創二〇・六		
關東佛教新聞					創	#10（四四・三）	
煥文新誌	煥文堂	松本孝輔	京都市河原町三條上ル二丁目	週	創八・十 廢九・十二		編
貫練（「貫練叢誌」改）	尋源會雜誌部	舟橋水哉	京都市下京高倉五條下ル大谷大學内	月	改	（三）四五・五	編
貫練會報			京都市下京區不明門通中珠數屋町下ル五番戸		創三一・四	（三）三六・六・二二	
貫練叢誌			京都葛野郡大内村中堂寺	月	創三七・一 改	（眞宗）	
關西佛教新報	神戸佛教敬愛社		兵庫縣神戸市山手通七ノ四二	月			

五

六

キ

奇日新報 「教海新潮」改	新報社	千河岸貫一（持） 山本貫通（へ）	本所區外手町三八	隔日	改十六・二・三 改二二・十末	#196（十七・四・一） 三・十一ヨリ「開明新報」	編
吉祥	佛教社	來馬琢道	淺草區新谷町一〇	月	創四〇・四	（繼續）	
救濟	大谷派慈善協會	桑門典	淺草區松清町四〇	月	創四四・	Vol2—1（四五・一）	編
九州教報	共社		熊本市坪井町二	月二	創四二・一		
求道 「政教時報」改	共發行所	百目木智璉	本鄉區森川町一中通四二〇	月	改三七・二・一 #1		編
教育と宗教					創二七・四		
教院講錄	建本堂（本局）		日本橋區蠣殼町二ノ十一	月二	創六・八 廢九・五		編
教王	共雜誌社	吉田宥英	京都市下京區八條町八五番戸	月	創三二・一	（通佛教） #24（三三・十二）	編
教海	共社		大阪府住吉郡平野鄕	月		#20（二八・九・五）	
教海	日新社	高田道見	下谷區上野廣小路二十五	月	創二三・四・十二 休#13（二四・六）	#6（二三・九・十）	編
教海一瀾	教海雜誌社		京都市下京區中筋通七條北入 文覺川四一	週	創三〇・七		編
教會雜誌			布哇				
教海指針	共社	丹羽辨哲（へ）	芝區伊皿子町五十一	月（三號迄） 月四	創二五・六・二八		編
教界時言	共社	月見覺了 清澤滿之	京都府愛宕郡北白河村二三二	月	創二九・十一 廢三一・四	（大谷派革新機關） #2（二九・十一・二五）	
教界時事	大樹園	清川圓誠	麴町上二番町八（發行所） 本鄉區眞砂町三五	月三	創三六・十一 改三九・八（#39）	（眞宗本派革新） 「警世新報」ト改ム	
教海時論							

教海新潮「龍谷新報」改	新報社	荻原國三（ヘ）	京橋區三十間堀町二ノ一	隔日（#73）	改十三・九 廢十六・四（#431）		編
官准教會新聞	大教院新聞課	明教社	京橋區銀座二ノ三	隔日	創七・二・一 改八・八・五（#147）	「明教新誌ト」改ム	編
教海新報	共社		大阪市南區上本町二丁目 關西佛徒同盟會內	月三	創三二・三・十		
教界萬報	共發行所	尙細社	京都市下京區寺町五條上ル	月二 月	創二四・十一	#3（二六・三・二五）	
教海美譚	磐垣書院		東京府品川町一〇五		創二五・		
協會報知	佛教青年協會		本鄕區			#4（二四・四）	
驚覺雜誌	眞言宗驚覺會		德島市大字寺町四七	月	創二二・ 合二四・四 #16	#10（二三・七・二六）「傳燈」	
教學誌	日本佛教學會	千原伊之吉	京都市上京區第廿一組善安町第一番戶	月二 月（#11）ヨリ	創二一・十二		
教學新報	共社		上野國南勢多郡大胡村大字堀越日本藏經協會內	月	創二五・	#1（二五・十?）	
教學報知	共新聞社	三原曉照（編） 眞溪涙骨（持）	京都葛野郡大內村八條二六	月三 隔日（三二年春ヨリ）	創三〇・十・一 改三四・	「中外日報」	編
教革世渡の杖	交誼社				創一〇・七		
教學論集	無外書房	水溪智應 のち「佐竹」と改	芝區芝公園地六十一號	二月（三編迄） 月（三編後）	創十六・十・二〇 廢二五・三		編
教化雜錄	教郡社		東京		創十一・八 廢十三・八（#28）		
教義新聞	正心社		東京飯田町南横町	月六	創五・九		編
共濟會雜誌	共會		東京	月	創二二・一		
共潤會雜誌	共會事務所		石川縣金澤市博勞町三	月二		#10（二一・四・十）	
矯正之策	峽中博愛社		山梨縣東八代郡下曾根村第一〇六番地	月		#14（二七・七）「博愛雜誌」 二八・（發行差止）	
共存雜誌	共存同衆	中村武雄 大內青巒	東京		創八・一 廢十三・五（#67）		

七

教團時報	ホノルヽ本派本願寺	今村惠猛	布哇ホノルル	隔月	創三八・	（布教機關）
教團時報	共社		大阪市南區唐物町一		創四五・三	廿2（四五・四・一）（眞言革新）
教道會報					創三〇・	廿1（三〇・九？）
教道會報	眞言宗教道會		備後		創三九・一	
教導新叢書	本願寺聞信社		浅草區浅草本願寺内		創五・六・	廿10（六・四）
京都新聞			京都		創二五・四	
京都新報	共社		京都下京區玉本町五	隔日		廿2516（二八・十一）
京都と佛教	共社	中山源吾	京都市五條通堀川西		創四二・末	
京都毎日新報			京都市西六條御前通下ル	日		（佛教主義）
矯風雜誌	日本矯風會		大分縣大分町			廿5（二八・十一）
教部省日誌（寫）附大教院日誌					創五・四	
教報「興隆」改						
教報	大日本臺灣佛教會		臺灣北縣艋舺街		創二九・十二	（次ト同ジカ）
教報	臺灣佛教會	佐々木珍龍（持）	臺灣		創三〇・一	（臺灣布教）
教門雜誌	眞成社	大内青巒	東京	月	創八・六 廢八・十一（廿七）	編
教友雜誌	共和會本部		大阪市天滿市場	月三	創二〇・九・十五	
教友雜誌	教友社	武田宣明	山梨縣甲府市稲内村	月二		（日蓮宗）廿121（二三・十一・十）
教友雜誌	共社		大阪市北區相生町九六			廿6（二一・一二）

教友會雜誌	曹洞宗第二中學林				創三六・	
教要新誌	教養社				創十一・七?	
教林						#38（二九・九）
教林雜誌	敬敬會	小野正巳	大阪本町		創七・一 廢七・二（四輯）	
教林新報	日報會社		東京		創五・十	
教鈴	鼠鳴佛教會		東京府巣鴨町巣鴨二ノ二三	月	創三四・	Vol 2—2（三五・二）
教論	共社		麻布區飯倉町四丁目	月	創三一・七?	#2（三一・十）
行學	共社	田中慈貞	芝區新堀町二二	月	創四五・二・十六	（日蓮主義）

ク、グ

功德の母	共發行所		滋賀縣日野町日田本誓寺			Vol 2—1（三〇・十一）
國の教	共社		東京	月	創二八・二	#5（二八・六）（敬神愛國）
國の光	教學社	宮川善立	山梨縣甲府金手町三六	月	創二二・四・十五	#1（二二・八）編
救世尊						#28（二三・四・二）
救世之光	救世會本院	大道長安	新潟縣古志郡長岡本町 麴町區三番町三八	月	創二二・二・廿五	#4（二三・二） #25（二八・）
軍人法話集	國母社		京橋區加賀町	月		

ケ、ゲ、

京華	共發行所		京都市麩屋町姉小路上ル	月	創二八・十二	#122（三六・六）	
警世「警世新報」改	大樹園發行	入澤貫介（へ）	本郷區眞砂町三五	月	改四一・九（#157） 改大六・十三（十五卷十三號）		編
警世新誌心のしるべ	魁春社		大阪		創九・九	#14（九・十二）	
警世新報「教界時事」改	大樹園發行	入澤貫介	本郷區眞砂町三五	月三（#100—） 月二（#103） （三九・十・一）	改三九・九（#100） 改四一・八（#174）	「警世」	
經世博議	博議社	中西牛朗	京都上京區堺町通夷川北 #1 同 下京區六角通	月	創二三・十一・二〇	（一般佛教主義）	
顯正護國雜誌	共會		北海道札幌		創二八・十二		
顯道雜誌	顯道會假事務所		山形縣飽海郡酒田寺町一一四	年二 非	創十六	#1（十六・）#2（十七・） #8（十八・八）	
顯本	共雜誌社	關田養叔 飛田圓哲	淺草區南松山町二九	月	創三五・八 合三六・三	「統一」トナル	
顯揚誌	共社		茨城縣眞壁郡紫尾村		創二七・	#4（二七・七）	
玄聲							

コ、ゴ

光華叢誌		山崎睦三郎	長野縣小縣郡上田町二一五八			#71（二三・）	
國教	國教雜誌社		熊本市安已橋通町七十五	月 月二（#8ヨリ）	創二三・九	#8（二五・三・二五） （通佛教）	
弘教新聞	共局		東京	隔日	創十二・八	#185（十三・六）	
國柱新聞「妙宗・日蓮主義」合	師子王文庫	田中智學	靜岡縣三保師々王文庫（#1） 相模鎌倉要山	月三	改四五・三・九	（日蓮主義）	編

こゝろ	東北協會		麻布區北下窪町曹洞宗大學内	月		(曹洞宗)
心	不偏社		兵庫縣揖東郡伊勢村上伊勢五六	月	創二三・九	
心の鏡	聯合婦人會	中山理賢	淺草區北清島町一〇一	月	創二三・八	
心鏡	共社	後藤信敬	大阪市北區壺屋町一ノ三〇	月二	創十五・	(豊山派布教)
心の富	共發行所	小保政一(ヘ)	本所横川町五一	月	創二〇・?	卄89(四四・十一)編
居士林叢談	居士林	湯島則知	東京銀座二ノ三日報社印刷	隨	創九・十一・十 廢十・十一(卄4)	
向上	共會		本郷區駒込淺嘉町	月	創三八・	(三)三九・二 卄7(三九・二)
向上會佛教講演集	向上會事務所	大島誠一(ヘ)	小石川區丸山町十一(卄6)	隔月	創三八・一	卄4(三八・八・五) 卄6(三八・十二) 編
光闡會誌	光闡會		京都市下京區富屋町七 京都眞宗大學寮内	年四	創二五・二	
興徳	大日本佛教興徳會	兒内賢象	京都市下京區不明門通萬年寺下ル	月	創三一・六	(大谷派)三六—三九號「興徳會報」ト云フ
興徳の基	大和佛教青年會		奈良縣	隔月	創二三・	卄4(二三・八)
光明界		青地周郁	京都市上京區御池堺町東入			(三九年ニアリ)
高野教報「高野の光」改	共社	港寛猛	和歌山縣伊都郡高野村高野山二五五	月 月三(卄43)	改三〇・十 改三四・十二	(古義眞言宗)「遍照」ト改 編
高野の光「同學」改	同學社	重松勝(ヘ)	和歌山縣高野村大字高野山六〇五	月	改二八・九 改三〇・九	「高野教報」ト改 編
興隆	興隆佛教會本部		京都市四條新京極中ノ町 金蓮寺内	月二	創二七 改三五・七	「亞細亞教報」ト改ム 編
興隆雜誌	興隆教社		京都市下京區二十三組花屋町角	月三	創十二・四 廢十三・十二(卄64)	(眞言機關誌)
金剛	披雲會		新潟縣頸城郡大崎村字小出雲	月	創二二・六	卄11(二三・五)
崑山片玉	明教社	大内青巒	京橋區三十間堀一ノ二	月二	創十一・十一・二六	初「明教新誌附錄」トシテ刊後獨立 編

護教	其社	平岩愷保	麻布區鳥居坂			#543（三五・三） #167（三三・七）	
護國	護國佛教會		横濱	月	創三二・十一	#17（三四・四）	
護國 「團報」改題	大同書院		京都市大宮通七條上ル御器屋町	月	改二五・五・十五（#46）續	#52（四巻十號二五・十）	
護國新報	其社		芝區三田小山町		創三一・六	（佛教と國家のため）	
護國の法雨	其社本部	松浦雷響（へ）	京都京下京區醒ヶ井通花屋町北元日町十八	月		（二二年頃）	
五瀬教報	擇善會本部		三重縣伊勢一身田		創二三・十一		
護法	曹洞扶宗會		東京府澁谷元下澁谷	月	改三五・一・一（Vol 15—1）	（三）三五・一（曹洞宗布教）	編
護法會雜誌	其局		福井縣福井市館町十四	月	創二三・	#2（二三・六）	
護法新聞			大分縣中津	隔日	創二七・九		
五明雜誌	其社	佐伯法雲	神田區末廣町十三	隨	創二二・七・二〇（#1）		編

サ

サダラマ教報	善日社	釋鳳運	赤坂區一木町二	月 不（實際）		#13（二二・八・二〇）	編
薩南佛教	鹿兒島佛教青年會	土生重榮	鹿兒島市大谷派本願寺別院内	年二 非	創四〇・十二・廿五	#2（四一・七）	
覺 「溯源教會雜誌」改題			芝區白金台町一ノ四一		改二二・二		
覺の道	布教學館假事務所	田中弘元	芝區愛宕町一ノ二	月	創二九・五		
三眼	其社	見間俊太（へ）	下谷區茅町二ノ二二	月	創三二・六	（神儒佛合同）	編
桑港佛教青年會々報	其會	竹内密應（へ）	米國桑港ポーク街八〇七	月	創三三・二 改三五・十二	「米國佛教」	編

三寶	森江書店 加藤咄堂	麻布區飯倉五ノ四六	月	創三三・四・三		編
三寶一鳥	明教書津	東京	月	創十・三 改	「說教要誌」ト改ム	編
三寶叢誌 「令知會雜誌」改題	令知會 山本貫通	京橋區築地三ノ六四		改二五・四		
三密	高野三密會 阿部金鼎	和歌山縣伊都郡高野山		創四三・		編
西濃佛教週報	其社	岐阜縣安八郡大垣町岐阜一〇五	週		三九年ニアリ	
三昧	其社	東京府千住町二ノ四二			(曹洞改革主義) キ24(四三・一一?)	

シ、ジ

紫雲	黑谷本山布教部	京都市黑谷	年二			
四恩	四恩社	山形縣山形市七日町四九六				
獅子王	立正閣 田中智學	日本橋區蠣殼町二ノ十四	月三	創二四・四・二〇	(日蓮宗)	
獅子吼	其會本部	群馬縣前橋町大字横山町六五	月	創二二・八・		編
信濃佛教新聞	其社	長野縣長野市西町三五	月三		四五・	
四明餘霞	延暦寺文書課	滋賀縣坂本村比叡山延暦寺	月	創三一・一・廿四	(天臺宗)	編
釋迦宗	弘法窟	四谷區坂町一二二	月	創二八・十二・八		
社會評論	其社 加藤咄堂其他	淺草區松葉町三九	月二	三一・八・十八	(大乘佛教見地ヨリスル社會評論)	
釋門哲學叢誌	鴻盟社 大內青巒	京橋區南鍋町一ノ六	月	創十八・一		編
照暗燈	龍華會	小石川區表町七二		創二二・	キ2(二二・六・二二)	

酬恩	光の庭社					二ノ六（三五・）	
宗教界「宗粹雜誌」改	宗教界社	岡本貫玉	本町元町二五	月	改三八・九 改大九・三	「無礙光」キI	編
宗教						キ19（二六・五）	
宗教公論	其社		京都市上京區智惠光院通笹屋町	月三	創二五・四・十五		
宗教新報			新潟縣北越三條部內	週		キI（三三・八？）（大谷派本願寺）	
宗教世界	觀光社		東京府品川町北品川宿二三八	月三 月六（キ3ヨリ）	創三〇・九・一		
宗義講究會誌	其會	本多日生（へ）	淺草區新谷町十四慶印寺內	月二 月（キ9ヨリ）	創二三・二・七	（顯本法華宗）	編
宗粹	其社	松月東光（發） 土川善徵（へ）	京都市下京區錦小路大宮西入專德寺	月	創三〇・二・廿七 改三三・六・二〇（四ノ卷）	（淨土宗）「宗粹雜誌」	編
宗粹雜誌	宗教大學宗粹社		京都市下京區寺町通松原上ル	月	改三三・七・二〇 改三八・八	「宗教界」トナル	編
宗粹法話	宗粹社	六花興道（へ）	京都市下京區錦小路大宮西入專德寺	月	創三一・一・廿五		編
衆善	其會	樋口琢道	京都市上京區今出川相國寺山內慈雲庵	月	創五・	（臨濟派）	
拾芳雜誌	其編輯院		大阪府日根郡樽井村二〇三		創三・七・十五（豫告）		
宗報	眞宗大谷派寺務所文書科				創十八・		
宗報	曹洞宗務局文書課		芝區芝公園第七號地二番	月二		キ183（三七・八）	編
宗報	本派本願寺事務所		京都市下京區烏丸七條上ル常盤町	月二			
修養	少林會	山田孝道（キI） 忽滑谷快天（主筆）	麻布區今井町十九	月	四〇・	（曹洞）キI（四〇・四？）	
諸宗說教案內誌	明教社	宏佛海	京橋區三十間堀一ノ二	月（キ1—キ22） 月二（キ23—）	創十三・二	キ153（二〇・六・十）	編
佛教雜誌少女新聞	少女教會本部	花園兼秀	淺草區松淸町二七	月		二ノ六號（三八・六）	

少年	少年教會	山本貫通	京橋區築地三ノ十六西本願寺内	月	創二二・一・一		
少年教本	少年教團		小石川區音羽一ノ六　如意輪堂		創四三・三		編
佛教雜誌少年教會	少年教會		淺草區松淸町二七	月		三ノ四號(三九・四・十)	
少年佛教	佛教講學館		京都市上京區堺町通二條上ル		創二六・四・廿七		
正法 「信正誌」改題	信正會		本郷區菊坂町	月	改二五・八(廿28)	(日蓮本成寺派)	編
正法輪	共會		京都府葛野郡花園村花園七一 龍泉庵内	月二	創二四・七・十五	(妙心寺派)	編
勝友會誌	無外書房		芝區芝公園廿六號地				
勝友雜誌 「勝友」改題	共社		東京府巣鴨村一八八五	月	創三二・十一		編
勝友叢誌		磯村政富	四谷區愛住町二二				
松籟			京都		創三一・四・	(三三・三)イ	
正論	曹洞宗同窓會		麻布區飯倉町四丁目	月		廿25(三九・　)	
眞海の婦人	共雜誌社		熊本縣熊本市中職人町二一	月		廿3(二七・六)	
心海餘滴	共社		淺草區松葉町一二九		創二八・十・廿五		
信貴の光	信貴社		大阪市北區堂島町北入	月			
眞誌	實悟教會	奥野正太郎	京都市間之町魚棚上ル塗師屋町十二	月	創二五・	廿2(三・五六)(眞宗)	
眞教新誌			東京			(内)十四・六	
信敬	信敬園		千葉縣千葉町本町一			廿22(四二・　)	
信敬雜誌	信敬社	西濱正監	東京	隨	創八・十一		編

信敬雜誌	弘通社	高松保郎(社)	京橋區尾張町二ノ廿二	月三	創十四・一・十五 廢十四・七・	♯4（十四・三・二五） （眞宗系）	
心光	眞宗東京中學制心會				創三七・	♯1（三七・七?） （眞宗）	
振興						♯13（三四・七?）	
信仰界 「布教叢誌」改題	布教叢誌社		京都市油小路御前通り上ル		改三九・七 合四〇・	イ創三七・ （三）二五・四 「日本一」ト合	編
信仰界	增上寺傳道會	大島眞厚	芝區芝公園十四號	月	創三五・一・十五	（淨土宗）	
信仰の友	共發行所		京橋區南飯田町		創二六・		
信仰の友	共社	太田源勝	京郡府乙訓村粟生	月	創四二・二	♯213（大三・十二）	編
信仰之友	相愛社		東京府澁谷町下澁谷二三四	月			
眞言	六大新報社		京都市下京區三哲通大宮東入	月	改四五・一・廿九		編
眞宗	以信會		小石川區戸崎町十五	月	創二二、六・五		編
眞宗	猶興會		京橋區築地三ノ九二	月	創四四・	♯3（四四・十一?）	
眞宗							
眞宗雜俎		前田慧雲	麹町區元園町二ノ七	月	創二三・	♯1（二三・三?）	
眞宗眞報	共社				創三〇・	♯1（三〇・九?）	
眞宗說教彙集		楠潜龍			創九・十	♯24（十・十一）	
眞宗說教新誌			大阪		創十三・二		
眞宗說教叢誌		渥美契緣	京都		創十三・六	♯26（十五・三?）	
眞宗說教叢誌	東本願寺教育課		京都	月	創十二・十二	♯10（十三・九）	

眞宗説教叢錄	靜霞堂				創九・十二	廿8（十・二）	
新曙光「北友雜誌」改題	北友雜誌社	松森靈運	東京府北豊島郡日暮里村一、一〇七	月	改三六・一（一〇六號）（十年一號）改三九・十二（一一七號）	（廿1）「村雲婦人」	編
信正誌	共會	田邊宏達	本郷區菊坂町九一	月	創二三・三・廿一 改二五・七（廿26）	「正法」ト改ム	編
眞淨の大法	等潤會		兵庫縣			廿9（二五・八）	
眞誌	共發行所	中山理賢	東京府大井村三一四二	月	創二二・四・廿二 改二六・六	（眞宗）「無盡藏」年三	
眞信	二諦教報社		愛知縣幡豆郡西尾町天王	月		十四年十編（四三・十二）	
信心	共社		麻布區新網町一ノ六九	月	創四二・	四二・四？（曹洞主義施本用）	
新生命	信仰會出版部	廣間隆圓	愛知縣名古屋西區菅原町二ノ十五	月	創四三・	（三）四三・九・十四編	
新世界							
信世界	櫻花義會看護婦學校	大溪專	愛知縣名古屋市新道町三ノ十二	月	創三七・一 合	十九ノ二號（大十一・二）「信世界之德風」トナル	
信世界之德風「信世界」改題				月			編
新日本教報	大日本臺灣佛教會		臺灣北縣艋舺街媽祖宮內		創二九・		
眞如海	佛教館	高田道見	芝區愛宕町一ノ一六	月		（三）三六・十二・二五	編
信念			東京		創四二・		
新豊	共社	樋口劣夫	大分縣別府市長松寺		創十四・十二	（豊山派布教）	
信佛界	布教叢誌社		京都市下京區油小路御前通り上ル	月		四五年頃	
新佛教	佛教淸徒同志會	渡邊海旭等	本郷區駒込片町十六	月	創三三・七 廢大四・十二（十六卷十二號）		編

眞佛教軍	眞佛教社	中西牛朗(主)	福岡縣御井郡金島村八九三金島銀行内	月	創二四・十・一	編
眞佛法	協信教會	梅村翠山	編町區永田町二ノ五六	月	創三六・	三九・ニアリ
神變	聖役協會文書傳道部	海浦觀海(へ)	京都府醍醐村醍醐三一七	月	創四二・五	(眞言宗醍醐派) 編
眞法雜誌	眞法社		東京		創十四・五	
眞友	眞友團	和田康道	愛知縣碧海郡占部村西運寺内	月 隔月のち	創三八・一・三〇	Vol18—12(大十・十二) 編
親友			愛知縣名古屋市		創二五・三・二三 廢大八・十	
信友會月報	共部	服部銳二	愛知縣名古屋市東區櫻町本達寺別院内	月	創四五・	(日蓮宗)
信友道話會	共本部		茨城縣水戸			廿3(一三・八)
親鸞教	興教書院	苗村高綱	京都市下京區油小路御前通り上ル		創二五・四 改大十四・十二	(眞宗本派布教)「信仰界」(四五卷一號)
眞理の曙			大阪府			廿5(一二・)
慈光	共會	釆睪湛隆(へ)	滋賀縣高島郡西庄村宇寺久保長光寺内	月		(内)四四・十二・一 編
慈航	佛教慈善會聯合團	石川廓然(廿56)	福島縣福島市宇大町十一	月	創四四・	(三)四四・四 廿59(大五・二)
時習		赤松法幢	山口縣			
時代宗教	共社	小野藤太(へ) 廿14	淺草區榮久町一三〇	月	創三八・三	(三)三六・六・廿九 編
擇善會雜誌	共本部	小幡龍平(廿29)	三重縣奄藝郡一身田村	月	創二二・四	(眞宗高田派) 編
充洽雜誌	充洽學會	脇田堯惇(へ)	芝區二本榎町一ノ十八	月二 非	創十六・八・十八	廿50(十九・四・) 日蓮宗
樹心	樹心會	小神野芳太郎	京都市下京區今熊野町眞宗京都中學内			廿8(四〇・七・十五) 編

十四光　十四會本部　松本新　赤坂區青山南町六ノ一四四　月　創四二・　(三)四二・二・廿七(佛教道德宣布)　編

十善寶窟　十善會　福田慈海　東京府目白　月　非　創二三・四・　#24ヨリ目白僧園發行　編

迅雷　共社　黒島弘禪　創二三・七・　#10(三五・二)(曹洞系)

情海之燈臺　日野少年教會　滋賀縣日野町

淨土教報　興學會中共社　牛込區喜久井町　月二(#2-)　月三(#23-)　創二二・一・二五　繼續　編

淨土宗學友會々報　共會　黒田眞洞　小石川區表町七九　創六・一・廿五(#1)　#2(二九・四・二〇)(淨土宗)

淨土扶宗雜誌　淨土扶宗會　竹川辯中(假編)　芝區西應寺町西應寺中　不　#6(十七・十一)　#7(十八・一)　編

淨明　開教院　江上秀靜　京都市本町三ノ五〇　週　創十・七　(淨土宗布教)

人聲　共社　東京府巣鴨町二四　月　創四四・一?　(眞宗僧侶發起)

人道講話　共會　村上專精　小石川區丸山町東洋女學校　月　創四三・二・一　編

ス、ズ

隨意說教　岸上恢嶺　京橋區中橋南傳馬町　大村屋　創九・七 #1　九・十二 #8　單力　編

說教隨時新談　創慶應四・四

セ

淸觀　新興社　荒木哲信　小石川區大塚坂下町十七　創十五・十二　(豊山派布教)　編

政教時報　大日本佛教徒同盟會　本郷區森川町一　月二　月一(#100)　創三三・一・一　改三六・十二(#107)　「求道」　編

政教時論	其編輯所		芝區愛宕町二ノ五	月二	創三二・二・十		
政教新聞	其社	石川舜台	石川縣金澤市南町二九三〇ノ二	日	創三三・		
政教新論		安藤正純	東京	月			
清新	其社	玉木隣禪	麻布區笄町七九	月	三四・十一 廢三五・十(Vol2—10)		編
精神					創三八・十一		
精神界	浩々社	清澤滿之	本鄉區本鄉一丁目二四一	月	創三四・一・十五	十三ノ一號(四五・一)	編
精神修養			東京		創四三・十		
聖德	龍雲會		大阪市東區高麗橋二ノ六七	月			
聖德	其發行所		麻布區新網町一丁目	月	創四二・		編
青年會雜誌					創二二・		
青年國華雜誌	青年國華會		北海道函館市東川町一	月		廿33(二八・七)	
青年傳道	佛教青年傳道會	安藤嶺丸	淺草區橋場町一〇三	月	創三六・七 廢四二・十一		編
青年同志	京都青年同志會		京都		創二三・一		
青年の義務	佛教青年會		滋賀縣彥根町字本町京橋詰	月	創二三・	廿2(二三・八)	
青年の華	佛教青年會		三重縣伊勢		創二三	廿2(二三・八)	
青年の標準	赤間關佛教青年會本部		山口縣赤間關市西南新町四四	月	創二三・一		
精の華	興道義園		東京府南足立郡西新井村五智山內	月	創三五・		
世益新聞		山口屋佐七 佐田介石	芝區赤羽		創八・二 廢九・四(廿9)		編

積善會雜誌	山口積善會		山口縣都濃郡德山村七六九	月	創二一・	#7（二一・十二・三〇）
世光	世光世界社		小石川區同心町		創二八・	
闡眞雜誌	從善會		日本橋區本材木町二ノ十三	月二	創十八・六・廿一	
梅檀	共社	伊藤弘禪	本郷區駒込吉祥寺町十八	月	創二九・一〇・五 廢三〇・八（三巻七號）	「菩提」ト改ム
梅檀香風	會		山梨縣甲府市		創三六・	（日蓮宗）
清光			本郷區本郷四丁目五　文明堂	月	創三八・十・十	（佛教と文藝）
是眞宗	是眞會	大伴義正	小石川區戸崎町七七 安閑寺内（#2） 本郷區駒込追分七六西善寺内	月	創二三・一・一	編
禪	光融館	久内大賢	神田區駿河臺西紅梅町十二	月	改三三・二（#1）	#20（三四・九）
禪 「理想」改題	大日本佛教會本部理想社	新井石禪	淺草區新谷町十	月	改四〇・五・十（#1）	（曹洞宗）　編
禪學	光融館	山田孝道（編）	神田區駿河臺西紅梅町十二	月	創二八・六・十 改三三・一（五巻十號）	「禪」ト改ム　編
禪學講義	國母社	兒島碩鳳	麻布區北日下窪町二	月	創二八・七・十八	#10（二九・五）
禪學雜誌	和融社		東京		創三一・	Vol19—11（大四・十一）
禪宗	禪定窟	田島吉一 上村觀光	京都市上京區建仁寺町南禪寺内	月	創二七・十一・	#14（二九・四）　編
善のみちひき	積善會		山口縣都濃郡德山村七六九		創二三・八・	
禪道	禪道會	鈴木大拙	神田區駿河臺袋町一	月	四三・八・五	

ソ

相愛會誌	防長婦人相愛會		山口縣防長		創二二・	

相愛月報	共　社		愛知縣碧海郡青野村慈光寺	月	創三五・	卄12（三五・四）
雙榎學報	日蓮大檀林同窓會		東京芝區二本榎	年二以上	創三六・三・一六	
速成新誌	共　社		大阪府西成郡川崎村	月三		（日蓮主義）
溯源教會雜誌	共　教　會		本所區綠町四ノ卌一（卄1）	月・	創十九・十・二〇 改二二・二	（黄檗宗機關） 「覺」ト改ム
素　光	心　證　會	太田　榮亮（編）	小石川區大塚坂下町豊山學院內	年一―二非	創四一・十二・十二	卄3（四二・十二）　編
曹洞教報	共　社		麻布區門前河岸三號	月二	創二八・三	
曹洞宗正議	正　議　社		東京府豊島郡南千住町元地方橋場町一三七五		創二四・四・五	
曹洞扶宗會雜誌	共　會	大內　青巒	麻布區飯倉町四ノ四	月	創二一・一	編
壯年會雜誌	佛教壯年學會		德島縣德島市大手寺町五番		創二二・	卄6（二二・七）

タ、ダ

太　源						（融通念佛宗）
臺灣教報	臺灣佛教會		臺北新起街一本願寺別院內		創三〇・一	
臺灣日報	佛教圖書館		臺灣			卄53―59（三九・八？）
臺灣佛教	臺灣佛教會	高橋　圓隆	臺北龘書院街一丁目臺北大悲閣			卄37（三七・）
高田派本山報告	高田派宗務所		三重縣奄藝郡一身田專修寺事務所		創三四・	
高輪學報	佛教高等中學校		芝區高輪佛教高等中學	隔月	創三四・一〇・三〇 廢三六・一・二（卄26）	卄1　十月 卄2　十二月
寶之林	寶林雜誌本部		兵庫縣揖西郡牛田村第十四番屋敷	月	創二三・六	（眞宗）

達觀	天飈洞	杉原康定	千葉縣銚子町	月	創三八・	Vol2—10(三九・六) 編
大海一滴	茨城佛教青年會		茨城縣	非	創二三・五	(密宗青年運動機關)
大藏經報	京都圖書出版株式會社		京都市東仲筋通雪駄屋町下ル一	月	創三五・四	
大學林同窓會々報	佛教大學内		京都	年四	創三二・七 改三四・五(#5)	「六條學報」ト改
大同新報	大同團	水溪智應	芝區愛宕町一ノ二七	月三	創二三・三・十一 改二三・	「改新大同新報」
大日本佛教青年會會報					創三六・	
第一義	宗粹社	足立普明	東京巣鴨町上駒込村八九〇	月	創二三・四	(曹洞有志機關) 編
大同新誌 「第二大同新報」改	大同書院	細川寂雲	京都市大宮通七條上ル御器屋町十六	月	改二八・七・三(#74) 改二八・十・十四(#76)	第二「改新大同新報」トナル
團報	大同團本部	細川寂雲(編)	京都市大宮通七條上ル御器屋町	月	創二四・六 改二五・五・十五(#46)	「護國」トナル
第二佛教新運動 「佛教新運動」改題	悟眞協會	大前專爾	京都市下京區林下町七三 淨土宗學支校内	月二	改二二・十・二八 廢二五・三・十	
大悲ノ友	愛友社(共社)		兵庫縣南逆瀬 神戸南逆船川町番外一一九	月		#5(二三・一・十六)
第二同入海	北陸教會		富山縣礪波郡井波町		改二五・二・十三	(大谷派)
第二教ノ友 「教の友」改題	教友會	中島照十	長野縣上高井郡須坂町	月	改二三・六	
改新大同新報	護國社	加藤熊一郎	東京芝區田村町六	月	改二三・十一・三(#1)	
大同新報 「護國」改題	大同書院	井上精一(編)	京都葛野郡大内村大字朱雀三十三戸ノ一	月	改二六・二・十一(#54 五巻一號) 改二八・六・(#73新#19)	「改新大同新誌」
改新大同新報 「大同新誌」改題	大同書院		京都市大宮通七條上ル御器屋町十六	月	改二八・七・三(#74新#1) 改二九・二・三	第二「大同新報」

チ

智慧の光	相愛社		大阪市東區本町四 本願寺別院内		創二五・七		
千草園 「千草叢誌」改題					改二二・九―		
千草叢誌	吉水良延		横濱		創二一・一 改二二・八	「千草園」ト改ム	
中央公論 「反省雜誌」改題			東京		改三二・一―		
中外日報 「教學報知」改題			京都市上京區東三本木丸屋町		改三五・一―	(繼續)	編
中央佛教新報	共社	青山龍次郎	愛知縣名古屋市門前町全香寺内	月		#5(三一・三・十)	編
中京新誌	共社	大釜彌三郎	名古屋市高岳町三ノ五二	月二	創四二・一・一		編
聽聞	眞宗講話會		名古屋	月	創二五・二		
智嶺新報	共社	彌勤院照圓編 #33	芝區愛宕町一ノ四 眞福寺中	月	創三四・三 改大二・七(#316)	「智山派宗報」	編

ツ

通俗教報 「佐久教報」改題	佐久佛教同盟會	西田靈苗	長野縣南佐久郡前山村一	月	改三四・七(#1)		編
通俗佛教	光融館	深澤古山(代表)	神田區駿河臺西紅梅町十	月	創三三・十一・二〇 廢三六・十一	「同朋」ニ移ル	編
通俗佛教新聞	佛教新聞社	高田道見(編)	東京芝伊皿子町十一 京橋區加賀町十四(二七・四・四)	週	創二七・二・七 改六五・六	「佛教新聞」	編

テ、デ

帝國東洋學會々報	帝國東洋學會		本郷區本郷四丁目五	年?	創三四・十一・#1		編
天業民報	共社	田中智學	下谷區櫻木町	日	創四五・三		編

天鼓	共社	功力顯圓	山梨縣中巨摩郡小井川村	月	創四二・一・十五 廢（Vol2―11）	（「法の光」ノ經營ヲ引受ク）	編
天則	哲學書院	井上圓成	本郷區本郷六丁目五	月	創二二・三・一七		編
天臺	護法會「天臺發行所」	大森亮順	淺草區淺草公園	月	創三六・六		編
轉法輪	紹隆會	道重信教（八）	山口縣吉敷郡山口町大字大附町大附教校内	月	創二三・六	卄2（二三・九）	編
天民	共社		東京	月	創二二・十一		
天雷	布教學館事務所		東京		創 廢卅一？	卄9（三〇・九）	
天道					創二九・一		
傳道	鴻盟社	來馬琢道	芝區露月町十八	月	創三二・二	卄38（三五・三）	
傳光	共會本部		山口縣下關市竹崎町	月	創四二・六		
傳燈	眞言宗傳灯會本部	山口龍潭	京都市下京區八條町 下京區東寺町四一（卄31）	月 月二（二六年後）	創二三・一 合三六・六・十五	（眞言宗）「遍照」ト共ニ「六大新報」トナル	編
傳道會雜誌	眞宗青年傳道會		京都本願寺大教校内	月	創二一・六・廿三 改二五・三・廿一（Vol5-3）	卄4（二一・九・二〇）「傳道新誌」	編
傳道雜誌			東京		創十三・十一・	卄15（一五・四）	
傳道雜誌	傳道會	田中法祥 のち森江佐七	埼玉縣北足立郡日進村大字大成十九	月		卄3（二四・一）	
傳道新誌	共社	内宮虎助（編）卄28	京都下京區東中筋花屋町下ル	月	改二五・四・二七（Vol5―4）		編

ト、ド

東亞之光	舍身庵	田中弘之	神田區南乘物町十三	月	創三六・一・二		編
東亞の光	東亞協會（卄3）	浦谷熊吉（編）	京橋區南大工町一 弘道館（發行所）	月	創三九・五・一 廢昭五・	（井上哲次郎其他）編	

統一	統一閣	本多日生(主)	淺草區南松山町四五本立寺内	月	創 合三六三	(三)三二・二・四 (顯本法花)「顯本」編
統一主義	統一協會	高鍋龍辯 渡井敏治	横濱山下町十六番館	月 月三卄5	創三八・九 改三八・十一(卄3)	改卄5ヨリ(三九・三)「統一新聞」トナル
統一團報	統一團々報部	本多日生	淺草區新福井町三 荏原郡溢川町元南品川	月	創二九・	(法華宗機關)
統一通信			横濱市辨天通五丁目	月		卄164(三八・二)
東海之灯	七里法華矯風會		千葉縣山邊郡公平村七里			
常葉	共社	中川幸次郎	京都市下京區中珠數屋町	月三	創三〇・十・十一 廢三一・九	本山事務報告ヨリ移ル 編
德育雜誌	共隆院	堀越嘉十郎	栃木縣宇都宮町大字塙田一九二	月	創二五・九・一〇	卄2(二五・十) 卄3(二五・十二・六)編
德育雜誌	共社		牛込區市谷柳町			卄4(二六・三)
德の母	德母館	川島治平	靜岡縣磐田郡中泉町四八四	月		(三)三二・六 編
德風	共館	龜山孝淳	愛知縣知立町知立三五二 稱念寺内	月	創二五・一・二〇	(大谷派)西參佛教會 編
東光	共社	石井大寬(編)	(本)芝公園地增上寺中 (支)淺草區吉野町一九	月	創三・一九	(淨土宗)布教文書會 編
東北						
東北教會々報					創三四・	
東北人	東北關門社	卷亮穩	福島縣磐城白河町金尾町一一六	月	創三三・	
東北之燈	東北聯芳協會		宮城縣仙臺市東二番町五四	月	創二〇・	卄2(二〇・十)
東北の光	東北佛教青年會	中原貞七(主)	山形縣山形市七日町番外三七	月		卄5(二八・一)(眞宗)
東北之光	共社		北海道函館			卄4(二八・一)
東北佛教		角張車順			創三七・二	(臨濟布教)

東密學報	道友會		京都高等中學林	年	創三四・十二		
東洋學報	東洋協會調査部		麹町區山下町		創四四・		
東洋宗教新聞	梅檀社	豊田明貫(編)	下谷區金杉村四四六	月二 月三(#11ヨリ)	創一八・十・十		編
東洋新報附錄	東洋新報社	菅了法		隔日			
東洋哲學	共會	井上圓了	本郷區駒込蓬萊町二八	月	創二七・三・二		
東洋佛教會雜誌	共假事務所	西田道生	東京府寺島村一、二九一	月二	創二六・五・十二		編
都練叢誌			京都葛野郡大内村 貫練叢誌發行所	月		?	
同學	共會	窪田寛勝	和歌山縣紀州高野山西五ノ六 下谷上野?	月	創二三・八 改二八・七(#56)	「高野の光」	編
獨立教壇	共社	中村諦梁	福井縣福井市清川下町一〇一	月	創三五・三		
道光			京都市坊城八條下ル		創四二・		
同志	共會	保森覺明	本所區林町一ノ十八	月	創三九・五・〇二 廢四一・七・十二	Vol3—7(豊山派)	編
洞上新報	共社		芝西久保巴町三四	月二	創二四・二・一五		
同人	融通念佛清徒同人會		大阪府東成郡喜連村	月		#11(三八・三)	
同入海	北陸教會		富山縣井波町		創二四・ 改・二五・二	#2(二四・一〇) 「第二同入海」	
道話 「信友道話會」改題	信友道話會		茨城縣水戸	年六	改二四・六		
同胞	布哇佛教青年會	岩永知一(Vol10)	布哇本願寺ホノルル別院内	月	創三三・?	Vol10—5(四三・五・一)	編
同朋	無我山房	原子廣宣(編)	東京巣鴨町二ノ三五	月	創四三・一・一		編

同朋	共會	村上專精（主） 平本正次（編）	神田區駿河臺西紅梅町一〇	月	創三六・十一・十五 休四一・二		編
土曜報知			東京府		創二三・十・十一	（曹洞有志）	
道路布教	日宗施本傳道會出版部	加藤文雄	東京府荏原郡池上村五六五 林昌寺内	月	創三五・十二？	「はがき布教」ヲ改題	
十							
成田山布教要報	共事務所	石川望洋	千葉縣成田町字堀七四三		創二五・		
成田雜誌	成田山新勝寺		千葉縣	月	創十五・三 終十五・五（廿3）		
成田志林	成田英漢義塾（廿1） 共社（廿3）		千葉縣成田町大字成田三一六	月	創二七・十一		編
成田新誌	大聖社		日本橋區室町三丁目				
南都	興福寺		奈良		創十五年頃		
二							
二諦教報				月		廿21（三二・七）	
日月	觀光社	田高嶷堂	淺草區榮久町一〇八	月	創三三・一二・二〇	廿5（三四・六）	編
日曜學校研究	共社教學部		京都市本派本願寺	月	創四五・六		
繪入日曜新聞	共社	干河岸貫一	京橋區宗十郎町一	週	創一〇・六・三		編
日曜日	佛日學校	無漏田謙敬	京都市油小路御前通上ル 興教書院内	月	創四五・六		編
日曜文學	日曜文學發行所	瀧脇繼太郎	滋賀縣滋賀郡坂本四七五番地	月	創二九・八・一〇	（佛教文學）	編
日蓮宗教報	共社	伊谷伊知二郎	日本橋區蠣殼町二ノ十三	月六 月一（廿72ヨリ）	創十八・一二・三		編

日蓮主義	師子王文庫	田中澤二	神奈川縣鎌倉要山	月	創四二・五・一二 改四五・三（廿35）	「國柱新聞」	編
日蓮本宗教報	其教務所		愛知縣名古屋市臺所町四五		創二六・十一？		
日宗新報	其社	加藤文雅	東京府北豊島郡日暮里	月三 月六（廿24）	創一二・一〇		編
日宗新報	其社	加藤文雅	東京府武藏池上村大字下池上十六	月三	革・新二八・一〇		編
彌天教報	其編輯部		京都府乙訓村字粟生 光明寺中	月	創二七・八		
日本一	其益社	菅龍貫 廿159	京都市油小路七條上ル米屋町	月	創二五・四	（本派布教並宗報）	編
日本國教大道叢誌	其社	川合清丸	本鄕區湯島龍岡町卅三	月	創二一・七	（神儒佛） 廿351（大六・九・三）	編
日本護教新誌	日本護教會出版局		大阪市北區相生町八七		創一六・三・二五		
日本宗教	其社		麴町區下六番町	月	創二八・七		編
日本宗教新誌	廣益社				創十六・		
日本宗教新聞	其社	淺野義文（主幹）	京都市三條通御幸町 支局東京・大阪	隔日	創十九・四		編
日本之教學	教學書院	內山正如	日本橋區本石町三ノ十六		創二〇・八・廿三		編
日本之光輝	國母社						
日本之柱	立正社	佐野貫孝（n36）	大阪市東區西高津中寺町五一六	月		廿55（三〇・五）	
日本之光			京都		創二六・六		
日本佛教	其發行所		京都市	月	創三一・六		
日本奉佛雜誌	其社		大阪市北區博勞町四丁目心齋橋 西入				
如是	其社	藤田賢龍	芝區芝公園八號地二	月	創二五・一一		編

二葉新誌	二葉新誌假本局 梅檀社	神原精二(社)	芝區露月町一五	月	創一六・一〇、二三		編

ネ

拈華	微笑窟		東京		創三六・		
拈華遺芳			下谷區車坂町四〇	月一	創十・九 改十一・五・一	(曹臨二宗大教院) 卄9(十一・一) 「東京眞事新聞」	

ノ

能嶽教報	共社		京橋區三十間堀三丁目	月三		(曹洞宗系)	
能潤會雜誌 一名佛教演說筆記	能潤會	神谷大周	深川區万年町二ノ十二(卄1) 同 富岡門前仲町二(卄5)	月	創一八・九・五 改二一・六(卄33)	「能潤新報」	編
能潤雜誌 「能潤新報」改題	能潤新報社	梶寶順	芝區西久保巴町三二	月	改二二・三・十六 (卄16＝卄1)改題	「佛教」	編
能潤新報	共社	西條公道	深川區富岡門前仲町二	月三	改二一・七・三(卄34＝卄1) 改二二・一	「能潤雜誌」	編
能仁新報	能仁社	中村元亮(m31)	愛知縣名古屋市南伊勢町一〇五	週	創二五・	(三)二五・三・廿七	編
法の雨	法雨協會	荻倉耕造法(卄29)	愛知縣名古屋市下茶屋町一	月	創二一・一		編
法雨	等潤會		兵庫縣印南郡的形村	月	創二四・九		
法の雷	法雷雜誌社	松山青年佛教會	愛知縣松山市大字西堀端町 勸善社內		創二三・	(三)二三・八 卄8(二四・五)	
法の雷	同發行所				創三三・		
法の海	玖珠佛教青年會		大分縣玖珠郡東飯田村		創二四・十一		
法の言葉	佛教講義會		東京	不	創二二・一		

(ノ)

法の栞			熊本縣		創二二・	
法の栞	進徳會		京都市油小路北小路南米屋町	月二	創二三・	卅13(三・七)(大谷派)
法の園	法園社		京都市油小路御前通下ル 卅1	月	創二二・五	(三)二五・三・一四編 (眞宗布敎)
法の寶	法藏館	西村七兵衛	京都市下京中珠數屋町烏丸東廿人講町廿二	月	改三五・一・一八	改題誌? 編
のりのたより	福德會共雜誌社	望月有成(卅15)	兵庫縣神戸市兵庫江川町七一	月	創 改	卅12(二四・七?) 卅58(二八・六) 編
法の露	十善護法會		北海道	月		
法の友	積善會	金井秀道	長野縣中野町十六	月	創二〇・	卅3(二〇・三)(淨土宗) 編
法の友	修養世界社	大久保賢粲	麻布區我善坊町	月	創四三・	(三)四三・二・十五編
法の燈「敎門雜誌」改題	眞成社		京都市	月	改十一・八 改十三・六	(大谷派本願寺)「開導新聞」
法の燈	敎界時報社	上村敎仁	武州田無町大字田無三六九 卅1 芝櫻川町十(事務所) 京橋區三十間堀二丁目	月	創四三・十一・二一	編
法の華	共社		大阪府三島町五領村上牧本澄寺内	月		
法話	眞宗法話會	寺田福壽 平松理英	淺草區松淸町五二 荏原郡品川町九五	月	創二一・九・二〇	(三)二五・四・二三編
法の母	夫人正法會	釋法契	小石川區關口駒井町六	月	創二六・七	編
法の光	法光社		京都大谷派本願寺門前	月	創二二・	卅4(二三・一・廿六)
法の光	共發行所佛敎講話會		和歌山縣石草郡安原字小瀬田	月	創二三・一〇	(西本願寺布敎)
法の光	身延山布敎園		山梨縣身延	月	創四〇・一 廢四一・十二(三卷十一號)	經營「天敎」ニ移ル
法の響	法響社					
法船	共雜誌社		福井縣福井市尾上町十九	月		

三一

誌名	発行所	編集人	所在地	刊	創刊等	備考	
法の道	法道會		東京	月	創三六・二		

ハ

誌名	発行所	編集人	所在地	刊	創刊等	備考	
配紙	本願寺		京都市		創六・十二		編
はがき布教	日宗施本傳道會	加藤文雅	東京府荏原郡池上村林昌寺	月	創三五・十二 改三五・十二	「道路布教」チ見ヨ	
博愛	峡中博愛社		山梨縣東八代郡下曾根村第九十七番（#38）	月	創二六・六・二	#38（二九・十一・十七）（佛教主義）	
博愛雜誌	峡中博愛社		山梨縣東八代郡下曾根村	月		#3（二八・八・二〇）	編
白虹	松榮堂				創三四・	Vol2—2（三五・二）	
蓮之華	増進館		島根縣松江寺町妙興寺			#4（二八・七）	
はちす	蓮友會	大田密道	兵庫縣神戸市元町五丁目三三極樂寺	月	創二三・	#1（二三・八・五）	編
花園春秋	其發行所		京都府花園村大字谷口妙心寺派普通學林内	月	創二八・十二	#9（二九・八）	
華の園	華園社		京都市下京區醒ヶ井通七條上ル興正寺派本山内	月	創二四・七	（眞宗興正派）	
花の園生	佛教花園婦人會	川合清丸	京都府花園村七一戸	月	創二四・二	Vol8—1（三一・一）	編
花の土産	能仁婦人會	徳田智圓	岡山縣上道郡芳野村大字淺越十五番邸	年四	創三一・		
反響			京橋區三十間堀二ノ一	月	創二一・七・十三		
反省		中井玄道	京都市高辻大宮西入	月	改三二・ 改	Vol2—2（三三・二・二五） のち「中央公論」	
反省	谷山文學會		東京府大崎日蓮宗大學内		創四二・一・十		
反省會「反省會雜誌」改題	反省會本部	櫻井義肇	京都市油小路北小路玉木町	月	改二二・九 #25		編

反省會雜誌	反省會本部	櫻井義肇	京都市油小路北小路玉本町	月?	創二〇・八・五 改二二・十二	「反省會」、廿25）編
反省雜誌	其社	櫻井義肇	京都市東中筋北小路下	月	改	Vol.11—廿7（二九・七）編
歐文反省雜誌	反省雜誌社	原 孝四郎	本郷區西片町十	月		Vol 12—1（三〇・一・十三）
反省の鏡	興教書院	鈴木法琛	京都市油小路御前通上ル 東中筋北小路下ル十二	月		（眞宗） Vol.2—6（二九・八）

ヒ、ビ

光	修道院 法藏館（京都）發行	今井昇道	愛知縣碧海郡鷲塚村修道院	月	創三八・	（三）三八・十・二六編
光の庭	以文會		京橋區築地三ノ九二		創三四・五・一	廿2（三四・六）
人の鏡	人鏡館		愛知縣額田郡美合村字岡 法泉寺	月		（眞宗婦人信仰） 廿22（三五・八）
ひろめ	其社	阿倍正尹（ヘ）	岡山市野田屋町四八	月		（日蓮宗一派） 廿19（三六・三？）
ひぢり慈門寶鑑	聖會慈惠院		愛知縣岡崎市菅生八〇	月		三九年ニアリ
白毫	曹洞宗教學會		新潟縣			廿7（三一・十）
白蓮華	其社		靜岡縣富士郡上野村七一大石寺	月	創三九・九	日蓮宗
毘婆沙	佛眼會	加藤幸三郎（ヘ）	大阪府東成郡天王寺村三五九 淨土宗學大阪支校内	月	創二四・二・二五	（淨土宗）編

フ、ブ

布教	法藏館		京都市東六條			（眞宗說教） 廿4（三一・十一・二〇）

布教	森江書店	大住舜	本郷區春木町二丁目	月	創四一・十・十五 廢四二・九・(廿12)	（布教材料）編
布教會報	其本部		靜岡縣	月	創二二・九	
布教新聞	新治縣中教院	青柳高鞆	茨城縣土浦		創七・一	
婦教々育雜誌	上毛婦人教育會		群馬縣前橋市南曲輪町九十三	月	創二一・五・二一	
布教叢誌	其社		京都市下京區西中筋通花屋町上ル (Vol.18)		(三)二五・四・二〇	改「信仰界」(眞宗)十八卷(三八・)
布教團報			高松市		創三八・九？	
各宗實益布教文庫	鴻盟社	横井雪庵(編)	芝區露月町十八	月	創三一・三（廿二）	廿12（三三・八）十二冊完
布教要報						
扶宗公論	其社	小河直忠(へ)	麻布區麻布谷町四一	月	創四三・	(三)四三・十一・十一(淨土宗內廓清) 編
扶宗新聞	其社		群馬縣高崎	週		
婦人	佛教婦人會聯合本部		京都	月	創三七・	(三)三七・十・二九
婦人會	其雜誌社		大阪市東區本町四丁目津村別院內	月		廿29（二八・九）
婦人教會雜誌	婦人教會	水溪智應	日本橋區橘町一ノ十一	月	創二〇・一 改二五・三(廿50)	(眞宗)「婦人雜誌」編
婦人教會雜誌	「北陸婦人教會雜誌」チ見ヨ			月		
婦人雜誌「婦人教會雜誌」改題				月	改二五・四	
婦人之鏡	相愛社		大阪市東區本町本願寺別院		創二五・	廿2（二五・八）
婦人の世界	令德會雜誌部		京都市油小路北小路上六	月	創二二・	廿3（二二・十二）
婦人の導	婦人智德會		北海道函館區元町 大谷派本願寺別院內		創二三・	（大谷派）

普通新聞	藤井行權等		東京		創七・秋	(佛教主義新聞の始)
婦徳	婦人法話會本部 婦徳發行所(#3)		京都市下京區不明門通万壽寺下ル高槻町廿三(#31)	月	創四一・	(大谷派) (内)四一・二・一八編 #3(四一・五・二〇)
不輕新報	其社	上島日珠	京都市上京區智惠光院通五辻上ル紋屋町四一番戸十一號	月	創四三・十	(日蓮宗布教) (三)四三・十・十二編
撫順教報	其社 本願寺派出張所		清國撫順本願寺		創四四・	#1(四四・一)
佛光	其社		和歌山縣新宮町		創二九・一	
佛光	佛教各宗同盟編輯	和歌月弘誓	長野縣長野市西後町四三	月	創三四・五・十五	編
佛人世界	令德會雜誌		京都市油小路北小路上ル		創一三・六・	
佛仙會雜誌						
佛陀の光	佛教圖書出版協會	掬月畦花	下谷區上野廣小路	月	創四一・	#1(四一・十二?) #2-1(四二)編
佛陀の福音	其會本部	渡邊宗全	福島縣原ノ町南新田九	月	創三四・三	
佛陀の福音	其會		小石川區音羽		創三四・	
佛典講義錄	鶴龍協會		京都市西洞院御前通鍛冶屋町三		創二五・五	
佛都新報	其社	北澤弘	長野市西長野町庚一〇五	月三	創三八・五	(善光寺文書傳道)編 #200(四四・九・一)
佛道	鴻盟社	三尾透關	芝區露月町十八	月	創三二・	(曹洞布教)
佛法	其會		石川縣金澤市	月		#6(一三・五)
佛法會雜誌	其會		石川縣金澤市		創二二・八	
佛教	能潤社	梶寶順	芝區西久保巴町三十二	月	改(三三・三・二五)#1 改三四・四	「佛の教」Vol.19-1 編

（ブ）

佛教	淨土宗攻學會				創(二四・九?)#1		
佛教演說集誌	其社	大内青巒 千河岸貫一 平松理英	京橋日吉町五 酬恩社内	月二	創十五・一・二〇 終十六・四(#31)		編
佛教王	佛教統一會雜誌社		大阪市北區信保町一ノ三八		創二六・四		
佛教應答誌					創二九・	#1(二九・) #2(三〇・一?) (佛教應答ト同ジカ)	
佛教界	大日本佛教會本部	久内大賢	芝區西久保廣町十	月	創四三・	(三)四三・四・二五 Vol 3—1(四五・一)	編
佛教會雜誌	長崎佛教會本部		長崎市爐粕町	月	創二三・八	#2(二三・九)	
佛教隔日新聞	顯正社	藤井三郎	本所區石原町七二 千葉町五二七		創二四・一		
佛教學講義錄	佛教會				創三〇・一		
佛教々育			德島縣			#5(三二・七?)	
佛教近事	眞心社		京橋區築地一ノ六	月二	創十五・八・二六		
佛教講演集	村上專精				創二二・六	#8(二三・一)	
佛教講義錄	佛學院		東京	月二?	創二三・五	#6(二三・七)	
佛教公論	其社	吉水融我	京都市下京區林下町七三	月二	創二五・三 廢二六・九(#36)		編
佛教講話集	東京佛教講話集事務所			月		Vol 2—14(二三・六)	
佛教在家問答	三業佛教館		栃木縣那須郡親園村	月三			
佛教史學	其會	鷲尾順敬	本郷區駒込神明町三八三	月	創四四・四・八 廢大三・三(Vol.3—12)		編
佛教史林	溯源窟	村上專精	下谷區入谷町一〇〇(#1)	月	創二七・四・八 廢三〇・三・八(Vol.3—36)		編
佛教新運動	同窓學會(#2)	高倉鎭太郎	京都市林下町東山知恩院山内 淨土宗支校内	月	創二二・二 改二二・九・十五(#7)	「第二佛教新運動」編	

佛教新聞	越後毎日新聞社	大橋佐平	新潟縣長岡裏一ノ町三十一	月三	創十九・三・五	廿29（二〇・四・五）
佛教時論	共社	宮坂大肩（主）	山梨縣甲府市飯田町十番	月	創三四・	（三）三・四・十一 廿16（三六・一）
佛教青年	共雜誌社	石田慶封	芝區高輪臺町二〇	月	創三七・十一・七	Vol 2-12（三八・十二）（眞宗）
佛教青年會誌	京都支部		京都		創二三・八・	
佛教大家論集	光融館	辻利之助	麹町區上六番町四七	月	創二七・一・三	廿12（二七・十二）編
佛教通俗講義	光融館		神田區駿河臺西紅梅町	月二		
佛教同志會々報	佛教同志會	姑射	小石川區大和町十八		改四三・四・十 廿1	編
佛教徒同志團體創立事務所報告		寺尾祐教	小石川區大塚坂下町一三四		創四二・五・五 改	廿1五月、廿2七月、廿3十月「佛教同志會々報」編
佛教婦人 「家庭」改題	家庭社	橋川德龍	東京府巣鴨二二五五	月	改三七・一（Vol 4—1）	（三）三四・十一・八編
佛教婦人雜誌	婦人雜誌社		日本橋區橋町一丁目		創二六・	
佛教文學	護法書院		神田區三崎町二丁目二	月	創二六・二・十五	
佛教文藝	佛教社	來馬琢道（主）	淺草區新谷町十	月	創三六・一	
佛教文庫	臥龍窟	豊國義孝	群馬縣前橋市神明町		創二八・十	
佛教毎週新聞	共社	横井雪庵	芝區西久保廣町	毎金曜	創三四・四	編

へ、べ

平安	共社				創三六・三	
遍昭 「高野教報」改題	高野教報社		和歌山縣高野山	月	改三五・一（Vol.6—1）	編

遍照世界	遍照社	宮尾銳夫（ヘ）	和歌山縣伊都郡高野村高野山一三二	月	創三六・八	Vol 6—7（四一・七・十五）	編
米國佛教「桑港佛教青年會々報」改題	桑港佛教青年會	長尾助三郎（主）	米國桑港ポーク街八〇七	月	改三四・一・十五（Vol.2—1）		

ホ、ボ

法王	布教會本部事務所		靜岡縣富士郡上野村上條大石寺内	月		♯32（二五・八）	
法王	共社	金石秃堂（ヘ）	廣島縣吳市寺本町九一	月	創四〇・九		編
法音	共社		廣島縣山縣郡本地村	月		Vol.2—1（三一・二）	
法海之一滴	法海坊		京都市下京區揚梅通室町西入	月	創二三・四	♯2（二三・五・二九）	
法海の燈	護法協會		大阪市東區博勞町一ノ一一二	月二	創二二・六・五		
寶鏡	共社	相神奕童	本郷區駒込吉祥寺十八	月	創三一・十二		編
法教雜誌「兩教雜誌」改	法教社	西田嘉一郎（假ヘ）	京都市天性寺前町寺町三條上ル	月六	改十四・五・十六	（♯30）	編
北天教報	共社	大石養淳	北海道古平港古平町大字濱町三六三	隔日（♯49マデ）月（♯50ヨリ）		♯46（四五・三）	編
北斗	提醒社	中村始太郎	山梨縣甲府市櫻町	月二	創二三・五		
北溟雜誌	北溟社		新潟縣佐渡雜太郡金澤村大字中興一二八	月		♯24（二二・十・二五）	
北友雜誌	共社	松森靈運（ヘ）♯48	北海道函館區相生町四二幸佐寺山内	月	創二九・四・八 改三八・一	「新曙光」	編
北陸婦人會雜誌	金澤婦人教會本部		石川縣金澤市高岡町西町三六本願寺廟所内	月	創二二・	♯3（二三・一？）	
北陸佛教會報告	共會		石川縣金澤市博勞町		創二三・八		

（ホ）

北陸佛教青年會誌	同會					＃13（三三・）	
法鼓	自鳴社	清水龍山	芝白金村五七五	月三	創二三・八・二一	（日蓮宗）	編
法光	其社		石川縣金澤市下新町五九			＃15（二六・一〇）	
放光	日宗布教所	佐野是秀	臺北新起横街	隔月		日蓮宗 ＃27（三九・十一）	
法光	憂宗會		大阪				
法國	法王社		靜岡縣富士郡上野村				
報國新誌	土屋光華				創七・		
報四叢談	報四社	大内青巒	東京藥研堀報知社	月一 月二	創七・八 廢八・十二(＃19)		編
保守新論	中正社	鳥尾得庵	本郷區湯島兩門前町		創二二・一・二〇		
寶珠志林	其發行所	能仁秀亮	滋賀縣坂本村西教寺内	月	創二九・	(内)二九・八・一九 (三)二九・八・二二	編
法城之精兵	法城青年義會		山口縣長門	月	創二四・十二 廢二五・四(＃5)		
法施	釋承薫		京都府葛野郡花園村花園七一			三九年ニアリ	
法施	寒山寺	細川南缶	大阪市北區西寺町	月	創三八・三	（臨濟宗布教）	
法施	國母社	丹靈源（ヘ）	京橋區山下町十一	月三	創三一・六・二七	＃41（三八・五）	編
法叢	攻法社				創二一・九	＃36（二三・四）？	
法藏	西村法藏館		京都市東六條中珠數屋町	月	創二〇・三	「のりのくら」トモ云フ（大谷派布教）	
北海教報	其社		北海道小樽信香町十二	週 月三	創	（通佛教）	
北海の光	北光社		北海道函館區青柳町五〇			＃17（二七・十二）	

北海佛教	共　社		北海道小樽相生町廿一 小樽山ノ上町廿五(m33)	月二 (m33)		#47（二四・九・十五）、
北海佛教團月報	共事務所		北海道蛇田郡倶知安村基線西五八	月		Vol 1—10 （四五・七・一〇）
法華宗報	共　社		越後南蒲原郡加茂町上條廿一 本量寺内	月二		三九年ニアリ （法華宗機關）
佛の教 「佛教」改題	同愛館	櫻井榮山（ヘ）	芝愛宕町一ノ四眞福寺中	月	改三六・五 （Vol.19—2）	#2（三六・八・一）編
佛の教	大日本佛教會		芝區西久保廣町十	月	改四五・1（Vol 3—1）	「佛教界」トナル
佛の教	シヤトル佛教青年會		米國シヤトル			
佛の子	高田派少年教會				創四五・	四五・一？
佛之光	山報社		京都			#5（二九・四？）
法幢	淨土布教交話會	吉岡呵成	京都市林下町七三	不 年二回位	創三〇・十一・十五	（淨土宗布教） #2（三一・六・廿五）
ほのほ	曙光社	可兒禮藏（ヘ）	牛込區富久町一一八	月	創四四・十一	（不動信仰）編
法話會誌 「法話會報」改題	眞宗法話會		京都市麩屋町姉小路上ル		創#9ヨリ 改#19	#11（二五・五・廿七） 「法話新誌」トナル
法話會報	眞宗法話會	橋川惠順	京都市麩屋姉小路上ル	月	創 改	
法話新誌 「法話會誌」改	日本佛教法話會	橋川惠順	京都市上京區麩屋町姉小路上ル	月	改二六・	（三）二六・三　編
法友	ホノルル淨土宗 開教院	伊藤圓定（持、ヘ）	ホノルル・サウス街クイン角			Vol.3—4 （四一・四・十五）編
法雷			東京		創三三・七	
法雷	佛教法話會		神奈川縣横濱花咲町五ノ七二	月	創三三・四	#1（三三・四？） #69（三九・）
法林	相資教社		大分縣		創二三・	#1（二三・二？）
寶林	共雜誌社		大阪府住吉郡平野町		創二六・	

法輪	佛教館のち法輪社	永田顯了（ヘ）	芝區愛宕町一ノ十六	月	創三九・一	實ハ卄1（三八・十二・十五）（曹洞宗布教）　編
寶林	其雜誌社		大阪府住吉郡平野郷町		創三九・一	
法の林		清水清一郎	京都市下京區油小路通御前通北入佛具町			三九年ニアリ
法友會報		岡隼人	群馬縣前橋市萩町十三			三九年ニアリ
本山月報	西本願寺發行		京都		創二三・一 終二六・二	
本山月報	本願寺		京都	月	創二二・一	卄22（二四・十一）
本山事務局報告「本山報告」改	東本願寺文書課		京都	月	改二六・九（卄1）	編
本山日報	西本願寺		京都		創九・五 廢十五・二？	
本山日報	本願寺		京都	隨	創十一・一	卄11（十一・十一）
本山報告	本願寺		京都	月	創十八・七 改二六・八	卄30（二五・十二）　編
本山錄事	西本願寺		京都		創二六・三	編
菩提樹	大阪道友會	善塔良闕	大阪府西成郡豊崎村南濱一九七東光院（さんば萩の寺内）		創三六・	(三)三九・八・廿七（左ト同ジカ）編
菩提樹	總持寺道友會本部				創三六・	(三)三六・七・卄96（四四・七）
防長婦人相愛會誌	其會					卄3（二三・五・十二）
菩提「栴檀」改	本菩提會		本郷區駒込吉祥寺	月二	改三〇・九？ 廢三一・五？	
凡聖	佛學院文學部	鈴木幸暢	芝區芝公園增上寺內	月	創三四・十一・十一	編

四一

マ

まこと　宗道院　龜山孝淳　本郷區春木町二一　月　創四二・四・一 終大五・十二　（眞宗）　編
誠のひかり　遊守舍　福井縣鯖江町　月　創三二・　（三）三二・三
眞の光　慈無量社　野田義男（ヘ）　京都市五條通下幸町延壽寺中　月　創二三・四　編
滿州教報　本願寺別院　岡崎隆讓　大連信濃町　月　創四二・　（三）四二・三・一五編
卍字會雜誌　卍字會　川合梁定　京都府北野下之森西町西正寺中　月　創二二・八・二〇　「卍字叢誌」ト改ム

ミ

御國の母　國母社　丹靈源　芝區車町五六（＃12）　月　創二六・一・八　＃65（三一・五）　編
御國の光　上宮教會　加藤熊一郎（ヘ）　京橋區山下町十一　月　創三一・二・一 合三一・十二　「社會評論」ト合ス編
三篠學報　廣島第四佛教中學開洗會　廣島市　月　創三五・二　＃8（三八・）
美多加羅　國光協會　長野縣下伊那郡飯田町　月　創二二・　＃3（二二・十一・三〇）
彌陀の光　淨土傳道會　稻益州善　熊本市細工町三丁目　月　創二七・六　編
道　東京　創四二・
道の礎　明鏡社　京都府天田郡西中筋村字觀音寺　月　創二四・五・十七 改＃21ヨリ　＃3（二四・七）「秋の水」ト改
道の技折　教文社　岸玄光　麻布區新網町ノ三二　月　創三八・　（三）三八・四・二九編
道之友　佛教婦人會共發行所　荻倉耕造　名古屋市下茶屋町番外　月　創二三・三　編

密教	豊山大學内密教研究會	神林隆淨	小石川區大塚坂下町十八	年四	創四四・二・廿一 休大五・十(五卷三號)		編
密教講演	眞言宗聯會 京都大學而眞合		京都	年六—	創四五・六 合・改大二・六	大二・七「有聲」ト合シ「密宗學報」ト改ム	
密教公論							
密嚴教報	振教會	内山正如	小石川區大塚護國寺中	月(廿1―廿6) 月二(廿7―)	創二二・七・十二 休三三・八・二五(廿262)	(新義眞言宗)	編
密林蘭香	古義學友會本部		和歌山縣高野山		創三三・七	(古義眞言)	
美濃教義新聞	擊挑社		岐阜縣岐阜西材木町		創七・春―	廿11(七・十一)	編
身延教報	共社	下村是察	山梨縣身延山	月	創四二・		
みのり	佛教傳道協會		京橋區築地三丁目成勝寺内	月			
みのり	共社(仁和寺)	和田性海	京都府花園村大字御室六八	月	創四二・六・十五	(眞言仁和寺派宗報)	編
未敷蓮華	十善教育會	荒川安五郎	小石川區小日向臺町一五六			三九年ニアリ	
美布れんけ	十善協會	荒川安五郎	東京	月	創三四・十二・	(美敷蓮華ト同ジカ)	
妙教	妙教社	水村遵祥	申込所芝二本榎町一ノ十八	月	創四二・十一・廿九		編
妙鏡誌	妙宗倶樂部		神奈川縣横濱住吉町			廿4(二四・三)	
妙好華	清蓮社	辻村柔善	芝區白金三光町五三八松秀寺中		創三四・	(三)三五・九・一	編
妙宗 「妙宗雜誌」改	師子王文庫	田中巴之助	神奈川縣鎌倉町要山四二	月(八編) 週(九編)一―三六號 月(十編―十三編)	改三三・三・廿一	九編一號(三九・)	編
妙宗雜誌	師子王文庫	田中智學	神奈川縣鎌倉町要山四二	月	創三〇・七 改三三・十二(Vol.2―12)「妙宗」	三一・一―休刊アリ	編
妙智力	雲錦閣		茨城縣	前月二 後月三	創十三・四	廿119(十七・六)	
妙智力	健兒窟	宮川正敬	茨城縣雨引村	月	創四四・一・二〇		編

妙法	共雜誌社		橫濱市吉田町一ノ十三		創三五・八		
妙法記聞	共社		山梨縣下甲府櫻町三八	月二	創十八・十	（日蓮宗）	編
妙法新誌	雲錦社	林範平	淺草區新旅籠町十九雨引山内	月 月二 月三	創十三・四・二四	#23（十七・十一）	編
妙法美談	善日社		東京	月六	創十六・四 了十六・五(#3)		
妙々雜俎	妙々社	田島象二	東京		創十一・五 廢十二・十二(#14)		
今古妙々文庫	妙々社	宏虎童	京橋區三十間堀一丁目明教社内		創十六・一	#28（十八・四）	編
妙教	妙教社	水村邅祥	芝區二本榎一ノ十八	月	創四二・十一・二九	（日蓮布教）	編

ム

無我愛	無我苑社	伊藤證信	東京巣鴨	月二	創三八・六 廢三九・二・二五(#18)	「我生活」—再「無我愛」#26	編
無盡藏 「眞誌」改題	顯眞會	平松理英 中山理賢	淺草區北清島町一〇五 京都市眞宗大谷大學内 #?? 京都東擇穀馬場正面通下ル 万屋町	年三	改二六・ 創二八・十一 改・合大八・十二（Vol 24—12）	（布教材料集）（大九・一ヨリ「合掌」ト改ム及「佛教研究」ニ分裂ス） #11（三五・三）	編
無盡燈	共社			月			
無二三誌	共社						
村雲婦人 「新曙光」改題	北友雜誌社(發) 共編輯部		小石川區白山大乘寺檀林内	月	改#28 三九・十二(#1) 改大三・六・一	「むら雲」(#1)	編
無量壽	慈無量社	武山亮善（へ）	京都市下京區裏寺町四條上ル寶藏寺中	月	創三一・十二	#182（大三・六）	編

メ

明教雜誌	明教社	渡邊宣	本郷區本郷四丁目卅一番地	月	創四五・五・十五		編
明教誌林	明教會		靜岡縣	隔月	創二八・九	卄7（三二・）	
明教新誌 「教會新聞」改題	明教社	大内青巒	京橋區三十間堀町	隔丁日	改八・七・十二(卄148) 改合三四・二・二八(卄4603)	「日出國新聞」ニ合ス	編
明德 「一々時報」改題	福田社	古川專太郎	京都府綴喜郡草内村字東平番戸	月	改四三・三・三一(卄8)		編
明道協會雜誌	明道協會本局	川合清丸	本郷區湯島龍岡町三一	月	創十九・九・十五		編
明々新誌	成光社	川上謂一郎	下谷區竹町一支局成田村友善會	月三	創十九・四・廿八		編
モ							
問對寸抄	益志堂		福井縣	月	創二三・三	卄10（二三・十二）	
ヤ							
耶蘇教退治	大同社假事務所	大塚松之助（ヘ）	四谷區麴町十二丁目三四	月	創二二・一・五		編
耶蘇教の無道理	弘教講社	藤島了穩	京都市烏丸下ル五條	月	創十四・六・廿四	卄2（十四・七）	
山形教報	共社	角張東順	山形市七日町番外卅一	月 月二(三八・二・二五)	創三一・ 改三九・十一	「東北教報」	
山口縣積善會雜誌	「積善會雜誌」ヲ見ヨ					卄17（二三・五）	
養德《ヤマト》新報			奈良市		創三三・五・九	（佛教擁護古蹟保存）	
大和魂							
やまと錦 一名「耶蘇退治」	文學社		陸中國稗貫郡好地村十一番戸 大興寺内	月	創二八・十一・五		

（メ、モ、ヤ） 四五

(メ、ユ、リ)

大和《ヤマト》の蓮 四六	凜照府	内田次郎	赤坂區仲ノ町十一(#1) 淺草區向柳原町二ノ十	月二	創二二・七・二〇		編
養老の華	靈泉會		岐阜縣多藝郡養老村九四	月	創二四・	#1(二四・九)	
日本《ヤマト》柱	立正社		大阪市北區絹笠町四五番屋敷	月二		#32(二八・五・十三)	
山梨佛教	共社		山梨縣甲府市太田町			#6(三五・三)	

ユ

唯心	東洋唯心社		三重縣伊勢津市	月三		#18(三四・)	

リ

理想	佛教傳道卍字隊共社	久内大賢	淺草區新谷町十	月	創三八・九 改四〇・五Vol・7-4	「禪」トナル	編
立正安國會報	共會	田中智學	東京		創二〇・八		
立信	誓願寺文書課	後藤是洲	京都市下京區新京極櫻町	月	創四四・八		
利と道	爲德協會		愛知縣岡崎町	月			
利と道			本郷區根津片町十四	月			
龍華	豊山共會	稲本眞道	奈良縣初瀬町一	月	創四五・四・一	(新義眞言)	編
龍華新報		逢澤重藏	東京	月二	創九・十一 廢十・五(#11)	(日蓮宗機關)	
龍谷週報 —「教海一瀾」改題	教海雜誌社		京都市下京區東仲筋七條	週	改四二・二・廿七		編
龍谷新報	「前法の燈火」社員ニヨリ	山田志馬(持)	東京市		創十三・二 改十三・九	(西本願寺機關) 「教海新潮」トナル	編

兩教雜誌	兩教社	古谷宗作廿7	京都市上京區第三十組寺町通上ル天性寺町六九八	月六	創十三・十一? 改十四・五・一(廿29)	廿6(十三・十二・二十)(臨、淨、眞宗)「法敎雜誌」	編
輪王	共新聞社	川合妙鏡	武藏國程ヶ谷岩間 芝區二本榎一丁目	月	創三五・二		
ル							
藍毘尼園	天臺宗東部中學校友會	田川信敎	本郷區駒込區千駄木林町	年一(初年) 年二	創三八・十一・一		編
レ							
靈雲	共寺青年會	岩田定光 行武旭邦(編)	本郷區新花町靈雲寺内	月	創四・三・十一		編
靈界	文明社		本郷區本郷四丁目	月	創三七・	三月カ	編
靈海	周桑佛敎團		愛媛縣周桑郡中川村				
靈光	共社	佐々木祐孝	兵庫縣神戸市中山手通四丁目	月	創三九・	Vol.3—2(四二・二)	編
令知會雜誌	令知會	佐竹智應	麴町區中六番町廿九	月	創十七・四・廿九 改二五・三(廿96)	「三寶叢誌」トナル	編
聯芳敎學	東北聯芳協會		宮城縣仙臺市東三番町五四	月	創二三・二	廿3(二三・六・三〇)	
蓮友	共新聞社	北條辨道(廿65)	滋賀縣彦根町字五番八十七	月二		(三)三九・十二	編
ロ							
鹿溪	佛敎專門學校文書部		京都市上京區鹿谷		創四三・六	廿7(大九・一) 一—五「號會報」ト題ス	
六條學報	壬寅會		京都市六條佛敎大學内	月	創三二・十二 改大十・十二(廿241)	「佛敎大學論叢」ノチ「龍谷大學論叢」改ム	編

六端	其新報社	松野顯佑	北海道渡島龜田郡石崎村字白石四	月		三九年ニアリ
六大新報「傳燈・遍照」ノ合併	其社	佐野甚左衛門(編)	京都市三哲通大宮東入第一番戶	週	創三六・七・廿六	一―二一號(大形)二二號(中形) 編
六波羅密	國母社		京橋區加賀町	月		
娘子軍	娘子軍	酒巻壽子	小石川區小日向臺町三ノ四	月		(三)四二・四・一 編

ワ

我生活		伊藤證信	麴町區七丁目十四	月	創四三・四・一	
我立杣	比叡山兩部大學同窓會		滋賀縣比叡山		創三九・六	三巻春(四一・五)
我家の佛教	其發行所		京都市下京區三條高倉出雲寺松柏堂	月	創三六・十二	
我行く道	開洗會		廣島縣沼田郡楠木村進徳敎校內	月	創二一・	廿3(二一・一〇)
和融誌	其社	相村覺豊	芝區愛宕町一ノ十六	月	創三〇・三 改大四・一	「禪學雜誌」編

明治佛教史編纂所紀要

（明治佛教關係新聞雜誌目錄附錄）

明治佛教史編纂所紀要

(一) 「明治佛敎史」編纂刊行の趣旨

明治佛教に活躍された人物が日と共に櫛の齒のこぼれるやうに他界されて行きますことは今日、昭和佛教の現勢力の一分をそぐことであると共に、其は又、明治佛教史をかざつた生きた珠玉を私共の手から一つ宛、消失させることです。私共は一日も早くさうした長老元勳の御存命中に一人も多くその御見聞を親しく伺つて今日に是を整理して置かねばなりません。これ明治佛教史の編纂が發願された第一の理由です。

明治時代の佛教文献がこの頃になりますと仲々手に入り難いのです。燈臺の下は暗く、近くの名所はなほざりになりますやうに、何でもないと思はれる維新以來の各宗の新聞雜誌著作は今日どこにも完全に集輯されてゐません。落花生の袋や唐紙の下張にされてしまつてゐるのです。多くの寺院も是を保存する用意を怠つてゐたやうです。從つて今日に於て内外協力、是を集輯せざれば明治佛教事情を正しく現代に、且つは後代に傳へることが出來ません。これ編纂發願の第二の理由です。

今日の佛教界はいろ〳〵な點に於て奮起、淸算、反省を要求されてゐます。其にはどうしても今日迄の佛教の足跡、乃ち歷史を眺める必要があります。特に近いところで、明治維新以來、いかに寺院が政府とたゝかつてきたか、どうして外教とわたり合ひ、いかに一般思想と接觸し、どうして寺院經濟を立てゝきたか、かうした百汎の史實を知ることが大切です。今日の佛教徒、特に若き人々は餘りにもこの明治佛教の史實に無頓着です。溫故こそ知新の基礎、源流に求めてこそ、その潮宗を知りうるのです。これが第三の理由です。

今日の佛教界にとつて宗派的の事業につくすことも大切ではありますが、又、今日四圍の事情に顧みて、各宗が共同動作

一

によりて非佛教的なるものにうち剋つてゆくことがことに肝要だと思ひます。明治以來、今日迄の佛教全體の歴史を編纂することは一宗一派、一學一人のよくなしうる所ではありません。どうしても各宗各派の人々が老若へだてることなく、東西えらぶことなく專心に共同せねばなりません。共同の聖業につくところに無礙和合の法味があり全佛教が一歩前進する契機があります。この佛教的同事こそ佛祖に對する無上の法供養と思ひます。これ明治佛教史の編纂を發起した第四の理由です。

二

(二) 編纂準備會成立と經過

以上の様な趣旨の下に昭和七年秋から漸次具體的計畫を進め、關西方面に於きましては學者、外護の士、各宗代表者並びにその宗派所屬大學の贊意を得て、編纂準備委員成立し、東都に於きましても各宗各大學の了解を求め、熱烈な贊意と激勵の言葉を享けましたので、八年一月廿四日午後六時から小石川傳通會館で、本計畫に關する第一回の協議會を催すに至りました。

當日は境野黄洋、高島米峰、加藤精神、守屋貫教、二宮守人、岩田教圓、來馬琢道、宮崎榮雅氏等を初めとして斯界の老大新進三十餘名の集合の下に、藤原猶雪氏の開會の辭、友松圓諦氏の經過報告に次いで協議會に移り、藤本了泰氏の協議事項提示に基いて議事進行をはかりました。更に友松氏の編纂上の資料蒐集についての細述があつて、増谷文雄氏の編目、巻數、頁數の説明、藤原氏によつて編輯方法に關する詳細な説明が述べられました。

次いで經費豫算の問題に移り各自からの忌憚ない意見の開陳があり、此の聖業の容易ならぬことにつき綿密懇切な注意指示があつて、滿場一致で明治佛教史編纂委員會の創立に贊同せられ、今後大いに助力ある旨の賴もしい御言葉を得て、スタートの一歩を蹈みかためることが出來ました。

京都に於いても一月卅日午後五時半から京都市四條寺町西入萬養軒に於いて、禿氏、德重、友松、江藤氏等發起の下に貳拾數氏の來會を得、西部委員會の成立をみまして、東西共步の緒につきました。

名古屋でも一月廿九日に準備會が結成されました。

(三) 編纂要項

この聖業は約五ヶ年を要する大事業で、二度と出來ぬ責任ある仕事です。先づ最初の二ヶ年は史料の蒐集、分類、整理等の編纂準備に充てる考です。準備が出來ましたら後三ヶ年に十數卷の綜合大明治佛教史を刊行いたすことになりませう。篇目は大體左の樣な按配となりませうが、その十八篇目を索引を含めて、十二卷とし菊判各卷一千頁近い大册となる筈です。

第一　通史篇
第二　學史篇
第三　文獻篇
第四　布敎敎育篇
第五　社會事業社會運動篇
第六　法制經濟篇
第七　宗史篇
第八　寺誌篇
第九　人物篇

三

四

第十　藝術習俗篇
第十一　地方史篇
第十二　統計表年引篇

編纂方法――東京、京都を編纂の中心としまして、之に編纂委員を定め、各宗各派、大學其他各方面の權威者を網羅して常任編纂委員を委囑し、資料の輯集、整理上の指導打合せ連絡をはかり、編主任に於きまして之を統合することになります。

（四）編纂事務所設置

此の大事業遂行の中心點としまして、昭和八年三月一日から東京京橋區銀座西五丁目五、菊地ビル三階に、明治佛教史編纂所を設置開所致しました。既に資料の蒐集に着手致しまして、貴重な文献類も次第に集つて參ります。新聞雜誌目錄は其の成績の一端を示すことゝ思ひます。然し第一、二年度は何を申しましても、準備期でありますから、今後共專ら其の基礎的方面に努力しなければならないと思ひます。

（五）明治佛教談話會設立

從つて此の準備期中は先づ全國數十の有力なる都市に明治佛教談話會を設立いたしまして「明治佛教」なる機關誌により、連絡と報道、史料の蒐集と趣旨の徹底に資する考へです。そして時々長老元勳を屈請し、往訪して親しく明治維新以來の見聞を拜聽し、一は以て大法護持に關する舊聞の散逸を防ぎ、ひいては明治佛教史編纂の重要なる階地とし、他は明治佛教徒の幾多の聖蹟を回顧することによつて後來の新進の奮起を誘發したい考へで居ります。

編纂事務所設立と共に次の要旨をもつて全國に向つて談話會設立の運動を繼續し、今日迄に各地に設けられ、其の會合をみたのは東京を始め約十五箇所に及びます。

明治佛教談話會設立の要旨

一、見聞體驗談の採錄

（イ）一時代、一事件、一人物について――一人又は數人の談話

（ロ）題目と範圍を定め數名座談する

（ハ）事物起原

二、明治佛教史の特殊研究者の發表談話

三、關係資料の持寄り展觀、研究、説明を乞ふこと

（イ）筆蹟、寫眞、美術品、記錄、文書等（成可一等資料）

（ロ）遺蹟、遺物其他の實地踏査

四、時として明治佛教資料展覽會、講演會を催し佛教運動に資する事

五、月一回乃至隔月開催

六、會員制とし會費若干を徴し維持費に充てる（公開も可）

七、機關誌の發行――談話内容、蒐集資料等の登載

八、能ふ限り各宗各派の聯合開催が望ましい

九、東京明治佛教談話會（京橋區銀座西五ノ五菊地ビル）を本部とし、談話會事務の連絡打合せの中心點とする、開催の都度、其狀況並びに蒐集資料の報告を願ひ度き事

各地談話會の事務所

五

(1)東京市京橋區銀座西五ノ五　菊地ビル
(2)京都市深草開土町六〇　禿氏祐祥氏方
(3)名古屋市中區御園町　福田正治氏方
(4)福島市清明町眞淨院　網代智高氏方
(5)大阪市天王寺區生玉前町　法音寺方
(6)濱松市中澤常樂寺　山本頼憧氏方
(7)清水市江尻江淨寺　鶴谷俊了氏方
(8)神戸市南仲町永福寺　伊藤光信氏方
(9)豊橋市東田町大連寺　市川修誠氏方
(10)福島縣白河町龍藏寺　橋本龍空氏方
(11)栃木縣宇都宮市清水町　清巖寺方
(12)長野縣長野市元善町　白蓮坊内
(13)長野縣埴科郡松代町　大英寺内
(14)長野縣上高井郡須坂町　圓光寺内
(15)宮城縣仙臺市新坂通　昌繁寺内

夫々の活動經過については、明治佛教史編纂所報並びに「明治佛教」誌をもつて報告する外に、各地談話會でも各々機關誌をもつて報じて居ります。

(六)　編纂所の組織

明治佛教史編纂所が、碩學井上哲次郎博士を名譽所長に推戴し、境野黄洋博士を所長に仰いで其の總宰を受けて事務を進めて居りました事は既に周知の事でありませう。然るに境野博士が俄に病を得て長逝せられましたことは編纂事業に大きな支障かと思はれました。人も知らるゝ通り博士は我國佛教學者の巨頭であり、特に支那、日本佛教史研究に精進せられた權威者であり、身自ら明治佛教史中の人物として從横の活動經歴を持たれたことを考へますとき、明治佛教史闡明の鍵の一端は少くとも博士によつて握られてゐたことは疑いないのです。明治佛教に熾烈な研究心を持たれた博士の突然の逝去は恩師たる井上博士の愛惜に堪へぬものがあつたと承つて居ります。私共としても編纂の端緒に此の不幸をみたことは遺憾に堪へないものがあります。

しかし私共は不幸中の幸にも博士の後任所長として、同郷仙臺の出身であり、博士に兄事せられ且つ明治佛教研究の權威者たる常盤大定博士を迎へ得たことは、井上博士のお薦めもあり、境野博士に繋る因縁の奇しさを思はせられ感慨無量です。此の好所長を得ましたことは輝しい將來の成功を期待するに過ることであります。尙ほ左の各員を擁して、活動を續けて居ります。

名譽所長	文學博士	井上哲次郎
所長	文學博士	常盤大定
代表	理事	友松圓諦
主事		増谷文雄
所員		上坂倉次
同		綠川光覺
同		牧野内寛清
編纂所囑託		奥山道明
同		藤原泰治
同		吉水十果
同		倉橋公宜
同		村瀨博道

京都編纂所（京都市東山區東山中學校内）

代表	禿氏祐祥
主事	小笠原宣秀

大阪編纂所（天王寺區生玉前町法音寺内）

代表	中井玄道
主事	桃野春興

編纂員（決定分）

禿氏祐祥	德重淺吉
友松圓諦	増谷文雄
藤原猶雪	藤本了泰
江藤徵英	淺野研眞

七

八

編纂事業遂行の編纂所最高機關として理事の組織をもち、各宗の長老、樞機者、學者敎法護持の念厚い諸氏に御就任を願ひました。代表理事として友松圓諦氏が萬般に鞅掌せられて居ります。

理事（決定分）

眞盛派東京敎務主任　岩田敎圓氏
眞言宗豊山派宗務長　石原惠忍氏
日蓮宗敎學部長　新甫寛實氏
眞言宗豊山派管長　富田斅純氏
眞宗大谷派東京出張所長　沼波政憲氏
東京淺草寺貫首　大森亮順氏
法相宗前管長　大西良慶氏
眞宗佛光寺派執事　奥博愛氏
淨土宗敎學部長　中村辨康氏
曹洞宗特選議員　來馬琢道氏
古義眞言宗東京出張所長　草繋全宜氏
大正大學敎授　眞野正順氏

臨濟宗妙心寺派前宗務總長　古川大航氏
眞宗本願寺派東京出張所長　後藤環爾氏
淨土宗東京敎務所長　里見義隆氏
曹洞宗敎學部長　佐野良光氏
天台宗總務　木下寂善氏
傳通院貫首　木村玄俊氏
眞言宗智山派宗務長　御嶽隆道氏
淨土宗東京江東組長　鈴木在念氏
京都代表　禿氏祐祥氏
大阪代表　中井玄道氏
東京代表　友松圓諦氏

此の外に地方評議員、地方史編纂囑託の組織を有し、もつて事業遂行に遺憾なからしめることを期して居ります。

（七）　在庫文献資料ご提供者

各位の資料提供と買入れとによつて、昭和八年三月より九年二月末日迄の一箇年間に集め得たもの新聞雜誌册數合計二萬六千百三十三册（若くは枚、部）單行本は壹千四十五册でした。其の詳細は「明治佛教史編纂所報」第一、二號によつて報告されてゐます。

特に寄贈貸與等によつて貴重珍奇な各種資料を惜しみなく提供された方々に對しては、感謝の辭を知らない位であります。今回の佛教關係新聞雜誌目錄の編述は不完全ではありますが陰に陽に左記の人々の好志に依るものと信じますので、略禮ながら芳名を記して感謝の意を表はし度く思ひます。

各種資料提供者芳名　（提供順　敬稱略　昭和八年一月ヨリ九年六月迄）

大塚諶亮	東京市淀橋區戸塚町	中山理賢	東京市淺草區北清島町
木全大孝	靜岡縣濱松市成子町	伊藤梅芳	靜岡縣濱名郡積志村
千葉耕堂	東京牛込市谷仲之町	築土鈴寛	東京下谷上野
田中海應	東京市足立區舍人村	福田正治	名古屋市中區御園町
佐々木祐孝	名古屋市中區小林町	山本頼憧	靜岡縣濱松市中澤
妙生寺	靜岡縣清水市	建部快運	靜岡縣濱松市鴨江町
臨濟寺	靜岡市大岩	松岳院	靜岡縣濱名郡積志村
十河泰隆	滋賀縣坂本村	進堂端堂	山口縣長府町
河野大徹	福島縣郡山市	綠川弘導	福島安積郡福良村

綠川大圓　福島縣常葉町
中谷在禪　東京麴町區心法寺
奥平法海　東京市一ノ江町
脇田大演　愛知縣岩津町
綱代智明　福島市清明町
井上泰完　同縣三春町
佐藤泰然　同桑折町
飛田覺穩　愛知縣高岡村
角田界倫　同碧海郡依佐美村
酒井賢靜　同　高岡村
野々垣法山　同　高岡村堤
山口英信　同　安城町安城
石田俊哲　宮崎縣延岡市
兒玉襄全　愛知縣碧海郡高岡村
青木隆康　東京市駒込六丁目
櫻井榮章　東京市中野鷺宮
桑門満定　栃木縣今市町
松野了淳　岐阜縣大垣市
岩田諦應　大垣市中町

一〇

橋本龍響　同信夫郡平野村
杉山辨忍　千葉縣銚子町
江崎辨融　豐橋市關屋町
天王寺　東京市下谷區谷中
西坂寂仁　福島縣須賀川町
橋本龍空　同白河町
大圓寺　同川俣町
吉田達祐　愛知縣西加茂郡擧母
安藤大英　同安城町桑子
八木善祐　同　依佐美村
神戸　同
久我篤立　豐橋市吉屋町
稻生聖導　愛知縣西加茂郡高橋
五島法圓　同額田郡岩津町
溝口得心　愛知縣横須賀町
樋口弘善　宇都宮市清水町
分部麟友　滋賀縣木戸村
白旗靈光　岐阜市矢島町
加藤秀豊　三重縣桑名町

千河岸貫衛　神奈川縣鎌倉大町
六花眞哉　大阪市逢坂上町
松中實玄　大阪市上本町
佐藤瑞明　仙臺市新坂通
佐藤文乘　仙臺市新寺小路
柴田宣海　仙臺市新坂通
永野高敬　上總大原町貝須賀
正西寺　福島縣相馬郡中村町
高久祐俊　同　白河町龍藏寺中
泉覺正　靜岡縣掛川町天然寺
若麻績信契　長野市元善町
水科善祐　同　東之門
柳樂清成　信州上田市
若麻績瑞善　信州中之條村
中島義昭　長野縣鹽崎村
鈴木與平　靜岡縣清水市
遠藤了道　鳥取縣米子市
村瀬堯運　東京市牛込區
久米原辨澄　山梨縣甲府市工町

目黒學妙　神戸市神明町
桃野春興　大阪市生玉前町
遠藤心光　福島縣平町
五島法住　京都市肥後町
鈴木秀應　福島市御山
吉澤純道　濱松市成子町
篠田仙藏　東京市深川區冬木町
慶德寺　福島縣相馬郡中村町
藤原正圓　靜岡市本願寺別院内
豊山修道院　東京小石川關口駒井町
若麻績芳雄　長野市元善町
横内淨音　信州上田市
願行寺　同
宇都宮學賢　長野縣壚崎村
吉田祐長　福島縣睦合村
立正大學圖書館　東京市大崎町
奥山新治郎　山梨縣甲府市
石橋要識　群馬縣高崎市九藏町
藤岡俊英　愛知縣安城町

淺井要麟　東京市中野區
神代智明　佐賀縣小城町
松濤賢定　東京市芝區
田村慈宏　東京江戸川區
横山仁秀　神奈川縣鎌倉町
須賀勝玄　愛媛縣吉田町
清水龍山　東京市世田谷區
風間日法　京都市上京區立本寺
坂戸公顯　埼玉縣浦和町
石川秀五郎　國民新聞編輯局
中川諦念　福島縣桑折町

(八) 刊行會の財政

以上に於きまして、明治佛教史編纂の大聖業の趣旨、事業開始その經過、組織、現況について大約申しあげましたが、最後に、編纂刊行の財的基礎の充實につきまして御了解を得たいと思ひます。

かく諸般の事、緒につきますや、諸方面の深甚な援助と理解の下に、各位からの寄附や、各宗諸派からの補助金を受け、又此の事業を扶翼護持せらるゝ方々から一口金百圓の編纂刊行助成費の御供與とにより、一歩一歩着實な成績を期待し得ることが可能となりました。願はくば、豫定期間内に此の聖業の完成を果したいと願つて居りますについては、尙ほ今後數年間にわたり大法護持の志をもつて各位の御配慮を希求致す次第であります。

昭和八年三月に於ける、綜合明治佛教史編纂會發起人。

井上哲次郎　一柳知成　井ノ口泰温　岩田敎圓
石津照璽　服部賢成　硲　慈弘　橋本凝胤
二宮守人　徳重淺吉　禿氏祐祥　常盤大定

友松圓諦
大西良慶
加藤咄堂
上杉文秀
増谷文雄
藤本了泰
小林瑞淨
安藤正純
西光義遵
鹽入亮忠
平澤照尊

大久保道舟
小田慈舟
高島米峰
來馬琢道
前田聽瑞
藤原猶雪
小林圓達
淺野研眞
木下寂善
昇塚清研
守屋貫教

大森亮順
奥博愛
高神覺昇
日下無倫
山上曹源
古川大航
上坂倉次
朝倉曉瑞
宮崎榮雅
獅子王圓信
鈴木在念

大村桂巖
加藤精神
筒井英俊
眞野正順
山下義靜
後藤環爾
江藤澂英
境野黄洋
下村壽一
神龜法壽
（イロハ順）

一三

昭和九年七月二十日印刷

昭和九年七月廿五日發行

「佛教關係新聞雜誌目錄」奥附

定價五拾錢（送料二錢）

編纂兼發行人　明治佛教史編纂所　代表者　友松圓諦

東京市深川區冬木町十番地

印刷所　周文館印刷所

東京市深川區冬木町十番地

印刷者　吉本菊松

581

東京市京橋區銀座西五ノ五菊地ビル

發行所　明治佛教史編纂所

電話銀座(57)五三八九番

あとがき

明治仏教史編纂所は、一九三二（昭和七）年秋頃に、友松圓諦らが中心となり明治仏教史編纂準備会を設置、開設に向けた運動がはじまり、翌三三（昭和八）年三月一日に東京銀座の菊池ビル三階に開設された。それ以降、精力的に明治仏教に関する史料蒐集を開始した。その蒐集した資料は膨大な量に及ぶもので、現在は慶應義塾大学附属研究所斯道文庫に収蔵されている。

明治仏教史編纂所の事業内容に関しては、本書収録の『明治仏教』および『明治年間仏教関係新聞雑誌目録』所収「明治仏教史編纂所紀要」などに詳しいが、宗派を超えて史料提供と情報交換を呼びかけ、全国の主要な都市で明治仏教談話会を開催するなど、明治仏教研究の先導的役割を果たした。その付置研究組織の明治仏教研究会が発行した『明治仏教』は、その調査研究活動の成果を世に問うた貴重な雑誌である。

しかし、戦時下に事業が頓挫してその存在は忘れ去られ、今日、近代仏教史を研究する者でも『明治仏教』を知る者は少ない。原資料を所蔵している研究機関もきわめて少なく、各地の研究機関に分散して所蔵されているため、閲覧が困難な状況にある。また、明治仏教史編纂所の存在もあまり一般に知られていない。本書の刊行により、改めて『明治仏教』刊行を含めた明治仏教史編纂所の諸事業が評価され、明治仏教の資料蒐集と保管のための活動が活性化することを願う。

出版不況のなか、本書刊行をお引き受けいただいた不二出版株式会社の代表取締役社長の小林淳子氏、編集担当の村上雄治氏には、心よりお礼を申し上げたい。資料蒐集等に関しては、神田寺のご住職である友松浩志師、東京大学大学院法学政治学研究科附属近代日本法政史料センター（明治新聞雑誌文庫）より格別のご配慮をたまわった。また、本書編集に関わる資料蒐集・研究に対しては、一般財団法人本願寺派教学助成財団の平成二九年度「教学研究資金助成」を受けた。記して感謝を申し上げる次第である。

二〇一八年一〇月

中西直樹

編・解説執筆者

中西直樹（なかにし・なおき）
一九六一年生まれ。龍谷大学文学部教授、仏教史学専攻。
主な編著書『仏教海外開教史の研究』（不二出版、二〇一二年）、『植民地台湾と日本仏教』（三人社、二〇一六年）、『令知会と明治仏教』（不二出版、二〇一七年）

明治仏教研究事始め ――復刻版『明治仏教』――

２０１８年11月25日　第１刷発行
定価（本体１８，０００円＋税）
ISBN 978-4-8350-8264-6

編・解説執筆者　中西直樹
発行者　小林淳子
発行所　不二出版株式会社
東京都文京区水道２-10-10
電話　０３（５９８１）６７０４
組版／昴印刷　印刷／富士リプロ　製本／青木製本